世界汉语教学学会审订

对外汉语教学研究论著索引

（1950—2006）

孙德金　主编

商务印书馆

2009年·北京

主　编　孙德金

副主编　龚君冉

编　者　（按音序排列）

曹金艳　龚君冉　胡媛媛

吉　英　刘晗璐　刘　晶

孙德金　孙　群　杨　帆

张　琳　周晓芳

五十余年对外汉语教学研究纵览(代前言)

一、引言

新中国对外汉语教学事业是从1950年7月清华大学东欧交换生中国语文专修班起步的,因此,我们在编辑《对外汉语教学研究论著索引(1950—2006)》(以下简称《索引》)时就把起点定在了1950年,尽管我们目前还没有发现1950年至1953年间有正式的研究文献,可以说,这样做更多的意义在于纪念。

五十余年的研究工作不是一篇文章所能总结清楚的,应该是一本或几本书才能描述总结清楚的。这里我们只能粗线条地从几个不同角度对五十余年来对外汉语教学的研究状况进行简要梳理和描述,一方面可以作为使用《索引》的导引,同时也可以为想要进行对外汉语教学研究的同道提供一份参考。虽粗,可能也有参考的价值。

需要说明的是,限于时间等方面的条件,《索引》主要收录的是在中国内地出版或发表的论著,包括港澳台在内的海外有关论著只能暂付阙如,因此,下文的介绍自然不能涵盖这部分论著的内容,只能留待以后补上这个缺憾。

二、对外汉语教学研究梳理工作概况

五十多年来,对外汉语教学事业不断发展,对外汉语教学的研究工作也一直在不断进步。经过几代学人的艰苦努力,对外汉语教学已经跻身于学科之林,初步确立了学科地位。这一切都建立在大量扎实的基础理论和应用理论与实践的科学研究基础之上,从《索引》收录的十大类共近6000条论著条目中可以充分地认识到这一点。尽管"对外汉语"作为三级学科早已列入学科目录,有了名分,但我们还是不断听到怀疑的声音,质疑其学科理论基础和理论架构,以至于长期从事对外汉语教学工作的一些人也有些心中惴惴,没有底气。这种状况一方面和该领域的研究历史较短、确有尚不成熟之表现有关,也和我们对该学科领域的研究状况缺乏梳理总结有关。做了很多的研究,但不为外界所了解认识,有怀疑就不足为奇了。

关于对外汉语教学,应分清两个概念:一是作为一项事业的对外汉语教学,二是作为一个学科的对外汉语教学。对于前者,在事业发展的不同历史阶段,学者们做过一些梳理总结的工作。

最早的一篇总结性的文章就是新中国对外汉语教学创始人之一的钟梫先生写于1965年的《十五年(1950—1965年)外国留学生汉语教学总结》①。该文从四个方面进行总结,即:(1)教学

---

① 《语言教学与研究》第四集,1979年2月。另见钟梫《钟梫对外汉语教学初探》P.1—31,北京语言大学出版社,2006年。

特点以及由此而产生的教学要求;(2)教学原则与教学安排中的几个问题;(3)教材编写中的几个问题;(4)关于教学法的一些问题。可见,文章所讨论的问题涉及了对外汉语教学理论中重要的基本问题,对于了解初创期对外汉语教学的情况有重要参考价值。此外还有张道一的《新中国对外国人进行汉语教学的三十二年》(1982)、李培元的《中国对外汉语教学的40年》(1989)、任远的《七十年代以来北京语言学院对外汉语教学法之发展》(1987)等。吕必松的《对外汉语教学发展概要》(1990)对1990年以前的对外汉语教学事业发展情况做了比较全面的总结。

对于作为学科的对外汉语教学,几十年来学者们也在不同时期就研究的状况进行了一些梳理和总结①。目前见到最早的文章是朱一之的《谈近年来对外汉语教学的研究——从〈语言教学与研究〉编辑工作中看到和想到的》(1985),其他有:吴勇毅、徐子亮《建国以来我国对外汉语教学法研究述评》(1986),赵金铭《近十年对外汉语教学研究述评》(1989),张德鑫《1991年对外汉语教学研究述要》(1992)和《1993年的对外汉语教学研究》(1994),何子铨《对外汉语教学研究的几个新趋向》(1992),赵金铭《对外汉语教学与研究的现状与前瞻》(1996),孙德金《二十年对外汉语教学研究文章的定量分析——纪念〈语言教学与研究〉创刊二十周年》(1999),刘珣《近20年对外汉语教育学科的理论建设》(2000),赵金铭《"九五"期间的对外汉语教学研究》(2000),崔永华《二十年来对外汉语教学研究热点回顾》(2005)等。

除了学者独立进行的梳理工作外,还有一些集体性的梳理工作。如1997年在北京语言文化大学(今北京语言大学)召开的"对外汉语教学研究的回顾与前瞻"研讨会,对研究工作做了比较全面的总结②。1997年北京语言文化大学出版了一套九册"对外汉语教学研究"丛书,对此前公开发表的作者为北语教师的文章进行了筛选编辑,是一次较大规模的学科总结工作,在对外汉语教学界产生了广泛的影响。尽管选编范围作了限制,但由于历史等方面的原因,该套丛书无论是从框架还是内容,都能够基本代表当时及其前的研究状况。正如赵金铭(2006)所说,这是一定范围内一个历史阶段的成果,不是结论,更不是终结③。近年的一项重要的梳理工作是商务印书馆组织人力,并由世界汉语教学学会审订的"对外汉语教学专题研究书系"。该书系由七个系列22册构成,涵盖了对外汉语教学各研究领域的成果。"所涉研究成果虽以近十年来为主,亦不排斥前此有代表性的、有影响的论文。该书系可谓对外汉语教学成果50年来的大检阅。"④其意义无疑是重大的。七个系列和22册名称所构成的框架实际就是对外汉语教学这门学科的基本框架,从中反映出"对外汉语教学作为一个学科,内涵更加丰富,体系更加完备,视野更加开阔,范围更加广泛,研究理念更加先进,研究成果更加丰厚。"⑤同时我们

---

① 即对对外汉语教学研究的研究。

② 详见孙德金《对外汉语教学研究的回顾与前瞻研讨会纪要》,《语言教学与研究》1997年第1期。

③ 参见赵金铭《从对外汉语教学到汉语国际推广(代序)》,"商务馆对外汉语教学专题研究书系",商务印书馆,2006年。

④ 参见同上。

⑤ 参见同上。

也要看到,该书系所完成的工作尽管重要,它同样"不是结论,更不是终结",对学科的认识仍然需要不断深化,梳理总结的工作还需要继续做下去。到目前尚未见到涵盖全面、分析深入、概括准确、论述精当的对外汉语教学学术史类著作,这不能不说是一种缺憾,也说明学科建设的任务还很艰巨。

三、五十余年对外汉语教学研究的总体面貌

五十余年来,伴随着对外汉语教学事业的逐步发展,研究工作也从无到有,不断进步,终成大观。

目前我们能够看到的新中国第一篇汉语作为第二语言教学的研究文章就是周祖谟先生1953年发表在《中国语文》第7期上的《教非汉族学生学习汉语的一些问题》,接着先后在《中国语文》上发表了傅懋绩、童玮二位先生的《一个速成汉语实验教学的总结》(1953年第12期)和田世棣先生的《教少数民族同学学习汉语文的几点体会》(1954年第1期)。其后的1955年,北京大学的邓懿先生在影响广泛的"现代汉语规范问题学术会议"上做了题为《教外国留学生汉语遇到的困难问题》①的发言,成为出席会议的各方面语言学者中唯一的对外汉语教学界代表的声音。总体看,尽管最初的研究基本都是经验总结式的成果,但毕竟迈出了研究的步子,提出了一些重要的问题。比如邓懿先生谈到汉语语音中一些读音分歧现象对教学造成困难,词汇和语法上的一些分歧也给教学造成麻烦,其实讨论的就是汉语规范化问题与对外汉语教学的关系,其实客观地讲,这个问题今天也并没有很好地解决②。

对五十余年对外汉语教学研究总体面貌的把握可以看表1:

表1　论文数据(单位:篇)

一级类	数量	二级类	数量	三级类	数量
总论	1084	大纲	46		
		总体设计	68		
		基础理论	114		
		教学理论	129		
		学科建设	203		
		课程与课堂教学	135		
		教学法与教学模式	125		
		特殊教学类型研究	50		
		教师行为与教师培训	66		
		国内外汉语教学概况	96		
		其他	52		

---

① 详见《现代汉语规范问题学术会议文件汇编》,现代汉语规范问题学术会议秘书处编,科学出版社,1956年。

② 以语法规范为例,变化中的现代汉语普通话存在着有待确认是否可以接受的现象,如"VV+结果补语"结构在李大忠《外国学生语法偏误分析》中判为语法偏误。我们注意到,实际语言生活中此类结构常会见到。

续表

一级类	数量	二级类	数量	三级类	数量
汉语本体研究	908	语音研究	58		
		词汇与词典研究	215		
		语法研究	478		
		语篇研究	36		
		语义、语用研究	111		
		语体研究	10		
汉外对比研究	326	语音对比研究	22		
		词汇对比研究	96		
		语法对比研究	133		
		文字对比研究	6		
		语用对比研究	20		
		其他	49		
对外汉语课程与教学研究	1571	阶段教学研究	76	初级汉语教学研究	28
				中高级汉语教学研究	48
		课型教学研究	442	精读课(文选课、综合课)	27
				口语课	103
				听力课	95
				阅读课	74
				写作课	36
				视听说课	21
				报刊课	35
				翻译课	14
				其他	37
		国(族)别教学	73		
		语言要素教学研究	980	语音教学研究	127
				词汇教学研究	230
				语法教学研究	235
				汉字教学研究	303
				语篇教学研究	26
				语用教学研究	47
				语体教学研究	12
对外汉语文化教学研究	285				
对外汉语教材研究	322				
对外汉语教学史研究	60				
对外汉语习得研究	498	基础理论研究	115		
		语音习得研究	54		
		词汇习得研究	62		
		语法习得研究	88		
		汉字习得研究	54		
		语篇习得研究	27		
		语用习得研究	8		
		学习策略研究	17		
		其他	73		
对外汉语测试研究	227	基础理论研究	31		
		成绩测试研究	17		
		水平测试研究	166		
		其他	13		
现代教育技术与对外汉语教学研究	159				

表 2 著作数据(单位:部)

一级类	数量	二级类	数量
专　著	77	基础理论与教学理论	28
		对外汉语教学法研究	9
		语言要素教学研究	17
		语言技能教学研究	2
		对外汉语文化教学研究	2
		对外汉语教学史研究	6
		汉外对比研究	3
		对外汉语习得研究	7
		语言测试理论研究	3
文　集	182	个人文集	32
		综合文集	37
		机构、会议文集	113

从上面两表可以看出四点:

第一,学科的总体框架已经构建起来。作为学科的对外汉语教学(或称汉语作为第二语言教学)是以语言学、汉语语言学、教育学、心理学等学科为基础,以教什么、怎么教、学什么、怎么学等为研究对象的一门交叉性应用学科,因此,一个比较完整的学科框架就必须包含上述各个基础学科所涉及的各个领域。表 1 显示,学科框架的完整性不仅体现在十个一级板块上,而且更体现在二级和三级板块上。下文的统计描述会告诉我们,如果退后 10 至 20 年,这个完整的框架根本不可能搭建起来。

第二,研究领域趋向专门化、精细化。一个学科,如果其研究的范围或领域只是限于大的方面,不能专门化、精细化,就不能说这个学科是一个比较成熟的学科。对外汉语教学自确立了学科地位以来,短短的二十多年,发展的速度是非常快的。以习得研究(解决"怎么学"等问题)为例,20 世纪 80 年代还没有严格意义的习得研究,主要是偏误分析方面的研究,文章如梅立崇等《对留学生汉语习得过程中的错误分析》(1984),著作如佟慧君《外国人学汉语病句分析》(1986)。而 90 年代以来,无论是数量、领域还是质量,习得研究都呈现出突飞猛进的发展势头。以数量看,整个 80 年代只有区区十来篇文章,到 2006 年,已经可以从数百篇中选编成三大册专题文集(王建勤主编《汉语作为第二语言的学习者语言系统研究》《汉语作为第二语言的学习者习得过程研究》《汉语作为第二语言的学习者与汉语认知研究》),内容涵盖大的习得领域的各个方面。

第三,各研究领域间呈现不平衡状态。由于作为学科的对外汉语教学历史太短,快速建设和发展只是近一二十年的事,因此,尽管研究的面已经很广,研究的点已经很多,但各研究领域间很不平衡。从语言要素的角度看,无论是面向对外汉语教学的"汉语本体研究"还是"语言要素教学",语音都是一个比较薄弱的领域。虽然语音在第二语言学习过程中占有重要位置,是语言能力评价中一个重要的侧面,但在基础理论的研究和教学实践中,多年来一直没能引起足够的重视。当然,这不是对外汉语教学界本身独有的问题,汉语语言学界也存在着同样的问题。不管是哪方面的原因,这种状况长期存在,将会影响教学和研究的深入。其他某些领域的不平衡主要是由于有些研究起步较晚,当属自然。

第四,还存在较多的研究空白点。尽管从表1看已经把研究的板块分到了三级,但仍显粗疏,并且每一级、每一类中都还有很多待研究的问题。比如"语法习得",按目前的不完全统计只有88篇,这当中包括了偏误分析、习得过程以及认知等研究类型,无论是点还是面都还有很多没有涉及的问题。再比如"成绩测试",和"水平测试"的166篇相比,只有17篇,有很多的问题都还没有触及。

需要说明的是,这里所说的研究情况只是就搜集到的论文和著作的情况而言的,还不能说是对外汉语教学研究的全部情况。事实上,对外汉语教学界在教学模式、教材、工具书、语料库等方面做了大量的研究工作,其成果没有在《索引》中得到反映,只能从一些论著中了解部分情况。比如教学模式方面,虽然前30年中我们没有找到专门的教学模式的研究文章,但不等于说这30年间没有进行过教学模式的研究。我们知道,早期的教学法基本是翻译法。20世纪60年代开始进行教学法改革试验,改语法教学为句型教学,试验取得成功①。此后句型教学模式得以确立。遗憾的是,这一次教改试验没有形成研究报告,今天我们只能从亲历者口中去了解大致的情况了。《现代汉语频率词典》是对外汉语教学研究中一项重要的研究成果,没有它,其后的《汉语词汇和汉字等级大纲》等也就没有了基础。尽管我们今天会说当年的工作有这样那样的缺陷,但这毕竟是对外汉语教学迈向科学化的重要一步。汉语中介语语料库系统的开发和建设是对外汉语教学研究中另一项里程碑式的成果,相关的情况可以参考《索引》中有关文章的介绍。

四、从内容和数量的变化看研究的发展脉络

前文说过,对外汉语教学是一个交叉性应用学科,因此,它涵盖的面很宽,包含的研究内容自然也非常丰富。而过去的五十余年,研究的内容是在不断地丰富、充实的过程中走过来的。

最初的研究,主要关注的是汉语本身及教学实践中发现的一些问题。看一下20世纪50年代的全部文章(依时间顺序排列):

1. 周祖谟　1953　教非汉族学生学习汉语的一些问题　《中国语文》第7期
2. 傅懋绩　童玮　1953　一个速成汉语实验教学的总结　《中国语文》第12期
3. 田世棣　1954　教少数民族同学学习汉语文的几点体会　《中国语文》第1期
4. 钟梫　赵淑华　金德厚　王还　1954　汉语的词类问题　《中国语文》第8期
5. 钟梫　金德厚　王还　赵淑华　1954　对《汉语的词类问题》的更正　《中国语文》第12期
6. 伊三克等　明扬选译　1954　苏联《华语课本》中的汉语语法理论　《中国语文》第11期

① 北京语言学院的李景蕙、李德津二位教授是此次试验的主要承担者。

7. 钟 梫 1954 谈怎样分别词和语 《中国语文》第12期
8. 钟 梫 1955 "打仗""打架"是不是词? 《中国语文》第8期
9. 邓 懿 1956 教外国留学生汉语遇到的困难问题 《现代汉语规范问题学术会议文件汇编》 科学出版社
10. 王 还 1956 "就"与"才" 《语文学习》12月号
11. 王 还 1957 说"在" 《中国语文》第2期
12. 王学作等 1957 试论对留学生讲授汉语的几个基本问题 《教学与研究》第2期
13. 陈 国 1957 从一个外国人的角度来看汉语拼音方案 《中国语文》第12期
14. 扎多延柯 鲁勉斋 高祖舜译 1958 谈谈对俄罗斯学生的汉语教学法 《中国语文》第7期
15. A.格拉乌尔 曹今予译 1958 汉语教学在罗马尼亚 《中国语文》第9期
16. 张志公 1958 汉语拼音方案和语言教育 《中国语文》第2期
17. 邓 懿 1958 汉语拼音方案在促进国际文化交流中的作用 《中国语文》第2期
18. 波兹涅耶娃 林中记录整理 1960 莫斯科大学东方语言学院汉语教学和科学研究的情况 《中国语文》第2期

从上面的18篇文章可以看到,研究的重点在汉语本体上,有10篇,其中语法7篇,语音3篇。教学理论的5篇,教学法的1篇,国外汉语教学概况的2篇。

这个数字反映了对外汉语教学草创期的基本面貌:主要关注的是教授的内容,即"教什么"的问题,当中最重视的还是语法问题,其次是语音问题;所谓"教学理论"和"教学法"的研究也是很初步的,基本是教学经验的总结和提出的问题。

虽然从"科学"的方法论角度上说,这10年中的研究,严格意义上的科学研究还不多,但毕竟有了一个开端。特别需要指出的是,对外汉语教学在草创时期就和汉语语言学的发展紧密联系在一起,对外汉语教学界钟梫等先生在20世纪50年代影响深远的词类问题大讨论中发出了自己的声音,《汉语的词类问题》成为讨论中很有分量的一篇文章,所持有的观点今天也是值得认真思考的。此外,像词与非词这样重大的理论问题,钟梫先生也参与了讨论。王还先生的两篇文章是面向对外汉语教学的汉语本体研究的典范之作,问题源于教学实践,成果用于指导教学实践,既深化了汉语本身的研究,又为教学提供了有力的支撑,这是我们今天的学人需要好好学习的榜样。

语言要素"怎么教"的问题在这10年中还没有开展。第一篇语音教学研究文章是钟梫先生发表在《中国语文》1965年第2期上的《怎样教"半上"声?——教学笔记》,第一篇词汇教学研究文章是张维先生发表在《语言教学与研究》1979年第1期上的《汉语词汇教学琐谈》,第一篇语法教学研究的文章是钟梫先生发表在《中国语文》1965年第4期上的《什么时候不用词尾"了"?——教学笔记》,第一篇汉字教学研究的文章是王学作先生发表在《语言教学与研究》第一集(1977年2月)上的《谈谈汉字教学》。

关于汉字教学,我们注意到一个特殊的情况。汉字教学其实从一开始就有,但理性的研究却起步很晚,其中的缘由值得思考。特别是到了近一二十年,文章的数量急剧增加,关注的角度也越来越多样。这也许和汉语言学界在文字改革问题、汉语和汉字的关系问题等方面认识的变化有直接关系,限于篇幅,兹不赘述。

表3是以十年为一段对五十余年的论文做的一个统计:

表3

类别	195x	196x	197x	198x	199x	200x
一、总论	**7**	**1**	**8**	**124**	**401**	**543**
1. 大纲	0	0	0	6	23	17
2. 总体设计	0	0	0	9	29	30
3. 基础理论	0	0	1	13	45	55
4. 教学理论	5	0	2	18	43	61
5. 学科建设	0	0	0	21	85	97
6. 课程与课堂教学	0	0	2	17	49	67
7. 教学法与教学模式	1	0	2	22	40	60
8. 特殊教学类型研究	0	0	0	1	22	27
9. 教师行为与教师培训	0	0	0	2	19	45
10. 国内外汉语教学概况	1	1	1	14	36	43
11. 其他	0	0	0	1	10	41
二、汉语本体研究	**11**	**2**	**33**	**122**	**359**	**381**
1. 语音研究	3	0	6	13	16	20
2. 词汇与词典研究	0	0	5	29	84	97
3. 语法研究	8	2	22	70	196	180
4. 语篇研究	0	0	0	4	14	18
5. 语义、语用研究	0	0	0	6	44	61
6. 语体研究	0	0	0	0	5	5
三、汉外对比研究	**0**	**1**	**15**	**29**	**149**	**132**
1. 语音对比研究	0	0	6	3	7	6
2. 词汇对比研究	0	1	7	3	45	40
3. 语法对比研究	0	0	2	18	61	52
4. 文字对比研究	0	0	0	1	2	3
5. 语用对比研究	0	0	0	1	9	10
6. 其他	0	0	0	3	25	21
四、对外汉语课程与教学研究	**0**	**2**	**18**	**143**	**603**	**805**
(一)阶段教学研究	**0**	**0**	**0**	**6**	**39**	**31**
1. 初级汉语教学研究	0	0	0	4	9	15
2. 中高级汉语教学研究	0	0	0	2	30	16
(二)课型教学研究	**0**	**0**	**5**	**51**	**175**	**211**
1. 精读课(文选课、综合课)	0	0	2	9	6	10
2. 口语课	0	0	0	5	40	58
3. 听力课	0	0	1	6	38	50
4. 阅读课	0	0	0	6	26	42

续表

类别	195x	196x	197x	198x	199x	200x
5.写作课	0	0	1	5	12	18
6.视听说课	0	0	0	2	15	4
7.报刊课	0	0	0	7	18	10
8.翻译课	0	0	1	2	8	3
9.其他	0	0	0	9	12	16
(三)国(族)别教学研究	**0**	**0**	**0**	**4**	**31**	**38**
(四)语言要素教学研究	**0**	**2**	**13**	**82**	**358**	**525**
1.语音教学研究	0	1	8	16	38	64
2.词汇教学研究	0	0	1	10	83	136
3.语法教学研究	0	1	2	29	72	131
4.汉字教学研究	0	0	2	19	131	151
5.语篇教学研究	0	0	0	3	11	12
6.语用教学研究	0	0	0	3	17	27
7.语体教学研究	0	0	0	2	6	4
五、对外汉语文化教学研究	**0**	**0**	**0**	**8**	**152**	**125**
六、对外汉语教材研究	**0**	**0**	**1**	**44**	**111**	**165**
七、对外汉语教学史研究	**0**	**0**	**0**	**3**	**22**	**35**
八、对外汉语习得研究	**0**	**0**	**1**	**15**	**136**	**346**
1.基础理论研究	0	0	0	5	38	72
2.语音习得研究	0	0	0	3	23	28
3.词汇习得研究	0	0	0	1	8	53
4.语法习得研究	0	0	1	4	22	61
5.汉字习得研究	0	0	0	0	8	46
6.语篇习得研究	0	0	0	0	7	20
7.语用习得研究	0	0	0	0	2	6
8.学习策略研究	0	0	0	0	6	11
9.其他	0	0	0	2	22	49
九、对外汉语测试研究	**0**	**0**	**0**	**3**	**101**	**123**
1.基础理论研究	0	0	0	0	9	22
2.成绩测试研究	0	0	0	0	9	8
3.水平测试研究	0	0	0	3	77	86
4.其他	0	0	0	0	6	7
十、现代教育技术与对外汉语教学研究	**0**	**0**	**0**	**5**	**44**	**110**
合　计	**18**	**6**	**76**	**496**	**2078**	**2765**

从表3明显可见,前30年的对外汉语教学研究在多个领域基本是空白,论文总量只有区区100篇,学科建设的基础极其薄弱。这种状况整体上和新中国成立以来的发展形势是一致的。70年代末结束"文革"十年,学术才有了"科学的春天",语言学及对外汉语教学研究也有了发展的可能。改革开放的30年,也是对外汉语教学快速健康发展的30年,这从上表的数字看得很清楚。

大纲、教学理论、学科建设等方面的研究是学科发展中的重要内容。前30年中,由于历史的原因,基本上还没有学科意识,因此这方面的研究基本上是从20世纪80年代开始起步的。近二十多年来发展很快,学科赖以构建的各分支领域都有了一批成果,比如教师行为与教师培训研究虽然起步晚,但发展很好,这和对外汉语教学事业的发展形势紧密相关。

面向对外汉语教学的汉语本体研究是对外汉语教学研究中起步最早、研究最为充分的领域之一,特别是传统的语音、词汇、语法等要素的研究,一直受到高度重视。以王还先生为代表的一批身处对外汉语教学一线的学者在过去的几十年中发表了大量“应用视角”的汉语本体研究成果。近十几年来,在陆俭明等先生的积极倡导下,面向对外汉语教学的汉语本体研究成果日益增多,这从表3的数字可以看出。

汉外对比研究是对外汉语教学研究中的一个重要领域,也是整个外语教学界的一个重要领域。这里的数字不能完全反映国内这一研究领域的全貌,主要是和对外汉语教学直接相关的研究成果,整体发展也是呈快速增长的趋势。以词汇对比看,90年代要比80年代多出数倍。

课程与教学研究中,阶段教学研究的中高级汉语教学研究在20世纪80年代不被重视,这从“2”这个数字可以反映出来。进入90年代曾出现过一个高潮,召开了专门的研讨会,成果反映在《中高级对外汉语教学论文选》这本会议文集里,但之后又呈下降趋势,中高级汉语的教学研究目前还是比较薄弱。

课型教学研究,近二十多年虽然整体发展迅速,但有一些薄弱点,比如写作课的研究很不够,尽管已经出版了写作研究的专著,但总体上看,无论是量还是质都还有很大的努力空间。精读课有其特殊性,某些归到初级或中高级汉语教学研究的实际也是研究综合技能课的教学,这样算来也不少,但在研究的深度上还存在着差距。视听说课在90年代曾经热过,因此讨论的文章就多些。进入21世纪,对这门课的关注度减小。翻译课的研究一直比较薄弱。

语言要素教学研究,总的特点是起步早,近二十多年发展很快。其中值得注意的是汉字教学研究,起步很晚,前30年中只有2篇文章,80年代也只有19篇文章,但进入90年代猛增到131篇,2000年以来的6年间就达到151篇,超过了一直占优势的语法教学研究。这其中的缘由值得研究。同时还应关注的一个问题是,研究的量大幅度增加,研究的角度也日趋多样化,但汉字教学的效果似乎并没有显著的改善,这样说的根据是到目前我们没有见到有足够说服力的教学实验报告,是研究成果的运用不够还是另有其他的原因?需要认真研究。语篇、语用和语体教学的研究,虽然起步晚,总量不多,毕竟已经开始重视。

文化教学是对外汉语教学不可或缺的一个组成部分。90年代在对外汉语教学界兴起的“文化热”从研究成果的数量上得到了反映,从80年代的8篇猛增到90年代的152篇,2000年至今也已有125篇。

对外汉语教材研究起步也很晚,80年代以来快速发展,仅2000年以来就有165篇文章,这反映了近二十年来教材建设快速发展的实际状况,对教材编写理论和实践的研究日趋重视。

对外汉语教学史的研究是近些年才开始受到关注的。这也是学科建设的一个重要部分,尽管起步很晚,但已成为对外汉语教学学科建设中一个重要的组成部分,有大量的工作可做。

习得研究前30年基本是空白,20世纪80年代是起步阶段,偏误分析、中介语理论的引入是这个时期的主要研究内容。近十几年发展很快,汉字习得研究尤其显著,整个90年代只有8篇,但2000年以来有46篇,这和习得与认知相关理论的引入有直接关系。语篇和语用的习得也开始引起重视。

对外汉语测试研究起步于20世纪80年代,90年代以来迅速发展,主要体现在汉语水平测试研究上。成绩测试研究非常薄弱,从教学实践的现实要求来看,亟须大力加强这方面的研究。

现代教育技术在对外汉语教学中的应用,既是"怎么教"的方法意义上的问题,也是"用什么手段教"的工具意义上的问题,80年代以来日益引起重视。

总体上看,经过近二十年来的发展,对外汉语教学研究的内容更加丰富了,研究范围更加广泛了,学科建设有了十分可喜的局面。但也要看到,量的表现只是一个方面的参数,更重要的是质的表现。而质的表现的一个重要参考就是专题性著作的情况。从我们搜集的著作来看,虽然20世纪90年代以来出版的著作越来越多,但整体看有几个方面的问题:一是概论性的多专论性的少,且概论多有重复;二是缺少实证性的有深度的专著;三是很多分支领域还没有专论性的著作,仅以历来最受重视的语法教学为例,虽然有数部著作,但在系统性和理论性等方面还有欠缺。这些问题自然是学科发展初级阶段必然会有的问题,毕竟对外汉语教学作为学科历史太短。但从另一个角度看正说明,这个年轻的学科未开垦的处女地很多,大有可以作为之处。

五、从学术园地的发展看对外汉语教学研究的发展

一个学科的发展水平和它拥有怎样的学术园地有着密切的关系。作为语言学及应用语言学这个二级学科下面的三级学科,对外汉语教学在发展之初不可能有自己相对独立的学术园地。我们看到,20世纪50年代,大部分被我们归到对外汉语教学研究的文章都是发表在《中国语文》上,只有两篇发表在其他刊物上。这固然和那个年代语言类刊物少有关,也说明对于汉语作为第二语言教学的研究比较重视。随着《语言教学与研究》、《世界汉语教学》等专业刊物的问世,《中国语文》发表对外汉语教学文章的量逐渐减少,目前基本不再发表教学研究类文章。《汉语学习》、《语言文字应用》自创刊以来一直把对外汉语教学研究放在重要位置,发表了很多高质量的文章,成为对外汉语教学研究的重要园地。

《索引》收录的基本原则是国内正式出版物上的文章,但对于试刊时期的《语言教学与研究》却"网开一面"。十年"文革"刚刚结束,北京语言学院为推动语言教学研究开始试办《语言教学与研究》刊物,于1977年2月内部刊行《语言教学与研究》(第一集),之后分别于1977年

11月、1978年5月和1979年2月出版了第二集至第四集。值得注意的是,包括吕叔湘、朱德熙、林焘等先生在内的老一辈学者的一些重要文章最初都是发表在这四集没有刊号的刊物上,如吕叔湘的《通过对比研究语法》发表在该刊的第二集上,朱德熙先生的《"在黑板上写字"及相关句式》这篇著名的文章最早就发表在该刊的第三集上,林焘先生的《语音教学和字音教学》发表在第四集上。这些都有重要的象征意义:一方面表明,对外汉语教学学科的建设一开始就得到了老一辈语言学家的关怀和重视,可以说没有他们的支持,就很难有学科的建立;另一方面也说明,语言理论的研究和语言应用的研究从来就是紧密结合的,不是相互矛盾的,老一辈学者已经做出了很好的表率。

各大学的学报也是一个重要的学术园地。最早发表对外汉语教学文章的是《上海师范大学学报》(哲学社会科学版),钱倚云的《谈谈对外汉语教学的三个环节》发表在该刊1984年第3期上。此后越来越多的大学学报可以见到对外汉语教学的文章。这从一个侧面可以反映出对外汉语教学事业的发展状况。

各对外汉语教学机构创立的学术园地是推动学科发展的一个重要因素。相对于某些"热门"学科而言,语言学的专业刊物较少,语言理论、汉语各要素、汉语史、方言等方面的文章已经占据了本已有限的版面,对外汉语教学的文章就难以跻身其中了。基于此,各对外汉语教学机构自谋出路、自创园地,编辑出版各种形式的文集,有的作者限于本单位,有的则是开放性的。这些文集为对外汉语教学的学科建设作出了非常重要的贡献。近年完成的"商务馆对外汉语教学专题研究书系"(共22册)收录的很多文章最初就发表在这些文集中。那种认为只有发表在专业期刊上的文章才是好文章的看法无疑是一种偏见,不能因为存在滥出文集的现象就否定一切,关键看水平、看质量。最早出版以书代刊文集的是南开大学对外汉语教学中心的《汉语研究》(南开大学出版社,1986年),之后尽管随着机构的调整有一些变化(比如编辑者、出版社、名称等),但一直坚持至今。其他如北京语言大学汉语学院编辑的《语言文化教学研究集刊》(共7册)、北京大学编辑的《北大海外教育》(共3册)、中国人民大学编辑的《汉语研究与应用》(共5册)、上海外国语大学编辑的《对外汉语论丛》(共4册)、华东师范大学编辑的《对外汉语教研论丛》(共3册)、复旦大学编辑的《汉学论丛》(共4册)、北京外国语大学编辑的《汉日语言研究文集》(共5册)、中央民族大学编辑的《第二语言(汉语)教学论集》(共3册)、延边大学编辑的《双语双文化论丛》(共4册)等都有很好的影响。遗憾的是,有些机构的文集随着机构、人员的调整,没能继续编辑出版。近年陆续又有数种以书代刊的文集问世,如上海师范大学对外汉语学院的《对外汉语研究》(商务印书馆)、北京大学对外汉语教育学院的《汉语教学学刊》(北京大学出版社)等。

此外,世界汉语教学学会、中国对外汉语教学学会,以及各地区分会的年会文集、专题会议文集等,也是对外汉语教学研究成果的重要园地。某些成果散见于其他语言学学术会议的文集中。

六、结语

五十余年的对外汉语教学研究历程,可以梳理、总结的内容很多,需要从多个角度、多个层次开展细致的研究。我们这里所做的只是基于量的粗线条地对该学科的发展概况做有限的描述。其实《索引》中的十大类,乃至大类中的小类,都应该做深入细致的梳理工作。前面说到的"商务馆对外汉语教学专题研究书系"的22册中都包含着一篇综述,有研究特点的分析,有研究趋势的描述,也有对问题的认识,可以反映各个分支领域的基本研究面貌,值得参考。但这些综述也还是比较粗略的,需要对各个分支领域做更加系统全面的梳理。

最后要说明的是,《索引》的编辑工作是一项艰苦的文献整理工作,对我们来说是第一次,有很多困难需要克服,比如各对外汉语教学机构编辑出版的文集,有些很难在书店、图书馆找到,更不用说找全了。还有就是体现《索引》科学性的文献分类工作,十大类内部分类粗细还不均衡,这或许会给使用者带来不便,只能留待今后再做弥补了。其他不当之处恐难避免,恳望方家指正。

孙德金

2008年8月

目　录

(一)论文

(二)著作

使 用 说 明

本书收录了新中国成立以来(1950—2006)在中国内地出版和发表的汉语作为第二语言(多称“对外汉语”)教学研究的论文和著作，共5700条。本书中的“对外汉语教学”是一个宽泛的概念，泛指汉语非第一语言的教学，包含对少数民族的汉语教学和海外华语教学。在收录范围上，只收研究性的文献，教材、辅助读物、工具书等不收；只收在内地出版(发表)的文献，暂不收录海外文献；原则上只收录正式出版的文献，也收录了个别非正式出版的文献，如《语言教学与研究》试刊本，中国教育学会对外汉语教学研究会编的《对外汉语教学论文选》(1983)等。(本书期刊来源见附录2“期刊目录”)

全书分为“论文”和“著作”两大部分，论文部分按照对外汉语教学学科内容构成分成十个大类(详见目录)，每个大类再分成若干小类。现对其中四类做如下说明：

A　总论

该类包含的11个小类，个别类(如“教学法与教学模式”等)也可以升为大类，但为了减少大类的数量，归在“总论”中。“基础理论”和“教学理论”也存在交叉，难有绝对的界限，相关的文献可在此两类中查找。

B　汉语本体研究

此类收录的原则是与对外汉语教学有关的汉语本体研究文献，但在如何判定是否有关的问题上存在困难。我们努力做到有关的(比如文中提及“对外汉语教学”)尽量收全，难说直接有关的酌情收录。若做纯汉语本体的研究，需查找其他工具书。

有关汉字方面的研究未单列在此类中，相关研究文献可在“DD语言要素教学研究”或“HE汉字习得研究”类中查找。

D　对外汉语课程与教学研究

此类关键词是“教学”二字，下分四个子类。关于第二个子类“课型教学研究”，精读课的叫法不很统一，因此把“综合课”包含在内，另外“文选课”是早期相当于“综合课”的一种课程名称，也包含在此类中。

H　对外汉语习得研究

这里称作习得研究也是概括的称谓，指从汉语学习(习得)者角度研究的诸分支领域，如偏误分析、中介语、习得、认知、学习策略等。

著作部分分为“专著”和“文集”两大类，各类下再分若干小类。

读者可以按著作内容及出版年份在正文中查检，也可以参照书后的索引(附录1)按作者姓氏查检。

1. 编号

1.1 每一条目前均有编号,编号共七位,前两位为字母,后五位为阿拉伯数字,如 BE01061。有的大类之下不再分小类,第二位字母不显示,因此是六位,如 E03210。

1.2 第一位字母表示该著作属对外汉语教学学科的哪一大类。

1.3 第二位字母表示该大类下属小类,例如"总论"下辖 11 个小类,分别以 AA,AB……AZ 表示,部首 AA 为"大纲",AB 为"总体设计"……例如读者欲查阅有关对外汉语教学大纲的研究著作,可以在 AA 部下查到。凡不属主要研究类别的著作均置于字母 Z 之下,例如,AZ 部为不属 10 个小类的其他总论著作。

1.4 第三位、第四位表示该著作出版年份,例如,AA00 表示于 2000 年出版的有关对外汉语教学大纲的著作。

1.5 第五位至第七位为顺序编号,每个小类下属课题为一个编号系统。例如 AA 之下从 AA88001 至 AA06046,表示本书共收研究对外汉语教学大纲方面的著作 46 篇。同一小类、同一课题、同一年出版的著作以篇名汉语拼音字母的先后排序。例如,盛炎写的"《汉语水平等级标准和等级大纲》(试行)与国外一些标准和大纲的比较",排在李景蕙写的"《汉语水平等级标准》(试行)对语言技能的要求"之后。

2. 条目

2.1 类别

本书收录以下五类著作:全书、篇章、期刊论文、丛刊论文、会议论文。五类条目内容略有不同,例如期刊论文条目须包括期刊名称,该论文刊在哪一卷或哪一年第几期;丛刊论文条目须包括丛刊名称、编者姓名。但排序时五类著作统一按学科类别、年份及篇名编排,不按类别划分。各类著作条目详细内容举例如下:

2.2 全书

编号　书名　作者/编者　出版社　出版年份

例：AA06027　对外汉语教学心理学引论　张灵芝　厦门大学出版社　2006 年

＊　如系编辑作品，在编者姓名之后加上“编”字。

2.3　篇章

编号　篇名　作者姓名　书名　编者姓名　出版社　出版年份

例：AG94033　对外基础汉语教学法创新之路　刘英林　李景蕙　《汉语水平考试研究（续集）》　刘英林主编　现代出版社　1994 年

2.4　期刊论文

编号　篇名　作者姓名　期刊名　年份/卷码.期码

例：AF99067　语言教学中的限定与自由　李杨《世界汉语教学》　1999 年第 2 期

2.5　丛刊论文

编号　篇名　作者姓名　丛刊名及期码　编者姓名　出版社　出版年份

例：BA05053　汉语节律结构模式初探　吴为善　《对外汉语研究》第一期　齐沪扬主编　商务印书馆　2005 年

2.6　会议论文

编号　篇名　作者姓名　论文集名称　编者姓名　出版社　出版年份

例：AG02087　“准常规语言教学”类型及其教学模式　刘川平　《中国对外汉语教学学会第七次学术讨论会论文选》　中国对外汉语教学学会编　人民教育出版社　2002 年

＊　有些会议论文集出版时另加文集名称，有些则仅有会议名称。

3. 人名

3.1 一篇著作有两个以上作者时均随原著先后排列。

3.2 无论中国人姓名或外国人姓名,以外文或汉语拼音出现,依原著照录,因此不同姓名的姓和名次序可能不一致。如“DU Liping”和“Zhiwei Feng”。

3.3 有些作者既有英文名又有中文名,且分别在不同条目中出现的,在其英文名后以括注形式给出中文名。如任长慧英文名 Theresa Chang-whei Jen,条目“作者姓名”一项以“Theresa Chang-whei Jen(任长慧)”形式列出。

* 原著不附作者姓名汉字,本书不能都提供。

4. 作者索引

4.1 索引按作者姓氏汉语拼音字母排序,同一作者的著作按编号后三位数次序排于姓名之后,“(一)”表示该作者在论文部分的文献,“(二)”表示该作者在著作部分的文献。外文或汉语拼音形式的作者姓名按英文字母排序,统一附在索引最后。

4.2 有两名或两名以上作者合作的论著,在每位作者名下分别列出。例如张西平、柳若梅合写的著作分别在“张西平”及“柳若梅”名下列出,不设“张西平　柳若梅”条。

4.3 有些作者既有英文名又有中文名,且都在正文条目中出现的,如任长慧英文名 Theresa Chang-whei Jen,索引以“任长慧(Theresa Chang-whei Jen)”的形式列出,不再单列“Theresa Chang-whei Jen”条。

4.4 同一作者姓名汉语拼音形式出现不一致的,如“DU Liping”和“Liping Du”,索引以“DU Liping(Liping Du)”的形式列出。

5. 其他

5.1 同一篇文章如在多处(刊物、文集)发表,本书只列一个出处。

5.2 作者国籍使用简称,如(澳)代表澳大利亚。尊重历史,(苏)代表苏联,(俄)代表俄罗斯。

* 原著不附作者国籍，本书不能都提供。

5.3 条目中书名、篇名基本上从原文体例，为此本书各条的体例难免显得不十分一致，例：

双语双文化论丛(一)
汉语研究(第一辑)

5.4 有的期刊几易其名，正文条目依原著照录，附录2“期刊目录”以现用名为正条，曾用名以括注形式给出，例：

北华大学学报(社会科学版)(曾用名《吉林师范学院学报》)

* 正文条目未出现的曾用名，本书不列出。

5.5 《汉语学报》2004年以前以书代刊，2004年起以期刊形式发行。凡源自2004年以前的《汉语学报》的条目，统一为丛刊论文的条目体例，例：

BD01024 汉语对话语体中的“拼合”现象 郑贵友 《汉语学报》第2期 邢福义 萧国政主编 湖北教育出版社 2001年

凡源自2004年以后的《汉语学报》的条目，统一为期刊论文的条目体例，例：

AD06118 从“词本位”到“字中心”——对外汉语教学的战略转移 张德鑫 《汉语学报》 2006年第2期

（一）论 文

A 总 论

AA 大纲

AA88001 《汉语水平等级标准》(试行)对语言技能的要求 李景蕙 《世界汉语教学》 1988年第4期

AA88002 《汉语水平等级标准和等级大纲》(试行)与国外一些标准和大纲的比较 盛炎 《世界汉语教学》 1988年第4期

AA88003 略述汉语水平等级标准的制订 赵贤州 《世界汉语教学》 1988年第4期

AA88004 谈《汉语水平等级标准和等级大纲》(试行)的使用 董明 《世界汉语教学》 1988年第4期

AA89005 《汉语水平等级标准和等级大纲》(试行)的研究方法 刘英林 《世界汉语教学》 1989年第1期

AA89006 中国编写《对外汉语教学语法系统纲要》 仲人 《世界汉语教学》 1989年第1期

AA90007 谈谈《汉语词汇等级大纲》(试行)中的轻声词和儿化词 钱学烈 《第三届国际汉语教学讨论会论文选》 第三届国际汉语教学讨论会会务工作委员会编 北京语言学院出版社 1990年12月

AA92008 对《语法等级大纲》(试行)的几点意见 吕文华 《语言教学与研究》 1992年第3期

AA93009 对外汉语教学的一项基本建设——《汉语水平等级标准和等级大纲》读后 程棠 《对外汉语教学论文选评》第1集 盛炎 沙砾编 北京语言学院出版社 1993年3月

AA93010 功能项目与功能大纲 杨寄洲 《中国对外汉语教学学会第四次学术讨论会论文选》 中国对外汉语教学学会编 北京语言学院出版社 1993年

AA93011 汉语水平考试汉字大纲所收2905个汉字分析结果 朱一之 《语言教学与研究》

1993年第3期

AA93012 论汉语教学字词的统计与分级 刘英林 宋绍周 《中国对外汉语教学学会第四次学术讨论会论文选》 中国对外汉语教学学会编 北京语言学院出版社 1993年

AA95013 关于“汉语水平等级标准”的几个问题 刘英林 《语言文字应用》 1995年第4期

AA95014 汉语水平等级标准 国家对外汉语教学领导小组办公室汉语水平考试部 《语言文字应用》 1995年第4期

AA95015 《HSK词汇等级大纲》问题浅见 孙德金 《第四届国际汉语教学讨论会论文选》 《第四届国际汉语教学讨论会论文选》编辑委员会编 北京语言学院出版社 1995年

AA95016 制定《中级汉语课程词汇大纲》的原则及理论思考 陈灼 《语言教学与研究》 1995年第4期

AA96017 略论教学大纲 李杨 《语言文化教学研究》 北京语言学院汉语学院编 华语教学出版社 1996年

AA96018 略谈《基础汉语教学词汇大纲》的研制 邱军 《语言文化教学研究》 北京语言学院汉语学院编 华语教学出版社 1996年

AA96019 说《词汇等级大纲》的词类标注问题 彭利贞 《中国对外汉语教学学会成立十周年纪念论文选》 中国对外汉语教学学会秘书处编 北京语言学院出版社 1996年

AA96020 制定《中级汉语课程词汇大纲》的原则及理论思考 陈灼 《语言文化教学研究》 北京语言学院汉语学院编 华语教学出版社 1996年

AA96021 《中高级对外汉语教学等级大纲》的研制和思考 孙瑞珍 陈田顺 《中国对外汉语教学学会成立十周年纪念论文选》 中国对外汉语教学学会秘书处编 北京语言学院出版社 1996年

AA97022 《对外汉语初级阶段教学语法大纲》编写思路 杨寄洲 邱军 《语言文化教学研究集刊》第一辑 北京语言文化大学汉语学院编 华语教学出版社 1997年

AA97023 构建对外汉语教学的文化因素体系——研制文化大纲之我见 林国立 《语言教学与研究》 1997年第1期

AA97024 关于《汉语水平词汇与汉字等级大纲》的几个问题 李英 《中山大学学报论丛》 1997年第4期

AA97025 《HSK词汇等级大纲》中形容词和副词的词类标注问题 李晓琪 《汉语学习》 1997年第4期

AA97026 《语法等级大纲》的编制与定位 刘英林 李明 《语言教学与研究》 1997年第4期

AA98027 谈《对外汉语初级阶段功能——意念大纲》的研制 杨寄洲 《语言文化教学研究集刊》第二辑 北京语言文化大学汉语学院编 华语教学出版社 1998年

AA99028 《汉语水平词汇与汉字等级大纲》的词汇量问题 李清华 《语言教学与研究》

1999 年第 1 期

AA99029　我们究竟需要什么样的语法大纲　竟成　《世界汉语教学》 1999 年第 3 期

AA00030　对外汉语水平词汇等级大纲甲乙级词声调规律的调查　尚秀妍　《世界汉语教学》 2000 年第 2 期

AA00031　关于编制对外汉语教学非学历教育汉语教学大纲的几点构想　孙晖　《第六届国际汉语教学讨论会论文选》《第六届国际汉语教学讨论会论文选》编辑委员会编　北京大学出版社　2000 年

AA00032　汉字与写作能力调查的整体设计　王又民　《语言文化教学研究集刊》第四辑　北京语言文化大学汉语学院编　华语教学出版社　2000 年

AA01033　"高等学校外国留学生汉语教学大纲(长期进修)"编写说明　刘超英　朱志平　刘乃华　吴中伟　张筱平　《中国对外汉语教学学会北京分会第二届学术年会论文集》 中国对外汉语教学学会北京分会编　北京语言文化大学出版社　2001 年

AA01034　Intensive Chinese Curriculum and Pedagogy in Business Contexts　(美)刘美如　《国际汉语教学学术研讨会论文集》(《语言研究》2001 年增刊)　李祥坤主编　《语言研究》编辑部　2001 年

AA02035　任务式大纲与汉语交际任务　马箭飞　《语言教学与研究》 2002 年第 4 期

AA03036　关于修订《(汉语水平)词汇等级大纲》的若干意见　赵金铭　张博　程娟　《世界汉语教学》 2003 年第 3 期

AA04037　功能大纲的理论研究与基本框架——对外汉语教学功能—意念大纲研制的前期调研　吴勇毅　《对外汉语教学探索》 学林出版社　2004 年

AA04038　关于《汉语水平词汇与汉字等级大纲》的思考　姜德梧　《世界汉语教学》 2004 年第 1 期

AA04039　考察日本常用汉字在 HSK 汉字等级大纲中的分布探讨对日汉字教学　郑杰　《第七届国际汉语教学讨论会论文选》 《第七届国际汉语教学讨论会论文选》编辑委员会编　北京大学出版社　2004 年

AA04040　试论结构型语言教学大纲——兼论汉语教学语法体系分级排序问题　唐曙霞　《世界汉语教学》 2004 年第 4 期

AA04041　通用汉字中的理想声旁与汉字等级大纲　(德)孟坤雅　《第七届国际汉语教学讨论会论文选》 《第七届国际汉语教学讨论会论文选》编辑委员会编　北京大学出版社　2004 年

AA05042　《汉语水平词汇与汉字等级大纲》收"语"分析　李红印　《语言文字应用》 2005 年第 4 期

AA06043　《等级大纲》与汉语教材生词的确定　李绍林　《汉语学习》 2006 年第 5 期

AA06044　《(汉语水平)词汇等级大纲》双音合成词语素统计分析　邢红兵　《世界汉语教

学》 2006年第3期

AA06045 美国《21世纪外语学习标准》评析——兼谈《全美中小学中文学习目标》的作用与影响 罗青松 《世界汉语教学》 2006年第1期

AA06046 外国学生汉语字词学习的影响因素——兼论《汉语水平大纲》字词的选择与分级 江新 赵果 黄慧英 柳燕梅 王又民 《语言教学与研究》 2006年第2期

AB 总体设计

AB86001 对外汉语教学总体规划、课程设置及教材编写的初步设想 北京外语学院留学生汉语教研室集体讨论 李传槐执笔 《对外汉语教学研究会第二次学术讨论会论文选》 中国高等教育学会对外汉语教学研究会编 北京语言学院出版社 1986年

AB86002 二年制文科班课程设置计划及有关问题 北京语言学院来华留学生一系文科教学大纲编写组 《汉语研究》 南开大学对外汉语教学中心编 南开大学出版社 1986年

AB86003 关于二年制进修班课程设置和教材编写的设想 王振昆 贾甫田 《对外汉语教学研究会第二次学术讨论会论文选》 中国高等教育学会对外汉语教学研究会编 北京语言学院出版社 1986年

AB86004 零起点一年制留学生基础汉语教学总体设计 上海外国语学院对外汉语系 《对外汉语教学研究会第二次学术讨论会论文选》 中国高等教育学会对外汉语教学研究会编 北京语言学院出版社 1986年

AB86005 试谈对进修生的汉语教学 徐缦华 《对外汉语教学研究会第二次学术讨论会论文选》 中国高等教育学会对外汉语教学研究会编 北京语言学院出版社 1986年

AB86006 提高教学质量的关键——谈汉语初级班总体设计问题 金振邦 《对外汉语教学研究会第二次学术讨论会论文选》 中国高等教育学会对外汉语教学研究会编 北京语言学院出版社 1986年

AB87007 对课程设置纵横关系的思考 李忆民 《世界汉语教学》 1987年第1期

AB87008 灵活地使用教材、组织教学——短期对外汉语教学浅谈 来思平 《语言教学与研究》 1987年第3期

AB88009 浅谈对外汉语短期班的教学 胡春惠 《中央民族大学学报》(哲学社会科学版) 1988年增刊第1期

AB90010 试论汉语教学的学习阶段和学习目标 (日)濑户宏 《第三届国际汉语教学讨论会论文选》 第三届国际汉语教学讨论会会务工作委员会编 北京语言学院出版社 1990年

AB90011 四年制对外汉语教学总体设计提要 李杨 康玉华 田桂文 《中国对外汉语教

学学会第三次学术讨论会论文选》 中国对外汉语教学学会编 北京语言学院出版社 1990 年

AB88012 谈特短期对日汉语教学 李延瑞 《福建师范大学学报》(哲学社会科学版) 1988 年第 2 期

AB90013 听说与读写分阶段教学的尝试 贾铃 《中国对外汉语教学学会第三次学术讨论会论文选》 中国对外汉语教学学会编 北京语言学院出版社 1990 年

AB90014 再论对外汉语教学的总体设计 吕必松 《第三届国际汉语教学讨论会论文选》 第三届国际汉语教学讨论会会务工作委员会编 北京语言学院出版社 1990 年

AB91015 对外现代汉语专业系的课程设置与基本建设 刘士勤(执笔) 王金峰 《中高级对外汉语教学论文选》 国家对外汉语教学领导小组办公室教学业务部编 北京语言学院出版社 1991 年

AB91016 试论中级汉语课的设计 陈灼 《中高级对外汉语教学论文选》 国家对外汉语教学领导小组办公室教学业务部编 北京语言学院出版社 1991 年

AB93017 对外汉语教学概论(讲义)(续四) 吕必松 《世界汉语教学》 1993 年第 2 期

AB93018 关于外国留学生科技汉语教学体制和教材问题 杜厚文 《对外汉语教学论文选评》第 1 集 盛炎 沙砾编 北京语言学院出版社 1993 年

AB93019 基础汉语教学的一次新的尝试——教学实验报告 鲁健骥 《对外汉语教学论文选评》第 1 集 盛炎 沙砾编 北京语言学院出版社 1993 年

AB93020 试论对外汉语教学的课程设计 李爽 《世界汉语教学》 1993 年第 3 期

AB93021 试论对外汉语教学的总体设计 吕必松 《对外汉语教学论文选评》第 1 集 盛炎 沙砾编 北京语言学院出版社 1993 年

AB93022 综合性大学对外汉语教学总体设计浅论 王振昆 《中国对外汉语教学学会第四次学术讨论会论文选》 中国对外汉语教学学会编 北京语言学院出版社 1993 年

AB94023 设立面向外国学生的"中国语言文化专业(本科)"刍议 陈仁凤 《汉语学习》 1994 年第 2 期

AB95024 短期对外汉语教学的新趋势及我们对教学特点的再认识 卢晓逸 朱子仪 《第四届国际汉语教学讨论会论文选》 《第四届国际汉语教学讨论会论文选》编辑委员会编 北京语言学院出版社 1995 年

AB95025 试论短期对外汉语教学 宿丰 《沈阳大学学报》 1995 年第 3 期

AB95026 谈高级汉语课程设置与教材使用——兼评英国杜伦大学东亚系的高级汉语课程 罗青松 《汉语学习》 1995 年第 3 期

AB96027 略论汉语速成教学的设计 崔永华 《语言教学与研究》 1996 年第 2 期

AB96028 论汉语言专业设课问题 李杨 《世界汉语教学》 1996 年第 3 期

AB97029 电视汉语系列教学节目的总体设计 赵宇辉 《第五届国际汉语教学讨论会论文

选》《第五届国际汉语教学讨论会论文选》编辑委员会编 北京大学出版社 1997年

AB97030 关于汉语言专业建设几个问题的思考 李更新 《世界汉语教学》 1997年第2期

AB98031 面向21世纪中高级汉语进修生培养目标和培养规格的定位与教学思路的思考 陈昌娟 钟英华 《语言文字应用》 1998年第3期

AB98032 外国留学生本科汉语专业设置方案的构想 王文虎 《对外汉语教学论丛》第1辑 四川大学对外汉语教学中心 王文虎主编 四川大学出版社 1998年

AB99033 短期汉语教学模式和课程设计 刘川平 《大连外国语学院35周年校庆学术系列丛书——对外汉语卷》 校庆丛书编委会编 长春出版社 1999年

AB99034 短期与速成汉语教学总体设计的原则和基本内容 马箭飞 《中国对外汉语教学学会第六次学术讨论会论文选》 中国对外汉语教学学会编 华语教学出版社 1999年

AB99035 对外汉语专业教育中语言知识课的定位问题 孙德金 《语言教学与研究》 1999年第1期

AB99036 《汉语速成学院教学总体设计》说明 马箭飞 《汉语速成教学研究》第二辑 北京语言文化大学汉语速成学院编 华语教学出版社 1999年

AB99037 论速成教学的四个基本要素 杨惠元 《语言教学与研究》 1999年第2期

AB99038 我们能够把汉语教得更好——对外汉语教学中级阶段总体设计改革构想 陈贤纯 《语言文化教学研究集刊》第3辑 北京语言文化大学汉语学院编 华语教学出版社 1999年

AB00039 从韩国对外韩语教学反观中国对外汉语分课型教学 金兰 《北大海外教育》第三辑 赵燕皎 李晓琪编 华语教学出版社 2000年

AB00040 国际间合作办学中汉语课的设计与教学 陈小玲 《武汉科技大学学报》(社会科学版) 2000年第2期

AB00041 试议超短期汉语强化培训的教学定位 黄宏 《第六届国际汉语教学讨论会论文选》《第六届国际汉语教学讨论会论文选》编辑委员会编 北京大学出版社 2000年

AB00042 “听说读写”往何处去?——对“丰富内容输入”式课程的探讨 洪越碧 阙少华 曼蒂·司各特(Mandy Scott) 《第六届国际汉语教学讨论会论文选》《第六届国际汉语教学讨论会论文选》编辑委员会编 北京大学出版社 2000年

AB00043 以汉语为第二语言的学习策略教程规划 信世昌 《第六届国际汉语教学讨论会论文选》《第六届国际汉语教学讨论会论文选》编辑委员会编 北京大学出版社 2000年

AB01044 汉语言专业的本科教学必须把语言本体课列为必修课——对汉语言专业课程设

置的一点看法 陈绂 《语言文字应用》 2001年第2期

AB01045 "学术级汉语"教学理念与大汉语教学 丁夏 《国际汉语教学学术研讨会论文集》(《语言研究》2001年增刊) 李祥坤主编 《语言研究》编辑部 2001年

AB02046 汉语口头交际能力的快速培养——谈外企人士对汉语教学的要求及我们的措施 杨金华 《暨南大学华文学院学报》 2002年第3期

AB02047 入系学历生汉语预备教育总体设计 林可 《广西大学学报》(哲学社会科学版) 2002年增刊第1期

AB03048 对短期汉语教学的探索与思考 孟长勇 《云南师范大学学报》(对外汉语教学与研究版) 2003年第4期

AB03049 对外汉语教学整体设计再思考及其他 施光亨 《汉语研究与应用》第一辑 中国人民大学对外语言学院编 中国社会科学出版社 2003年

AB03050 对外短期汉语教学浅议 宿丰 黄丽 《丹东师专学报》 2003年第4期

AB03051 口笔语分科 精泛读并举——对外汉语教学改进模式构想 鲁健骥 《世界汉语教学》 2003年第2期

AB03052 浅议短期汉语班教学的四要素 刘蕊 《云南师范大学学报》(对外汉语教学与研究版) 2003年第6期

AB04053 从学习的角度看对外汉语教学组织 王永德 史初例 《宁波大学学报》(教育科学版) 2004年第4期

AB04054 对外汉语本科专业建设几个主要问题的思考 李铁范 《淮北煤炭师范学院学报》(哲学社会科学版) 2004年第5期

AB04055 对外商务汉语与基础性对外汉语的教学比较 万谊娜 《云南师范大学学报》(对外汉语教学与研究版) 2004年第6期

AB04056 关于"商务汉语"课程、教学和教材的设想 袁建民 《云南师范大学学报》(对外汉语教学与研究版) 2004年第2期

AB04057 汉语教学的模式化研究初论 马箭飞 《语言教学与研究》 2004年第1期

AB04058 汉语预备教育中过渡阶段的缺失与重构 马国彦 《云南师范大学学报》(对外汉语教学与研究版) 2004年第5期

AB04059 建构主义在对外汉语高级阶段教学设计中的体现 刘晓海 徐娟 《云南师范大学学报》(对外汉语教学与研究版) 2004年第2期

AB05060 基于"需要分析"的特殊目标汉语教学设计 王静 《语言教学与研究》 2005年第5期

AB06061 对国内对外汉语教学的反思——AP汉语与文化课及美国教学实况给我们的启发 陈绂 《语言文字应用》 2006年增刊

AB06062 关于美国AP汉语与文化课程中三种交际模式的思考 王若江 《语言文字应用》

2006 年增刊

AB06063 关于有效陈述对外汉语教学目标的思考 姜丽萍 《云南师范大学学报》(对外汉语教学与研究版) 2006 年第 4 期

AB06064 教学目标的有效陈述与对外汉语教学 王添淼 《汉语学习》 2006 年第 3 期

AB06065 经贸汉语综合课的定位 沈庶英 《语言教学与研究》 2006 年第 5 期

AB06066 试论对外汉语教学目标分类 杨金成《汉语学习》 2006 年第 1 期

AB06067 探寻美国汉语教学的新路:分进合击 (美)印京华 《世界汉语教学》 2006 年第 1 期

AB06068 外国研究生《专业汉语》的教学设计 武惠华 《汉语研究与应用》第四辑 中国人民大学对外语言文化学院编 中国社会科学出版社 2006 年

AC 基础理论

AC77001 浅谈汉语的特点及汉语教学 黄政澄 《语言教学与研究》第二集 北京语言学院《语言教学与研究》编辑室 1977 年 11 月

AC80002 语言学在汉语作为外语教学中的作用 (美)李英哲 《语言教学与研究》 1980 年第 2 期

AC85003 EFL 与 CFL 王晓钧 《语言教学与研究》 1985 年第 3 期

AC86004 非语言交际理论在对外汉语教学中的指导作用 熊文华 《语言教学与研究》 1986 年第 1 期

AC86005 人们在言语交际中是怎样互相理解的 邢公畹 《汉语研究》 南开大学对外汉语教学中心编 南开大学出版社 1986 年

AC86006 谈语言交际能力 路家琳 《对外汉语教学研究会第二次学术讨论会论文选》 中国高等教育学会对外汉语教学研究会编 北京语言学院出版社 1986 年

AC86007 系统论、信息论、控制论在对外汉语教学中的应用 朱荔《语言教学与研究》 1986 年第 2 期

AC87008 对外汉语教学和标准语教学的异同 缪锦安 《世界汉语教学》 1987 年第 4 期

AC87009 音位学原理和对外汉语语音教学 李明 《世界汉语教学》 1987 年第 4 期

AC87010 语用学与对外汉语教学 孙秋秋《世界汉语教学》 1987 年第 4 期

AC88011 对比语言学和对外汉语教学 黄国营 《汉语学习》 1988 年第 5 期

AC89012 吕叔湘的第二语言教学原理及其在对外汉语教学中的意义 孙钧政 《语言教学与研究》 1989 年第 4 期

AC89013 模糊理论和对外汉语教学 王珊 《汉语学习》 1989 年第 1 期

AC89014 试论语音学与对外汉语教学 饶秉才《世界汉语教学》 1989 年第 2 期

AC90015 标准语与对外汉语教学 张宁《汉语学习》 1990 年第 5 期

AC91016 汉语研究与汉语教学 吕必松 《世界汉语教学》1991年第4期
AC92017 对外汉语教学概论(讲义) 吕必松 《世界汉语教学》 1992年第2期
AC92018 汉语文化语言学刍议 潘文国 《汉语学习》 1992年第3期
AC92019 交际文化与语言教学 冯学锋 李祥坤 《湖北大学学报》(哲学社会科学版) 1992年第5期
AC92020 论汉语交际能力的培养 范开泰 《世界汉语教学》 1992年第1期
AC92021 偏误分析与对外汉语教学 鲁健骥 《语言文字应用》 1992年第1期
AC93022 从对外汉语教学看“语言”“言语”划分的必要性 邢公畹 《世界汉语教学》 1993年第2期
AC93023 对外汉语教学概论(讲义)(续三) 吕必松 《世界汉语教学》 1993年第1期
AC93024 汉语文教学与索绪尔的贡献和局限 徐德江 《汉字文化》 1993年第3期
AC93025 语言不是知识 陈贤纯 《对外汉语教学论集》 北京语言学院教务处编 北京语言学院出版社 1993年
AC93026 语言和文化的关系与第二语言的教学 王魁京 《北京师范大学学报》(社会科学版) 1993年第6期
AC93027 语言学习理论的研究与对外汉语教学 刘珣 《语言文字应用》 1993年第2期
AC93028 语言研究要注意人、机两用 林杏光 《语文建设》 1993年第2期
AC94029 从现代科学研究的特点看语言学和语言教学研究 张斌 《语言教学与研究》 1994年第3期
AC94030 对外汉语教学中语言文化研究的问题 毕继万 张德鑫 《语言文字应用》 1994年第2期
AC94031 汉外对比研究与对外汉语教学——兼评汉外语言对比的若干论著 赵永新 《语言文字应用》 1994年第2期
AC94032 试谈实验语音学与语言教学研究的关系 韩祝祥 《语言教学与研究》 1994年第4期
AC94033 应用语言学与心理语言学在我国的发展 桂诗春 《语言教学与研究》 1994年第3期
AC95034 关于语言教学的若干问题 吕必松 《语言教学与研究》 1995年第4期
AC95035 关于语言学习与教学的思考 包古松 邱兆杰 《青岛大学师范学院学报》 1995年第3期
AC95036 会话研究与对外汉语教学 刘虹 《第四届国际汉语教学讨论会论文选》 《第四届国际汉语教学讨论会论文选》编辑委员会编 北京语言学院出版社 1995年
AC95037 论语感的性质、特征及类型 李泉 《中国人民大学学报》 1995年第4期
AC95038 试谈“信息差”在对外汉语教学中的应用 晏懋思 《第四届国际汉语教学讨论会

论文选》《第四届国际汉语教学讨论会论文选》编辑委员会编 北京语言学院出版社 1995年

AC96039 论语言的深层结构和对外汉语教学 邢公畹 《语言文字应用》 1996年第2期

AC96040 外语教学的几个理论问题 胡明扬 《汉语言文化研究》 胡明扬 金天相等编 广西师范大学出版社 1996年

AC96041 应用语言学与相关学科的联系 周小兵 《中山大学学报论丛》 1996年第3期

AC96042 语言和语言学习 胡明扬 《汉语言文化研究》 胡明扬 金天相等编 广西师范大学出版社 1996年

AC97043 第二语言教学中的功能及相关问题 李泉 《中国人民大学学报》 1997年第6期

AC97044 对外汉语教学概论(讲义)(续十七) 吕必松 《世界汉语教学》 1997年第1期

AC97045 汉语规范化和对外汉语教学 许嘉璐 《语言文字应用》 1997年第1期

AC97046 论第二语言教学中的简化原则 熊文 《世界汉语教学》 1997年第3期

AC97047 语言学研究中"语言能力"的界定问题 戴曼纯 《语言教学与研究》 1997年第2期

AC98048 对外汉语教学中的几个问题 郭振华 《语言文字应用》 1998年第4期

AC98049 对外汉语教学中值得研究的一个问题 朱务诚 《国外外语教学》 1998年第2期

AC98050 跨文化的对比语言学浅论 张雨江 《云南民族学院学报》(哲学社会科学版) 1998年第2期

AC98051 语言的规范化和言语的得体性 王希杰 《语言教学与研究》 1998年第1期

AC99052 第二语言获得研究与对外汉语教学 沙平 《语言文字应用》 1999年第4期

AC99053 对比语言学与语言的类型分类 王振昆 《语言教育问题研究论文集》 吕必松主编 华语教学出版社 1999年

AC99054 方言研究与对外汉语教学 张振兴 《语言教学与研究》 1999年第4期

AC99055 关于对外汉语教学目的的理论探讨 程棠 《世界汉语教学》 1999年第3期

AC99056 关于开展对外汉语教学基础研究之管见 陆俭明 《语言文字应用》 1999年第4期

AC99057 言语得体性与对外汉语教学 常敬宇 《汉语速成教学研究》第二辑 北京语言文化大学汉语速成学院编 华语教学出版社 1999年

AC99058 语言教学中的语感因素 王培光 《语言教学与研究》 1999年第3期

AC99059 西方语言文化教学的演变与发展——兼议对世界汉语教学的影响 陈申 《世界汉语教学》 1999年第1期

AC00060 从索绪尔的言语观看第二语言教学 李江 《北京第二外国语学院学报》 2000年第4期

AC00061 对外汉语教学的理论基础 王振昆 《回眸与思考:对外汉语教学》 张德鑫主编 外语教学与研究出版社 2000年

AC00062 Kramsch的后结构主义语言文化观 陈申 《语言教学与研究》 2000年第1期

AC00063 跨入新世纪后我国汉语应用研究的三个主要方面 陆俭明 《中国语文》 2000年第6期

AC00064 系统论与双语研究 戴庆厦 关辛秋 《双语学研究》(《民族教育研究》2000年增刊) 戴庆厦主编 《民族教育研究》编辑部 2000年

AC00065 语言的本质和语言教学 于根元 《汉语学报》第1期 邢福义 萧国政编 湖北教育出版社 2000年

AC00066 语言学理论与21世纪的汉语教学 (俄)谭傲霜 《第六届国际汉语教学讨论会论文选》《第六届国际汉语教学讨论会论文选》编辑委员会编 北京大学出版社 2000年

AC01067 对理论的应用与互动——论汉语第二语言教学的研究 朱志平 《语言文字应用》 2001年第4期

AC01068 对外语言教学中的语言学问题 朱虹 《天津外国语学院学报》 2001年第3期

AC01069 对外汉语教育的本质与功能 李世之 《语言教学与研究》 2001年第6期

AC01070 对外汉语研究的基本框架 赵金铭 《世界汉语教学》 2001年第3期

AC01071 反馈对语言教学的影响 秦燕 《语言与翻译》 2001年第3期

AC01072 Is linguistic knowledge useful knowledge? An answer from the teaching of reading William Labov 《世界汉语教学》 2001年第1期

AC01073 篇章理论在汉语读写教学中的应用 骆琳 《国际汉语教学学术研讨会论文集》(《语言研究》2001年增刊) 李祥坤主编 《语言研究》编辑部 2001年

AC01074 试论对外汉语教学过程中的主客体关系 任丽丽 《中国对外汉语教学学会北京分会第二届学术年会论文集》 中国对外汉语教学学会北京分会编 北京语言文化大学出版社 2001年

AC01075 自然语言交际中的语码解读和知识匹配 徐杰 《世界汉语教学》 2001年第4期

AC02076 对外汉语研究的跨学科探索——汉语学习与认知国际学术研讨会论文述要 陈前瑞 《世界汉语教学》 2002年第1期

AC02077 对外汉语语感教学探析 王玲娟 《重庆交通学院学报》(社会科学版) 2002年第1期

AC02078 考察汉语内部一致性的一种思路 沈炯 《汉语学报》第3期 邢福义主编 湖北教育出版社 2002年

AC02079 两种信号系统学说与对外汉语教学 董明 吕俞辉 《北京师范大学学报》(人文社会科学版) 2002年第6期

AC02080 论语言表达原理与能力培养 童山东 《汉语学报》第3期 邢福义主编 湖北教育出版社 2002年

AC02081 应用 互动 中介——综观英美学者对第二语言教学理论学科定位的思考 祖

人植 《中国对外汉语教学学会第七次学术讨论会论文选》 中国对外汉语教学学会编 人民教育出版社 2002年

AC02082 应用语言学应重视应用研究 周健 《暨南大学华文学院学报》 2002年第4期

AC02083 字、词与对外汉语教学的基本单位及教学策略 任瑚琏 《世界汉语教学》 2002年第4期

AC03084 第二语言研究的效度 钱旭菁 《语言教学与研究》 2003年第4期

AC03085 对外汉语教学目的新论 张艳萍 《云南师范大学学报》(对外汉语教学与研究版) 2003年第3期

AC03086 非语言交际手段在对外汉语教学中的运用 尉万传 张鲁昌 《云南师范大学学报》(对外汉语教学与研究版) 2003年第5期

AC03087 观照"历时",把握"共时"——用心理学理论探讨对外汉语教学 严越 《对外汉语教学论文集》 厦门大学海外华文教育研究所 海外教育学院编 厦门大学出版社 2003年

AC03088 论汉语方言与对外汉语教学的关系 丁启阵 《语言教学与研究》 2003年第6期

AC03089 我对汉语特点的几点初步认识 吕必松 《对外汉语教学论文集》 厦门大学海外华文教育研究所 海外教育学院编 厦门大学出版社 2003年

AC03090 语言类型学与汉语研究 刘丹青 《世界汉语教学》 2003年第4期

AC04091 当代语法研究与对外汉语教学 王晓坤 《长春大学学报》 2004年第5期

AC04092 第一语言与第二语言的语感 王培光 《第七届国际汉语教学讨论会论文选》 《第七届国际汉语教学讨论会论文选》编辑委员会编 北京大学出版社 2004年

AC04093 构块语法对语言研究及外语教学的启示 郑靓 《云南师范大学学报》(对外汉语教学与研究版) 2004年第6期

AC04094 教师行动研究和对外汉语教学 崔永华 《世界汉语教学》 2004年第3期

AC04095 理论性和应用性:理论语法与教学语法的分野 卞觉非 《扬州大学学报》(人文社会科学版) 2004年第1期

AC04096 论面向对外汉语教学的基础研究 郑定欧 《汉语学习》 2004年第5期

AC04097 论行动研究在对外汉语教学中的应用 丁安琪 《云南师范大学学报》(对外汉语教学与研究版) 2004年第1期

AC05098 第二语言的学习和教学 胡明扬 《对外汉语研究》第一期 齐沪扬主编 商务印书馆 2005年

AC05099 对外汉语教学与汉语本体研究的关系 陆俭明 《语言文字应用》 2005年第1期

AC05100 汉语研究与对外汉语教学 陆俭明 《苏州市职业大学学报》 2005年第4期

AC05101 用语言的价值观指导第二语言的教与学 周莉 《齐齐哈尔师范高等专科学校学报》 2005年第2期

AC05102 语用学与对外汉语教学 马杰 《渤海大学学报》(哲学社会科学版) 2005年第4期

AC05103 "字本位"理论和对外汉语教学 王骏 《云南师范大学学报》(对外汉语教学与研究版) 2005年第1期

AC06104 对外汉语教学与母语教学的比较分析 应兰茴 《高教与经济》 2006年第2期

AC06105 对外汉语教学中本族语的运用 张洋 《语言文字应用》 2006年第2期

AC06106 间接言语行为理论在对外汉语教学中的应用 吴丽君 宋薇 《云南师范大学学报》(对外汉语教学与研究版) 2006年第2期

AC06107 美国外语教学语言交际能力培养标准的分析和思考 杨丽姣 《语言文字应用》 2006年增刊

AC06108 区分言语和语言对对外汉语教学的意义 张洁 《语言文字应用》 2006年第2期

AC06109 人本主义心理学在对外汉语教学中的运用 郑丹 《现代语文》(语言研究版) 2006年第2期

AC06110 认知负荷理论及其在外语教学设计中的应用 刘连娣 《语言教学与研究》 2006年第2期

AC06111 索绪尔"语言"和"言语"的区分与对外汉语教学 霍晶莹 《陕西职业技术学院学报》 2006年第3期

AC06112 统计方法在第二语言研究中的应用 邵菁 《汉语学习》 2006年第6期

AC06113 心理语言学中的第二语言学习及理论发展 邢欣 吕红梅 《对外汉语研究》第二期 齐沪扬主编 商务印书馆 2006年

AC06114 由结构主义看对外汉语教学 范媛媛 《现代语文》(语言研究版) 2006年第11期

AD 教学理论

AD53001 教非汉族学生学习汉语的一些问题 周祖谟 《中国语文》 1953年第7期

AD53002 一个速成汉语实验教学的总结 傅懋绩 童玮 《中国语文》 1953年第12期

AD54003 教少数民族同学学习汉语文的几点体会 田世棣 《中国语文》 1954年第1期

AD56004 教外国留学生汉语遇到的困难问题 邓懿 《现代汉语规范问题学术会议文件汇编》 科学出版社 1956年

AD57005 试论对留学生讲授汉语的几个基本问题 王学作等 《教学与研究》 1957年第2期

AD77006 汉语作为外语教学的实践性原则 吕必松 《语言教学与研究》第一集 北京语言学院《语言教学与研究》编辑室 1977年2月

AD77007 谈谈基础汉语教学中的几个关系 吕必松 《语言教学与研究》第二集 北京语言学院《语言教学与研究》编辑室 1977年11月

AD80008 成年人的汉语(作为外语)教学问题 徐缦华 《语言教学与研究》 1980年第4期

AD80009 文学在把汉语作为第二语言教学中的作用 (美)王靖宇 《语言教学与研究》 1980年第4期

AD82010 在汉语教学中如何利用本族语 姜永德 《汉语学习》 1982年第4期

AD83011 通过汉外对比帮助学生克服难点 阎德早 邓崇谟 《语言教学与研究》 1983年第2期

AD84012 谈谈对外汉语教学的三个环节 钱倚云 《上海师范大学学报》(哲学社会科学版) 1984年第3期

AD85013 汉语个别教学及其教材 张占一 《对外汉语教学论集》《语言教学与研究》编辑部编 北京语言学院出版社 1985年

AD85014 怎样学好汉语 邢公畹 《对外汉语教学论集》《语言教学与研究》编辑部编 北京语言学院出版社 1985年

AD86015 动作语言与语言教育 杨觉勇 《第一届国际汉语教学讨论会论文选》 第一届国际汉语教学讨论会组织委员会编 北京语言学院出版社 1986年

AD86016 语境和对外汉语教学 常敬宇 《语言教学与研究》 1986年第2期

AD87017 短期对外汉语教学的基本原则 杨光俊 《第二届国际汉语教学讨论会论文选》 第二届国际汉语教学讨论会组织委员会编 北京语言学院出版社 1987年

AD87018 谈对外汉语教学的言语教学 常敬宇 《世界汉语教学》 1987年第1期

AD88019 读《对外汉语教学探索》 李卫民 《世界汉语教学》 1988年第1期

AD88020 对外汉语教学中的环境利用 王文虎 《世界汉语教学》 1988年第3期

AD88021 汉语的地域差异与对外汉语教学 张德鑫 《世界汉语教学》 1988年第2期

AD88022 加强对外汉语教学的理论研究 吕必松 《语言教学与研究》 1988年第4期

AD88023 教学实践的结晶——读王还先生《门外偶得集》 任远 《世界汉语教学》 1988年第1期

AD89024 对外汉语教学中的两个问题——为纪念《语言教学与研究》创刊10周年而作 胡裕树 郑国雄 《语言教学与研究》 1989年第2期

AD89025 关于第二语言比较教学的几个问题 贾寅淮 《语文建设》 1989年第2期

AD90026 第二语言习得内在过程的认识与作为外语的汉语教学理论问题的思考 王魁京 《第三届国际汉语教学讨论会论文选》 第三届国际汉语教学讨论会会务工作委员会编 北京语言学院出版社 1990年

AD90027 对汉语教学理论研究中几个热门问题的思考 盛炎 《中国对外汉语教学学会第三次学术讨论会论文选》 中国对外汉语教学学会编 北京语言学院出版社 1990年

AD90028 对外汉语教学论的几个问题 刘英林 《汉语学习》 1990年第6期

AD90029 对语言的学科理解及相应的教学模式 黄历鸿 《中国对外汉语教学学会第三次

学术讨论会论文选》 中国对外汉语教学学会编 北京语言学院出版社 1990年

AD90030 关于教学内容与教学方法问题的思考 吕必松 《语言教学与研究》1990年第2期

AD90031 汉语共同语及其变体与对外汉语教学 王德春《第三届国际汉语教学讨论会论文选》第三届国际汉语教学讨论会会务工作委员会编 北京语言学院出版社 1990年

AD90032 论中国对外汉语教学关于交际能力的培养 于丛杨《第三届国际汉语教学讨论会论文选》 第三届国际汉语教学讨论会会务工作委员会编 北京语言学院出版社 1990年

AD90033 浅谈对外汉语教学中学生的主体作用 徐永龄《中国对外汉语教学学会第三次学术讨论会论文选》 中国对外汉语教学学会编 北京语言学院出版社 1990年

AD90034 语言交际能力与功能教学 盛炎《第三届国际汉语教学讨论会论文选》第三届国际汉语教学讨论会会务工作委员会编 北京语言学院出版社 1990年

AD91035 系统地解决培养语言交际能力问题 于延《汉语学习》1991年第4期

AD92036 中高级汉语教学理论研究评述 李杨《语言教学与研究》1992年第4期

AD93037 对外汉语教学的理论研究问题刍议 吕必松《中国对外汉语教学学会第四次学术讨论会论文选》 中国对外汉语教学学会编 北京语言学院出版社 1993年

AD93038 汉语作为外语教学的实践性原则 吕必松《对外汉语教学论文选评》第1集 盛炎 沙砾编 北京语言学院出版社 1993年3月

AD93039 话语分析与对外教学 杨石泉《对外汉语教学论文选评》第1集 盛炎 沙砾编 北京语言学院出版社 1993年3月

AD93040 论对外汉语教学的实践性原则 赵春英《上海师范大学学报》(哲学社会科学版) 1993年第1期

AD93041 如何发现并解决留学生汉语学习中的难点 张德尧《中国人民大学学报》1993年第4期

AD93042 “预设”在对外汉语教学中的运用 温洁《汉语学习》1993年第4期

AD94043 关于对外汉语教学的几个问题 张志公《汉语学习》1994年第4期

AD94044 谈留学生的汉语交际能力的培养 常敬宇《汉语学习》1994年第4期

AD94045 语言平面和语言教学 季永兴《广西师范大学学报》(哲学社会科学版) 1994年第1期

AD95046 对外汉语教学的实践性原则 康平《沈阳师范学院学报》(社会科学版) 1995年第2期

AD95047 对外汉语教学中的语感培养 谭德姿《山东师大学报》(社会科学版) 1995年第6期

AD95048 汉语(第二语言)教学理论研究的新进展——读《汉语学习》上刊载的几篇文章

疏影《汉语学习》1995年第5期

AD95049 汉语速成教学的几个问题 马箭飞《语言教学与研究》1995年第3期

AD95050 类型练习在语文教学上的效用和不足 陈志诚《第四届国际汉语教学讨论会论文选》《第四届国际汉语教学讨论会论文选》编辑委员会编 北京语言学院出版社 1995年

AD96051 对外汉语教学概论(讲义)(续十六) 吕必松《世界汉语教学》1996年第4期

AD97052 汉语教学中技能训练的系统性问题 吕必松《语言文字应用》1997年第3期

AD97053 谈汉语教学中的“语言”教学和“言语”教学 怡冰《语言与翻译》1997年第1期

AD98054 对外汉语教学理论研究的新思路——对外汉语教学认知规律的探索 徐子亮《世界汉语教学》1998年第2期

AD98055 汉语的非母语学习与教学策略 董萃《辽宁教育学院学报》1998年第4期

AD98056 汉语教学的教学类型 崔永华《语言文字应用》1998年第2期

AD98057 建立一个比较开放的对外汉语教学观 周思源《语言教学与研究》1998年第4期

AD98058 试论华文教学的深入浅出问题 彭小川《暨南学报》(哲学社会科学版) 1998年第4期

AD98059 影响对外汉语教学效率的因素 金贞子 金桂月《汉语学习》1998年第5期

AD98060 “愉快教学”:对外汉语教学的一种新思路 余维钦《四川教育学院学报》1998年第3期

AD99061 澳门公务员学习普通话的特点及相应的教学对策 李宏《语言文化教学研究集刊》第三辑 北京语言文化大学汉语学院编 华语教学出版社 1999年

AD99062 对外汉语的情感教学 叶景林 张东旭《辽宁工学院学报》(社会科学版) 1999年第1期

AD99063 对外汉语教学的模式构建 徐子亮《华东师范大学学报》(哲学社会科学版) 1999年第4期

AD99064 关于对外汉语教学进一步规范化的建议 施光亨《中国对外汉语教学学会第六次学术讨论会论文选》中国对外汉语教学学会编 华语教学出版社 1999年

AD99065 关于对外汉语课外延伸教学的思考 王珊《中国对外汉语教学学会第六次学术讨论会论文选》中国对外汉语教学学会编 华语教学出版社 1999年

AD99066 汉语交际能力与汉语教学 宋赴前《语言与翻译》1999年第3期

AD99067 语境与第二语言教学 崔新丹《语言与翻译》1999年第4期

AD99068 语言教学的常规:输入大于输出 胡明扬《语言教育问题研究论文集》吕必松主编 华语教学出版社 1999年

AD00069 对外汉语教学三昧 林元桂《南平师专学报》2000年第3期

AD00070 对外汉语教学中的“1+1”教学模式 王玮《天津师大学报》(社会科学版)

2000年第2期

AD00071 汉语教学中的翻译练习作用何在? 高立希 《第六届国际汉语教学讨论会论文选》《第六届国际汉语教学讨论会论文选》编辑委员会编 北京大学出版社 2000年

AD00072 汉语教学中只重认读不求书写的可行性 (英)宋连谊 《第六届国际汉语教学讨论会论文选》《第六届国际汉语教学讨论会论文选》编辑委员会编 北京大学出版社 2000年

AD00073 教什么?怎么教?——对外汉语教学理论与实践 郭振华 《北大海外教育》第三辑 赵燕皎 李晓琪编 华语教学出版社 2000年

AD00074 节奏教学:语言教学成功的一个关键环节 Jane Orton 《国外外语教学》 2000年第4期

AD00075 论作为第二语言的汉语听、说教学的特点 王祝斌 《语言与翻译》 2000年第3期

AD00076 语言教育:如何体现留学生的素质要求 曹贤文 《汉语学习》 2000年第3期

AD01077 对外汉语教学的几个问题 张继矿 《内江师范学院学报》 2001年第5期

AD01078 对外汉语教学中的语言教学与文化教学 刘晓健 《徐州师范大学学报》(哲学社会科学版) 2001年第3期

AD01079 对外汉语教学中注重留学生的心理宽适浅议 崔莉 国际汉语教学学术研讨会论文集(《语言研究》2001年增刊) 李祥坤主编 《语言研究》编辑部 2001年

AD01080 关于对外汉语教学改革的几点体会 钱文华 《开封大学学报》 2001年第3期

AD01081 Separate Tracks for Learning Reading and Speaking Chinese (美)陈曼丽 国际汉语教学学术研讨会论文集(《语言研究》2001年增刊) 李祥坤主编 《语言研究》编辑部 2001年

AD01082 试论对外汉语教学的教学原则 李泉 《中国对外汉语教学学会北京分会第二届学术年会论文集》 中国对外汉语教学学会北京分会编 北京语言文化大学出版社 2001年

AD01083 谈对外汉语教学中纠正错误的技巧与方法 翟英华 《佳木斯大学社会科学学报》 2001年第4期

AD01084 Why Learning Chinese Is So Difficult: A Linguistic Perspective (美)桂明超 国际汉语教学学术研讨会论文集(《语言研究》2001年增刊) 李祥坤主编 《语言研究》编辑部 2001年

AD01085 也谈语言的"专化作用" 张小慰 《太原大学学报》 2001年第2期

AD01086 自主学习理论及对外汉语教学最佳模式的研究 金辉 《山西财经大学学报》(高等教育版) 2001年第2期

AD02087 对外汉语教学的教学目的和教学方法 胡明扬 《中国对外汉语教学学会第七次

学术讨论会论文选》 中国对外汉语教学学会编 人民教育出版社 2002年5月
AD02088 对外汉语语感教学探析 王玲娟 《重庆交通学院学报》(社会科学版) 2002年第1期
AD02089 关于第二语言课外延伸教学的思考 刘亚飞 《新疆财经学院学报》 2002年第1期
AD02090 关于对外汉语教学模式的初探 裴维襄 《天津外国语学院学报》 2002年第1期
AD02091 汉语节律朗读和语言双码认知 吴洁敏 《浙江大学学报》(人文社会科学版) 2002年第5期
AD02092 略论"民汉"双语教学 包双喜 《汉语学习》 2002年第6期
AD02093 浅谈对外汉语教学的"因材施教" 金幼华 《杭州师范学院学报》(自然科学版) 2002年
AD02094 谈对外汉语教学的情感化与多样化 刘道英 《青海师范大学学报》(哲学社会科学版) 2002年第2期
AD02095 外国留学生汉语教学的问题与对策 易瑾 《肇庆学院学报》 2002年第5期
AD03096 第二语言教学应以培养语感为导向 周健 《语言与翻译》 2003年第1期
AD03097 对外汉语教学的柔性原则 孟国 《天津师范大学学报》(社会科学版) 2003年第4期
AD03098 华文教学与中介 陶黎铭 《对外汉语教学论文集》 厦门大学海外华文教育研究所 海外教育学院编 厦门大学出版社 2003年
AD03099 建构主义学习理论与对外汉语教学 曹贤文 高荣国 《云南师范大学学报》(对外汉语教学与研究版) 2003年第2期
AD03100 建构主义学习理论与对外汉语教学 李柏令 《云南师范大学学报》(对外汉语教学与研究版) 2003年第4期
AD03101 浅谈对外汉语教学的几点体会 范晓玲 《语言与翻译》 2003年第3期
AD03102 语法、词汇与功能结合的教学模式刍议 丁崇明 《云南师范大学学报》(对外汉语教学与研究版) 2003年第2期
AD04103 对外汉语教学的经济原则 陆丙甫 谢天蔚 《汉语学习》 2004年第4期
AD04104 对外汉语教学应强化实习实践环节 夏明菊 《乌鲁木齐成人教育学院学报》 2004年第3期
AD04105 关于留学生语言交际能力的培养 李春玲 《沈阳大学学报》 2004年第1期
AD04106 汉语主体意识与对外商务汉语教学 楼益龄 《云南师范大学学报》(对外汉语教学与研究版) 2004年第1期
AD04107 简论以修辞为纲的对外汉语教学理念 陈汝东 《云南师范大学学报》(对外汉语教学与研究版) 2004年第2期
AD04108 浅析对外汉语教学效果的影响因素及对策 汪宁 《琼州大学学报》 2004年第5期

AD04109　少数民族汉语教学与教育心理学的关系　比丽克孜·艾合买提　《和田师范专科学校学报》　2004年第4期

AD04110　字本位与对外汉语教学　郦青　王飞华　《西南民族大学学报》(人文社科版)　2004年第6期

AD05111　表里值三角理论与对外汉语教学　张邱林　《江汉大学学报》(人文科学版)　2005年第4期

AD05112　强化教学:提高效率之路——《汉语强化教程》的编写与实验　陈贤纯　《语言教学与研究》　2005年第6期

AD05113　情感教育与对外汉语教学　张晓郁　《沈阳教育学院学报》　2005年第1期

AD05114　趣味性原则在对外汉语教学中的作用和地位　孟国　《语言教学与研究》　2005年第6期

AD05115　如何提高非汉语环境下汉语教学的效果　汪娓娓　《云南师范大学学报》(对外汉语教学与研究版)　2005年第6期

AD05116　研究性学习实践——在北大预科班进行的"接轨项目"试验　张园　《暨南大学华文学院学报》　2005年第2期

AD05117　重视书面语教学　进行系统化研究　刘壮　《汉语学习》　2005年第4期

AD06118　从"词本位"到"字中心"——对外汉语教学的战略转移　张德鑫　《汉语学报》　2006年第2期

AD06119　从交际语言教学到任务型语言教学　吴勇毅　《对外汉语研究》第二期　齐沪扬主编　商务印书馆　2006年

AD06120　对外汉语教学情境的立体化探讨　周红　《语言文字应用》　2006年第4期

AD06121　对外汉语教学中的多样性问题　刘颂浩　《暨南大学华文学院学报》　2006年第4期

AD06122　对外汉语教学中的空缺理论应用与空缺消除方法的探讨　汪灵灵　《湖南科技学院学报》　2006年第4期

AD06123　对外汉语教学中如何培养外国学生汉语语感初探　周冬梅　李春玉　《井冈山学院学报》　2006年第6期

AD06124　汉语作为第二语言的教学模式探析　戴云娟　《云南师范大学学报》(对外汉语教学与研究版)　2006年第3期

AD06125　论对外汉语词汇教学过程中的"有度放射"策略　焉德才　《语言文字应用》　2006年第2期

AD06126　谈对外汉语教学的基本教学原则　蒋可心　《黑龙江教育学院学报》　2006年第2期

AD06127　谈对外汉语教学中的语感培养　张韫　《沈阳农业大学学报》(社会科学版)　2006年第2期

AD06128 王德春:对外汉语教学论 匡小荣 《暨南大学华文学院学报》 2006年第4期

AD06129 以辅助专业教学为目的的汉语作为第二语言的教学:实践与思考 郭熙 《对外汉语研究》第二期 齐沪扬主编 商务印书馆 2006年

AE 学科建设

AE85001 汉语作为外语教学中的几个问题 常宝儒 《对外汉语教学论集》《语言教学与研究》编辑部编 北京语言学院出版社 1985年

AE85002 建设对外汉语教学这个新兴学科 张道一 《第一届国际汉语教学讨论会论文选》 第一届国际汉语教学讨论会组织委员会编 北京语言学院出版社 1985年

AE85003 谈近年来对外汉语教学的研究——从《语言教学与研究》编辑工作中看到和想到的 朱一之 《语言教学与研究》 1985年第4期

AE85004 谈谈对外汉语教学 王还 《对外汉语教学论集》《语言教学与研究》编辑部编 北京语言学院出版社 1985年

AE85005 谈谈对外汉语教学的性质和特点 吕必松 《对外汉语教学论集》《语言教学与研究》编辑部编 北京语言学院出版社 1985年

AE86006 对外汉语教学是一门新型的学科 路家琳 《厦门大学学报》(哲学社会科学版) 1986年第4期

AE86007 关于加强对外汉语教学与研究的几个问题 滕维藻 《汉语研究》 南开大学对外汉语教学中心编 南开大学出版社 1986年

AE86008 我国对外汉语教学的现状和展望——访北京语言学院院长吕必松同志 《语文建设》 1986年第5期

AE87009 传统教学和现代汉语教学 (德)王寿椿 《第二届国际汉语教学讨论会论文集》第二届国际汉语教学讨论会组织委员会编 北京语言学院出版社 1987年

AE87010 对外汉语教学的紧迫任务 柳暗花明又一村——重视近代 吕必松 《世界汉语教学》 1987年第1期

AE87011 汉语研究是提高现代汉语教学质量的途径之一 张清常 《世界汉语教学》 1987年第2期

AE88012 对外汉语教学的学科地位和战略意义 王文虎 李阳庚 《四川师范大学学报》(社会科学版) 1988年第2期

AE88013 《对外汉语教学探索》读后 张清常 《语言教学与研究》 1988年第2期

AE88014 关于制订对外汉语教材规划的几个问题 吕必松 《世界汉语教学》 1988年第1期

AE89015 关于世界汉语教学学会 张亚军 《世界汉语教学》 1989年第2期

AE89016 积极开展对外汉语学科的研究 陆世光 《天津师大学报》(社会科学版) 1989

年第4期

AE89017 近十年对外汉语教学研究述评 赵金铭 《语言教学与研究》 1989年第1期

AE89018 内、外汉语教学的分野——寻找对外汉语教学机制时的思考 孙钧政 《世界汉语教学》 1989年第1期

AE89019 谈谈对外汉语教学——祝贺《语言教学与研究》创刊10周年 詹伯慧 《语言教学与研究》 1989年第3期

AE89020 我国对外汉语教学事业的发展 吕必松 《语言教学与研究》 1989年第4期

AE89021 中国对外汉语教学当前的进展状况 于丛杨 《世界汉语教学》 1989年第2期

AE90022 必须加强对少数民族汉语教学的研究 余惠邦 《汉语学习》 1990年第5期

AE90023 对对外汉语教学本质之认识 张德鑫 《中国对外汉语教学学会第三次学术讨论会论文选》 中国对外汉语教学学会编 北京语言学院出版社 1990年

AE90024 我国对外汉语教学学科理论的发展 吕必松 《语文建设》 1990年第3期

AE91025 对外汉语教学对语法研究的需求与推动 郑懿德 《世界汉语教学》 1991年第4期

AE91026 对外汉语教学论教材建设门外谈——兼评盛炎近著《语言教学原理》 俞约法 戚雨村 《语言教学与研究》 1991年第3期

AE91027 巩固、完善、发展对外汉语教学专业 李润新 《世界汉语教学》 1991年第2期

AE91028 汉语研究和对外汉语教学 程棠 《汉语学习》 1991年第5期

AE91029 教学与考试八则 刘英林 《汉语学习》 1991年第6期

AE91030 再论对外汉语教学的性质和特点 吕必松 《语言教学与研究》 1991年第2期

AE92031 对外汉语教学研究的几个新趋向 何子铨 《暨南学报》(哲学社会科学版) 1992年第2期

AE92032 关于当前对外汉语教学中的几个问题 程棠 《语言教学与研究》 1992年第3期

AE92033 还是称"华语教学"好 关文新 《汉语学习》 1992年第1期

AE93034 从实践中确立对外汉语教学的方向 李文生 《语言教学与研究》 1993年第2期

AE93035 对外汉语教学的形势和对策 程棠 《语言文字应用》 1993年第1期

AE93036 对外汉语教学中的汉语规范问题 陈满华 《语文建设》 1993年第11期

AE93037 汉语教学与研究的发展和创获——第四届国际汉语教学讨论会论文综述 赵金铭 《语言教学与研究》 1993年第4期

AE93038 加强学科建设,推动教育改革——在北京语言学院学科建设规划会上的报告 李更新 《语言教学与研究》 1993年第1期

AE93039 试论对外汉语教学的性质和特点 吕必松 《对外汉语教学论文选评》第1集 盛炎 沙砾编 北京语言学院出版社 1993年

AE93040 一部论述对外汉语教学学科理论的力作——读吕必松的《对外汉语教学研究》 赵永新 《语言文字应用》 1993年第4期

AE94041 从学科文献角度看北京语言学院的对外汉语教学研究 齐沛 《语言教学与研究》 1994年第4期

AE94042 关于“对外汉语教学”的思考 瓯齐 《汉语学习》 1994年第4期

AE94043 试论对外汉语教学及教材改革 李白坚 丁迪蒙 《上海大学学报》(社会科学版) 1994年第6期

AE94044 试谈对我国少数民族学生汉语教学的性质和特点 丁文楼 《语文建设》 1994年第4期

AE94045 适应改革开放形势 多模式开展对外汉语培训 尚志刚 《北京市经济管理干部学院学报》 1994年第4期

AE94046 拓展对外汉语教学问题的思考 皮远长 《汉语学习》 1994年第2期

AE95047 对外汉语教学的定性、定位、定量问题座谈会侧记 疏影 《语言文字应用》 1995年第1期

AE95048 对外汉语教学的定性、定位、定量问题座谈会纪要 中国对外汉语教学学会等 《世界汉语教学》 1995年第1期

AE95049 对外汉语教学的定性、定位、定量问题座谈会在北京召开 《世界汉语教学》编辑部 《语言教学与研究》编辑部 《汉语学习》 1995年第1期

AE95050 关于对外汉语教学的若干议论和思考 施光亨 《汉语学习》 1995年第2期

AE95051 浅议汉语文教学的新思维 李炬 《语言与翻译》 1995年第3期

AE95052 事业.责任.素质——关于对外汉语教学的几点认识 武灵 《北京第二外国语学院学报》 1995年第3期

AE95053 在对外汉语教学的定性、定位、定量问题座谈会上的发言 吕必松 《语言教学与研究》 1995年第1期

AE95054 在对外汉语教学的定性、定位、定量问题座谈会上的发言 杨庆华 《语言教学与研究》 1995年第1期

AE96055 从战略上加强对外汉语教学学科建设——部分在京语言学家座谈对外汉语教学侧记 《世界汉语教学》特约记者 《世界汉语教学》 1996年第2期

AE96056 对少数民族汉语教学的性质和特点 方晓华 《新疆师范大学学报》(哲学社会科学版) 1996年第2期

AE96057 对外汉语教学的定性、定位和定量问题 李杨 《中国对外汉语教学学会成立十周年纪念论文选》 中国对外汉语教学学会秘书处编 北京语言学院出版社 1996年

AE96058 对外汉语教学的几项基础研究工作 张旺熹 《世界汉语教学》 1996年第2期

AE96059 对外汉语教学与研究的现状与前瞻 赵金铭 《中国语文》 1996年第6期

AE96060 多民族多语地区汉语教学问题 邢欣 《新疆师范大学学报》(哲学社会科学版)

1996年第2期

AE96061 关于对外汉语教学定位问题的一点思考 刘庆福 《中国对外汉语教学学会成立十周年纪念论文选》 中国对外汉语教学学会秘书处编 北京语言学院出版社 1996年

AE96062 浅谈对外汉语教学面临的问题 王立 《外交学院学报》 1996年第4期

AE97063 对外汉语教学学科概说 崔永华 《中国文化研究》 1997年春之卷

AE97064 对外汉语教学学科理论建设的里程碑——重读吕叔湘《通过对比研究语法》 赵永新 《世界汉语教学》 1997年第2期

AE97065 对外汉语教学研究的方法论思考 周思源 《语言教学与研究》 1997年第2期

AE97066 对外汉语教学研究的回顾与前瞻研讨会纪要 孙德金 《语言教学与研究》 1997年第1期

AE97067 对外汉语教学与对少数民族汉语教学 方晓华 《新疆师范大学学报》(哲学社会科学版) 1997年第1期

AE97068 对外汉语教学之类型研究 郑定欧 《第五届国际汉语教学讨论会论文选》 《第五届国际汉语教学讨论会论文选》编辑委员会编 北京大学出版社 1997年

AE97069 关于汉语言(对外)专业的培养目标 崔永华 《语言教学与研究》 1997年第4期

AE97070 观其大略,务于精纯——略谈汉语教学的学术研究与交流 陈亚川 《汉语集稿》 北京语言文化大学出版社 1997年

AE97071 汉语教学研究的趋向 陈亚川 《汉语集稿》 北京语言文化大学出版社 1997年

AE97072 试论汉语作为第二语言教学的基本原则——兼论海内外汉语教学的学科建设 刘珣 《世界汉语教学》 1997年第1期

AE97073 试论华文教育的学科定位、特征及其他 华文教育研究所 《华侨大学学报》(哲学社会科学版) 1997年第3期

AE98074 从两个《课题指南》看对外汉语教学的学科发展 张德鑫 《语言文字应用》 1998年第4期

AE98075 对外汉语教学学科、专业及其他——《对外汉语教学研究丛书》序 杨庆华 《语言教学与研究》 1998年第1期

AE98076 对外汉语教学与其他语言教学的异同 徐甲申 《语言文字应用》 1998年第4期

AE98077 21世纪的对外汉语教学 陈光磊 《语言文字应用》 1998年第1期

AE98078 关于对外汉语教学学科的方法论问题 崔永华 《语言教学与研究》 1998年第2期

AE98079 关于研究成果的借鉴与吸收 吴勇毅 《世界汉语教学》 1998年第2期

AE98080 规范和发展对外汉语学历教育的三点构想 孙晖 张筱平 《语言教学与研究》 1998年第4期

AE98081 华文教育学学科建设刍议——再论华文教育学是一门科学 贾益民 《暨南学

报》(哲学社会科学版) 1998年第4期

AE98082 我国对外汉语教学体制发展态势 弓玲 《云南师范大学学报》(哲学社会科学版) 1998年第4期

AE98083 语言教育是一门重要的独立学科 刘珣 《世界汉语教学》 1998年第2期

AE98084 语言教育问题座谈会纪要 《世界汉语教学》编辑部 《世界汉语教学》 1998年第1期

AE98085 中国对外汉语教学学会第六届学术讨论会论文述要 张旺熹 《世界汉语教学》 1998年第3期

AE99086 "对外汉语教学"的学科性质论探 王魁京 《中国对外汉语教学学会第六次学术讨论会论文选》 中国对外汉语教学学会编 华语教学出版社 1999年

AE99087 对外汉语教学学科建设的现状和面临的问题 吕必松 《语言文字应用》 1999年第4期

AE99088 对外汉语教学研究应加强调查统计和数据分析 孟长勇 《中国对外汉语教学学会第六次学术讨论会论文选》 中国对外汉语教学学会编 华语教学出版社 1999年

AE99089 对外汉语教学与对少数民族汉语教学的差异初探 木哈白提·哈斯木 《语言教育问题研究论文集》 吕必松主编 华语教学出版社 1999年

AE99090 对外汉语教学与我国少数民族双语教育研究 关辛秋 《语言教育问题研究论文集》 吕必松主编 华语教学出版社 1999年

AE99091 二十年对外汉语教学研究文章的定量分析——纪念《语言教学与研究》创刊二十周年 孙德金 《语言教学与研究》 1999年第4期

AE99092 关于对外汉语教学的可持续发展 施光亨 《语言教育问题研究论文集》 吕必松主编 华语教学出版社 1999年

AE99093 关于开展对外汉语教学基础研究之管见 陆俭明 《语言文字应用》 1999年第4期

AE99094 汉语言专业及其在外语院校设置的理据 刘川平 《大连外国语学院35周年校庆学术系列丛书——对外汉语卷》 校庆丛书编委会编 长春出版社 1999年

AE99095 加强语言学习理论研究,深化对外汉语教学学科建设 李晓琪 《语言教育问题研究论文集》 吕必松主编 华语教学出版社 1999年

AE99096 建立我国对外汉语教育的体系 章兼中 《语言教育问题研究论文集》 吕必松主编 华语教学出版社 1999年

AE99097 建设对外汉语专业,走可持续发展之路 潘文国 陈勤建 陈晓芬 《中国对外汉语教学学会第六次学术讨论会论文选》 中国对外汉语教学学会编 华语教学出版社 1999年

AE99098 量化调查——对外汉语教学研究的重要手段 吴仁甫 《中国对外汉语教学学会第

六次学术讨论会论文选》 中国对外汉语教学学会编 华语教学出版社 1999 年

AE99099 论对外汉语教学的两大类别——兼谈设立汉语言专业的必要性 陈绂 《语言教育问题研究论文集》 吕必松主编 华语教学出版社 1999 年

AE99100 论面向 21 世纪中高级汉语进修生的培养 陈昌娟 钟英华 《中国对外汉语教学学会第六次学术讨论会论文选》 中国对外汉语教学学会编 华语教学出版社 1999 年

AE99101 世纪之交的华文教育——关于总结和展望的宏观思考 顾圣皓 《中国对外汉语教学学会第六次学术讨论会论文选》 中国对外汉语教学学会编 华语教学出版社 1999 年

AE99102 试论对外汉语教学的发展 胡军 《北京青年政治学院学报》 1999 年第 1 期

AE99103 素质教育与对外汉语教学 范开泰 吴勇毅 《中国对外汉语教学学会第六次学术讨论会论文选》 中国对外汉语教学学会编 华语教学出版社 1999 年

AE99104 我国少数民族学生汉语教学的现状及问题 戴庆夏 成燕燕 《语言教育问题研究论文集》 吕必松主编 华语教学出版社 1999 年

AE99105 也论对外汉语教学的学科体系及其科学定位 刘珣 《语言教学与研究》 1999 年第 1 期

AE99106 语言研究与语言教学——兼论"汉语言文字学"专业设立的理论意义和实践意义 潘文国 《语言教育问题研究论文集》 吕必松主编 华语教学出版社 1999 年

AE00107 第六届国际汉语教学讨论会论文述评 张旺熹 《世界汉语教学》 2000 年第 1 期

AE00108 对内汉语教学的性质、特点及其重要性 王廷杰 《双语学研究》(《民族教育研究》2000 年增刊) 戴庆厦主编 《民族教育研究》编辑部 2000 年

AE00109 "对外汉语"断想 赵金铭 《回眸与思考:对外汉语教学》 张德鑫主编 外语教学与研究出版社 2000 年

AE00110 "对外汉语教学"三思 张德鑫 《汉语学报》第 1 期 邢福义 萧国政主编 湖北教育出版社 2000 年第 1 期

AE00111 对外汉语教学事业的展望和当前的任务 胡明扬 《回眸与思考:对外汉语教学》 张德鑫主编 外语教学与研究出版社 2000 年

AE00112 对外汉语教学学科的基本问题和基本方法 张凯 《世界汉语教学》 2000 年第 3 期

AE00113 对外汉语教学与汉语教学、外语教学的沟通 佟乐泉 《回眸与思考:对外汉语教学》 张德鑫主编 外语教学与研究出版社 2000 年

AE00114 对外汉语教学 50 年——世纪之交的回眸与思考 张德鑫 《第六届国际汉语教学讨论会论文选》 《第六届国际汉语教学讨论会论文选》编辑委员会编 北京大学出版社 2000 年

AE00115 "对外汉语"之说不科学 鲁健骥 《语言文字应用》 2000 年第 4 期

AE00116 近20年对外汉语教育学科的理论建设 刘珣 《世界汉语教学》 2000年第1期

AE00117 “九五”期间的对外汉语教学研究 赵金铭 《世界汉语教学》 2000年第3期

AE00118 迈向21世纪的汉语作为第二语言的教学 刘珣 《第六届国际汉语教学讨论会论文选》《第六届国际汉语教学讨论会论文选》编辑委员会编 北京大学出版社 2000年

AE00119 祈愿“梦”想成真 施光亨 《回眸与思考:对外汉语教学》 张德鑫主编 外语教学与研究出版社 2000年

AE00120 提高对外汉语教学的文化含量 江蓝生 《回眸与思考:对外汉语教学》 张德鑫主编 外语教学与研究出版社 2000年

AE00121 网络化带来的冲击和机遇 张普 《回眸与思考:对外汉语教学》 张德鑫主编 外语教学与研究出版社 2000年

AE00122 新世纪 新起点 新突破 邵敬敏 《回眸与思考:对外汉语教学》 张德鑫主编 外语教学与研究出版社 2000年

AE00123 研究生培养与对外汉语教学学科建设 李晓琪 《北大海外教育》第三辑 赵燕皎 李晓琪编 华语教学出版社 2000年

AE00124 迎接新世纪的挑战 仲哲明 《回眸与思考:对外汉语教学》 张德鑫主编 外语教学与研究出版社 2000年

AE00125 作为应用语言学分支的对外汉语教学 朱志平 《北京师范大学学报》(人文社会科学版) 2000年第6期

AE01126 对外汉语教学的地域特色 张艳萍 国际汉语教学学术研讨会论文集(《语言研究》2001年增刊) 李祥坤主编 《语言研究》编辑部 2001年

AE01127 对外汉语教学几个问题的思考探索 孙汉萍 《湖南教育学院学报》 2001年第5期

AE01128 对外汉语教学现状及对策研究 沈茳 《重庆大学学报》(社会科学版) 2001年第3期

AE01129 对外汉语教学新模式刍议 李世之 《语言文化教学与研究(二〇〇一年卷)》 北京语言文化大学汉语学院编 人民教育出版社 2001年

AE01130 关于当前国内华文教育汉字教学的几点思考 蔡丽 《八桂侨刊》 2001年第1期

AE01131 关于对外汉语教学的思考 李逸安 《清华大学学报》(哲学社会科学版) 2001年第3期

AE01132 华文教学的学科性质、定位与学科特性初探 张胜林 《华侨大学学报》(人文社会科学版) 2001年第3期

AE01133 略论东南亚地区华文教育的现状与对策 周健 国际汉语教学学术研讨会论文集(《语言研究》2001年增刊) 李祥坤主编 《语言研究》编辑部 2001年

AE01134 润物细无声——论对外汉语教学与汉学 张德鑫 《语言文字应用》 2001年第1期

AE01135 试谈对外汉语专业研究生第二语言习得课程建设 黄立 《中国对外汉语教学学会北京分会第二届学术年会论文集》 中国对外汉语教学学会北京分会编 北京语言文化大学出版社 2001年

AE01136 语言僵化现象与阅读的效力 古丽尼萨·加玛勒 《新疆财经学院学报》 2001年第1期

AE02137 对外汉语教学的学科理论体系 李泉 《海外华文教育》 2002年第2期

AE02138 论对外汉语教学的几个问题 哈军华 《云南师范大学学报》(教育科学版) 2002年第3期

AE02139 试论对外汉语教学学科的科学属性及其内部结构 金立鑫 《暨南大学华文学院学报》 2002年第1期

AE02140 惟精惟一 志在高远——为我国对外汉语教学事业发展献芹 李大遂 《北京大学学报》(哲学社会科学版) 2002年第4期

AE02141 有关语言教育研究的几个问题——兼谈对外汉语教学的学科定位 李泉 《汉语学报》第3期 邢福义主编 湖北教育出版社 2002年

AE03142 从对外汉语教学到国际汉语教学——全球化时代的汉语传播趋势 王路江 《世界汉语教学》 2003年第3期

AE03143 对外汉语教学的应用性 毛世桢 《对外汉语教学论文集》 厦门大学海外华文教育研究所 海外教育学院编 厦门大学出版社 2003年

AE03144 对外汉语教学理论的新作——读《对外汉语教育学引论》 周健 《世界汉语教学》 2003年第3期

AE03145 对外汉语教学研究中统计方法运用状况调查 王若江 《汉语学习》 2003年第3期

AE03146 对外汉语学科建设新议 王路江 《语言教学与研究》 2003年第2期

AE03147 关于对外汉语教学的若干建议 马庆株 《世界汉语教学》 2003年第3期

AE03148 关于语言教育的改革 李如龙 《云南师范大学学报》(对外汉语教学与研究版) 2003年第1期

AE03149 海外华文教育应重视华文文学的作用 庄明萱 《对外汉语教学论文集》 厦门大学海外华文教育研究所 海外教育学院编 厦门大学出版社 2003年

AE03150 汉语热在世界悄然兴起 骆小所 《云南师范大学学报》(对外汉语教学与研究版) 2003年第1期

AE03151 加强对外汉语教学之我见 谭一红 《昆明理工大学学报》(社会科学版) 2003年第2期

AE03152 加强对外汉语教育——中国和世界的需要 谭一红 《云南师范大学学报》(对外汉语教学与研究版) 2003年第1期

AE03153 加强汉语言专业学历教育，推进对外汉语教学学科发展 张和生 李凤林 《北

京师范大学学报》(社会科学版) 2003年第6期

AE03154 论华文教育的特征构成 连志丹 唐微文 《对外汉语教学论文集》 厦门大学海外华文教育研究所 海外教育学院编 厦门大学出版社 2003年

AE03155 潘懋元海外华文教育思想述评 苏明明 《对外汉语教学论文集》 厦门大学海外华文教育研究所 海外教育学院编 厦门大学出版社 2003年

AE03156 世界汉语教学的新形势与新举措 严美华《世界汉语教学》 2003年第3期

AE03157 有关我们学科理论建设的两点感想 刘珣 《对外汉语教学论文集》 厦门大学海外华文教育研究所 海外教育学院编 厦门大学出版社 2003年

AE03158 主持人语:理论研究是对外汉语教学学科发展的关键 胡有清 《南京大学学报》(哲学·人文科学·社会科学版) 2003年第3期

AE03159 作为独立学科的对外汉语教学 (美)邓守信 《汉语研究与应用》第一辑 中国人民大学对外语言文化学院编 中国社会科学出版社 2003年

AE04160 对外汉语教学初探 孙琳琳 郝燕妮 《沈阳教育学院学报》 2004年第1期

AE04161 对外汉语教学发展刍议 郭颖雯 《江西行政学院学报》 2004年增刊第1期

AE04162 对外汉语教学学科发展说略 程棠 《汉语学习》 2004年第6期

AE04163 "对外汉语学"说略 郭熙 《汉语学习》 2004年第3期

AE04164 对外汉语研究学术讨论会论文综述 张旺熹 《世界汉语教学》 2004年第4期

AE04165 《国家汉办1998—2000年科研项目成果丛书》评述 刘元满 《世界汉语教学》 2004年第2期

AE04166 《国家通用语言文字法》与对外汉语教学 李宝贵 《吉林师范大学学报》(人文社会科学版) 2004年第6期

AE04167 汉语教学大发展形势下学科建设的断想 刘珣 《汉语研究与应用》第二辑 中国人民大学对外语言文化学院编 中国社会科学出版社 2004年

AE04168 科研课题和对外汉语教学学科建设 崔永华 《汉语研究与应用》第二辑 中国人民大学对外语言文化学院编 中国社会科学出版社 2004年

AE04169 留学生教育发展趋向与对外汉语教学 王培永 《绍兴文理学院学报》 2004年第12期

AE04170 论对外汉语的学科性 潘文国 《世界汉语教学》 2004年第1期

AE04171 试论商务汉语教学的定性、定位、定量问题 张晓慧 《第七届国际汉语教学讨论会论文选》 《第七届国际汉语教学讨论会论文选》编辑委员会编 北京大学出版社 2004年

AE04172 我国的语言教育与国家利益 周殿生 《新疆大学学报》(社会科学版) 2004年第2期

AE04173 以汉语为例谈第二语言教学活动的经济原则 何振科 《山东省青年管理干部学

院学报》 2004 年第 5 期

AE04174 语言文字规范与对外汉语教学 李宝贵 《云南师范大学学报》(对外汉语教学与研究版) 2004 年第 6 期

AE04175 语言学转向中的华东地区对外汉语教学研究概述 施虹 《浙江大学学报》(人文社会科学版) 2004 年第 1 期

AE04176 增强学科意识,发展对外汉语教学 陆俭明 《世界汉语教学》 2004 年第 1 期

AE05177 当前对外汉语学科建设需要什么样的理论框架 郑定欧 《对外汉语研究》第一期 齐沪扬主编 商务印书馆 2005 年

AE05178 对外汉语教学的基础研究与应用研究 崔希亮 《对外汉语教学的全方位探索——对外汉语研究学术讨论会论文集》 赵金铭主编 商务印书馆 2005 年

AE05179 二十年来对外汉语教学研究热点回顾 崔永华 《语言文字应用》 2005 年第 1 期

AE05180 方兴未艾的对外汉语教学及汉语输出 洪青皎 《宁波教育学院学报》 2005 年第 3 期

AE05181 海外汉学学术研讨会纪要 张西平 《世界汉语教学》 2005 年第 3 期

AE05182 汉语走向世界的一些思考 陆俭明 《上海财经大学学报》 2005 年第 1 期

AE05183 开展面向对外汉语教学的词汇语法研究 陆俭明 王黎 《对外汉语教学的全方位探索——对外汉语研究学术讨论会论文集》 赵金铭主编 商务印书馆 2005 年

AE05184 论对外汉语专业的学科分布 马明艳 《绍兴文理学院学报》(教育版) 2005 年第 2 期

AE05185 "十五"期间对外汉语学科建设研究 赵金铭 《对外汉语研究》第一期 齐沪扬主编 商务印书馆 2005 年

AE05186 谈对外汉语教学硕士研究生的知识结构 陈绂 《语言文字应用》 2005 年增刊

AE05187 我国外国留学生教育与对外汉语教学的现状 夏青 《浙江树人大学学报》 2005 年第 4 期

AE05188 也谈"对外汉语"及学科名称问题——与潘文国教授商榷 周健 《世界汉语教学》 2005 年第 2 期

AE05189 以问题为导向的对外汉语教学学科建设刍议 崔永华 《语言教学与研究》 2005 年第 3 期

AE05190 在第八届国际汉语教学讨论会闭幕式上的讲话 陆俭明 《世界汉语教学》 2005 年第 3 期

AE06191 从对外汉语教学到国际汉语推广 赵金铭 《汉语研究与应用》第四辑 中国人民大学对外语言文化学院编 中国社会科学出版社 2006 年

AE06192 当前对外汉语教学研究之探讨与展望 罗进军 《株洲工学院学报》 2006 年第 5 期

AE06193 对外汉语教学初探 霍建 《辽宁行政学院学报》 2006 年第 1 期

AE06194　对外汉语教学的发展　张哲　《安徽文学》(下半月)　2006年第11期

AE06195　对外汉语教学的语言规划价值及其中的问题与对策　郭龙生　《修辞学习》　2006年第3期

AE06196　对外汉语教学展望(节选)　陆俭明　《现代语文》(语言研究版)　2006年第6期

AE06197　对外汉语专业现代汉语课教学的探索与实践　孙春颖　《语言文字应用》　2006年第4期

AE06198　21世纪汉语第二语言教学展望——第八届国际汉语教学讨论会暨西方学习者汉字认知研讨会述评　朱志平　《北京师范大学学报》(社会科学版)　2006年第3期

AE06199　二十一世纪汉语作为外语教学研究方向与理论建构刍议　柯传仁　《世界汉语教学》　2006年第4期

AE06200　汉语的国际传播:主要问题及其对策　郑梦娟　《江汉大学学报》(人文科学版)　2006年第6期

AE06201　陆俭明:以科学发展观思考汉语教学问题　郭莉敏　《暨南大学华文学院学报》　2006年第4期

AE06202　略谈海外"汉语热"及其原因　郭力　《比较教育研究》　2006年第12期

AE06203　试论汉语国际推广的国家策略和学科策略　金立鑫　《华东师范大学学报》(哲学社会科学版)　2006年第4期

AF　课程与课堂教学

AF79001　教学小札　李忆民　《语言教学与研究》　1979年第2期

AF79002　课堂教学的"死"与"活"　杨俊萱　《语言教学与研究》　1979年第2期

AF80003　浅谈重复　杨惠元　《语言教学与研究》　1980年第2期

AF81004　关于基础汉语教学中的课堂操练　施光亨　《语言教学与研究》　1981年第4期

AF85005　短期汉语学习班要抓紧语音教学　华东师范大学留学生基础汉语教学小组　《对外汉语教学论集》　《语言教学与研究》编辑部编　北京语言学院出版社　1985年

AF85006　教师提问模式与汉语教学　梁长城　《第一届国际汉语教学讨论会论文选》　第一届国际汉语教学讨论会组织委员会编　北京语言学院出版社　1985年

AF85007　浅谈短期汉语教学　卢晓逸　张亚军　《对外汉语教学论集》　《语言教学与研究》编辑部编　北京语言学院出版社　1985年

AF85008　系统短期汉语教学与强化　朱子仪　《第一届国际汉语教学讨论会论文选》　第一届国际汉语教学讨论会组织委员会编　北京语言学院出版社　1985年

AF85009　有关第二语言教学的几个问题　关彩华　《第一届国际汉语教学讨论会论文选》　第一届国际汉语教学讨论会组织委员会编　北京语言学院出版社　1985年

AF86010 对外汉语教学入门阶段以突出听说为好——兼谈课程设置 陈绥宁 《对外汉语教学研究会第二次学术讨论会论文选》 中国高等教育学会对外汉语教学研究会编 北京语言学院出版社 1986 年

AF86011 对外汉语教学中的板书艺术 阎德早 佟慧君 《语言教学与研究》 1986 年第 2 期

AF86012 关于经济汉语班的设想 徐竹君 《对外汉语教学研究会第二次学术讨论会论文选》 中国高等教育学会对外汉语教学研究会编 北京语言学院出版社 1986 年

AF86013 汉语专修班的课程设置要突出实践性原则 何子铨 《对外汉语教学研究会第二次学术讨论会论文选》 中国高等教育学会对外汉语教学研究会编 北京语言学院出版社 1986 年

AF86014 提高课堂教学质量的几个问题 李景蕙 《对外汉语教学研究会第二次学术讨论会论文选》 中国高等教育学会对外汉语教学研究会编 北京语言学院出版社 1986 年

AF87015 规范语言教学中的语言不规范问题 （澳）徐家祯 《第二届国际汉语教学讨论会论文集》 第二届国际汉语教学讨论会组织委员会编 北京语言学院出版社 1987 年

AF87016 课堂教学的“讲”与“练” 佟慧君 《世界汉语教学》 1987 年第 4 期

AF87017 学寓于戏:汉语教学游戏举例 （英）成令方 《第二届国际汉语教学讨论会论文选》 第二届国际汉语教学讨论会组织委员会编 北京语言学院出版社 1987 年

AF88018 课堂提问 马欣华 《世界汉语教学》 1988 年第 1 期

AF88019 幽默在对外汉语教学中的应用 杨俊萱 《语言教学与研究》 1988 年第 3 期

AF90020 谈基础汉语教师的心理素质和课堂教学艺术 戴桂芙 《中国对外汉语教学学会第三次学术讨论会论文选》 中国对外汉语教学学会编 北京语言学院出版社 1990 年

AF90021 语言课的课堂教学意识略说 崔永华 《世界汉语教学》 1990 年第 3 期

AF90022 中高级阶段汉语教学的性质与课程设置 李杨 《第三届国际汉语教学讨论会论文选》 第三届国际汉语教学讨论会会务工作委员会编 北京语言学院出版社 1990 年 12 月

AF91023 关于课堂教学评估的实践与认识 黄祥年 《世界汉语教学》 1991 年第 2 期

AF91024 课堂教学技巧略说 杨寄洲 崔永华《语言教学与研究》 1991 年第 2 期

AF92025 对外汉语课堂教学特殊性之分析 王珊 《汉语学习》 1992 年第 2 期

AF92026 关于开展课堂教学活动研究的一些设想 孙德坤 《世界汉语教学》 1992 年第 2 期

AF92027 基础汉语阶段精读课课堂教学结构分析 崔永华 《世界汉语教学》 1992 年第 3 期

AF93028 从文化传统与思维方式转换上造就高层次外国汉语专门人才 郑春苗 许树安 《对外汉语教学论集》 北京语言学院教务处编 北京语言学院出版社 1993 年

AF93029 对外汉语教学概论(讲义)(续五) 吕必松 《世界汉语教学》 1993年第3期

AF93030 对外汉语教学概论(讲义)(续六) 吕必松 《世界汉语教学》 1993年第4期

AF93031 对外汉语教学理论的一块基石——评《华语教学讲习》 杨石泉 《语言教学与研究》 1993年第2期

AF93032 论来华留学生中文办公自动化基础课的设置 卢湘鸿 《对外汉语教学论集》 北京语言学院教务处编 北京语言大学出版社 1993年

AF93033 文科进修班汉语教学的课程设置 李更新 《对外汉语教学论文选评》第1集 盛炎 沙砾编 北京语言学院出版社 1993年

AF94034 对外汉语教学课堂测试的准备工作 吴京汨 《世界汉语教学》 1994年第2期

AF94035 对外汉语课堂教学的独特性 杨俊萱 《语文建设》 1994年第7期

AF94036 汉语课堂 引进歌唱 赵守辉 罗青松 《汉语学习》 1994年第4期

AF95037 谈对外汉语教学中的"第二课堂"活动 夏敏 《沈阳师范学院学报》(社会科学版) 1995年第1期

AF95038 小议初级班教学的幽默语言策略 陈满华 《世界汉语教学》 1995年第2期

AF96039 对外汉语课堂教学的理论思考 李泉 《中国人民大学学报》 1996年第5期

AF96040 几种用于强化班的教学方法及练习形式 (德)海迪·布瑞克逊多夫 《世界汉语教学》 1996年第3期

AF96041 一年制零起点留学生会话课教学环节的设置及其科学性 马燕华 《中国对外汉语教学学会成立十周年纪念论文选》 中国对外汉语教学学会秘书处编 北京语言学院出版社 1996年

AF97042 对外汉语教学中一个不容忽视的问题——谈朗读和朗读技巧 滕吉海 《汉语学习》 1997年第6期

AF97043 家庭作业的新定位——由静性的作业改为动性的教学 (美)苏张之丙 《第五届国际汉语教学讨论会论文选》 《第五届国际汉语教学讨论会论文选》编辑委员会编 北京大学出版社 1997年

AF97044 节奏的韵味及价值生成——对外汉语教学节奏美初探 张冠夫 《汉语速成教学研究》第一辑 北京语言文化大学汉语速成学院编 北京大学出版社 1997年

AF97045 课程研究与短期汉语教学的教学系统 朱子仪 《汉语速成教学研究》第一辑 北京语言文化大学汉语速成学院编 北京大学出版社 1997年

AF97046 课堂教学十忌 杨惠元 《汉语速成教学研究》第一辑 北京语言文化大学汉语速成学院编 北京大学出版社 1997年

AF97047 课堂提问刍议 周翠琳 《汉语速成教学研究》第一辑 北京语言文化大学汉语速成学院编 北京大学出版社 1997年

AF97048 试论对外汉语教学课程规范 王钟华 《语言文化教学研究集刊》第一辑 北京

语言文化大学汉语学院编 华语教学出版社 1997年

AF97049 香港的国际学校汉语课程革新 欧阳汝颖 《第五届国际汉语教学讨论会论文选》《第五届国际汉语教学讨论会论文选》编辑委员会编 北京大学出版社 1997年

AF97050 语程及其计算 王永场 《世界汉语教学》1997年第1期

AF98051 不用媒介语从事对外汉语课堂教学的探讨 梁宁辉 《汉语学习》 1998年第3期

AF98052 对外汉语教师课堂体态语言浅论 时健 《临沂师范学院学报》 1998年第5期

AF98053 菲律宾华校华语课堂教学组织的几个问题 李坤《汉语学习》 1998年第5期

AF98054 教师在语言课堂中的作用 周明朗 符平 《世界汉语教学》1998年第1期

AF98055 课堂交际技能训练的一种方法——谈"分组" 蒋以亮 《汉语学习》1998年第1期

AF98056 谈谈第二语言课堂教学中的灵活性原则——以汉语为例 戴庆厦 关辛秋 《第二语言(汉语)教学论集》第3集 戴庆厦主编 民族出版社 1998年

AF98057 谈我校国际文化交流中心对外现代汉语教学的课程设置 李青 《玉溪师专学报》 1998年第4期

AF99058 对外汉语教学与认知规律的一些思考 吴仁甫 徐子亮 《语言教育问题研究论文集》 吕必松主编 华语教学出版社 1999年

AF99059 对外汉语教学中非预设因素的意义及引导 张冠夫 《汉语速成教学研究》第二辑 北京语言文化大学汉语速成学院编 华语教学出版社 1999年

AF99060 对外汉语课堂教学论略 李宝贵 《辽宁师范大学学报》(社会科学版) 1999年第2期

AF99061 发挥联想在语言教学中的作用 刘松江 《汉语速成教学研究》第二辑 北京语言文化大学汉语速成学院编 华语教学出版社 1999年

AF99062 韩国汉语教学中的语法用语问题 (韩)李根孝 《汉语学习》 1999年第6期

AF99063 教学语言的规范性、针对性及其个性 张登岐 《语言教育问题研究论文集》 吕必松主编 华语教学出版社 1999年

AF99064 纠误反馈与学习者的理解回应——交际课堂中的形式商谈 Roy Lyster & Leila Ranta 张莉译 《语言文化教学研究集刊》第三辑 北京语言文化大学汉语学院编 华语教学出版社 1999年

AF99065 试论对外汉语教学语言 彭利贞 《北京大学学报》(哲学社会科学版) 1999年第6期

AF99066 谈中高级阶段的课程规范 陈田顺 《语言文化教学研究集刊》第三辑 北京语言文化大学汉语学院编 华语教学出版社 1999年

AF99067 语言教学中的限定与自由 李杨 《世界汉语教学》 1999年第2期

AF99068 注释式词语练习试析 刘颂浩 《汉语学习》 1999年第4期

AF00069 导演·主角·配角——对外汉语教学的一种有益尝试 商拓 《西南交通大学学报》(社会科学版) 2000年第2期

AF00070 调动学生的学习主动性和积极性 陈绥宁 《回眸与思考:对外汉语教学》 张德鑫主编 外语教学与研究出版社 2000年

AF00071 对外儿童汉语教学的游戏方法探讨 萧素秋 《第六届国际汉语教学讨论会论文选》《第六届国际汉语教学讨论会论文选》编辑委员会编 北京大学出版社 2000年

AF00072 对外汉语情感教学的课堂实施 马兰 《天津外国语学院学报》 2000年第4期

AF00073 关于华语课堂教学的过程 陈桂德 《华侨大学学报》(哲学社会科学版) 2000年第3期

AF00074 浅谈对外汉语教学中基础教学的技巧——态势语和直观教具教学 李春玲 《沈阳师范学院学报》(社会科学版) 2000年第1期

AF00075 谈谈第二语言课堂教学中的灵活性原则——以汉语为例 戴庆厦 关辛秋 《第六届国际汉语教学讨论会论文选》《第六届国际汉语教学讨论会论文选》编辑委员会编 北京大学出版社 2000年

AF00076 提问在对外汉语课堂教学中的运用 刘晓雨 《世界汉语教学》 2000年第1期

AF01077 Classroom Discourse and Its Role in L2 Learning (美)吴远鹏 国际汉语教学学术研讨会论文集(《语言研究》2001年增刊) 李祥坤主编 《语言研究》编辑部 2001年

AF01078 从汉字入手探索对外汉语教学的新思路——欧美篇 赵明德 《中国对外汉语教学学会北京分会第二届学术年会论文集》 中国对外汉语教学学会北京分会编 北京语言文化大学出版社 2001年

AF01079 短期班教学为长期班教学提供的启示 王学松 《中国对外汉语教学学会北京分会第二届学术年会论文集》 中国对外汉语教学学会北京分会编 北京语言文化大学出版社 2001年

AF01080 对外汉语教学若干课程潜在关系研究 张美霞 《世界汉语教学》 2001年第2期

AF01081 关于基础汉语教学开设翻译课及二年级英汉翻译教材编写问题 贾钰 《对外汉语教学与教材研究论文集》 国家对外汉语教学领导小组编 华语教学出版社 2001年

AF01082 活化初级阶段口语课课堂教学活动的策略——口语课课堂教学活动的调查与研究 戴悉心 《暨南大学华文学院学报》 2001年第2期

AF01083 略论语言教学与人文教育 李杨 《语言文化教学与研究(二〇〇一年卷)》 北京语言文化大学汉语学院编 人民教育出版社 2001年

AF01084 试论对外汉语课堂教学的交际化 吕玉兰 《对外汉语教学与教材研究论文集》

国家对外汉语教学领导小组编 华语教学出版社 2001年

AF01085 谈对外汉语教学中的礼貌策略问题 沈燕 刘冬 《中国对外汉语教学学会北京分会第二届学术年会论文集》 中国对外汉语教学学会北京分会编 北京语言文化大学出版社 2001年

AF01086 体态语在对外汉语教学中的运用 孙雁雁 《山东教育学院学报》 2001年第5期

AF01087 外国留学生课堂提问情况的调查与分析 蒋以亮 《中国对外汉语教学学会北京分会第二届学术年会论文集》 中国对外汉语教学学会北京分会编 北京语言文化大学出版社 2001年

AF01088 新模式:以"交际任务"为基础的汉语短期教学 马箭飞 《对外汉语教学与教材研究论文集》 国家对外汉语教学领导小组编 华语教学出版社 2001年

AF02089 对外汉语教师的教学机智和课堂教学 阮咏梅 《宁波大学学报》(教育科学版) 2002年第1期

AF02090 非言语行为在对外汉语教育中的作用 张云艳 《西南林学院学报》 2002年增刊第1期

AF02091 教学行动研究在对外汉语课堂小组讨论中的应用 张笑难 《北京第二外国语学院学报》 2002年第3期

AF02092 谈谈对外汉语教学中的课堂提问 傅索雅 《北京广播电视大学学报》 2002年第1期

AF03093 对外汉语教学口语初探 陈超美 《黑龙江教育学院学报》 2003年第5期

AF03094 对外汉语教学语言研究刍议 孙德金 《语言文字应用》 2003年第3期

AF03095 对外汉语教学中的课外指导问题 姚瑾 《重庆交通学院学报》(社会科学版) 2003年第3期

AF03096 菲律宾华校华语课堂教学探讨 王燕燕 《对外汉语教学论文集》 厦门大学海外华文教育研究所 海外教育学院编 厦门大学出版社 2003年

AF03097 关于第一堂汉语课的语言模式创建 张航 《语言教学与研究》 2003年第5期

AF03098 论教案及相关问题 赵金铭 《汉语研究与应用》第一辑 中国人民大学对外语言文化学院编 中国社会科学出版社 2003年

AF03099 浅论对外汉语教学中的导入设计 杨文惠 《中山大学学报论丛》 2003年第2期

AF03100 浅谈对外汉语的教学方法 董新 《牡丹江大学学报》 2003年第7期

AF03101 如何实现对外汉语课堂教学的交际化 赵宏 《黑龙江教育学院学报》 2003年第5期

AF03102 身势语言与对外汉语教学 陈子骄 《牡丹江师范学院学报》(哲学社会科学版) 2003年第6期

AF03103 试论对外汉语交互性课堂教学 罗青松 《汉语研究与应用》第一辑 中国人民

大学对外语言文化学院编 中国社会科学出版社 2003年
AF03104 提高留学生汉语语言能力的几点思考 董新 《宁波大学学报》(教育科学版) 2003年第4期
AF04105 充分发挥情感因素在对外汉语教学中的作用 韩秀梅 《云南师范大学学报》(对外汉语教学与研究版) 2004年第6期
AF04106 对外汉语教学的备课艺术 黄晓颖 《汉语学习》 2004年第3期
AF04107 对外汉语教学评估偏差分析及纠偏对策 刘德联 李海燕 《语言教学与研究》 2004年第5期
AF04108 基础汉语课堂教学中的生词复现技巧 刘若云 林凌 《中山大学学报论丛》 2004年第2期
AF04109 "兼指性提问"行为的语用分析 郑颖 《云南师范大学学报》(对外汉语教学与研究版) 2004年第5期
AF04110 教室汉语:一个假想的标准语 张洪年 《汉语教学新理念》 丛铁华编 北京大学出版社 2004年
AF04111 课堂教学评估的作用、原则和方法 杨惠元 《汉语学习》 2004年第5期
AF04112 论零起点班第一堂汉语课教师的语言形式 黄均凤 程乐乐 《云南师范大学学报》(对外汉语教学与研究版) 2004年第3期
AF04113 试论对外汉语课堂教学实践研究 吕玉兰 《世界汉语教学》 2004年第2期
AF04114 试论课堂教学研究 杨惠元 《语言教学与研究》 2004年第3期
AF04115 直观性教学材料的使用范围和作用 焦毓梅 于鹏 《云南师范大学学报》(对外汉语教学与研究版) 2004年第5期
AF05116 对外汉语教学初级阶段课堂语言的特点和组织原则 白朝霞 《德州学院学报》 2005年第1期
AF05117 对外汉语教学的课堂组织管理艺术 黄晓颖 《云南师范大学学报》(对外汉语教学与研究版) 2005年第4期
AF05118 对外汉语课堂教学策略探微 李华珍 《合肥学院学报》(社会科学版) 2005年第4期
AF05119 对外汉语课堂教学交际化问题的探讨 魏耕耘 《内蒙古师范大学学报》(教育科学版) 2005年第7期
AF05120 对外汉语课堂教学实录资料的编撰及应用价值 吕玉兰 张若莹 《语言教学与研究》 2005年第1期
AF05121 对外汉语课堂教学语言中的词句特点 张婧 《语言文字应用》 2005年增刊
AF05122 关于对外汉语教学语言的思考 刘慧清 《云南师范大学学报》(对外汉语教学与研究版) 2005年第1期

AF05123 建构主义视域下的对外汉语教学 张灵芝 《海外华文教育》 陈荣岚编 《海外华文教育》杂志社 2005 年

AF05124 口语和书面语教学目标的冲突与汉语教学的课程改革 顾安达 朱志平 《海外华文教育》 陈荣岚编 《海外华文教育》杂志社 2005 年

AF05125 论对外汉语教学中模拟情景的创设 方艳 《金陵科技学院学报》(社会科学版) 2005 年第 3 期

AF05126 Tutorial 汉语远程教学模式中的教学 黄荣荣 《云南师范大学学报》(对外汉语教学与研究版) 2005 年第 5 期

AF05127 外语教学法流派对汉语作为第二语言教学的课堂教学启发 王鹿 《和田师范专科学校学报》 2005 年第 3 期

AF06128 对外汉语教学中非语言交际手段的使用 姚芳 《青海师专学报》 2006 年第 2 期

AF06129 国外外语课堂教学研究对开展对外汉语课堂教学研究的启示 周士平 张林军 《暨南大学华文学院学报》 2006 年第 2 期

AF06130 论对外汉语课堂教学的评价体系 江傲霜 《云南师范大学学报》(对外汉语教学与研究版) 2006 年第 5 期

AF06131 欧美留学生对课堂活动有效性评价的分析——对外汉语课堂活动系列调查之三 丁安琪 《汉语学习》 2006 年第 5 期

AF06132 试论对外汉语教学过程的交际化 张竞楠 宋月波 《辽宁教育行政学院学报》 2006 年第 9 期

AF06133 试论对外汉语教学中的课堂提问技巧 杨文惠 《中山大学学报论丛》 2006 年第 12 期

AF06134 试论对外汉语综合课课堂教学设计——教育学视角的分析 崔永华 《汉语研究与应用》第四辑 中国人民大学对外语言文化学院编 中国社会科学出版社 2006 年

AF06135 新加坡华语课堂教学初探 刘永兵 吴福焕 张东波 《世界汉语教学》 2006 年第 1 期

AG 教学法与教学模式

AG58001 谈谈对俄罗斯学生的汉语教学法 扎多延柯 鲁勉斋 高祖舜译 《中国语文》 1958 年第 7 期

AG77002 短文阶段的三种教学方法 程善文 《语言教学与研究》第一集 北京语言学院《语言教学与研究》编辑室 1977 年 2 月

AG77003 在专业汉语教学中试行突出听说、读写跟上的教法 杜厚文 《语言教学与研究》

第一集　北京语言学院《语言教学与研究》编辑室　1977年2月

AG83004　对外汉语教学中应该充分发挥汉语拼音的作用　石佩雯　《语文建设》　1983年第12期

AG84005　科技汉语教学法之一——渗透法　万志敏　温洁　王颖　佟慧君　《语言教学与研究》　1984年第2期

AG85006　北京语言学院六十年代对外汉语教学法回顾　任远　《对外汉语教学论集》《语言教学与研究》编辑部编　北京语言学院出版社　1985年

AG85007　"读、看、听、说、写"教法初探　张锐　《对外汉语教学论集》《语言教学与研究》编辑部编　北京语言学院出版社　1985年

AG85008　课堂交际教学活动的理论与实践　王邱丕君　《第一届国际汉语教学讨论会论文选》　第一届国际汉语教学讨论会组织委员会编　北京语言学院出版社　1985年

AG85009　罗西雅氏外语教学法　李华元《第一届国际汉语教学讨论会论文选》　第一届国际汉语教学讨论会组织委员会编　北京语言学院出版社　1985年

AG85010　漫谈语言教学法的研究　吕必松　《对外汉语教学论集》《语言教学与研究》编辑部编　北京语言学院出版社　1985年

AG85011　速成对外汉语教学法初探　金梦茵　《山西大学学报》(哲学社会科学版)　1985年第3期

AG85012　外语在对外汉语教学中的作用　施光亨　《对外汉语教学论集》《语言教学与研究》编辑部编　北京语言学院出版社　1985年

AG86013　对外汉语教学法之研讨　张亚军　《对外汉语教学研究会第二次学术讨论会论文选》　中国高等教育学会对外汉语教学研究会编　北京语言学院出版社　1986年

AG86014　建国以来我国对外汉语教学法研究述评　吴勇毅　徐子亮　《对外汉语教学研究会第二次学术讨论会论文选》　中国高等教育学会对外汉语教学研究会编　北京语言学院出版社　1986年

AG87015　标准语教学和对外汉语教学的异同　缪锦安　《第二届国际汉语教学讨论会论文集》　第二届国际汉语教学讨论会组织委员会编　北京语言学院出版社　1987年

AG87016　第二语言教学法与对外汉语教学　何子铨　《暨南学报》(哲学社会科学版)　1987年第3期

AG87017　对外汉语教学法的实用面——兼谈汉语教师的地位问题　刘铭　《第二届国际汉语教学讨论会论文集》　第二届国际汉语教学讨论会组织委员会编　北京语言学院出版社　1987年

AG87018　汉语教法学初论　杨石泉　张亚军　《第二届国际汉语教学讨论会论文集》　第二届国际汉语教学讨论会组织委员会编　北京语言学院出版社　1987年

AG87019 近年来我国对外汉语教学法研究述评 吴勇毅 徐子亮 《世界汉语教学》1987年第1期

AG87020 七十年代以来北京语言学院对外汉语教学法之发展 任远 《第二届国际汉语教学讨论会论文集》 第二届国际汉语教学讨论会组织委员会编 北京语言学院出版社 1987年

AG87021 一本实用的外语教学法参考书——介绍《现代外语教学法——理论与实践》 马成文 《世界汉语教学》 1987年第4期

AG87022 用汉语教汉语的理论基础及其原则 郭锦桴 《第二届国际汉语教学讨论会论文选》 第二届国际汉语教学讨论会组织委员会编 北京语言学院出版社 1987年

AG89023 关于对外汉语教学法的进一步探索 刘珣 《世界汉语教学》 1989年第3期

AG89024 中国对外汉语教学法的发展 吕必松 《世界汉语教学》 1989年第4期

AG89025 重视教学法,提高教学质量 何子铨 《暨南学报》(人文科学与社会科学版)1989年第4期

AG90026 从"结构—功能"法到"功能—结构"法的设想——关于对外汉语教学法的探讨 刘珣 《中国对外汉语教学学会第三次学术讨论会论文选》 中国对外汉语教学学会编 北京语言学院出版社 1990年

AG90027 汉语速成新教学法尝试 周健 《中国对外汉语教学学会第三次学术讨论会论文选》 中国对外汉语教学学会编 北京语言学院出版社 1990年

AG90028 语言教学法的研讨——各得其所,各取所需,各有千秋 (美)杨觉勇 《第三届国际汉语教学讨论会论文选》 第三届国际汉语教学讨论会会务工作委员会编 北京语言学院出版社 1990年12月

AG91029 把语境引入对外汉语教学 程朝晖 《汉语学习》 1991年第1期

AG91030 论与社会文化和汉语言相适应的功能和结构法教学模式 何平 《中高级对外汉语教学论文选》 国家对外汉语教学领导小组办公室教学业务部编 北京语言学院出版社 1991年

AG91031 生成原则及其贯彻 张黎 《中高级对外汉语教学论文选》 国家对外汉语教学领导小组办公室教学业务部编 北京语言学院出版社 1991年

AG92032 词本位教学法和字本位教学法的比较 张朋朋 《世界汉语教学》 1992年第3期

AG94033 对外基础汉语教学法创新之路 刘英林 李景蕙 《汉语水平考试研究(续集)》刘英林主编 现代出版社 1994年

AG94034 内化——偏重心理的文化导入方法 郝勐 《世界汉语教学》 1994年第4期

AG94035 谈谈对外国留学生的汉语教学 陈明泽 《沈阳师范学院学报》(社会科学版)1994年第4期

AG94036 "主持人"式教学法——对外汉语教学中的新尝试 李白坚 丁迪蒙 《上海大学

学报》(社会科学版) 1994年第2期

AG95037 完整语言教学的探讨 (美)胡希明 《语言教学与研究》 1995年第2期

AG96038 对外汉语教学法研究的回顾与展望 任远《中国对外汉语教学学会成立十周年纪念论文选》 中国对外汉语教学学会秘书处编 北京语言学院出版社 1996年

AG96039 关于"结构—功能—文化相结合"的教学原则的思考 程棠 《世界汉语教学》 1996年第4期

AG96040 话题讨论法在对外汉语教学中的运用 吕可风 《杭州大学学报》(哲学社会科学版) 1996年第4期

AG96041 论对外汉语教学的"母语化"方法 凌敏 《上海大学学报》(社会科学版) 1996年第3期

AG96042 论"教学有法而无定法" 杨惠元《语言教学与研究》 1996年第3期

AG96043 目的语环境中的强化教学一例——北京师范大学"普北班"评介 朱志平 《语言教学与研究》 1996年第3期

AG96044 速成汉语教学方法论思考 黄永健 《深圳大学学报》(人文社会科学版) 1996年第3期

AG96045 探索对外汉语教学法新体系 刘珣 《中国对外汉语教学学会成立十周年纪念论文选》 中国对外汉语教学学会秘书处编 北京语言学院出版社 1996年

AG97046 对外汉语教学的复述训练 张晓慧 《世界汉语教学》 1997年第4期

AG97047 汉语的对外教学探讨 林晓红 《广东教育学院学报》 1997年第4期

AG97048 论功能及相关问题 李泉《第五届国际汉语教学讨论会论文选》《第五届国际汉语教学讨论会论文选》编辑委员会编 北京大学出版社 1997年

AG97049 谈对比教学 倪华莺 《世界汉语教学》 1997年第3期

AG97050 "一对一"与"个别教学"——驻华外交人员汉语教学法改革的思考 刘亚林《第五届国际汉语教学讨论会论文选》《第五届国际汉语教学讨论会论文选》编辑委员会编 北京大学出版社 1997年

AG98051 暗示教学法与汉语教学 李素贤《世界汉语教学》 1998年第2期

AG98052 利用语境是中级对外汉语教学的重要手段 李林立 《北大海外教育》第二辑 郭振华 赵燕皎编 北京大学出版社 1998年

AG98053 民族学生汉语教学应加强多功能训练 李国英 《伊犁师范学院学报》 1998年第1期

AG98054 浅谈"双语法"教学 王顺洪《北大海外教育》第二辑 郭振华 赵燕皎编 北京大学出版社 1998年

AG98055 浅谈语法翻译法在对外汉语教学中的运用 何瑞 《云南师范大学学报》(哲学社会科学版) 1998年第4期

AG98056 体态语与对外汉语教学 李恕仁 《云南民族学院学报》(哲学社会科学版) 1998年第2期

AG98057 通过演讲比赛提高初级班学生的写作和朗读能力 钱华 《北大海外教育》第二辑 郭振华 赵燕皎编 北京大学出版社 1998年

AG99058 基础汉语教学模式的改革 崔永华 《世界汉语教学》 1999年第1期

AG99059 基础汉语阶段一种高效的教学方法初探——扩展式教学法 姜丽萍 《语言文化教学研究集刊》第三辑 北京语言文化大学汉语学院编 华语教学出版社 1999年

AG99060 扩展式教学法初探 姜丽萍 《语言教学与研究》 1999年第1期

AG99061 朗读在对外汉语教学中的运用 张燕 《玉溪师范高等专科学校学报》 1999年第4期

AG99062 浅谈对比教学法在对外汉语教学中的积极作用 李青 《玉溪师范高等专科学校学报》 1999年第4期

AG99063 试谈启发式教学 张晓明 《汉语速成教学研究》第二辑 北京语言文化大学汉语速成学院编 华语教学出版社 1999年

AG99064 以图片为基础的课堂交际练习实验——一次交际法的实践 (美)卢百可 邓秀均 《世界汉语教学》 1999年第2期

AG99065 掌握学习法教学模式在对外汉语教学中的应用 萧海薇 《华南师范大学学报》(社会科学版) 1999年第5期

AG00066 第二语言教学的新模式(实验设计) 杨惠元 《汉语学习》 2000年第6期

AG00067 对外汉语教学的模式匹配 徐子亮 《汉语学习》 2000年第2期

AG00068 对外汉语教学点滴谈 刘利民 《黔东南民族师范高等专科学校学报》 2000年第1期

AG00069 非智力因素在对外汉语教学中的应用初探 涂文晖 《华侨大学学报》(哲学社会科学版) 2000年第3期

AG00070 "结构—功能—文化"相结合教学法试说 陶炼 《语言教学与研究》 2000年第4期

AG00071 浅谈汉语交际教学法 王振来 张竞志 《大连大学学报》 2000年第5期

AG00072 学练一体:对外汉语教学的有效方法 朴正顺 《佳木斯大学社会科学学报》 2000年第5期

AG00073 以"交际任务"为基础的汉语短期教学新模式 马箭飞 《世界汉语教学》 2000年第4期

AG00074 中外联合办学中的汉语教学模式 陈小玲 《世界汉语教学》 2000年第4期

AG01075 对外汉语教学的趣味性 裴维襄 《天津市工会管理干部学院学报》 2001年第4期

AG01076 对外汉语教学法述评——兼谈第二语言教学的交际性原则 金志刚 《辽宁师范大学学报》(社会科学版) 2001年第3期

AG01077 对外汉语教学方法初探 陈在东 蒙坚 《石油大学学报》(社会科学版) 2001年第4期

AG01078 对外汉语教学中的板书设计 蔡整莹 《语言文化教学与研究(二〇〇一年卷)》 北京语言文化大学汉语学院编 人民教育出版社 2001年

AG01079 论突出以目标为导向的交际能力训练 周健 《世界汉语教学》 2001年第3期

AG01080 模拟自然环境交际训练法在课堂教学中的实验研究 周芳 《对外汉语教学与教材研究论文集》 国家对外汉语教学领导小组编 华语教学出版社 2001年

AG01081 情景法在汉语教学中的运用 窦曼玲 《语言与翻译》 2001年第3期

AG01082 谈谈对外汉语教学中的三向交流法 张永奋 《对外汉语教学与教材研究论文集》 国家对外汉语教学领导小组编 华语教学出版社 2001年

AG01083 用数学方法解读汉语教学 彭志平 《语言文化教学与研究(二〇〇一年卷)》 北京语言文化大学汉语学院编 人民教育出版社 2001年

AG02084 对外汉语教学法研究再探讨 杨丽姣 《云南师范大学学报》(哲学社会科学版) 2002年第6期

AG02085 谈信息转换教学法的言语转化率问题 赵春利 《语言研究》 2002年增刊第1期

AG02086 意象理论与对外汉语教学 缑瑞隆 《郑州大学学报》(哲学社会科学版) 2002年第4期

AG02087 “准常规语言教学”类型及其教学模式 刘川平 《中国对外汉语教学学会第七次学术讨论会论文选》 中国对外汉语教学学会编 人民教育出版社 2002年

AG03088 伯利兹(Berlitz)外语教学法评介 赵守辉 《汉语研究与应用》第一辑 中国人民大学对外语言文化学院编 中国社会科学出版社 2003年

AG03089 对外汉语教学运用两种语言“过渡式”教学方法初探 欧阳万钧 《天津成人高等学校联合学报》 2003年第4期

AG03090 多重码华语文认知和语言节律 吴洁敏 《对外汉语教学论文集》 厦门大学海外华文教育研究所 海外教育学院编 厦门大学出版社 2003年

AG03091 关于实况汉语教学的几个问题 孟国 《语言教学与研究》 2003年第4期

AG03092 汉语教学路子研究刍议 吕必松 《暨南大学华文学院学报》 2003年第1期

AG03093 基础汉语长期进修强化教学的定位 肖莉 《云南师范大学学报》(对外汉语教学与研究版) 2003年第3期

AG03094 口笔语分科 精泛读并举——对外汉语教学改进模式构想 鲁健骥 《世界汉语教学》 2003年第2期

AG03095 扩与减的辩证教学刍议 蓝小玲 《对外汉语教学论文集》 厦门大学海外华文教育研究所 海外教育学院编 厦门大学出版社 2003年

AG03096 论“精讲活练” 彭小川 《语言教学与研究》 2003年第1期

AG03097 论汉语语感教学 周健 《汉语学习》 2003 年第 1 期

AG03098 Task-based Approaches to Second Language Pedagogy and the Design of Chinese Textbooks at Tertiary Level Jianjun URWIN&DU Liping 《世界汉语教学》 2003 年第 3 期

AG03099 特殊目的汉语教学实践引发的思考 王若江 《语言教学与研究》 2003 年第 1 期

AG03100 韵律制约的书面语与听说为主的教学法 冯胜利 《世界汉语教学》 2003 年第 1 期

AG03101 在对外汉语教学中创造灵活多变的教学方法 杨萍 李文赫 《长春师范学院学报》(人文社会科学版) 2003 年第 3 期

AG04102 "理解后听"教学模式探讨 谭春健 《云南师范大学学报》(对外汉语教学与研究版) 2004 年第 4 期

AG04103 认知观与对外汉语教学 卢英顺 《汉语学习》 2004 年第 1 期

AG04104 试论对外汉语教学中"忆读"的方法与功能 赵春利 《暨南大学华文学院学报》 2004 年第 2 期

AG04105 体态语在对外汉语教学中的意义及运用 孙雁雁 《语言教学与研究》 2004 年第 2 期

AG04106 晚清英语教学法及其在对外汉语教学中的借鉴 张凤娟 《云南师范大学学报》(对外汉语教学与研究版) 2004 年第 3 期

AG04107 支架式教学法及其在对外汉语中级口语教学中的应用 孙宁宁 《暨南大学华文学院学报》 2004 年第 4 期

AG05108 对外汉语教学微技能训练 汤勤 《郧阳师范高等专科学校学报》 2005 年第 4 期

AG05109 歌词教学模式在越南留学生汉语习得中的运用 杨刚 《云南师范大学学报》(对外汉语教学与研究版) 2005 年第 2 期

AG05110 功能教学法在对外汉语教学中的应用研究 吴艳 《沈阳教育学院学报》 2005 年第 4 期

AG05111 内容教学法在对外汉语教学中的运用 曹贤文 《云南师范大学学报》(对外汉语教学与研究版) 2005 年第 1 期

AG05112 "任务"的性质和特点——任务教学法研究之一 吴中伟 《汉语研究与应用》第三辑 中国人民大学对外语言文化学院编 中国社会科学出版社 2005 年

AG05113 Western Experiential Pedagogy in Study-Abroad Leeann Jones 《世界汉语教学》 2005 年第 1 期

AG05114 "有错必纠"与"因材施教" 卢铁澎 《海外华文教育》 陈荣岚编 《海外华文教育》杂志社 2005 年

AG05115 语言教学中形式与意义的平衡——任务教学法研究之二 吴中伟 《对外汉语研究》第一期 齐沪扬主编 商务印书馆 2005 年

AG05116 直接法与高级汉语教学的模式 付继伟 《云南师范大学学报》(对外汉语教学与研究版) 2005年第2期

AG05117 中医院校留学生汉语教学中的疑难问题及对策 于鹏 焦毓梅 《天津中医学院学报》 2005年第1期

AG06118 从学生认知的特点看对外汉语教学 刘慧 《辽宁教育行政学院学报》 2006年第9期

AG06119 对外汉语教学中的"脑筋急转弯" 刘瑛 《云南师范大学学报》(对外汉语教学与研究版) 2006年第5期

AG06120 "后方法时代"语言教学观与对外汉语教学法体系构建 陶健敏 《暨南大学华文学院学报》 2006年第3期

AG06121 论"规约——开放"任务教学模式——国内对外汉语教学中的一种新模式的探讨 吴铮 《云南师范大学学报》(对外汉语教学与研究版) 2006年第6期

AG06122 抛锚式教学法在对外汉语口语教学中的应用 江玉莲 《大庆师范学院学报》 2006年第6期

AG06123 浅谈对外汉语教学的"十法一议" 段克宁 《玉溪师范学院学报》 2006年第8期

AG06124 任务教学法——理论与实践 蔡永强 《汉语研究与应用》第四辑 中国人民大学对外语言文化学院编 中国社会科学出版社 2006年

AG06125 任务型教学法与对外汉语初级口语教学 李燕 《云南师范大学学报》(对外汉语教学与研究版) 2006年第3期

AH 特殊教学类型研究

AH89001 中国的对外广播汉语教学 徐永秀 《世界汉语教学》 1989年第4期

AH90002 关于对外汉语方言教学的几个问题 贺巍 《第三届国际汉语教学讨论会论文选》 第三届国际汉语教学讨论会会务工作委员会编 北京语言学院出版社 1990年

AH94003 预科汉语教学研究与实践 吴锡昌 《伊犁师范学院学报》 1994年第3期

AH96004 试论对外汉语函授教育 岳维善 种国胜 杜厚文 《世界汉语教学》 1996年第2期

AH96005 谈谈对藏、彝族学生的现代汉语教学 余惠邦 《汉语学习》 1996年第5期

AH97006 短期对外汉语教学的新趋势及我们对教学特点的再认识 卢晓逸 朱子仪 《汉语速成教学研究》第一辑 北京语言文化大学汉语速成学院编 北京大学出版社 1997年

AH97007 对速成汉语教学原则及其特点的再认识 李德钧 翟艳 《汉语速成教学研究》

第一辑 北京语言文化大学汉语速成学院编 北京大学出版社 1997年

AH97008 关于特别教学 武云霞 翟艳 《汉语速成教学研究》第一辑 北京语言文化大学汉语速成学院编 北京大学出版社 1997年

AH97009 汉语速成教学的最优化策略 马箭飞 《汉语速成教学研究》第一辑 北京语言文化大学汉语速成学院编 北京大学出版社 1997年

AH97010 事务华文的特点及其教学——世界汉语教学新动向 (新加坡)卢绍昌 《第五届国际汉语教学讨论会论文选》《第五届国际汉语教学讨论会论文选》编辑委员会编 北京大学出版社 1997年

AH97011 试谈对外汉语教学中的方言问题 古岳 《辽宁师范大学学报》(社会科学版) 1997年第2期

AH97012 谈对华裔儿童的华语教学 罗庆铭 《世界汉语教学》 1997年第3期

AH97013 我区预科汉语教学现状及对策 巴哈尔古丽 古丽尼萨·加玛勒 《伊犁师范学院学报》 1997年第3期

AH97014 香港外籍儿童学习汉语初探 蔡琇如 《第五届国际汉语教学讨论会论文选》《第五届国际汉语教学讨论会论文选》编辑委员会编 北京大学出版社 1997年

AH98015 对哈萨克斯坦留学生的双语教学初探 郭雪峰 《伊犁师范学院学报》 1998年第2期

AH98016 关于"民汉兼通"及其标准 哈力克·尼亚孜 《语言与翻译》 1998年第3期

AH98017 含有母语基因的非母语教学——海外华文教育管见 李方 《语言文字应用》 1998年第3期

AH98018 商贸汉语中洽谈语言的特性及其教学 刘乃华 《南京大学学报》(哲学·人文科学·社会科学版) 1998年第3期

AH99019 关于短期留学生基本情况的调查报告 毛悦 《汉语速成教学研究》第二辑 北京语言文化大学汉语速成学院编 华语教学出版社 1999年

AH99020 关于速成班学生学习情况的调查及应对方法 翟艳 《汉语速成教学研究》第二辑 北京语言文化大学汉语速成学院编 华语教学出版社 1999年

AH99021 经贸汉语教学初探 刘丽瑛 《世界汉语教学》 1999年第1期

AH99022 略论非院校对外汉语教学的基本思路 刘亚林 《中国对外汉语教学学会第六次学术讨论会论文选》 中国对外汉语教学学会编 华语教学出版社 1999年

AH99023 新疆少数民族中小学的汉语教学 哈力克·尼亚孜 《语言文字应用》 1999年第1期

AH00024 汉语速成教学的时间观 翟艳 《语言教学与研究》 2000年第2期

AH01025 "旅游汉语"教学——对外汉语教学的一个重要课题 石慧敏 《暨南大学华文学院学报》 2001年第4期

AH01026 浅谈对海外幼儿的早期汉语教学 孙慧敏 《中国对外汉语教学学会北京分会第二届学术年会论文集》 中国对外汉语教学学会北京分会编 北京语言文化大学出版社 2001年

AH02027 刍议汉语个别教学 吴勇毅 《对外汉语一对一个别教授研究》 吴仁甫编 中国社会科学出版社 2002年

AH02028 从课堂到个别——转换的困境和策略 石旭登 《对外汉语一对一个别教授研究》 吴仁甫编 中国社会科学出版社 2002年

AH02029 翻译在汉语个别授课中的作用及其使用范围 王晓凌 《对外汉语一对一个别教授研究》 吴仁甫编 中国社会科学出版社 2002年

AH02030 非院校对外汉语教学对象析 吴仁甫 《对外汉语一对一个别教授研究》 吴仁甫编 中国社会科学出版社 2002年

AH02031 非院校对外汉语教学中补充练习问题 陈中美 《对外汉语一对一个别教授研究》 吴仁甫编 中国社会科学出版社 2002年

AH02032 非院校对外汉语教学中的八大关系 吴仁甫 《对外汉语一对一个别教授研究》 吴仁甫编 中国社会科学出版社 2002年

AH02033 非院校对外汉语教学中对学生认知差异的应策 王玲玲 《对外汉语一对一个别教授研究》 吴仁甫编 中国社会科学出版社 2002年

AH02034 个别教育条件下学习主体认知汉语的特点 徐子亮 《对外汉语一对一个别教授研究》 吴仁甫编 中国社会科学出版社 2002年

AH02035 关于对外汉语教学中"弹性编班制"的思考和构想 王珊 《西安外国语学院学报》 2002年第3期

AH02036 汉语个别授课的教学内容探讨 吴仁甫 《对外汉语一对一个别教授研究》 吴仁甫编 中国社会科学出版社 2002年

AH02037 汉语个别授课中教材的选用 袁斐 《对外汉语一对一个别教授研究》 吴仁甫编 中国社会科学出版社 2002年

AH02038 汉语个别授课中运用学生母语作比较教学的一些思考 郑静 《对外汉语一对一个别教授研究》 吴仁甫编 中国社会科学出版社 2002年

AH02039 汉语一对一个别授课听力技能的训练 杨海康 《对外汉语一对一个别教授研究》 吴仁甫编 中国社会科学出版社 2002年

AH02040 HSK 辅导与短期汉语培训 马玉汴 《黄河科技大学学报》 2002年第3期

AH02041 互动法在一对一教学组织形式中的运用 凌敏 《对外汉语一对一个别教授研究》 吴仁甫编 中国社会科学出版社 2002年

AH02042 谈话法在汉语一对一个别式教学中的运用 王玲玲 《对外汉语一对一个别教授研究》 吴仁甫编 中国社会科学出版社 2002年

AH02043 谈谈对外汉语教学中的个别教学 张永奋 《对外汉语一对一个别教授研究》 吴仁甫编 中国社会科学出版社 2002年

AH02044 谈谈对外汉语教学中的一对一个别教学模式 王际平 《对外汉语一对一个别教授研究》 吴仁甫编 中国社会科学出版社 2002年

AH03045 商务汉语的特点及其教学 朱黎航 《暨南大学华文学院学报》 2003年第3期

AH04046 论医学专业留学生的汉语教学 卜海艳 《河南中医学院学报》 2004年第6期

AH05047 对华文教育中旅游教学的几点思考 李嘉郁 《海外华文教育》 陈荣岚编 《海外华文教育》杂志社 2005年

AH05048 对外籍教师进行个体化短期汉语教学初探 彭德惠 《攀枝花学院学报》 2005年第3期

AH05049 关于商务汉语课程性质的探讨 李菡幽 《海外华文教育》 陈荣岚编 《海外华文教育》杂志社 2005年

AH06050 商务汉语教学需求分析 张黎 《语言教学与研究》 2006年第3期

AI 教师行为与教师培训

AI85001 教学效果较好的外语教师所应具备的主要条件 赵智超 《第一届国际汉语教学讨论会论文选》 第一届国际汉语教学讨论会组织委员会编 北京语言学院出版社 1985年

AI87002 和青年教师谈谈对外汉语教学 王还 《门外偶得集》 北京语言学院出版社 1987年

AI90003 关于对外汉语教师业务素质的几个问题 吕必松 《中国对外汉语教学学会第三次学术讨论会论文选》 中国对外汉语教学学会编 北京语言学院出版社 1990年

AI90004 关于对外汉语教师业务素质的几个问题——一个亟待解决的问题 吕必松 《对外汉语教学研究》 北京语言学院出版社 1990年

AI90005 试论对外汉语教师队伍的建设 李兰英 《中国对外汉语教学学会第三次学术讨论会论文选》 中国对外汉语教学学会编 北京语言学院出版社 1990年

AI90006 谈教师培训的课程设置 邓恩明 《第三届国际汉语教学讨论会论文选》 第三届国际汉语教学讨论会会务工作委员会编 北京语言学院出版社 1990年

AI92007 对外汉语教师的知识结构与对外汉语专业的建设 潘文国 《面向世界的汉语教学》 复旦大学出版社 1992年

AI92008 关于对外汉语专业学生知识结构的几个问题 何寅 《面向世界的汉语教学》 复旦大学出版社 1992年

AI92009 学生心目中的期望值与对外汉语教师的素质 戴桂芙 《汉语学习》 1992年第3期

AI93010 试论对外汉语教学工作的评估 韩孝平《对外汉语教学论文选评》第1集 盛炎沙砾编 北京语言学院出版社 1993年

AI95011 试论对外汉语教师的必备素质 周正兴 《苏州大学学报》(哲学社会科学版) 1995年第4期

AI96012 关于汉语教师培训的几个问题 刘珣《世界汉语教学》 1996年第2期

AI96013 教师培训——汉语事业发展的根本保证 刘珣 《中国对外汉语教学学会第五次学术讨论会论文选》 中国对外汉语教学学会编 北京语言学院出版社 1996年

AI97014 21世纪:时代对对外汉语教师的素质提出更高的要求 卞觉非《语言文字应用》1997年增刊

AI98015 浅议东南亚华文教师的培训 周健 《暨南大学华文学院学报》 1998年第4期

AI99016 对对外汉语教师业务培训的思考 刘晓雨 《北京大学学报》(哲学社会科学版) 1999年第4期

AI99017 对外汉语教学主体的思维定势 鲍丽娟《长春大学学报》1999年第5期

AI99018 对外汉语青年教师的技能结构刍议 于淼 《北京第二外国语学院学报》 1999年第6期

AI99019 略论对外汉语教学师资队伍的建设 何立荣 《苏州大学学报》(哲学社会科学版) 1999年第4期

AI99020 事为当代 功在千秋——海外华文师资培训工作研究 金宁 《华侨大学学报》(哲学社会科学版) 1999年第3期

AI99021 谈对外汉语教师的综合修养 苟承益 《成都大学学报》(社会科学版) 1999年第3期

AI00022 对外汉语教师行为规范刍议 刘春立《首都师范大学学报》(社会科学版) 2000年增刊第3期

AI00023 对外汉语教师质量评估标准片论 欧阳祯人《汉语学报》第2期 邢福义 萧国政主编 湖北教育出版社 2000年

AI00024 对外汉语教师综合素养论略 于逢春 王晓坤 《长春师范学院学报》 2000年第4期

AI00025 论海外华文教师的基本素质 金宁 顾圣皓《华侨大学学报》(哲学社会科学版) 2000年第3期

AI01026 对外汉语教学师资的队伍建设与素质培养 张和生 《北京师范大学学报》 2001年专刊

AI01027 功夫在诗外——谈谈对外汉语教师的"外功" 张德鑫 《海外华文教育》 2001年第1期

AI01028 论对外汉语教学的师资及教材建设 何干俊 《南昌教育学院学报》 2001年第3期

AI01029 试论对外汉语教师应具备的素质 王爱君 《江南学院学报》2001年第1期

AI02030 对外汉语教师的知识结构和技能结构 狄蓉 《对外汉语一对一个别教授研究》吴仁甫编 中国社会科学出版社 2002年

AI02031 加快培育华文网络教育教师队伍的思考 连志丹 《海外华文教育》2002年第2期

AI02032 略议菲律宾华教的师资培训——兼谈华文教材的编写 徐子亮 《海外华文教育》2002年第4期

AI02033 浅议对外汉语公派出国教师的跨文化交际问题及其对策 黄宏 《海外华文教育》2002年第1期

AI02034 谈对外汉语教师的基本素质 毕艳莉 《辽宁工学院学报》(社会科学版) 2002年第3期

AI03035 对外汉语教师与汉语学习者交际时语言使用情况考察 郝琳 《暨南大学华文学院学报》2003年第2期

AI03036 关于东南亚华文师资培训工作的思考 杨子菁 《海外华文教育》2003年第1期

AI03037 课堂教学中的教师行为研究 范瑾 《云南师范大学学报》(对外汉语教学与研究版) 2003年第6期

AI03038 论对外汉语教师的职业道德和教学行为规范 刘晓娟 《楚雄师范学院学报》2003年第6期

AI03039 论留学生教育工作队伍的智力结构 王幼敏 《云南师范大学学报》(对外汉语教学与研究版) 2003年第3期

AI03040 论信息化时代对外汉语教师的作用 赵冬梅 《云南师范大学学报》(对外汉语教学与研究版) 2003年第5期

AI03041 谈对外汉语教学质量的多元评估模式 张宝玲 《首都经济贸易大学学报》2003年第3期

AI03042 新疆汉语预科教材的变更审视与教师业务素质谈 陈潮华 《语言与翻译》2003年第1期

AI04043 对外汉语教学的备课艺术 黄晓颖 《汉语学习》2004年第3期

AI04044 对外汉语教学评估偏差分析及纠偏对策 刘德联 李海燕 《语言教学与研究》2004年第5期

AI04045 对外汉语教学评估问题探讨 陈光磊 《第七届国际汉语教学讨论会论文选》《第七届国际汉语教学讨论会论文选》编辑委员会编 北京大学出版社 2004年

AI04046 汉语教师培训网络平台构想 周婉梅 《数字化对外汉语教学理论与方法研究》清华大学出版社 2004年

AI04047 教师行动研究和对外汉语教学 崔永华 《世界汉语教学》2004年第3期

AI04048 试论对外汉语教师队伍建设 金春花 《黑龙江教育学院学报》2004年第4期

AI05049 关于汉语作为第二语言教学能力认定的思考 谢小庆 张洁 王艳 马新芳 《对外汉语研究》第一期 齐沪扬主编 商务印书馆 2005年

AI05050 汉语教员应有的意识 陆俭明 《世界汉语教学》 2005年第1期

AI06051 对外汉语兼职教师培训模式新探 付继伟 《云南师范大学学报》(对外汉语教学与研究版) 2006年第5期

AI06052 对外汉语教师素质与培训研究的回顾与展望 张和生 《北京师范大学学报》(社会科学版) 2006年第3期

AI06053 对外汉语教师专业发展模式初探 王晓华 《浙江工商大学学报》 2006年第4期

AI06054 对外汉语教师综合素质浅议 计道宏 《湖北教育学院学报》 2006年第1期

AI06055 关于对外汉语教师培训模式的思考与探索 董萃 《沈阳师范大学学报》(社会科学版) 2006年第3期

AI06056 关于对外汉语教学师资队伍建设的思考 袁慧玲 《九江学院学报》(社会科学版) 2006年第4期

AI06057 汉语国际推广背景下海外汉语教学师资问题的分析与思考 李凌艳 《语言文字应用》 2006年增刊

AI06058 老挝中小学汉语师资培训研究 杨俐 《世界汉语教学》 2006年第4期

AI06059 论国内对外汉语教学专业师资型人才的培养 张映光 《云南师范大学学报》(对外汉语教学与研究版) 2006年第3期

AI06060 浅析高职院校设置对外汉语专业的可行性 赵娇 《湖北职业技术学院学报》 2006年第3期

AI06061 试论汉语作为第二语言教学集体备课方式 刘智伟 《语言文字应用》 2006年第2期

AI06062 谈对外汉语教师和留学生之间的语言的理解 粟甜 《现代语文》(语言研究版) 2006年第6期

AI06063 同出国汉语师资谈汉语作为外语进行教学的问题 钟梫 《钟梫对外汉语教学初探》 北京语言大学出版社 2006年

AI06064 印尼华文师资队伍现状及其培训市场 蔡贤榜 《世界汉语教学》 2006年第3期

AI06065 再论对外汉语教师的素质培养 张和生 鲁俐 《语言文字应用》 2006年第2期

AI06066 专职对外汉语教师对课堂活动看法的调查——对外汉语课堂活动系列调查之一 丁安琪 《语言教学与研究》 2006年第6期

AJ 国内外汉语教学概况

AJ58001 汉语教学在罗马尼亚 A.格拉乌尔 曹今予译 《中国语文》 1958年第9期

AJ60002 莫斯科大学东方语言学院汉语教学和科学研究的情况 波兹涅耶娃 林中记录整理 《中国语文》 1960年第2期
AJ79003 美国汉语教学和汉语研究概况 常宝儒 《语言教学与研究》 1979年第1期
AJ80004 北京语言学院汉语教学概况 张道一 《语言教学与研究》 1980年第4期
AJ80005 美国的语言教学法——兼谈汉语教学 (美)黎天睦(Timothy Light) 《语言教学与研究》 1980年第4期
AJ80006 美国汉语教学综述 (美)理查德·T.汤姆逊 《语言教学与研究》 1980年第4期
AJ80007 美国汉语研究的意图及目标 (美)王及耳 《语言教学与研究》 1980年第4期
AJ80008 日本汉语教学与研究之一瞥 常宝儒 《语言教学与研究》 1980年第2期
AJ85009 略谈泰国学校汉语教学的情况与经验 马丽莹 《第一届国际汉语教学讨论会论文选》 第一届国际汉语教学讨论会组织委员会编 北京语言学院出版社 1985年
AJ85010 美国高级现代汉语教学所面临的若干问题 劳延煊 《第一届国际汉语教学讨论会论文选》 第一届国际汉语教学讨论会组织委员会编 北京语言学院出版社 1985年
AJ85011 美国最近汉语教学方向与语言使用能力准则的拟订 (美)李英哲 《第一届国际汉语教学讨论会论文选》 第一届国际汉语教学讨论会组织委员会编 北京语言学院出版社 1985年
AJ85012 在联邦德国进行初级汉语教学的情况和方法 (德)柯彼德 《第一届国际汉语教学讨论会论文选》 第一届国际汉语教学讨论会组织委员会编 北京语言学院出版社 1985年
AJ86013 歌德学院语言教学的启示 卫东 《上海大学学报》(社会科学版) 1986年第2期
AJ87014 列宁格勒大学汉语教学与研究 (苏)司格林 《第二届国际汉语教学讨论会论文集》 第二届国际汉语教学讨论会组织委员会编 北京语言学院出版社 1987年
AJ87015 以克漏字测验探讨新加坡华语教学问题 (新加坡)吴英成 《第二届国际汉语教学讨论会论文集》 第二届国际汉语教学讨论会组织委员会编 北京语言学院出版社 1987年
AJ87016 赵元任先生对汉语教学的贡献 盛炎 《语言教学与研究》 1987年第3期
AJ87017 中国对外汉语教学印象记 (美)黎天睦(Timothy Light) 张占一 《世界汉语教学》 1987年第1期
AJ90018 汉语教学和中国文化传播同时并进——大阪府日中友好协会附属大阪中国语学院情况介绍 (日)王海燕 《第三届国际汉语教学讨论会论文选》 第三届国际汉语教学讨论会会务工作委员会编 北京语言学院出版社 1990年
AJ90019 美国大学初级汉语教学概况——四十所大学问卷调查的分析和研究 (美)王清源 《第三届国际汉语教学讨论会论文选》 第三届国际汉语教学讨论会会务工

作委员会编 北京语言学院出版社 1990年

AJ90020 日本的汉语教学与研究 (日)西植光正 《中国语文》 1990年第3期

AJ90021 台湾华语(汉语)教学概观 于丛杨 《中国对外汉语教学学会第三次学术讨论会论文选》 中国对外汉语教学学会编 北京语言学院出版社 1990年

AJ90022 香港中文教学探讨 孔玫 《第三届国际汉语教学讨论会论文选》 第三届国际汉语教学讨论会会务工作委员会编 北京语言学院出版社 1990年

AJ90023 匈牙利的汉语教学及罗兰大学的汉学 梅立崇 《世界汉语教学》 1990年第2期

AJ90024 英国汉语教学概况 方文 《中国语文》 1990年第3期

AJ91025 南朝鲜中国语言文学学科教学规划开发研究 南朝鲜大学教育协会 南勇 崔健译 《双语双文化论丛》第2辑 延边大学汉语系《双语双文化论丛》编委会编 东北朝鲜民族教育出版社 1991年

AJ92026 中国国际广播电台"教汉语"节目受到各国听众的欢迎 徐永秀 《语文建设》 1992年第3期

AJ94027 香港中文大学(新雅)中国语文研习所的汉语教学 李海鸥 《世界汉语教学》 1994年第4期

AJ95028 澳大利亚的中文教育概况 (澳)张昌柱 陈申 《世界汉语教学》 1995年第4期

AJ95029 波兰汉语教学今昔谈 侯桂岚 《世界汉语教学》 1995年第2期

AJ95030 马来西亚的华文教育 李德义 《世界汉语教学》 1995年第3期

AJ95031 日本冲绳地区的汉语教学 罗庆铭 《世界汉语教学》 1995年第2期

AJ95032 台湾推行国语教育的经验与对外推行华语文的展望 董鹏程 《第四届国际汉语教学讨论会论文选》 《第四届国际汉语教学讨论会论文选》编辑委员会编 北京语言学院出版社 1995年

AJ95033 泰国当前的华文教育 张启 《世界汉语教学》 1995年第4期

AJ95034 新加坡汉语教学的始末、目前处境及未来展望 (新加坡)周洛 《世界汉语教学》 1995年第1期

AJ96035 波兰汉语教学一瞥 侯桂岚 《汉语学习》 1996年第4期

AJ96036 法国国立东方语言文化学院中文系的学制及课程设置 吴勇毅 《世界汉语教学》 1996年第2期

AJ96037 海外汉语教学方兴未艾 朱志平 《汉语学习》 1996年第2期

AJ96038 日本国立鹿儿岛大学的汉语教育 李丽君 《世界汉语教学》 1996年第4期

AJ96039 印度国际大学中国学院的汉学研究与汉语教学 赵守辉 《世界汉语教学》 1996年第1期

AJ96040 "英文为准"与"中文为准"——香港中文的一个难题 姚德怀 《中国语文》 1996年第2期

AJ97041 澳大利亚中小学的汉语教学 哈伟 《世界汉语教学》 1997年第2期

AJ97042 东南亚华文教育的概况及发展前景 彭调鼎 《云南师范大学学报》(教育科学版) 1997年第4期

AJ97043 对少数民族汉语教学与对外汉语教学的比较 方晓华 《语言教学与研究》1997年第4期

AJ97044 菲律宾华校华语教学考察 王燕燕 《汉语学习》 1997年第1期

AJ97045 日本大学汉语教学一瞥 郑丽芸 《世界汉语教学》 1997年第1期

AJ97046 泰国华侨崇圣大学的汉语教学 朱其智 《中山大学学报论丛》 1997年第4期

AJ97047 香港汉语言文字教学的现状与展望 施仲谋 《语言文字应用》 1997年第2期

AJ97048 伊地智善继先生谈日本的汉语教学 史有为 《世界汉语教学》 1997年第4期

AJ98049 波兹南大学的汉语教学简况 沈履伟 《世界汉语教学》 1998年第2期

AJ98050 美国华文教育三题 樊培绪 《暨南学报》(哲学社会科学版) 1998年第4期

AJ98051 新加坡的推广华语运动 (新加坡)卢绍昌 《语言文字应用》 1998年第3期

AJ99052 从菲律宾华文教育看海外华人华文教学的特点和存在的问题 李炜东 《北京师范大学学报》(社会科学版) 1999年专刊

AJ99053 瑞典汉语教学概述 李明 《世界汉语教学》 1999年第4期

AJ00054 德国高校汉语口语课差异教学初探 孟虹 《汉语学习》 2000年第2期

AJ00055 俄罗斯国立远东大学的汉语教学 金志刚 《汉语学习》 2000年第4期

AJ00056 俄罗斯远东国立大学的汉语教学 孙克文 《世界汉语教学》 2000年第1期

AJ00057 拉脱维亚大学的汉语学习 何杰 《世界汉语教学》 2000年第2期

AJ00058 南非的中文教学和应用 许长安 《语文建设》 2000年第2期

AJ01059 Expanding Visions of American Learners of Collegiate Chinese: Heritage Students (美)Theresa Chang-whei JEN(任长慧) 《世界汉语教学》 2001年第3期

AJ01060 机遇与挑战——加拿大中学汉语教学考察研究报告 朱志平 徐彩华 娄毅 宋志明 《北京师范大学学报》(人文社会科学版) 2001年第6期

AJ01061 捷克的汉学研究和汉语教学 刘学敏 孟国 《世界汉语教学》 2001年第3期

AJ02062 法国汉语口语教学观感 (法)白乐桑 赵惠淳 《世界汉语教学》 2002年第1期

AJ02063 印尼华文教育的几个问题 贾益民 《暨南大学华文学院学报》 2002年第4期

AJ03064 东南亚双语结构中的汉语和华文教学 张绍滔 《对外汉语教学论文集》 厦门大学海外华文教育研究所 海外教育学院编 厦门大学出版社 2003年

AJ03065 关于日本大学汉语教育及进修计划的思考 (日)长谷川清 《云南师范大学学报》(对外汉语教学与研究版) 2003年第1期

AJ03066 汉学与汉语教学在斯洛伐克 叶蓉 《世界汉语教学》 2003年第1期

AJ03067 柬埔寨华文教育中语言定性问题的实证分析 马庆栋 《暨南大学华文学院学报》 2003年第3期

AJ03068 日本汉语教育的现状 杨初晓 《云南师范大学学报》(对外汉语教学与研究版) 2003年第3期

AJ03069 新加坡华文教学标准化的新思路 吕飞亚 《对外汉语教学论文集》 厦门大学海外华文教育研究所 海外教育学院编 厦门大学出版社 2003年

AJ04070 格鲁吉亚汉学发展与汉语教学 (格鲁吉亚)玛琳娜·吉布拉泽 《世界汉语教学》 2004年第4期

AJ04071 关于韩国部分高等院校汉语教育的几点思考 许世立 《汉语学习》 2004年第4期

AJ04072 海外华人社会中汉语(华语)教学的若干问题——以新加坡为例 郭熙 《世界汉语教学》 2004年第3期

AJ04073 韩国大学汉语教学状况分析 李天洙 《安庆师范学院学报》(社会科学版) 2004年第4期

AJ04074 韩国汉语教学概观 (韩)韩容洙 《汉语学习》 2004年第4期

AJ04075 美国明德学院的中文教学 张喜荣 田德新 《世界汉语教学》 2004年第1期

AJ04076 美国中文教学的理论与实践 (美)王晓钧 《世界汉语教学》 2004年第1期

AJ04077 浅论菲律宾华语教学的特点 章石芳 《漳州职业大学学报》 2004年第4期

AJ04078 他山之石,可以攻玉——美国第38届TESOL年会综述 宗世海 刘晓露 《暨南大学华文学院学报》 2004年第4期

AJ05079 法兰克福大学的汉学研究与汉语教学 耿有权 《世界汉语教学》 2005年第4期

AJ05080 菲律宾华文教师对华文教育态度的调查研究 徐茗 《世界汉语教学》 2005年第4期

AJ05081 菲律宾华文教学模式 李奇瑞 余绍霞 《广东教育学院学报》 2005年第2期

AJ05082 韩国仁济大学的中文教学 杨浩亮 《世界汉语教学》 2005年第4期

AJ05083 荷兰丹华文化教育中心开拓华文教育新道路 李佩燕 《海外华文教育》 陈荣岚编 《海外华文教育》杂志社 2005年

AJ05084 加拿大华裔中文教学现状分析 李宝贵 《世界汉语教学》 2005年第1期

AJ05085 马六甲华文教育纵横谈 王会俊 《海外华文教育》 陈荣岚编 《海外华文教育》杂志社 2005年

AJ05086 美国汉语研究与教学综述(1999—2003) (美)桂明超 《云南师范大学学报》(对外汉语教学与研究版) 2005年第2期

AJ05087 南澳华联会中文学校综述 靳丽华 《海外华文教育》 陈荣岚编 《海外华文教育》杂志社 2005年

AJ05088 日本的大学汉语教育问题 (日)郭春贵 《世界汉语教学》 2005年第4期

AJ05089. 日本汉语教学及来华留学学生教育的分析与思考 王虹 《海外华文教育》 陈荣岚编 《海外华文教育》杂志社 2005年

AJ06090 俄罗斯学生汉语学习现状的调查分析 石传良 (俄)果戈里娜 张文福 《世界汉语教学》 2006年第2期

AJ06091 韩国三星集团的汉语教学 雷莉 《世界汉语教学》 2006年第1期

AJ06092 论对外汉语教学模式的构建——由美国明德大学汉语教学谈起 汲传波 《汉语学习》 2006年第4期

AJ06093 蒙古国"汉语热"的成因及对策 李正义 《山西经济管理干部学院学报》 2006年第3期

AJ06094 缅甸汉语教学概况 熊琦 张小克 《世界汉语教学》 2006年第3期

AJ06095 泰国汉语教学现状 陈记运 《世界汉语教学》 2006年第3期

AJ06096 新加坡社会语言土壤下的华语文学习——新加坡国立大学学生华语文问题探讨 陈桂月 《语言教学与研究》 2006年第1期

AZ 其他

AZ85001 关于我区民族学生汉语教学的几个问题 靳尚怡 《喀什师范学院学报》 1985年第3期

AZ90002 世界语言发展态势与我国的语言、文化传播 杨国章 《中国对外汉语教学学会第三次学术讨论会论文选》 中国对外汉语教学学会编 北京语言学院出版社 1990年

AZ93003 外国人学习与使用汉语情况分析 高彦德 李国强(执笔) 郭旭 《对外汉语教学论集》 北京语言学院教务处编 北京语言学院出版社 1993年

AZ97004 新疆高校对外汉语教学管见 张昀 《语言与翻译》 1997年第4期

AZ98005 "对外汉语教学"的若干做法对少数民族汉语文教学的启示 敖登高娃 《内蒙古师大学报》(哲学社会科学版) 1998年第4期

AZ98006 对外汉语教学馆藏结构初探 牟淑媛 《北大海外教育》第二辑 郭振华 赵燕皎编 北京大学出版社 1998年

AZ98007 双语研究领域的新拓展——《语言的接触与影响》读后 邢欣 《汉语学习》 1998年第6期

AZ99008 关于我校面向二十一世纪来华留学生教育管理发展规划的思考 崔永日 崔亨龙 《双语双文化论丛》第4辑 崔健编 延边大学出版社 1999年

AZ99009 略谈我校外籍留学生的汉语教学 王晨 《广西医科大学学报》 1999年增刊第2期

AZ99010 推行HSK与高校汉语教学改革刍议 吴若愚 《新疆师范大学学报》(哲学社会

科学版） 1999 年第 1 期

AZ99011 语言教育研究与发展少数民族汉语教学 高会成 梁云 《新疆职业大学学报》 1999 年第 4 期

AZ00012 留学中国之后汉语水平的保持与退步 陈雅芬 《第六届国际汉语教学讨论会论文选》《第六届国际汉语教学讨论会论文选》编辑委员会编 北京大学出版社 2000 年

AZ01013 促进新疆高校汉语教学的思考 刘玉生 《语言与翻译》 2001 年第 1 期

AZ01014 新疆对外语言教学的现状与对策 周殿生 满泽 《语言与翻译》 2001 年第 4 期

AZ02015 地方综合大学外国留学生培养模式改革之探讨 项硕 莫锋 韦宇冰 江漫 《广西大学学报》(哲学社会科学版） 2002 年增刊第 1 期

AZ02016 对少数民族汉语教学进一步规范化的思考 刘亚飞 《语言与翻译》 2002 年第 3 期

AZ02017 对新疆汉语教学的几点思考 李祥瑞 《语言与翻译》 2002 年第 1 期

AZ02018 加强外国留学生素质教育的几点认识 韩晓明 《河南教育学院学报》(哲学社会科学版） 2002 年第 1 期

AZ02019 量化方法与现代统计分析技术在东南亚华裔学生语言与文化背景调查研究中的应用 方绍峰 王爱平 《华侨大学学报》(哲学社会科学版） 2002 年第 3 期

AZ02020 浅谈二外的短期留学教育工作 张融融 《北京第二外国语学院学报》 2002 年第 4 期

AZ02021 如何提高华裔子弟学习华文的兴趣 彭小川 《暨南大学华文学院学报》 2002 年第 1 期

AZ02022 少数民族学生汉语交际能力培养刍议 伊莉曼·艾孜买提 《语言与翻译》 2002 年第 3 期

AZ02023 域内外汉语协调问题刍议 郭熙 《语言文字应用》 2002 年第 3 期

AZ03024 浅谈新疆预科汉语教学现状 殷军 《新疆教育学院学报》 2003 年第 1 期

AZ03025 让世界认识西部了解西部——西部民族院校对外汉语教学设想 叶南 《西南民族大学学报》(人文社科版） 2003 年第 10 期

AZ03026 试论方言对对外汉语教学的影响及对策 王茜 《牡丹江教育学院学报》 2003 年第 1 期

AZ03027 谈谈全球出现的汉语热 余淘自 吴玲 《南昌高专学报》 2003 年第 2 期

AZ03028 谈新疆汉语教育中的几个问题 周殿生 靳炎 《世界汉语教学》 2003 年第 3 期

AZ04029 论语言产业与对韩汉语教学观的现代化 于逢春 《长春师范学院学报》 2004 年第 9 期

AZ05030 从加拿大汉语教学现状看海外汉语教学 崔建新 《汉语学习》 2005 年第 6 期

AZ05031 对哈萨克斯坦东干留学生的汉语教学 孟长勇 《汉语学习》 2005 年第 2 期

AZ05032 对新疆高校少数民族汉语教学的几点思考 王春蕾 《和田师范专科学校学报》2005年第2期

AZ05033 "国际汉语教师中国志愿者计划"志愿者语言习得理念纵深式个案调查 陶健敏 《暨南大学华文学院学报》 2005年第4期

AZ05034 汉语教学志愿者"菲律宾模式"探析 范启华 《云南师范大学学报》(对外汉语教学与研究版) 2005年第6期

AZ05035 论当前海外华文教育的热潮与地方大学的作为——基于福建师范大学对外汉语教学实践的思考 李敏 《福建师范大学学报》(哲学社会科学版) 2005年第5期

AZ05036 新疆的对外汉语教学特点与策略探讨 周殿生 《语言与翻译》 2005年第4期

AZ05037 在穗印尼留学生汉语学习情况调查研究 郝红艳 张念 《广东外语外贸大学学报》 2005年第1期

AZ06038 插班:对外汉语教学形式的新探索——以韩国中文系留学生的汉语教学为例 仝小琳 《云南师范大学学报》(对外汉语教学与研究版) 2006年第2期

AZ06039 对外汉语教学的多层次模糊综合评价方法研究 杜艳青 韩延成 《郑州航空工业管理学院学报》(社会科学版) 2006年第5期

AZ06040 对外汉语教学个案研究——新疆农业职业技术学院吉尔吉斯留学生汉语教学体会 孙宝 《新疆农业职业技术学院学报》 2006年第4期

AZ06041 放开眼界,更新观念,让汉语走向世界——在北京师范大学纪念开展对外汉语教学40周年大会上的讲话 许嘉璐 《语言文字应用》 2006年增刊

AZ06042 关于留学生课外汉语习得资源的几点思考 高剑华 《教育科学》 2006年第6期

AZ06043 广西南宁普通话对对外汉语教学的影响及其对策 许艳艳 《广西师范学院学报》(哲学社会科学版) 2006年第3期

AZ06044 海外华语教学研究的现状与展望 郭熙 《世界汉语教学》 2006年第1期

AZ06045 汉语的国际化及传播与维护 王玲玲 《语言文字应用》 2006年第3期

AZ06046 汉语国际推广基地建设构想 朱小健 《语言文字应用》 2006年增刊

AZ06047 汉语教学的全球化推进探析 王际平 《云南师范大学学报》(对外汉语教学与研究版) 2006年第2期

AZ06048 江南地区对外汉语专业发展刍议 马明艳 《绍兴文理学院学报》(教育版) 2006年第2期

AZ06049 论华语视角下的中国语言规划 郭熙 《语文研究》 2006年第1期

AZ06050 论普通话在对外汉语教学中的优势 刘汉霞 《北京教育学院学报》 2006年第2期

AZ06051 全球化时代汉语传播的意义及其途径 高燕 《白城师范学院学报》 2006年第1期

AZ06052 研究国外语言推广政策,做好汉语的对外传播 张西平 柳若梅 《语言文字应用》 2006年第1期

B 汉语本体研究

BA 语音研究

BA57001 从一个外国人的角度来看汉语拼音方案 陈国 《中国语文》 1957年第12期
BA58002 汉语拼音方案和语言教育 张志公 《中国语文》 1958年第2期
BA58003 汉语拼音方案在促进国际文化交流中的作用 邓懿 《中国语文》 1958年第2期
BA78004 关于汉语语音的若干问题 钟梫 《语言教学与研究》第三集 北京语言学院《语言教学与研究》编辑室 1978年5月
BA78005 谈谈普通话变调中的两个小问题 徐世荣 《语言教学与研究》第三集 北京语言学院《语言教学与研究》编辑室 1978年5月
BA79006 关于三个上声连读变调问题的商榷 卢甲文 《语言教学与研究》 1979年第2期
BA79007 汉语里的节奏问题 陈建民 《语言教学与研究》 1979年第2期
BA79008 普通话语音和北京土音的界限 徐世荣 《语言教学与研究》 1979年第1期
BA79009 "一"的变调规律同语法作用的关系 许德楠 《语言教学与研究》 1979年第1期
BA80010 北京话的轻声问题 高玉振 《语言教学与研究》 1980年第2期
BA80011 "儿化"浅谈 李明 《语言教学与研究》 1980年第1期
BA80012 四种句子的语调变化 石佩雯 《语言教学与研究》 1980年第2期
BA87013 从一些声调语言的声调说到汉语声调 赵金铭 《第二届国际汉语教学讨论会论文集》 第二届国际汉语教学讨论会组织委员会编 北京语言学院出版社 1987年
BA87014 对"七"、"八"的变调调查 宋孝才(执笔) 胡翔 《第二届国际汉语教学讨论会论文集》 第二届国际汉语教学讨论会组织委员会编 北京语言学院出版社 1987年
BA87015 汉语的升调 (日)陈文芷 《第二届国际汉语教学讨论会论文集》 第二届国际汉语教学讨论会组织委员会编 北京语言学院出版社 1987年
BA87016 汉语的中平调 (澳)胡百华 《第二届国际汉语教学讨论会论文集》 第二届国际汉语教学讨论会组织委员会编 北京语言学院出版社 1987年
BA87017 全三声的使用和语调对第三声的影响 石佩雯 李明 《第二届国际汉语教学讨论会论文集》 第二届国际汉语教学讨论会组织委员会编 北京语言学院出版社 1987年
BA88018 从一些声调语言的声调说到汉语声调 赵金铭 《第二届国际汉语教学讨论会论文选》 第二届国际汉语教学讨论会会务工作委员会编 北京语言学院出版社 1988年

BA88019　汉语词句中音节的长度与强度的伴随性　徐世荣　《世界汉语教学》 1988年第4期

BA88020　全三声的使用和语调对第三声的影响　石佩雯　李明　《第二届国际汉语教学讨论会论文选》　第二届国际汉语教学讨论会会务工作委员会编　北京语言学院出版社　1988年

BA89021　北京话的语流音变与对外汉语教学　任国庆　《世界汉语教学》 1989年第4期

BA89022　简论对外汉教学中的动态语音训练　董明晔　《世界汉语教学》 1989年第4期

BA90023　比比看——“汉语拼音方案”跟罗马字母斯拉夫字母几种主要汉语拼音方案的比较　张清常　《世界汉语教学》 1990年第1期

BA90024　从对外汉语教学看汉语的音变问题　丁迪蒙　《上海大学学报》(社会科学版) 1990年第4期

BA90025　试论汉语节奏的形式——音律特征研究之二　吴洁敏　《第三届国际汉语教学讨论会论文选》　第三届国际汉语教学讨论会会务工作委员会编　北京语言学院出版社　1990年

BA94026　《汉语声调语调阐要与探索》评介　郝恩美　《汉语学习》 1994年第2期

BA95027　轻声对非轻声音节调域的调节　王韫佳　《世界汉语教学》 1995年第2期

BA95028　四字格中“1＋3”音段和“3＋1”音段组合规律初探　鞠君　《汉语学习》 1995年第1期

BA96029　AB式双音节形容词重叠式的读音考察　李明　《语言教学与研究》 1996年第1期

BA96030　普通话语音中应设立一个零韵母　于思湘　《汉语学习》 1996年第4期

BA96031　轻声音高琐议　王韫佳　《世界汉语教学》 1996年第2期

BA96032　语气助词的音高分析　李明　《世界汉语教学》 1996年第4期

BA97033　试论“人—机对话”中的汉语语音学　吴宗济　《世界汉语教学》 1997年第4期

BA97034　谈音位的定义　关玲　《黔东南民族师范高等专科学校学报》 1997年第4期

BA97035　为《汉语拼音方案》的设计原则代辩　(澳)胡百华　姚德怀　《语文建设》 1997年第12期

BA97036　阳平的协同发音与外国人学习阳平　王韫佳　《语言教学与研究》 1997年第4期

BA98037　从“单音动词＋单音名词”结构的拼写看正词法规则的客观依据　王立　《语言文字应用》 1998年第1期

BA98038　应该允许变通——与胡百华、姚德怀二位先生商榷　叶军　《语文建设》 1998年第4期

BA00039　汉语自然音步的语音特征　杨立明　《第六届国际汉语教学讨论会论文选》《第六届国际汉语教学讨论会论文选》编辑委员会编　北京大学出版社　2000年

BA00040　普通话—方言的互动变异与对外汉语教学　李建国　边兴昌　《华侨大学学报》(哲学社会科学版)　2000年第2期

BA00041 轻声的"调位"及相关问题 刘富华 《汉语学习》 2000年第5期

BA01042 语音能力与语音行为 毛世桢 《华东师范大学学报》(哲学社会科学版) 2001年第5期

BA02043 从《现代汉语词典》和《普通话水平测试大纲》看儿化词的规范问题 孟繁杰 《汉语学报》第4期 邢福义主编 湖北教育出版社 2002年

BA02044 汉语声调与语调的关系 曹剑芬 《中国语文》 2002年第3期

BA04045 超音段成分的表意功能及其在对外汉语教学中的应用 (美)戴晓雪 《第七届国际汉语教学讨论会论文选》《第七届国际汉语教学讨论会论文选》编辑委员会编 北京大学出版社 2004年

BA04046 对外汉语教学中兼语句的语音切分研究 王丽香 姜海陵 《云南师范大学学报》 2004年第4期

BA04047 汉语拼音字母名称的完善与推行 马庆株 高燕 《吉林师范大学学报》(人文社会科学版) 2004年第4期

BA04048 汉语音节表的日语标记法研究 (日)陈淑梅等 《第七届国际汉语教学讨论会论文选》《第七届国际汉语教学讨论会论文选》编辑委员会编 北京大学出版社 2004年

BA04049 浅谈汉语拼音的使用情况 包双喜 《内蒙古民族大学学报》(社会科学版) 2004年第5期

BA04050 轻声词和轻声词教学 施仲谋 《第七届国际汉语教学讨论会论文选》《第七届国际汉语教学讨论会论文选》编辑委员会编 北京大学出版社 2004年

BA04051 声调性质作用的再认识与声调教学 王汉卫 《语言教学与研究》 2004年第3期

BA05052 对普通话同构异焦句的重音和句尾的初步研究 曹文 《对外汉语教学的全方位探索——对外汉语研究学术讨论会论文集》 赵金铭主编 商务印书馆 2005年

BA05053 汉语节律结构模式初探 吴为善 《对外汉语研究》第一期 齐沪扬主编 商务印书馆 2005年

BA05054 汉语拼音方案和正词法基本规则及其应用 马庆株 《辽宁师范大学学报》(社会科学版) 2005年第1期

BA06055 北京话的连上变调 梁源 黄良喜 《中国语文》 2006年第2期

BA06056 东南亚学生华语声调听辨分析 曾金金 《汉语研究与应用》第二辑 中国人民大学对外语言文化学院编 中国社会科学出版社 2006年

BA06057 普通话音节数及载字量的统计分析——基于《现代汉语词典》注音材料 苏新春 林进展 《中国语文》 2006年第3期

BA06058 试议语流中多个上声音节相连时的变调问题 何戎 《语文学刊》 2006年第2期

BB 词汇与词典研究

BB77001 建国以来汉语词汇的发展变化 毛成栋 王还 房玉清 《语言教学与研究》第一集 北京语言学院《语言教学与研究》编辑室 1977年2月

BB79002 汉语构词的特点和方法 葛信益 《语言教学与研究》 1979年第2期

BB79003 校《汉英小词典》所想到的 王还 《语言教学与研究》第四集 北京语言学院《语言教学与研究》编辑室 1979年2月

BB79004 浅谈现代汉语同义词的性质和范围 常敬宇 《语言教学与研究》第四集 北京语言学院《语言教学与研究》编辑室 1979年2月

BB79005 试谈成语四音化问题 许德楠 《语言教学与研究》第四集 北京语言学院《语言教学与研究》编辑室 1979年2月

BB80006 关于词的感情色彩的几个问题 徐志民 《语言教学与研究》 1980年第3期

BB80007 新闻广播语言的特点和词语变化 刘士勤(执笔) 陈荣德 傅忆芳 《语言教学与研究》 1980年第2期

BB82008 建国以来汉语词汇的变化及其原因 王还 《语言教学与研究》 1982年第3期

BB84009 汉语词汇抽样统计分析的成果即将问世 单辩思 《语言教学与研究》 1984年第3期

BB84010 谈《汉英逆引词典》的特点和用途 《汉英逆引词典》编写组 《语言教学与研究》 1984年第2期

BB85011 关于"现代汉语词汇的统计与分析"的报告 常宝儒 《第一届国际汉语教学讨论会论文集》 第一届国际汉语教学讨论会组织委员会编 北京语言学院出版社 1985年

BB85012 现代汉语词汇统计问题的初步研究 常宝儒 《语言教学与研究》 1985年第1期

BB86013 北京话的称谓系统 胡明扬 《汉语研究》 南开大学对外汉语教学中心编 南开大学出版社 1986年

BB86014 对话中"说""想""看"的一种特殊用法 刘月华 《中国语文》 1986年第3期

BB86015 汉语词汇的统计研究与词典编纂 王还 《辞书研究》 1986年第4期

BB86016 试论AABB式成语 卢卓群 《汉语研究》 南开大学对外汉语教学中心编 南开大学出版社 1986年

BB86017 谈汉语的"正反词" 张德鑫 《语言教学与研究》 1986年第1期

BB86018 现代汉语反义词的类型 谢文庆 《汉语研究》 南开大学对外汉语教学中心编 南开大学出版社 1986年

BB87019 关于汉语双音节同形异义词语的问题 张清常 《第二届国际汉语教学讨论会论文集》 第二届国际汉语教学讨论会组织委员会编 北京语言学院出版社 1987年

BB87020 开展新词新义的研究 刘士勤 《世界汉语教学》 1987年第1期

BB87021 略谈现代汉语中的单音节词问题 周有光 《第二届国际汉语教学讨论会论文集》 第二届国际汉语教学讨论会组织委员会编 北京语言学院出版社 1987年

BB87022 论口语词语的感情蕴含 张柏玉 《第二届国际汉语教学讨论会论文集》 第二届国际汉语教学讨论会组织委员会编 北京语言学院出版社 1987年

BB87023 使用敬语的若干问题 许德楠 《第二届国际汉语教学讨论会论文集》 第二届国际汉语教学讨论会组织委员会编 北京语言学院出版社 1987年

BB87024 谈汉语复合词内部的语义构成 王绍新 《第二届国际汉语教学讨论会论文集》 第二届国际汉语教学讨论会组织委员会编 北京语言学院出版社 1987年

BB87025 一部有助于外国人学习汉语词汇的工具书——《实用解字组词词典》 方人 《语言教学与研究》 1987年第4期

BB87026 一种辞书排检法的设计 周换琴(执笔) 《第二届国际汉语教学讨论会论文集》 第二届国际汉语教学讨论会组织委员会编 北京语言学院出版社 1987年

BB87027 "作"还是"做"? 贺凯林 《湖南师范大学社会科学学报》 1987年第6期

BB88028 不定量词"点"以及"一点"、"有点"的用法 杨从洁 《语言教学与研究》 1988年第3期

BB88029 谈汉语常用词的搭配 张寿康 《语言教学与研究》 1988年第1期

BB88030 现代汉语反义词的不均衡性 谢文庆 《世界汉语教学》 1988年第3期

BB89031 词汇动态研究和教学词典编纂——《现代汉语常用词用法词典》的特色 李忆民 《语言教学与研究》 1989年第3期

BB89032 说"可" 何平 《世界汉语教学》 1989年第2期

BB89033 现代汉语三音词剖析 王彦承 《天津师大学报》(社会科学版) 1989年第4期

BB89034 有关"呢"的两个问题 胡炳忠 《语言教学与研究》 1989年第2期

BB90035 并列式双音词的结构模式 崔希亮 《第三届国际汉语教学讨论会论文选》 第三届国际汉语教学讨论会会务工作委员会编 北京语言学院出版社 1990年

BB90036 词义分类、词语搭配、语言教学 林杏光 《第三届国际汉语教学讨论会论文选》 第三届国际汉语教学讨论会会务工作委员会编 北京语言学院出版社 1990年

BB90037 词语搭配的性质与研究 林杏光 《汉语学习》 1990年第1期

BB90038 从"难译词"看汉语词汇的表现力 王绍新 《第三届国际汉语教学讨论会论文选》 第三届国际汉语教学讨论会会务工作委员会编 北京语言学院出版社 1990年

BB90039 "打"雅 俞敏 《第三届国际汉语教学讨论会论文选》 第三届国际汉语教学讨论会会务工作委员会编 北京语言学院出版社 1990年

BB90040 方位词"内"和"里" 郭振华 《第三届国际汉语教学讨论会论文选》 第三届国际汉语教学讨论会会务工作委员会编 北京语言学院出版社 1990年

BB90041 《汉英双解词典》的设想 王还 《汉语学习》 1990年第5期

BB90042 汉语的15个数词 张清常 《语言教学与研究》 1990年第4期

BB90043 汉语量词的选用 赵中健 《中国对外汉语教学学会第三次学术讨论会论文选》 中国对外汉语教学学会编 北京语言学院出版社 1990年

BB90044 汉语新词语的社会文化背景 王德春 《世界汉语教学》 1990年第3期

BB90045 介词"朝"和"往" 李立 《中国对外汉语教学学会第三次学术讨论会论文选》 中国对外汉语教学学会编 北京语言学院出版社 1990年

BB90046 试论词义的性质及其构成 王振昆 《第三届国际汉语教学讨论会论文选》 第三届国际汉语教学讨论会会务工作委员会编 北京语言学院出版社 1990年

BB90047 释"A头C脑" 张拱贵 《第三届国际汉语教学讨论会论文选》 第三届国际汉语教学讨论会会务工作委员会编 北京语言学院出版社 1990年

BB90048 说"不一会儿" 任雪梅 《第三届国际汉语教学讨论会论文选》 第三届国际汉语教学讨论会会务工作委员会编 北京语言学院出版社 1990年

BB90049 谈信息名词 (日)相原茂 《第三届国际汉语教学讨论会论文选》 第三届国际汉语教学讨论会会务工作委员会编 北京语言学院出版社 1990年

BB91050 几种特殊的词义转移现象 许德楠 《世界汉语教学》 1991年第1期

BB91051 谈汉语的心理动词 董秀梅 《聊城大学学报》(社会科学版) 1991年第4期

BB93052 对立词的构成及其它 戴惠本 《中国对外汉语教学学会第四次学术讨论会论文选》 中国对外汉语教学学会编 北京语言学院出版社 1993年

BB93053 汉语复合词词素义和词义的关系 王树斋 《汉语学习》 1993年第2期

BB93054 几个交通运输量词的辨析——班、次、路、趟、列、辆 王金柱 《天津师大学报》(社会科学版) 1993年第6期

BB93055 "儿"尾构词功能综述 李明 《对外汉语教学论集》 北京语言学院教务处编 北京语言学院出版社 1993年

BB93056 日来汉词与对外汉语教学 石慧敏 《上海师范大学学报》(哲学社会科学版) 1993年第2期

BB93057 谈词的褒贬义与构词语素义之关系 刘缙 《中国人民大学学报》 1993年第4期

BB93058 外向型汉外词典的编纂 翁仲福 《中国对外汉语教学学会第四次学术讨论会论文选》 中国对外汉语教学学会编 北京语言学院出版社 1993年

BB94059 动词重叠在使用中的制约因素 赵新 《语言教学与研究》 1994年第3期

BB94060 "二"话 张德鑫 《世界汉语教学》 1994年第3期

BB94061 论词语搭配及其研究 林杏光 《语言教学与研究》 1994年第4期

BB94062 试析一名多译 李金陵 《语言文字应用》 1994年第3期

BB95063 从句法结构看复合词中的一种新的构词方式 饶勤 《第四届国际汉语教学讨论会论文选》 《第四届国际汉语教学讨论会论文选》编辑委员会编 北京语言学院

出版社 1995年

BB95064 从两部文学名著看现、当代汉语词语的差异 王绍新 《第四届国际汉语教学讨论会论文选》《第四届国际汉语教学讨论会论文选》编辑委员会编 北京语言学院出版社 1995年

BB95065 从外国学生的病句看方位词的用法 陈满华 《语言教学与研究》 1995年第3期

BB95066 等义成语四题 倪宝元 姚鹏慈 《中国语文》 1995年第1期

BB95067 对外汉语教学需要一部新的《现代汉语规范词典》 李行健 《第四届国际汉语教学讨论会论文选》《第四届国际汉语教学讨论会论文选》编辑委员会编 北京语言学院出版社 1995年

BB95068 关于四字格及其语音节奏 史有为 《汉语学习》 1995年第5期

BB95069 海峡两岸同形异义词研究 苏金智 《中国语文》 1995年第2期

BB95070 说"东"道"西" 陈满华 《第四届国际汉语教学讨论会论文选》《第四届国际汉语教学讨论会论文选》编辑委员会编 北京语言学院出版社 1995年

BB95071 谈颠倒词 张德鑫 《汉语学习》 1995年第6期

BB95072 谈汉语时间词 周小兵 《语言教学与研究》 1995年第3期

BB95073 现代汉语吸纳外来词语的一些问题 张建康 《重庆广播电视大学学报》 1995年第3期

BB95074 也谈词义感情色彩的偏移——答王化鹏先生 任奉 《汉语学习》 1995年第3期

BB95075 有关惯用语的一些问题 (俄)安·哈马托娃 《第四届国际汉语教学讨论会论文选》《第四届国际汉语教学讨论会论文选》编辑委员会编 北京语言学院出版社 1995年

BB95076 语气副词的分布及语用功能 段业辉 《汉语学习》 1995年第4期

BB95077 中国人眼里的"天"——浅谈传统哲学观对汉语构词的影响 黄雅玲 《汉语学习》 1995年第4期

BB95078 组合流行语考察 刘大为 《汉语学习》 1995年第2期

BB96079 从中共早期文献看汉语词汇的演变 李振杰 《语言文化教学研究》 北京语言学院汉语学院编 华语教学出版社 1996年

BB96080 动量词的语义分析及其与动词的选择关系 邵敬敏 《中国语文》 1996年第2期

BB96081 汉语词典领域的新开拓 陆嘉琦 《外国语》(上海外国语学院学报) 1996年第3期

BB96082 汉语数词虚指 王晓澎 《语言文化教学研究》 北京语言学院汉语学院编 华语教学出版社 1996年

BB96083 汉语新词语的构造特点 邵鸿 《语言文化教学研究》 北京语言学院汉语学院编 华语教学出版社 1996年

BB96084 离合词的确定与离合词的性质 赵淑华 张宝林 《语言教学与研究》 1996年

第1期

BB96085　略论单音反义形容词A1A2组结的语法性质和语义特征　段益民　《汉语学习》1996年第1期

BB96086　论非谓形容词　黄南松　《汉语言文化研究》　胡明扬　金天相等编　广西师范大学出版社　1996年

BB96087　名词比喻造词　史锡尧　《中国语文》　1996年第6期

BB96088　数词成语探　周换琴　《中国对外汉语教学学会成立十周年纪念论文选》　中国对外汉语教学学会秘书处编　北京语言学院出版社　1996年

BB96089　谈一种外来词——字母词和"汉字＋字母"词　朱磊　《语言文化教学研究》　北京语言学院汉语学院编　华语教学出版社　1996年

BB96090　现代汉语称谓系统与对外汉语教学　崔希亮　《语言教学与研究》1996年第2期

BB96091　"以后"、"后来"、"今后"及其在汉语基础课中的教学　李海鸥　《中国对外汉语教学学会成立十周年纪念论文选》　中国对外汉语教学学会秘书处编　北京语言学院出版社　1996年

BB97092　改革开放中汉语词汇的变动　陈光磊　《第五届国际汉语教学讨论会论文选》《第五届国际汉语教学讨论会论文选》编辑委员会编　北京大学出版社　1997年

BB97093　汉语搭配定量分析初探　孙茂松　黄昌宁　方捷　《中国语文》　1997年第1期

BB97094　汉语构词基本字的统计分析　张凯　《语言教学与研究》　1997年第1期

BB97095　马克思主义和汉语词汇　(德)李博　《第五届国际汉语教学讨论会论文选》《第五届国际汉语教学讨论会论文选》编辑委员会编　北京大学出版社　1997年

BB97096　社区词　田小琳　《第五届国际汉语教学讨论会论文选》《第五届国际汉语教学讨论会论文选》编辑委员会编　北京大学出版社　1997年

BB97097　说说汉语的"很"话　郑庆君　《汉语学习》　1997年第5期

BB97098　谈汉字对汉语词汇的影响　谢文庆　《第五届国际汉语教学讨论会论文选》《第五届国际汉语教学讨论会论文选》编辑委员会编　北京大学出版社　1997年

BB97099　外国学生现代汉语常用词词典编纂散论　李晓琪　《世界汉语教学》　1997年第3期

BB97100　小议语气助词"嘛"　傅由　《中国人民大学学报》　1997年第6期

BB98101　程度副词研究　徐晶凝　《北大海外教育》第二辑　郭振华　赵燕皎编　北京大学出版社　1998年

BB98102　汉文化背景下的"吃～～"短语　何璟　《语文建设》　1998年第10期

BB98103　汉语新词语的产生与研究　刘士勤　《语言文化教学研究集刊》第二辑　北京语言文化大学汉语学院编　华语教学出版社　1998年

BB98104　谈对外汉语教学中的双音节合成动词　李美玲　《青海民族学院学报》(社会科学版)　1998年第1期

BB98105 谈汉语伴随性物量词的由来及其应用原则——兼谈对外汉语教学中的量词教学 陈绂 《语言文字应用》 1998 年第 4 期

BB99106 表示相反意义的副词"倒" 沈建华 《汉语速成教学研究》第二辑 北京语言文化大学汉语速成学院编 华语教学出版社 1999 年

BB99107 "不但"和"不说" 黄慧英 《汉语速成教学研究》第二辑 北京语言文化大学汉语速成学院编 华语教学出版社 1999 年

BB99108 常用否定词的特殊用法 钟文 《安徽大学学报》(哲学社会科学版) 1999 年第 6 期

BB99109 词语的理据与词义理解——兼及词语的理据研究在对外汉语词汇教学中的作用 王立杰 《天津商学院学报》 1999 年第 1 期

BB99110 从新词语的发展看科技词语用法的扩展 彭志平 《语言文化教学研究集刊》第三辑 北京语言文化大学汉语学院编 华语教学出版社 1999 年

BB99111 对外汉语教学中的外来词语 敖依昌 严光仪 《重庆大学学报》(社会科学版) 1999 年第 3 期

BB99112 对外汉语口语教学中的语气助词 李顺群 《北京第二外国语学院学报》 1999 年第 6 期

BB99113 复合词语素义与词义关系浅析 郭晓麟 《汉语速成教学研究》第二辑 北京语言文化大学汉语速成学院编 华语教学出版社 1999 年

BB99114 汉语动量词"次"和"遍"使用的条件及制约因素 赵清永 《北京师范大学学报》(社会科学版) 1999 年专刊

BB99115 略论汉语中的双声叠韵联边词 张庆文 《泰安教育学院学报岱宗学刊》 1999 年第 3 期

BB99116 论双音节离合词的结构、扩展及用法 王素梅 《沈阳师范学院学报》(社会科学版) 1999 年第 4 期

BB99117 频度副词的划类与使用规则 周小兵 《华东师范大学学报》(哲学社会科学版) 1999 年第 4 期

BB99118 浅析动词"可"的语义及其组成格式 陈颖 《北京师范大学学报》(社会科学版) 1999年专刊

BB00119 单音节反义形容词的语用选择性 高艾军 《北大海外教育》第三辑 赵燕皎 李晓琪编 华语教学出版社 2000 年

BB00120 对外汉语词典学 郑定欧 《第六届国际汉语教学讨论会论文选》 《第六届国际汉语教学讨论会论文选》编辑委员会编 北京大学出版社 2000 年

BB00121 关于连词"即使"的考察 张明莹 《北大海外教育》第三辑 赵燕皎 李晓琪编 华语教学出版社 2000 年

BB00122 汉语词汇研究的新思考 周光庆 《汉语学报》第 1 期 邢福义 萧国政主编 湖

北教育出版社 2000 年

BB00123 汉语词语重叠结构统计分析 邢红兵 《语言教学与研究》 2000 年第 1 期

BB00124 《汉语水平汉字等级大纲》中的汉字与韩国教育用汉字构词能力的比较 黄贞姬 《汉语学习》 2000 年第 1 期

BB00125 汉字教学与学习的新思路——评《多媒体汉字字典》 赵金铭 《语言教学与研究》 2000 年第 4 期

BB00126 《HSK 汉语水平考试词典》编写的原则与方法 邵敬敏 《汉语学习》 2000 年第 2 期

BB00127 教学词与词典词 吴勇毅 《第六届国际汉语教学讨论会论文选》《第六届国际汉语教学讨论会论文选》编辑委员会编 北京大学出版社 2000 年

BB00128 谈类推造词法 高燕 《沈阳师范学院学报》(社会科学版) 2000 年第 4 期

BB00129 谈约量时间词 沈庶英 《世界汉语教学》 2000 年第 1 期

BB00130 同译词辨析的几种方法 苏英霞 《汉语学习》 2000 年第 2 期

BB00131 现代汉语单双音节同义词选择的限制因素 (瑞士)谢红华 《第六届国际汉语教学讨论会论文选》《第六届国际汉语教学讨论会论文选》编辑委员会编 北京大学出版社 2000 年

BB00132 现代汉语叹词“啊”的语形和语义探说 柯航 《汉语学报》第 1 期 邢福义 萧国政主编 湖北教育出版社 2000 年

BB01133 “AA 制”的“AA”源自何方 亓华 《语文建设》 2001 年第 8 期

BB01134 词义引申方式新探——从隐喻看引申 汲传波 刘芳芳 《喀什师范学院学报》 2001 年第 4 期

BB01135 从对外汉语教学看双音词和单音词的界定问题 毕艳莉 《辽宁大学学报》(哲学社会科学版) 2001 年第 2 期

BB01136 从汉字“吃”看汉语词语的信息特征 卢小宁 《北京邮电大学学报》(社会科学版) 2001 年第 1 期

BB01137 单双音节同义方位词补说 (瑞士)谢红华 《语言教学与研究》 2001 年第 2 期

BB01138 当代中国社会关系称谓 丁安仪 《河南师范大学学报》(哲学社会科学版) 2001 年第 6 期

BB01139 汉语成语中的历史文化积淀 王化鹏 《烟台师范学院学报》(哲学社会科学版) 2001 年第 4 期

BB01140 汉语习惯用语与对外汉语教学 沈建华 《对外汉语教学与教材研究论文集》 国家对外汉语教学领导小组编 华语教学出版社 2001 年

BB01141 结构重音与“太 X”和“不太 X”的意义 任瑚琏 《西南民族学院学报》(哲学社会科学版) 2001 年第 3 期

BB01142 离合词是不是词? 周上之 《暨南大学华文学院学报》 2001年第4期

BB01143 《世界汉语教学主题词表》词汇的分析与评价 苏岗 《中国对外汉语教学学会北京分会第二届学术年会论文集》 中国对外汉语教学学会北京分会编 北京语言文化大学出版社 2001年

BB01144 双音复合词中的“一字之差” 施正宇 《中央民族大学学报》(哲学社会科学版) 2001年

BB01145 体词性“有的”、“有些”的多角度分析 周小兵 徐霄鹰 《语言研究》 2001年第3期

BB02146 成语发展中的传承与变异 杨丽君 《汉语学报》第3期 邢福义主编 湖北教育出版社 2002年

BB02147 词汇规范问题漫议 李如龙 《汉语学报》第4期 邢福义主编 湖北教育出版社 2002年

BB02148 从量词“把”的“泛化”谈起 陈绂 《汉语学报》第4期 邢福义主编 湖北教育出版社 2002年

BB02149 当代汉语词汇变化文化透视 董晓敏 《江西师范大学学报》(哲学社会科学版) 2002年第3期

BB02150 “个个”“每个”和“一个(一)个”的语法语义分析 杨雪梅 《中国对外汉语教学学会第七次学术讨论会论文选》 中国对外汉语教学学会编 人民教育出版社 2002年5月

BB02151 关于编写适合对外汉语教学的近义词词典 赵新 李英 《华侨大学学报》(哲学社会科学版) 2002年第3期

BB02152 汉语新词语和对外汉语教学 汤志祥 《语言教学与研究》 2002年第2期

BB02153 华语词典应用与编纂的落差 (新加坡)吴英成 《语言教学与研究》 2002年第3期

BB02154 量词“个”的使用泛化管见 王志芳 《海南广播电视大学学报》 2002年第2期

BB02155 名词的比喻义与名词、非谓形容词的界限——兼谈“金、银”的归属 吴长安 《汉语学报》第3期 邢福义主编 湖北教育出版社 2002年

BB02156 现代汉语新词语的整理和研究述评 刘晓梅 《汉语学报》第4期 邢福义主编 湖北教育出版社 2002年

BB03157 “不料”与“竟(然)”辨——兼谈二词的教学 肖治野 《语言与翻译》 2003年第4期

BB03158 对外汉语单语成语学习词典编纂的几个问题 洪波 《云南师范大学学报》(对外汉语教学与研究版) 2003年第6期

BB03159 关于意译词的类型归属 戚晓杰 姜维枫 《青岛职业技术学院学报》 2003年第3期

BB03160 汉语对外来词的语义改造 刘国枝 《湖北大学学报》(哲学社会科学版) 2003

年第5期

BB03161 汉语新词新语词源探析及英译 杨京宁 王琪 《安徽大学学报》(哲学社会科学版) 2003年第4期

BB03162 "尽管"和"虽然"的计量考查 周轶 《对外汉语教学论文集》 厦门大学海外华文教育研究所 海外教育学院编 厦门大学出版社 2003年

BB03163 "可惜"的用法 郝雪飞 《广播电视大学学报》(哲学社会科学版) 2003年第1期

BB03164 评三部对外汉语学习词典及对提高释义水平的思考 杨子菁 《对外汉语教学论文集》 厦门大学海外华文教育研究所 海外教育学院编 厦门大学出版社 2003年

BB03165 现代汉语借词中的新现象 严辉 《湖北大学学报》(哲学社会科学版) 2003年第5期

BB03166 "这么"与"那么"辨析 徐秀芬 亢世勇 《烟台师范学院学报》(哲学社会科学版) 2003年第1期

BB04167 "按""照"及其他 高红娜 《四川大学学报》(哲学社会科学版) 2004年增刊第1期

BB04168 对外汉语教学中的同义词问题 李绍林 《第七届国际汉语教学讨论会论文选》 《第七届国际汉语教学讨论会论文选》编辑委员会编 北京大学出版社 2004年

BB04169 对外汉语学习词典学刍议 郑定欧 《世界汉语教学》 2004年第4期

BB04170 工具的工具:词典的易懂与易得——关于对外汉语学习单语词典 雷华 史有为 《语言教学与研究》 2004年第6期

BB04171 关于《汉语水平词汇与汉字等级大纲》的思考 姜德梧 《世界汉语教学》 2004年第1期

BB04172 汉语语素义在留学生词义获得中的作用 郭胜春 《语言教学与研究》 2004年第6期

BB04173 汉语中"已经"和"曾经"的意义 曲殿宇 周秀苗 《克山师专学报》 2004年第4期

BB04174 HSK单双音同义动词研究 程娟 许晓华 《世界汉语教学》 2004年第4期

BB04175 离合词特点再认识 刘江涛 《和田师范专科学校学报》 2004年第4期

BB04176 量词的分类与对外汉语量词教学 王汉卫 《暨南学报》(人文科学与社会科学版) 2004年第2期

BB04177 浅谈离合词带补语的特点及其应用 吴海燕 《莱阳农学院学报》(社会科学版) 2004年第1期

BB04178 现代汉语词汇词义不对称与对外汉语教学 袁嘉 《西南民族大学学报》(人文社科版) 2004年第8期

BB04179 字母名称问题琐议 唐雪凝 《枣庄师范专科学校学报》 2004年第1期

BB05180 对外汉语的词典与词法 周上之 《汉语学习》 2005年第6期

BB05181 海峡两岸词语差异及其原因 胡翔 《对外汉语教学的全方位探索——对外汉语研究学术讨论会论文集》 赵金铭主编 商务印书馆 2005年

BB05182 汉语惯用法初议 李侠 张军 《渤海大学学报》(哲学社会科学版) 2005年第3期

BB05183 汉语熟语的民族特色研究 高兵 《河北大学学报》(哲学社会科学版) 2005年第6期

BB05184 《汉语水平词汇与汉字等级大纲》名量词系源研究 伏学凤 《语言文字应用》2005年增刊

BB05185 HSK甲级单双音同义动词部分不可替换的类型探析 季瑾 《语言教学与研究》2005年第5期

BB05186 《简明同义词典》探析——兼论现代汉语同义词辨析的方法与策略 王迎春 《玉溪师范学院学报》 2005年第10期

BB05187 论词和临时短语 曾少波 《怀化学院学报》 2005年第1期

BB05188 旁指代词说略 彭爽 金晓艳 《南昌大学学报》(人文社会科学版) 2005年第3期

BB05189 浅议现代汉语单音节副词的重叠形式 熊湘华 《贵州教育学院学报》(社会科学版) 2005年第3期

BB05190 清除汉语走向世界的自身障碍——对《普通话异读词审音表》的改革意见 冯文敏 《廊坊师范学院学报》 2005年第3期

BB05191 试论程度副词"老大"的来源 李计伟 《云南师范大学学报》(对外汉语教学与研究版) 2005年第6期

BB05192 试论现代汉语外来词吸收方式的变化及原因 唐贤清 汪哲 《中南大学学报》(社会科学版) 2005年第1期

BB05193 由近义形容词的辨析看形容词的不同功用 季静 《江苏教育学院学报》(社会科学版) 2005年第4期

BB06194 "巴不得"和"恨不得"的语义和句法分析 吴剑飞 周芬 《宁波大学学报》(人文科学版) 2006年第1期

BB06195 编写对外汉语单语学习词典的尝试与思考——《商务馆学汉语词典》编后 吕文华 《世界汉语教学》 2006年第1期

BB06196 从"有名"与"知名"谈辨析同义词的角度 陈绂 《世界汉语教学》 2006年第3期

BB06197 从方便学与教的角度谈量词多层次多角度的子类划分 周中兴 《乌鲁木齐职业大学学报》(人文社会科学版) 2006年第1期

BB06198 对外汉语词典编纂中的语用原则 盛若菁 《西南大学学报》(人文社会科学版) 2006年第6期

BB06199 汉语词汇中的隐喻形式 王立杰 荣虹 《天津商学院学报》 2006年第5期

BB06200 汉语离合词研究综述 魏伟 《锦州医学院学报》(社会科学版) 2006年第4期

BB06201 HSK 表人同义名词的辨析角度 刘春梅 《湖南师范大学社会科学学报》 2006 年第 5 期
BB06202 开展面向对外汉语教学的词汇语法研究 陆俭明 王黎 《语言教学与研究》 2006 年第 2 期
BB06203 “离合词”研究综述 黄晓琴 《伊犁师范学院学报》 2006 年第 2 期
BB06204 论象声词与叹词的差异性 杨树森 《中国语文》 2006 年第 3 期
BB06205 面向对外汉语教学的谓词句法属性统计研究 邢红兵 张文坚 江诗鹏 《语言教学与研究》 2006 年第 3 期
BB06206 名词 AA 重叠式的语法性质及功能 岳中奇 《语文研究》 2006 年第 4 期
BB06207 名量词“道”与“条”的辨析 张敏 《湖北教育学院学报》 2006 年第 7 期
BB06208 频率副词的选择性差异 王敏 《现代语文》(语言研究版) 2006 年第 10 期
BB06209 试论程度副词的对外汉语教学 徐建宏 《语言文字应用》 2006 年第 2 期
BB06210 说“一旦” 彭小川 杨江 《世界汉语教学》 2006 年第 1 期
BB06211 谈反义词“深/浅”的不对称现象及解释 郝玲 《现代语文》(语言研究版) 2006 年第 5 期
BB06212 同部首词的构成和结构分析 周荐 《中国语文》 2006 年第 2 期
BB06213 外来词的吸纳与汉语语言的纯洁性 王金梅 《辽宁行政学院学报》 2006 年第 9 期
BB06214 现代汉语表物同义名词研究 刘春梅 《云南师范大学学报》(对外汉语教学与研究版) 2006 年第 2 期
BB06215 现代汉语单双音同义名词的主要差异 刘春梅 《华中师范大学学报》(人文社会科学版) 2006 年第 1 期

BC 语法研究

BC54001 对《汉语的词类问题》的更正 钟梫 金德厚 王还 赵淑华 《中国语文》 1954 年第 12 期
BC54002 汉语的词类问题 钟梫 赵淑华 金德厚 王还 《中国语文》 1954 年第 8 期
BC54003 苏联《华语课本》中的汉语语法理论 伊三克等 明扬选译 《中国语文》 1954 年第 11 期
BC54004 谈怎样分别词和语 钟梫 《中国语文》 1954 年第 12 期
BC55005 “打仗”“打架”是不是词? 钟梫 《中国语文》 1955 年第 8 期
BC55006 谈时间词 邓懿 《语文学习》 1955 年 12 月号
BC56007 “就”与“才” 王还 《语文学习》 1956 年 12 月号
BC57008 说“在” 王还 《中国语文》 1957 年第 2 期

BC62009 现代汉语轻音和句法结构的关系 林焘 《中国语文》 1962年第7期

BC63010 动词重叠 王还 《中国语文》 1963年第1期

BC77011 动词词尾“了”的一些用法 赵淑华 《语言教学与研究》第一集 北京语言学院《语言教学与研究》编辑室 1977年11月

BC77012 汉语的一种紧缩结构 毛成栋 《语言教学与研究》第二集 北京语言学院《语言教学与研究》编辑室 1977年11月

BC77013 几种常用的比较句 程美珍 《语言教学与研究》第一集 北京语言学院《语言教学与研究》编辑室 1977年2月

BC77014 兼语句和小句做宾语句 李珠 《语言教学与研究》第二集 北京语言学院《语言教学与研究》编辑室 1977年11月

BC77015 量词的主要特征和用途 吴叔平 《语言教学与研究》第一集 北京语言学院《语言教学与研究》编辑室 1977年11月

BC77016 略论汉语的主语 钟梫 《语言教学与研究》第二集 北京语言学院《语言教学与研究》编辑室 1977年11月

BC77017 说“一” 房玉清 《语言教学与研究》第二集 北京语言学院《语言教学与研究》编辑室 1977年11月

BC77018 谈“不” 高增良 《语言教学与研究》第二集 北京语言学院《语言教学与研究》编辑室 1977年11月

BC78019 “把”字句研究概况 雨兹 郑懿德 《语言教学与研究》第三集 北京语言学院《语言教学与研究》编辑室 1978年5月

BC78020 “在黑板上写字”及相关句式 朱德熙 《语言教学与研究》第三集 北京语言学院《语言教学与研究》编辑室 1978年5月

BC79021 从带“了”的病句谈起 王砚农 《语言教学与研究》 1979年第1期

BC79022 从“天天”和“每天”所想到的 刘月华 《语言教学与研究》 1979年第2期

BC79023 关于“是……的”句 赵淑华 《语言教学与研究》 1979年第1期

BC79024 汉语结果补语的一些特点 王还 《语言教学与研究》 1979年第2期

BC79025 句末“了”是语气助词吗? 陈贤纯 《语言教学与研究》 1979年第1期

BC79026 《区分句型的一个尝试》读后(上) 李陆 《语言教学与研究》 1979年第1期

BC79027 《区分句型的一个尝试》读后(下) 李陆 《语言教学与研究》 1979年第2期

BC79028 双音节形容词重迭形式试析 武云霞 《语言教学与研究》第四集 北京语言学院《语言教学与研究》编辑室 1979年2月

BC79029 谈谈主谓谓语句 李珠 《语言教学与研究》 1979年第2期

BC79030 谈谈主语的省略 陶宗侃 《语言教学与研究》第四集 北京语言学院《语言教学与研究》编辑室 1979年2月

BC79031 谈语气助词“了” 吕文华《语言教学与研究》第四集 北京语言学院《语言教学与研究》编辑室 1979年2月

BC79032 现代汉语表示被动的方式 林杏光 《语言教学与研究》第四集 北京语言学院《语言教学与研究》编辑室 1979年2月

BC80033 “程度副词+形容词+的”一类结构的语法性质 陆俭明 《语言教学与研究》1980年第2期

BC80034 从外国学生的病句看现代汉语的动态范畴 房玉清 《语言教学与研究》 1980年第3期

BC80035 关于汉语语法体系分歧问题 张志公《语言教学与研究》 1980年第1期

BC80036 关于趋向补语“来”、“去”的几个问题 刘月华 《语言教学与研究》 1980年第3期

BC80037 汉语体词的内涵 (澳)胡百华《语言教学与研究》1980年第2期

BC80038 可能补语“了”的使用范围 郭志良《语言教学与研究》 1980年第1期

BC80039 可能补语用法的研究 刘月华《中国语文》1980年第4期

BC80040 说“起来”及与之有关的一种句式 宋玉柱 《语言教学与研究》 1980年第1期

BC80041 谈词的虚实——副词是实词还是虚词? 李培元 陆世光《语言教学与研究》1980年第3期

BC80042 谈“就” 马欣华 常敬宇《语言教学与研究》 1980年第2期

BC80043 谈谈“正”“在”和“正在” 潘文娱 《语言教学与研究》 1980年第1期

BC80044 谈形容词带宾语的几个问题 许德楠 董浩《语言教学与研究》 1980年第3期

BC80045 现代汉语中副词用法的三性问题 李珠《语言教学与研究》 1980年第4期

BC80046 “许多”“不少”“多少”词义、语法特点的分析和比较 王国璋 《语言教学与研究》1980年第3期

BC80047 再说说“在” 王还 《语言教学与研究》 1980年第3期

BC80048 “住了三年”和“住了三年了” 郑怀德 《中国语文》 1980年第2期

BC82049 状语与补语的比较 刘月华《语言教学与研究》1982年第1期

BC83050 动词重叠的表达功能及可重叠动词的范围 刘月华 《中国语文》 1983年第1期

BC83051 用助词“得”连接的补语所表达的意义 瓯齐 《汉语学习》 1983年第4期

BC84052 谈谈非谓语动词“起来” 吴洁敏 《语言教学与研究》 1984年第2期

BC84053 《现代汉语语法》简介 王振礼《语言教学与研究》 1984年第4期

BC85054 “把”字句中“把”的宾语 王还《中国语文》 1985年第1期

BC85055 从对外汉语教学观点看所谓汉语的“连锁复句” 史存直 《语言教学与研究》1985年第1期

BC85056 从留学生的语病看汉语助动词的特点和用法 王晓钧 《对外汉语教学论集》《语言教学与研究》编辑部编 北京语言学院出版社 1985年

BC85057 关于“很＋不·形容词”成立的几个条件 (日)相原茂 《第一届国际汉语教学讨论会论文选》 第一届国际汉语教学讨论会组织委员会编 北京语言学院出版社 1985年

BC85058 关于“了3”的问题 (日)郭春贵 《第一届国际汉语教学讨论会论文选》 第一届国际汉语教学讨论会组织委员会编 北京语言学院出版社 1985年

BC85059 关于“去＋VP”和“VP＋去”句式 陆俭明 《第一届国际汉语教学讨论会论文选》 第一届国际汉语教学讨论会组织委员会编 北京语言学院出版社 1985年

BC85060 关于时量补语的另外两种格式 贾颖 《语言教学与研究》 1985年第1期

BC85061 汉语动词的时间结构 (美)邓守信 《第一届国际汉语教学讨论会论文选》 第一届国际汉语教学讨论会组织委员会编 北京语言学院出版社 1985年

BC85062 汉语语法中的一些特性 陆孝栋 《第一届国际汉语教学讨论会论文选》 第一届国际汉语教学讨论会组织委员会编 北京语言学院出版社 1985年

BC85063 就汉语的“连锁复句”问题答史存直先生 邢公畹 《语言教学与研究》 1985年第1期

BC85064 现代汉语的“即使”实言句 邢福义 《第一届国际汉语教学讨论会论文选》 第一届国际汉语教学讨论会组织委员会编 北京语言学院出版社 1985年

BC85065 现代书面汉语里的虚化动词和名动词——为第一届国际汉语教学讨论会而作 朱德熙 《北京大学学报》(哲学社会科学版) 1985年第5期

BC86066 词序和词序变换 郭振华 《对外汉语教学研究会第二次学术讨论会论文选》 中国高等教育学会对外汉语教学研究会编 北京语言学院出版社 1986年

BC86067 副词与语气助词“了” 杨惠芬 《汉语研究》 南开大学对外汉语教学中心编 南开大学出版社 1986年

BC86068 紧缩句句型三种 史有为 《汉语研究》 南开大学对外汉语教学中心编 南开大学出版社 1986年

BC86069 静态句 李临定 《汉语研究》 南开大学对外汉语教学中心编 南开大学出版社 1986年

BC86070 让步句的考察 邢福义 《汉语研究》 南开大学对外汉语教学中心编 南开大学出版社 1986年

BC86071 现代汉语中形式上的否定和语义上的否定不一致的几种情况 贾甫田 《汉语研究》 南开大学对外汉语教学中心编 南开大学出版社 1986年

BC87072 “把”字句的特指问句式 胡盛仑 《第二届国际汉语教学讨论会论文集》 第二届国际汉语教学讨论会组织委员会编 北京语言学院出版社 1987年

BC87073 “被”字宾语的有无 吕文华 《第二届国际汉语教学讨论会论文集》 第二届国际汉语教学讨论会组织委员会编 北京语言学院出版社 1987年

BC87074 动词和动作的方向 孟琮 《第二届国际汉语教学讨论会论文集》 第二届国际汉语教学讨论会组织委员会编 北京语言学院出版社 1987年

BC87075 动态助词“过2、过1、了1”用法比较 刘月华 《第二届国际汉语教学讨论会论文集》 第二届国际汉语教学讨论会组织委员会编 北京语言学院出版社 1987年

BC87076 关于儿化词使用情况的考察 侯精一 《第二届国际汉语教学讨论会论文集》 第二届国际汉语教学讨论会组织委员会编 北京语言学院出版社 1987年

BC87077 关于“连……也/都……”格式的一些问题 (日)高桥弥守彦 《第二届国际汉语教学讨论会论文集》 第二届国际汉语教学讨论会组织委员会编 北京语言学院出版社 1987年

BC87078 关于“谁跑得快,谁就第一”一类句式的几个问题 (日)杉村博文 《第二届国际汉语教学讨论会论文集》 第二届国际汉语教学讨论会组织委员会编 北京语言学院出版社 1987年

BC87079 关于“有+V+(于)+O”格式 郭振华 《第二届国际汉语教学讨论会论文集》 第二届国际汉语教学讨论会组织委员会编 北京语言学院出版社 1987年

BC87080 关于语气词——什么是“语气” (日)传田章 《第二届国际汉语教学讨论会论文集》 第二届国际汉语教学讨论会组织委员会编 北京语言学院出版社 1987年

BC87081 关于制约汉语语序的一些因素 胡裕树 陆丙甫 《第二届国际汉语教学讨论会论文集》 第二届国际汉语教学讨论会组织委员会编 北京语言学院出版社 1987年

BC87082 汉语里动词体和动作方式的概念 (德)李博 《第二届国际汉语教学讨论会论文集》 第二届国际汉语教学讨论会组织委员会编 北京语言学院出版社 1987年

BC87083 汉语主宾语观念的再探讨 (美)李英哲 《第二届国际汉语教学讨论会论文集》 第二届国际汉语教学讨论会组织委员会编 北京语言学院出版社 1987年

BC87084 解说复句刍议 杨庆蕙 《第二届国际汉语教学讨论会论文集》 第二届国际汉语教学讨论会组织委员会编 北京语言学院出版社 1987年

BC87085 句首NP的“特指性”与句中NP的“对比性” 竟成 《第二届国际汉语教学讨论会论文集》 第二届国际汉语教学讨论会组织委员会编 北京语言学院出版社 1987年

BC87086 略论语法停顿 薛红 叶研 《第二届国际汉语教学讨论会论文集》 第二届国际汉语教学讨论会组织委员会编 北京语言学院出版社 1987年

BC87087 论北京口语的“动宾”结构 俞敏 《第二届国际汉语教学讨论会论文集》 第二届国际汉语教学讨论会组织委员会编 北京语言学院出版社 1987年

BC87088 论偏正结构做主语的分化及相关句式 李绍林 《第二届国际汉语教学讨论会论文集》 第二届国际汉语教学讨论会组织委员会编 北京语言学院出版社 1987年

BC87089 时体、动量和动词重叠 (美)郑良伟 《第二届国际汉语教学讨论会论文集》 第二届国际汉语教学讨论会组织委员会编 北京语言学院出版社 1987 年

BC87090 试论连谓结构“来/去+VP”中的虚化动词“来/去” (日)郭春贵 《第二届国际汉语教学讨论会论文集》 第二届国际汉语教学讨论会组织委员会编 北京语言学院出版社 1987 年

BC87091 试说“双数量结构” 李赓钧 《第二届国际汉语教学讨论会论文集》 第二届国际汉语教学讨论会组织委员会编 北京语言学院出版社 1987 年

BC87092 数量词中间插入形容词情况考察 陆俭明 《第二届国际汉语教学讨论会论文集》 第二届国际汉语教学讨论会组织委员会编 北京语言学院出版社 1987 年

BC87093 说与读:语法与抑扬顿挫初探 (美)刘君若 《第二届国际汉语教学讨论会论文集》 第二届国际汉语教学讨论会组织委员会编 北京语言学院出版社 1987 年

BC87094 现代汉语的特指性是非问 邢福义 《第二届国际汉语教学讨论会论文集》 第二届国际汉语教学讨论会组织委员会编 北京语言学院出版社 1987 年

BC87095 直接组合的复句 鲁宝元 《第二届国际汉语教学讨论会论文集》 第二届国际汉语教学讨论会组织委员会编 北京语言学院出版社 1987 年

BC89096 “会”和“能”及其在句中的换用 周小兵 《烟台大学学报》(哲学社会科学版) 1989 年第 4 期

BC89097 “能”与“会”使用上的几个问题 孟祥英 《天津师大学报》(社会科学版) 1989 年第 4 期

BC89098 十多年来现代汉语研究管见 陆俭明 《语言教学与研究》 1989 年第 2 期

BC89099 试析被包孕的述语和补语之间的互相依存关系 李芳杰 《武汉大学学报》(社会科学版) 1989 年第 6 期

BC89100 现代汉语基本句型 北京语言学院句型研究小组 《世界汉语教学》 1989 年第 1 期

BC89101 现代汉语基本句型(续一) 北京语言学院句型研究小组 《世界汉语教学》 1989 年第 3 期

BC89102 现代汉语基本句型(续二) 北京语言学院句型研究小组 《世界汉语教学》 1989 年第 4 期

BC90103 表示存在某种可能性的“能”和“可以” 郭志良 《第三届国际汉语教学讨论会论文选》 第三届国际汉语教学讨论会会务工作委员会编 北京语言学院出版社 1990 年

BC90104 表示限定的“只”和“就” 周小兵 《第三届国际汉语教学讨论会论文选》 第三届国际汉语教学讨论会会务工作委员会编 北京语言学院出版社 1990 年

BC90105 “的”字结构里头的述补结构与“了” (日)三宅登之 《第三届国际汉语教学讨论会论文选》 第三届国际汉语教学讨论会会务工作委员会编 北京语言学院出版版

社 1990年

BC90106 关于汉语被动句“被、叫、让、给”的互换性 徐扬 (日)言赞井唯允 《第三届国际汉语教学讨论会论文选》 第三届国际汉语教学讨论会会务工作委员会编 北京语言学院出版社 1990年

BC90107 汉语里宾语代入现象之观察 邢福义 《第三届国际汉语教学讨论会论文选》 第三届国际汉语教学讨论会会务工作委员会编 北京语言学院出版社 1990年

BC90108 汉语情态动词语义和句法初探 许和平 《第三届国际汉语教学讨论会论文选》 第三届国际汉语教学讨论会会务工作委员会编 北京语言学院出版社 1990年

BC90109 汉语双谓句的结构 (美)邓守信 《第三届国际汉语教学讨论会论文选》 第三届国际汉语教学讨论会会务工作委员会编 北京语言学院出版社 1990年

BC90110 华语语法规范的考虑因素 (美)李英哲 《第三届国际汉语教学讨论会论文选》 第三届国际汉语教学讨论会会务工作委员会编 北京语言学院出版社 1990年

BC90111 句首的处所词语带“在”的存现句 (日)杤山健介 《第三届国际汉语教学讨论会论文选》 第三届国际汉语教学讨论会会务工作委员会编 北京语言学院出版社 1990年

BC90112 Modal＋VP＋的＋N (日)砂冈和子 《第三届国际汉语教学讨论会论文选》 第三届国际汉语教学讨论会会务工作委员会编 北京语言学院出版社 1990年

BC90113 浅谈用同一词语重复组成的口语格式 尹润芗 《第三届国际汉语教学讨论会论文选》 第三届国际汉语教学讨论会会务工作委员会编 北京语言学院出版社 1990年

BC90114 试谈“V＋有”类结构 潘耀武 《中国对外汉语教学学会第三次学术讨论会论文选》 中国对外汉语教学学会编 北京语言学院出版社 1990年

BC90115 述补结构的复杂性——《现代汉语补语研究资料》序 陆俭明 《语言教学与研究》 1990年第1期

BC90116 “谁也/都……”格式中的若干问题 (日)高桥弥守彦 《第三届国际汉语教学讨论会论文选》 第三届国际汉语教学讨论会会务工作委员会编 北京语言学院出版社 1990年

BC90117 通过常见语法错误来看处所词的用法 (日)舆水优 《第三届国际汉语教学讨论会论文选》 第三届国际汉语教学讨论会会务工作委员会编 北京语言学院出版社 1990年

BC90118 现代汉语复句中关联词的位置 李晓琪 《第三届国际汉语教学讨论会论文选》 第三届国际汉语教学讨论会会务工作委员会编 北京语言学院出版社 1990年

BC90119 现代汉语基本句型(续三) 北京语言学院句型研究小组 《世界汉语教学》 1990年第1期

BC90120 现代汉语时间词说略 陆俭明 《第三届国际汉语教学讨论会论文选》 第三届国际汉语教学讨论会会务工作委员会编 北京语言学院出版社 1990年

BC90121 虚虚实实 (美)卞赵如兰 刘君若 《第三届国际汉语教学讨论会论文选》 第三届国际汉语教学讨论会会务工作委员会编 北京语言学院出版社 1990年

BC90122 再谈现代汉语词尾"了"的语法意义 王还 《中国语文》 1990年第3期

BC90123 助词"了"的语义、功能和隐现问题 (苏)谭傲霜 《第三届国际汉语教学讨论会论文选》 第三届国际汉语教学讨论会会务工作委员会编 北京语言学院出版社 1990年

BC91124 "不"和"没(有)"的比较 李迎 《江汉大学学报》(人文科学版) 1991年第4期

BC91125 "得"后的补语 王还 《世界汉语教学》 1991年第1期

BC91126 多元·柔性·主体——80～90年代语法研究大势之我见 史有为 《世界汉语教学》 1991年第4期

BC91127 关于对外汉语教学的语法体系 吕文华 《中国语文》 1991年第5期

BC91128 扩展·排他·强调——说补语 王邱丕君 施建基 《语言教学与研究》 1991年第4期

BC91129 谈80年代与90年代的句型研究 赵淑华 《语言教学与研究》 1991年第4期

BC91130 谈谈"了1"和"了2"的区别方法 卢英顺 《中国语文》 1991年第4期

BC91131 现代汉语基本句型(续完) 北京语言学院句型研究小组 《世界汉语教学》 1991年第1期

BC92132 补语与状语的比较——从《实用汉语课本》说起 王邱丕君 施建基 《语言教学与研究》 1992年第4期

BC92133 "动+来+名"和"动+名+来"两种句式的比较 肖秀妹 《语言教学与研究》 1992年第1期

BC92134 "我唱给你听"及相关句式 赵金铭 《中国语文》 1992年第1期

BC92135 状态补语的语境背景及其他 鲁健骥 《语言教学与研究》 1992年第1期

BC93136 表示概数的"多"和"来"的全方位考察 杨德峰 《中国对外汉语教学学会第四次学术讨论会论文选》 中国对外汉语教学学会编 北京语言学院出版社 1993年

BC93137 从对外汉语教学看现代汉语语法研究 黄南松 《语文研究》 1993年第3期

BC93138 动态助词"了"的语法意义及其实现 竟成 《中国对外汉语教学学会第四次学术讨论会论文选》 中国对外汉语教学学会编 北京语言学院出版社 1993年

BC93139 对被动句的再认识 赵清永 《北京师范大学学报》(社会科学版) 1993年第6期

BC93140 关于动态助词"了"的语法意义问题 竟成 《语文研究》 1993年第1期

BC93141 关于"v+给+n"和"给+n+v"句式 李琳莹 《中国对外汉语教学学会第四次学术讨论会论文选》 中国对外汉语教学学会编 北京语言学院出版社 1993年

BC93142 十年磨一剑——读《汉语集稿》有感 邵敬敏 《汉语学习》 1993年第6期

BC93143 试论能愿动词的句法结构形式及其语用功能 郭志良 《中国语文》 1993年第3期

BC93144 双音节动词重叠式“ABAB”带宾语 李红印 《中国对外汉语教学学会第四次学术讨论会论文选》 中国对外汉语教学学会编 北京语言学院出版社 1993年

BC93145 说“话头” 李芳杰 《中国对外汉语教学学会第四次学术讨论会论文选》 中国对外汉语教学学会编 北京语言学院出版社 1993年

BC93146 现代汉语助动词对比研究 陶炼 《中国对外汉语教学学会第四次学术讨论会论文选》 中国对外汉语教学学会编 北京语言学院出版社 1993年

BC94147 “除了……以外”用法研究 郑懿德 陈亚川 《中国语文》 1994年第1期

BC94148 从对外汉语教学角度看汉语的结构模式 胡炳忠 《语言教学与研究》 1994年第1期

BC94149 关于“A_1 呀 A_2 的”格式 刘颂浩 《汉语学习》 1994年第1期

BC94150 关于汉语口语中同义、近义句式的辨异 杨嘉敏 《东北师大学报》(哲学社会科学版) 1994年第3期

BC94151 论汉语语法特点的研究 王明华 《杭州大学学报》(哲学社会科学版) 1994年第4期

BC94152 试论短语自主成句所应具备的若干语法范畴 黄南松 《中国语文》 1994年第6期

BC94153 谈汉语动词的相关性及其对句法结构的制约作用 卢福波 《世界汉语教学》 1994年第4期

BC94154 现代汉语语法研究的立场和方法透视——《语言教学与研究》15年语法研究论文评述 崔希亮 《语言教学与研究》 1994年第2期

BC95155 “A不像B+后续分句”歧义现象分析 李大忠 《第四届国际汉语教学讨论会论文选》 胡明扬主编 北京语言学院出版社 1995年

BC95156 “吧”字疑问句及其相关句式比较 邵敬敏 《第四届国际汉语教学讨论会论文选》 胡明扬主编 北京语言学院出版社 1995年

BC95157 “把”字句的若干句法语义问题 崔希亮 《世界汉语教学》 1995年第3期

BC95158 表钱和物的“数量+数量”结构 陈月明 《世界汉语教学》 1995年第3期

BC95159 “不”否定的对象和“不”的位置——兼谈“不”、副词“没”的语用区别 史锡尧 《汉语学习》 1995年第1期

BC95160 “除了”句式中的省略和对比 刘颂浩 《第四届国际汉语教学讨论会论文选》 胡明扬主编 北京语言学院出版社 1995年

BC95161 从“一个”的隐现谈汉语语法体系 (俄)谭傲霜 《第四届国际汉语教学讨论会论文选》 胡明扬主编 北京语言学院出版社 1995年

BC95162 从语法结构看复合词中的一种新的构词方式 饶秦 《第四届国际汉语教学讨论

会论文选》 胡明扬主编 北京语言学院出版社 1995 年
BC95163 从语言的同一性看汉语助词“过”的分合 孔令达 《安徽师范大学学报》(人文哲学社会科学版) 1995 年第 3 期
BC95164 “得”的归类问题 铁根 昌吉 《汉语学习》 1995 年第 2 期
BC95165 复句的话题 吴中伟 《世界汉语教学》 1995 年第 2 期
BC95166 “够＋形容词”的句式 周小兵 《汉语学习》 1995 年第 6 期
BC95167 关于“CR 句中的主语” (日)中川裕三 《第四届国际汉语教学讨论会论文选》胡明扬主编 北京语言学院出版社 1995 年
BC95168 关于副词修饰名词问题 张国安 《汉语学习》1995 年第 6 期
BC95169 汉语口语中的“SV 的 N”句式 刘英军 《第四届国际汉语教学讨论会论文选》胡明扬主编 北京语言学院出版社 1995 年
BC95170 汉语中周遍性的表达以及限定动词和非限定动词的区别 (美)谭馥 《第四届国际汉语教学讨论会论文选》胡明扬主编 北京语言学院出版社 1995 年
BC95171 “机构名词＋里/上”结构刍议 陈满华 《汉语学习》 1995 年第 3 期
BC95172 介词“给、为、替” 李晓琪 《第四届国际汉语教学讨论会论文选》 胡明扬主编 北京语言学院出版社 1995 年
BC95173 《老乞大》中“们”尾论略 (韩)柳应九 《第四届国际汉语教学讨论会论文选》 胡明扬主编 北京语言学院出版社 1995 年
BC95174 论现代汉语的程度副词 周小兵 《中国语文》 1995 年第 2 期
BC95175 “没完”和“不停” 史有为 《语言教学与研究》1995 年第 3 期
BC95176 浅议动量短语的前置现象 李晓蓉 《汉语学习》 1995 年第 2 期
BC95177 社会心理修辞学的研究方法 陈汝东 《汉语学习》 1995 年第 1 期
BC95178 时间量词与名词的语意关系及在汉语述语内的词序现象 刘小梅 《第四届国际汉语教学讨论会论文选》 胡明扬主编 北京语言学院出版社 1995 年
BC95179 试论汉语语义句型的划分 张黎 《汉语学习》 1995 年第 5 期
BC95180 试论假设复句里的关联副词“就” (日)郭春贵 《第四届国际汉语教学讨论会论文选》 胡明扬主编 北京语言学院出版社 1995 年
BC95181 数量因素对“不是 A,就是 B”格式意义的制约作用 王弘宇 《世界汉语教学》 1995 年第 2 期
BC95182 说“它” 施光亨 《第四届国际汉语教学讨论会论文选》 胡明扬主编 北京语言学院出版社 1995 年
BC95183 说指代程度的“这么/那么＋A”格式 (韩)文贞惠 《汉语学习》 1995 年第 2 期
BC95184 谈“V 上”所在句式中的“上”意义 邱广军《汉语学习》 1995 年第 4 期
BC95185 同类词连用规则刍议 陆俭明 《第四届国际汉语教学讨论会论文选》 胡明扬主

编 北京语言学院出版社 1995 年

BC95186 “V 的 N”与“VN” 李铁根 《汉语学习》 1995 年第 4 期

BC95187 “X 比 Y 还 W”的两种功能 殷志平 《中国语文》 1995 年第 2 期

BC95188 系词“是”历史新证 杨天戈 《第四届国际汉语教学讨论会论文选》 胡明扬主编 北京语言学院出版社 1995 年

BC95189 现代汉语数量词系统中的“半”和“双” 邢福义 《第四届国际汉语教学讨论会论文选》 胡明扬主编 北京语言学院出版社 1995 年

BC95190 “谢谢”的原因宾语凝结式及其南北差异 储泽祥 《世界汉语教学》 1995 年第 4 期

BC95191 也谈“很多”与“很少” 王灿龙 《世界汉语教学》 1995 年第 2 期

BC95192 “在 X 下”格式的结构特点与语义分析 (韩)权正容 《汉语学习》 1995 年第 5 期

BC96193 “不如”句、“不比”句与“没有”句 贾颖 《语言文化教学研究》 北京语言学院汉语学院编 华语教学出版社 1996 年

BC96194 部分述宾搭配中宾前定语成分必现性浅探 杨明义 《中国对外汉语教学学会成立十周年纪念论文选》 中国对外汉语教学学会秘书处编 北京语言学院出版社 1996 年

BC96195 多项多元性单音形容词定语的语序规则 徐建华 《汉语学习》 1996 年第 3 期

BC96196 副词能否修饰体词 王素梅 《沈阳师范学院学报》(社会科学版) 1996 年第 4 期

BC96197 关于“大＋时间词(的)” 沈阳 《中国语文》 1996 年第 4 期

BC96198 关于疑问句中的“呢” 金立鑫 《语言教学与研究》 1996 年第 4 期

BC96199 汉语的成句过程和时间概念的表述 竟成 《语文研究》 1996 年第 1 期

BC96200 汉语的重叠结构及其语义特征 房玉清 《语言文化教学研究》 北京语言学院汉语学院编 华语教学出版社 1996 年

BC96201 “仅…、就…”格式的形式、意义和功能 王弘宇 《语言教学与研究》 1996 年第 3 期

BC96202 句法结构的功能解释 金立鑫 《中国对外汉语教学学会成立十周年纪念论文选》 中国对外汉语教学学会秘书处编 北京语言学院出版社 1996 年

BC96203 离合动词的鉴定标准和性质 赵淑华 张宝林 《语言文化教学研究》 北京语言学院汉语学院编 华语教学出版社 1996 年

BC96204 “满＋N”与“全＋N”朋 储泽祥 《中国语文》 1996 年第 5 期

BC96205 漫谈十年来对外汉语教学界在汉语语法研究方面的收获 杨庆蕙 《中国对外汉语教学学会成立十周年纪念论文选》 中国对外汉语教学学会秘书处编 北京语言学院出版社 1996 年

BC96206 “名词＋动词”词语串浅析 马真 陆俭明 《中国语文》 1996 年第 3 期

BC96207 命题内成分与命题外成分——以汉语助动词为例 (日)于康 《世界汉语教学》

1996年第1期

BC96208 趋向补语偏误类型分析 李大忠 《汉语言文化研究》 胡明扬 金天相等编 广西师范大学出版社 1996年

BC96209 “却”字和“既然”句 邢福义 《汉语学习》 1996年第6期

BC96210 稍微＋形容词＋呼应成分 时卫国 《山东大学学报》(哲学社会科学版) 1996年第3期

BC96211 时量词语作状语和补语 魏德胜 《语言文化教学研究》 北京语言学院汉语学院编 华语教学出版社 1996年

BC96212 试论“一V一V”格式 殷志平 《中国语文》 1996年第2期

BC96213 谈“还没/不…(呢)”的多义性 李珠 《语言文化教学研究》 北京语言学院汉语学院编 华语教学出版社 1996年

BC96214 唐诗中的动词重叠 王锳 《中国语文》 1996年第3期

BC96215 特指问句的否定式应答 周小兵 《汉语学习》 1996年第6期

BC96216 析“不A不B” 周小兵 《语言教学与研究》 1996年第4期

BC96217 细说“不是A,就是B”格式 王弘宇 《世界汉语教学》 1996年第4期

BC96218 现代汉语副词“才”的句式与搭配 张谊生 《汉语学习》 1996年第3期

BC96219 也谈“不是A,就是B”格式 刘颂浩 《世界汉语教学》 1996年第1期

BC96220 “越来越”与动词、形容词搭配考察 幺书君 《汉语言文化研究》 胡明扬 金天相等编 广西师范大学出版社 1996年

BC96221 正反疑问句初探 王志武 《语言文化教学研究》 北京语言学院汉语学院编 华语教学出版社 1996年

BC97222 表比较的“有”字句 郑懿德 《汉语集稿》 北京语言文化大学出版社 1997年9月

BC97223 补语“上”的意义和用法 关键 《天津师大学报》(社会科学版) 1997年第2期

BC97224 不表可能的“动de形”结构及de的性质 李立成 《语言教学与研究》 1997年第1期

BC97225 不带前提句的“也”字句 崔永华 《中国语文》 1997年第1期

BC97226 “除了……以外”用法研究 郑懿德 陈亚川 《汉语集稿》 北京语言文化大学出版社 1997年9月

BC97227 单句句型统计与分析 赵淑华 刘社会 胡翔 《语言教学与研究》 1997年第2期

BC97228 动宾组合带时量词语的句式 周小兵 《语言教学与研究》 1997年第4期

BC97229 动词的语义、配价以及论元之间的关系——以汉语“在”字结构为例 崔希亮 《第五届国际汉语教学讨论会论文选》 《第五届国际汉语教学讨论会论文选》编辑委员会编 北京大学出版社 1997年

BC97230 对外汉语教学与汉语语法的经济性特点 范开泰 《第五届国际汉语教学讨论会

论文选》《第五届国际汉语教学讨论会论文选》编辑委员会编 北京大学出版社 1997年

BC97231 汉语比较句中肯定式与否定式的不对称现象 卢福波 《第五届国际汉语教学讨论会论文选》《第五届国际汉语教学讨论会论文选》编辑委员会编 北京大学出版社 1997年

BC97232 介词的语法性质和介词研究的系统方法 周小兵 《中山大学学报》(社会科学版) 1997年第3期

BC97233 口语格式"等……的"的描写及讨论 周继圣 《中山大学学报》(社会科学版) 1997年第2期

BC97234 口语句式"W死了"的语义、语法特点 吴长安 《东北师大学报》(哲学社会科学版) 1997年第1期

BC97235 配价语法理论和对外汉语教学 陆俭明 《第五届国际汉语教学讨论会论文选》《第五届国际汉语教学讨论会论文选》编辑委员会编 北京大学出版社 1997年

BC97236 趋向补语前动词之研究 刘月华 《第五届国际汉语教学讨论会论文选》《第五届国际汉语教学讨论会论文选》编辑委员会编 北京大学出版社 1997年

BC97237 试论"连…都…"和"连…也…"的异同 (日)郭春贵 《第五届国际汉语教学讨论会论文选》《第五届国际汉语教学讨论会论文选》编辑委员会编 北京大学出版社 1997年

BC97238 "是……的"句质疑 杨石泉 《中国语文》 1997年第6期

BC97239 说"还是" 胡孝斌 《语言教学与研究》 1997年第4期

BC97240 "VV"式与"V一下"式的差异 胡孝斌 《汉语速成教学研究》第一辑 北京语言文化大学汉语速成学院编 北京大学出版社 1997年

BC97241 "V来/去"与现代汉语动词的主观范畴 马庆株 《第五届国际汉语教学讨论会论文选》《第五届国际汉语教学讨论会论文选》编辑委员会编 北京大学出版社 1997年

BC97242 现代汉语动词做状语考察 孙德金 《语言教学与研究》 1997年第3期

BC97243 形容词谓语句的述谓性及其表达手段 齐燕荣 《汉语速成教学研究》第一辑 北京语言文化大学汉语速成学院编 北京大学出版社 1997年

BC97244 一种似乎要流行开来的可疑句式——动宾式动词+宾语 邢公畹 《语文建设》 1997年第4期

BC97245 已然事件中"又"、"还"之辨析 郑蕊 《汉语速成教学研究》第一辑 北京语言文化大学汉语速成学院编 北京大学出版社 1997年

BC97246 再论补语的可能式 张旺熹 《第五届国际汉语教学讨论会论文选》《第五届国际汉语教学讨论会论文选》编辑委员会编 北京大学出版社 1997年

BC97247 “再”与“还”重复义的比较研究 蒋琪 金立鑫 《中国语文》 1997年第3期
BC97248 状位“形容词‘点’”的入位条件和语义取值 萧国政 《第五届国际汉语教学讨论会论文选》《第五届国际汉语教学讨论会论文选》编辑委员会编 北京大学出版社 1997年
BC98249 表比较的“没有”句句型探析 杨惠芬 《语言教学与研究》 1998年第1期
BC98250 从情状类型来看“把”字句(上) 杨素英 《汉语学习》 1998年第2期
BC98251 从情状类型来看“把”字句(下) 杨素英 《汉语学习》 1998年第3期
BC98252 “动宾式动词＋宾语”规律探究 罗昕如 《语文建设》 1998年第5期
BC98253 对“动宾式动词＋宾语”句式增多的思考 丁喜霞 原雪梅 《语文建设》 1998年第3期
BC98254 “够”的使用情况初步考察 赵立江 《汉语学习》 1998年第3期
BC98255 “还”和“也” 郭振华 《北大海外教育》第二辑 郭振华 赵燕皎编 北京大学出版社 1998年
BC98256 汉语话题与主语 雷莉 《西南民族学院学报》(哲学社会科学版) 1998年增刊第3期
BC98257 “了”在“太＋形/动”句中出现的条件——兼谈“太＋形/动”的功能 刘元满 《北大海外教育》第二辑 郭振华 赵燕皎编 北京大学出版社 1998年
BC98258 祈使句式“V着点儿!”对动词的语用、语义和句法选择 周元琳 《安徽师大学报》(人文社会科学版) 1998年第3期
BC98259 “时间”与“时候” 王小莘 张舸 《语言教学与研究》 1998年第2期
BC98260 “时时”与“常常” 任雪梅 祖人植 《北大海外教育》第二辑 郭振华 赵燕皎编 北京大学出版社 1998年
BC98261 试析“V/A得＋Np＋Vp”与“Np＋V/A得＋Vp”的变换问题 赵清永 《北大海外教育》第二辑 郭振华 赵燕皎编 北京大学出版社 1998年
BC98262 双音节状态形容词的ABAB式重叠 王素梅 《汉语学习》 1998年第2期
BC98263 说“简直” 张明莹 《北大海外教育》第二辑 郭振华 赵燕皎编 北京大学出版社 1998年
BC98264 现代汉语的数与数系统的表达策略 王鑫 《安徽师范大学学报》(人文社会科学版) 1998年第1期
BC98265 选择使用“把”字句的流程 金立鑫 《汉语学习》 1998年第4期
BC98266 也谈动词、形容词后“在、到、自”等的性质问题 张金平 《语言文化教学研究集刊》第二辑 北京语言文化大学汉语学院编 华语教学出版社 1998年
BC98267 主述结构和关联副词的句法位置 吴中伟 《华东师范大学学报》(哲学社会科学版) 1998年第2期

BC99268 “把……给”句式中助词“给”的使用条件和表达功能 王彦杰 《汉语速成教学研究》第二辑 北京语言文化大学汉语速成学院编 华语教学出版社 1999年

BC99269 包含动词和介词的“凭”的句子的分析 吕俞辉 《北京师范大学学报》(社会科学版) 1999年专刊

BC99270 “并”的语义分析及其与“并且、而且”的异同 王景萍 《福建师范大学学报》(哲学社会科学版) 1999年第3期

BC99271 并列结构的否定表达 袁毓林 《语言文字应用》 1999年第3期

BC99272 重叠的特殊句法作用 华玉明 《湖南师范大学社会科学学报》 1999年第1期

BC99273 重动句和“把”字句的使用考察 杨玉玲 《世界汉语教学》 1999年第2期

BC99274 “多”与“少”语法功能上的差异性 裘荣棠 《中国语文》 1999年第6期

BC99275 复合趋向补语中宾语的几种位置 张惠芬 《语言文化教学研究集刊》第三辑 北京语言文化大学汉语学院编 华语教学出版社 1999年

BC99276 副词修饰动词性成分形成的结构的功能 杨德峰 《汉语学习》 1999年第1期

BC99277 “刚”与“刚才”之异同 黄晓红 《汉语速成教学研究》第二辑 北京语言文化大学汉语速成学院编 华语教学出版社 1999年

BC99278 关于“把”字提前兼语的问题 林秀英 《大连外国语学院35周年校庆学术系列丛书——对外汉语卷》 校庆丛书编委会编 长春出版社 1999年

BC99279 汉语陪伴性物量词的由来及其应用原则——兼谈对外汉语教学中的量词教学 陈绂 《中国对外汉语教学学会第六次学术讨论会论文选》 中国对外汉语教学学会编 华语教学出版社 1999年

BC99280 汉语虚词隐现的制约因素 (俄)谭傲霜 《世界汉语教学》 1999年第2期

BC99281 “了1”、“了2”的定位与现代汉语语态系统 方霁 《中国对外汉语教学学会第六次学术讨论会论文选》 中国对外汉语教学学会编 华语教学出版社 1999年

BC99282 论助动词的解释成分 熊文 《世界汉语教学》 1999年第4期

BC99283 试说“一V就是NP”句式 吴春仙 《汉语速成教学研究》第二辑 北京语言文化大学汉语速成学院编 华语教学出版社 1999年

BC99284 说“太A了一点” 帅宝春 《汉语学习》 1999年第2期

BC99285 “太+形/动”与“了” 刘元满 《语言教学与研究》 1999年第1期

BC99286 谈动宾语义关系分类的性质问题 郭继懋 《中国对外汉语教学学会第六次学术讨论会论文选》 中国对外汉语教学学会编 华语教学出版社 1999年

BC99287 谈谈表示确认的“是……的”结构 杨平 《汉语速成教学研究》第二辑 北京语言文化大学汉语速成学院编 华语教学出版社 1999年

BC99288 谈谈汉语学习者使用范围副词“都”时需注意的位置与语义关系 张永芳 《北京师范大学学报》(社会科学版) 1999年专刊

BC99289 “体”成分的完句作用考察 (韩)金廷恩 《汉语学习》 1999年第2期

BC99290 谓语位置的“形容词+点儿”结构 王俊毅 《语言文化教学研究集刊》第三辑 北京语言文化大学汉语学院编 华语教学出版社 1999年

BC99291 现代汉语“再+能愿动词”句探析 张新明 《上海师范大学学报》(哲学社会科学版) 1999年第6期

BC99292 现代汉语的句子构造与词尾“了”的语法位置 (日)刘勋宁 《语言教学与研究》 1999年第3期

BC99293 现代汉语双音节动词作宾语情况考察 肖莉 《大连外国语学院35周年校庆学术系列丛书——对外汉语卷》 校庆丛书编委会编 长春出版社 1999年

BC99294 现代汉语中的两种“吗”问句 游锋华 《汉语速成教学研究》第二辑 北京语言文化大学汉语速成学院编 华语教学出版社 1999年

BC99295 现代汉语状之于动的羡余现象探略 杨明义 《南开学报》(哲学社会科学版) 1999年第4期

BC99296 指代称谓的“的”字结构的表达功能 李芳杰 冯雪梅 《汉语学习》 1999年第5期

BC99297 “这是……”和“这个是……” 陆俭明 《语言教学与研究》 1999年第2期

BC99298 自指的“的”字短语 李立成 《语言文化教学研究集刊》第三辑 北京语言文化大学汉语学院编 华语教学出版社 1999年

BC00299 从语义新视角看汉语的一些重叠现象 (美)李英哲 《汉语学报》第1期 邢福义 萧国政主编 湖北教育出版社 2000年

BC00300 单变类动词考察 王俊毅 《语言文化教学研究集刊》第四辑 北京语言文化大学汉语学院编 华语教学出版社 2000年

BC00301 动宾结构带宾语现象浅析 朱庆明 《语言文化教学研究集刊》第四辑 北京语言文化大学汉语学院编 华语教学出版社 2000年

BC00302 动词“看”重叠的几个问题——关于动词重叠的思考 杨海明 《汉语学报》第1期 邢福义 萧国政主编 湖北教育出版社 2000年

BC00303 动词重叠的核心意义、派生意义和格式意义 邵敬敏 吴吟 《汉语学报》第1期 邢福义 萧国政主编 湖北教育出版社 2000年

BC00304 多项定语的统计分析 苏岗 《河北师范大学学报》(哲学社会科学版) 2000年第2期

BC00305 副词的功能分类 杨德峰 《北大海外教育》第三辑 赵燕皎 李晓琪编 华语教学出版社 2000年

BC00306 关于重叠的若干问题:重叠(含叠用)、层次与隐喻 马庆株 《汉语学报》第1期 邢福义 萧国政主编 湖北教育出版社 2000年

BC00307 关于结果宾语 (韩)王秀珍 《汉语学习》 2000年第2期

BC00308 汉语动词重叠的时间特征 吴振国 《汉语学报》第1期 邢福义 萧国政主编 湖北教育出版社 2000年

BC00309 汉语复叠类型综论 李宇明 《汉语学报》第1期 邢福义 萧国政主编 湖北教育出版社 2000年

BC00310 汉语凝合动词的类型和特点 (德)柯彼德 《第六届国际汉语教学讨论会论文选》《第六届国际汉语教学讨论会论文选》编辑委员会编 北京大学出版社 2000年

BC00311 汉语趋向动词系统 (韩)辛承姬 《汉语学报》第1期 邢福义 萧国政主编 湖北教育出版社 2000年

BC00312 汉语语气表达方式及语气系统的归纳 徐晶凝 《北京大学学报》(哲学社会科学版) 2000年第3期

BC00313 句型为体 字词为翼——关于对外汉语教学语法体系的思考 李芳杰 《第六届国际汉语教学讨论会论文选》《第六届国际汉语教学讨论会论文选》编辑委员会编 北京大学出版社 2000年

BC00314 "了"的语法功能及其真实含义 (英)叶步青 《第六届国际汉语教学讨论会论文选》《第六届国际汉语教学讨论会论文选》编辑委员会编 北京大学出版社 2000年

BC00315 连动结构中的"上"字考察 (韩)辛承姬 《湖北大学学报》(哲学社会科学版) 2000年第7期

BC00316 频度副词的多角度研究 周小兵 《第六届国际汉语教学讨论会论文选》《第六届国际汉语教学讨论会论文选》编辑委员会编 北京大学出版社 2000年

BC00317 歧义度的调查与分析 尤庆学 《汉语学习》 2000年第5期

BC00318 饰语的分说及其效果 汪国胜 柯建刚 《汉语学报》第1期 邢福义 萧国政主编 湖北教育出版社 2000年

BC00319 文言语法成分在现代书面汉语中的语言价值——以介词"以"为例 孙德金 《语言文化教学研究集刊》第四辑 北京语言文化大学汉语学院编 华语教学出版社 2000年

BC00320 无主句与天候的表达关系 刘元满 《北大海外教育》第三辑 赵燕皎 李晓琪编 华语教学出版社 2000年

BC00321 现代汉语比较句的投射规律 贺又宁 《贵州师范大学学报》(社会科学版) 2000年第4期

BC00322 现代汉语中几种表示相同比较的句式 刘颖 《安徽师范大学学报》(人文社会科学版) 2000年第3期

BC00323 "有/没＋的＋vp"格式散论 李立成 《语言文化教学研究集刊》第四辑 北京语言文化大学汉语学院编 华语教学出版社 2000年

BC00324 “有＋Na”结构试说 韩孝平 周前方 《语言文化教学研究集刊》第四辑 北京语言文化大学汉语学院编 华语教学出版社 2000年

BC00325 与范围副词“都”相关的一个问题 李艳 《语言文字应用》 2000年第2期

BC00326 助动词“可以”与“能”的用法比较分析 (日)渡边丽玲 《第六届国际汉语教学讨论会论文选》《第六届国际汉语教学讨论会论文选》编辑委员会编 北京大学出版社 2000年

BC01327 被动句中“被”、“让”的分工 汲传波 《喀什师范学院学报》 2001年第1期

BC01328 表加强否定语气的副词“并”和“又”——兼谈词语使用的语义背景 马真 《世界汉语教学》 2001年第3期

BC01329 “不再”和“再不” 潘慕婕 《汉语学习》 2001年第2期

BC01330 “重叠”语法手段与“疑问”语法范畴 徐杰 《汉语学报》第2期 邢福义 萧国政主编 湖北教育出版社 2001年

BC01331 单音名词的AABB叠结现象 储泽祥 《汉语学报》第2期 邢福义 萧国政主编 湖北教育出版社 2001年

BC01332 动词重叠问题杂议 吴启主 《汉语学报》第2期 邢福义 萧国政主编 湖北教育出版社 2001年

BC01333 动趋式研究述略 田宇贺 《零陵师范高等专科学校学报》 2001年第1期

BC01334 二十年来汉语句型研究 王明华 《浙江大学学报》(人文社会科学版) 2001年第4期

BC01335 关系动词的类别及其相关问题 李立成 《语言文化教学与研究(二〇〇一年卷)》 北京语言文化大学汉语学院编 人民教育出版社 2001年

BC01336 关于动词重叠的几个问题 张宝胜 《汉语学报》第2期 邢福义 萧国政主编 湖北教育出版社 2001年

BC01337 关于述补结构系统的思考——兼谈对外汉语教学的补语系统 吕文华 《世界汉语教学》 2001年第3期

BC01338 汉语“ABA/BAB”式构词格探析 尹世超 《汉语学报》第2期 邢福义 萧国政主编 湖北教育出版社 2001年

BC01339 汉语句子定式系统 张黎 《语言文化教学与研究(二〇〇一年卷)》 北京语言文化大学汉语学院编 人民教育出版社 2001年

BC01340 汉语重叠现象的类型学特征 (俄)谭傲霜 《汉语学报》第2期 邢福义 萧国政主编 湖北教育出版社 2001年

BC01341 口语中意在否定的“哪儿”和“怎么”换用情况考察 刘杰 《中国对外汉语教学学会北京分会第二届学术年会论文集》 中国对外汉语教学学会北京分会编 北京语言文化大学出版社 2001年

BC01342 试论“一X不Y”式成语 杨丽君 《湖北大学学报》(哲学社会科学版) 2001年第6期

BC01343 “是”字句的然否对照和否然对照的不对称性 朱斌 《汉语学报》第2期 邢福义 萧国政主编 湖北教育出版社 2001年

BC01344 说“一A就C” 王弘宇 《中国语文》 2001年第2期

BC01345 “VA点”和“A点V”的结构分析 张亚茹 《语言文化教学与研究(二○○一年卷)》 北京语言文化大学汉语学院编 人民教育出版社 2001年

BC01346 “V了VN”结构说略 段益民 《汉语学报》第2期 邢福义 萧国政主编 湖北教育出版社 2001年

BC01347 现代汉语列举助词探微 张谊生 《语言教学与研究》 2001年第6期

BC01348 现代汉语中“之”的用法调查 蔡北国 《中国对外汉语教学学会北京分会第二届学术年会论文集》 中国对外汉语教学学会北京分会编 北京语言文化大学出版社 2001年

BC01349 现代汉语转折连词组的同异研究 金允经 金昌吉 《汉语学习》 2001年第2期

BC01350 形容词重叠式的句法地位 石定栩 《汉语学报》第2期 邢福义 萧国政主编 湖北教育出版社 2001年

BC01351 “一·V”构成的不完全句 吴春仙 《世界汉语教学》 2001年第3期

BC01352 用在否定词前面的“并”与转折 王明华 《世界汉语教学》 2001年第3期

BC01353 由“到”义动词“上/下”构成的动宾组合 卢华岩 《语言教学与研究》 2001年第3期

BC01354 “有着”与“具有” 刘贤俊 《汉语学习》 2001年第3期

BC01355 语言认知心理学对“差点儿DJ”结构的影响 董为光 《语言教学与研究》 2001年第3期

BC01356 “在L+VO”格式的语法语义情况分析 王俊毅 《语言文化教学与研究(二○○一年卷)》 北京语言文化大学汉语学院编 人民教育出版社 2001年

BC02357 把字句使用的条件限制 刘培玉 《汉语学报》第4期 邢福义主编 湖北教育出版社 2002年

BC02358 表比较的“有”字句浅析 刘苏乔 《语言教学与研究》 2002年第2期

BC02359 并列短语的标记隐现情况考察 储泽祥 肖扬 曾庆香 《汉语学报》第4期 邢福义主编 湖北教育出版社 2002年

BC02360 差比句语义指向类型比较研究 赵金铭 《中国语文》 2002年第5期

BC02361 “动词+得+补语”的分类和语义特征分析 吴颖 《苏州大学学报》(哲学社会科学版) 2002年第2期

BC02362 动词后趋向补语和宾语的位置问题 陆俭明 《世界汉语教学》 2002年第1期

BC02363 动词虚化与对外汉语教学 高顺全 《语言教学与研究》 2002年第2期
BC02364 关系动词的鉴定标准 张宝林 《语言教学与研究》 2002年第4期
BC02365 关于"真"与"真的"作状语情况的考察 (日)宫下尚子 《汉语学习》 2002年第6期
BC02366 句法位置对词语重叠的要求 华玉明 《汉语学报》第4期 邢福义主编 湖北教育出版社 2002年
BC02367 "了"的隐现规律及其成因考察 陈忠 《汉语学习》 2002年第1期
BC02368 连动句、兼语句的否定初探 杨德峰 《中国对外汉语教学学会第七次学术讨论会论文选》 中国对外汉语教学学会编 人民教育出版社 2002年
BC02369 "们"的定指意义 童盛强 《中国语文》 2002年第3期
BC02370 配价语法和"对+N+的+X"短语的歧义问题 张宝胜 《河南大学学报》(社会科学版) 2002年第5期
BC02371 "偏偏"和"反而"语法意义的异同 丁雪欢 《汉语学报》第6期 邢福义主编 湖北教育出版社 2002年
BC02372 "S了"的时体意义及其句法条件 金立鑫 《中国对外汉语教学学会第七次学术讨论会论文选》 中国对外汉语教学学会编 人民教育出版社 2002年5月
BC02373 时体范畴内的否定副词"不"和"没"考察 万莹 《汉语学报》第4期 邢福义主编 湖北教育出版社 2002年
BC02374 试析"厉害"作补语的特点 陈军 《汉语学习》 2002年第1期
BC02375 数量词复叠 郑远汉 《汉语学报》第4期 邢福义主编 湖北教育出版社 2002年
BC02376 谈"否定是非问句" 侯玲文 《汉语学习》 2002年第4期
BC02377 谈"之"、"的"互补 徐阳春 《语言教学与研究》 2002年第4期
BC02378 突转句前加让步连词"虽然"的条件 郭志良 《汉语学报》第4期 邢福义主编 湖北教育出版社 2002年
BC02379 "V单N1的N2"格式转化为同义粘合式偏正结构的制约因素和转化模式 李晋霞 《汉语学报》第4期 邢福义主编 湖北教育出版社 2002年
BC02380 现代汉语句尾"了"的语法意义及其解说 (日)刘勋宁 《世界汉语教学》 2002年第3期
BC02381 现代汉语隐现句的构成及其相互关系 周芳 刘富华 《汉语学习》 2002年第3期
BC02382 也谈"还"与"更" 高增霞 《汉语学报》第4期 邢福义主编 湖北教育出版社 2002年
BC02383 "一再"和"再三"的辨析 周小兵 邓小宁 《汉语学习》 2002年第1期
BC02384 "一直"与"一向"的多角度分析 邓小宁 《汉语学习》 2002年第6期
BC02385 "一直""总""老"的比较研究 关键 《汉语学习》 2002年第3期
BC02386 与句子组合后的名词性结构的地位确定 薛宏武 李慧兴 《新疆大学学报》(社

会科学版) 2002年第4期

BC02387 助词"给"及其相关的句式 张谊生 《汉语学报》第3期 邢福义主编 湖北教育出版社 2002年

BC03388 "别+V+了+NP"句式及相关问题 宋春阳 李琳 《汉语学习》 2003年第3期

BC03389 复合趋向补语与非处所宾语的位置问题补议 (日)郭春贵 《世界汉语教学》 2003年第3期

BC03390 副词"不"和"没(没有)"用法辨析 杨从洁 《汉语研究与应用》第一辑 中国人民大学对外语言文化学院编 中国社会科学出版社 2003年

BC03391 副词的系统研究与第二语言教学 周小兵 《对外汉语教学语法探索》 国家汉办教学处编 中国社会科学出版社 2003年

BC03392 关注以句子为核心的三重关系研究 张旺熹 《对外汉语教学语法探索》 国家汉办教学处编 中国社会科学出版社 2003年

BC03393 汉语词序和数量在空间同对象中的分配 (美)李英哲 《对外汉语教学语法探索》 国家汉办教学处编 中国社会科学出版社 2003年

BC03394 汉语单复句区分问题的理论困惑 张雪涛 《宿州师专学报》 2003年第4期

BC03395 "里"、"外"方位功能比较 田阡子 《对外汉语教学论文集》 厦门大学海外华文教育研究所 海外教育学院编 厦门大学出版社 2003年

BC03396 理论语法与汉语教学——从"是"的句法功能谈起 石定栩 《世界汉语教学》 2003年第2期

BC03397 《马氏文通》中的复句研究与对外汉语教学 李开 《对外汉语教学论文集》 厦门大学海外华文教育研究所 海外教育学院编 厦门大学出版社 2003年

BC03398 "是……的"结构句的句法、语义分析 许培新 《聊城大学学报》(社会科学版) 2003年第4期

BC03399 书面语语法及教学的相对独立性 冯胜利 《语言教学与研究》 2003年第2期

BC03400 说"一连" 王黎 《世界汉语教学》 2003年第2期

BC03401 现代汉语"VP+者"成立的几个条件 王茂春 《四川师范大学学报》(社会科学版) 2003年第6期

BC03402 现代汉语非时地名词作状语微探 王小溪 《河北师范大学学报》(哲学社会科学版) 2003年第5期

BC03403 现代汉语中受事位于动词前的几个句式 王立杰 《天津商学院学报》 2003年第4期

BC03404 语气助词"吧"的情态解释 徐晶凝 《北京大学学报》(哲学社会科学版) 2003年第4期

BC04405 不同语体下连词使用率的统计与分析 崔建新 张文贤 《第七届国际汉语教学

讨论会论文选》《第七届国际汉语教学讨论会论文选》编辑委员会编 北京大学出版社 2004年

BC04406 从人治语言学角度看汉语内外向动词搭配上下类补语的现象 (美)李英哲 《第七届国际汉语教学讨论会论文选》《第七届国际汉语教学讨论会论文选》编辑委员会编 北京大学出版社 2004年

BC04407 典型谓宾动词的配价分析 蔡永强 《汉语研究与应用》第二辑 中国人民大学对外语言文化学院编 中国社会科学出版社 2004年

BC04408 动量副词的类别及其选择性 史金生 《第七届国际汉语教学讨论会论文选》《第七届国际汉语教学讨论会论文选》编辑委员会编 北京大学出版社 2004年

BC04409 对"NP+的+VP"结构的重新认识 陆俭明 《第七届国际汉语教学讨论会论文选》《第七届国际汉语教学讨论会论文选》编辑委员会编 北京大学出版社 2004年

BC04410 多/少+动词+量性成分 时卫国 《第七届国际汉语教学讨论会论文选》《第七届国际汉语教学讨论会论文选》编辑委员会编 北京大学出版社 2004年

BC04411 副词"真"和"很"的用法比较 单韵鸣 《汉语学习》 2004年第6期

BC04412 汉语色彩范畴的表达方式 李红印 《第七届国际汉语教学讨论会论文选》《第七届国际汉语教学讨论会论文选》编辑委员会编 北京大学出版社 2004年

BC04413 汉语语法的理据性与对外汉语教学 李宝贵 《汉语学习》 2004年第5期

BC04414 "连……也/都……"格式补议 周守晋 《第七届国际汉语教学讨论会论文选》《第七届国际汉语教学讨论会论文选》编辑委员会编 北京大学出版社 2004年

BC04415 "连X带Y"格式的句法、语义分析 王黎 《语文研究》 2004年第3期

BC04416 量词"把"的分类及使用——面向第二语言的再研究 萧国政 《第七届国际汉语教学讨论会论文选》《第七届国际汉语教学讨论会论文选》编辑委员会编 北京大学出版社 2004年

BC04417 论动补短语"走进来" (日)高桥弥守彦 《第七届国际汉语教学讨论会论文选》《第七届国际汉语教学讨论会论文选》编辑委员会编 北京大学出版社 2004年

BC04418 试析"跟/向/对+N+V/VP"组合时的相同和相异现象 陈军 《语言文字应用》 2004年第4期

BC04419 "索性"和"干脆" 张卫国 《汉语研究与应用》第二辑 中国人民大学对外语言文化学院编 中国社会科学出版社 2004年

BC04420 现代汉语递进复句研究回眸与范畴化思考 周静 《西南民族大学学报》(人文社科版) 2004年第6期

BC04421 现代汉语感受谓语句的句法特点——"叫/让/使/令"字句和"为"字句 (日)古川裕 《第七届国际汉语教学讨论会论文选》《第七届国际汉语教学讨论会论文选》

编辑委员会编 北京大学出版社 2004年

BC04422 现代汉语语法研究"语义的转向"原因探析 徐海英 《西华师范大学学报》(哲学社会科学版) 2004年第6期

BC04423 "一再"和"再三"用法考察与辨析 武惠华 《汉语研究与应用》第二辑 中国人民大学对外语言文化学院编 中国社会科学出版社 2004年

BC04424 "因为"分句与"如果"分句比堪——因果类复句与条件类复句差异初探 陶炼 《第七届国际汉语教学讨论会论文选》《第七届国际汉语教学讨论会论文选》编辑委员会编 北京大学出版社 2004年

BC04425 "与其p,不如q"格式试析 高顺全 《南开语言学刊》第三期 南开大学出版社 2004年

BC04426 语气副词"竟"及其教学 聂丹 《语言教学与研究》 2004年第4期

BC04427 动宾组合中的制约与反制约关系——以"进NP"结构分析为例 邵敬敏 《暨南大学华文学院学报》 2004年第1期

BC04428 "再"与"还"说 李忠星 陈顺智 《南开语言学刊》第三期 南开大学出版社 2004年

BC04429 "着""了""过"实体意义的对立及其句法条件 金立鑫 《第七届国际汉语教学讨论会论文选》《第七届国际汉语教学讨论会论文选》编辑委员会编 北京大学出版社 2004年

BC04430 "正(在)"、"在"与"着"功能比较研究 肖奚强 《第七届国际汉语教学讨论会论文选》《第七届国际汉语教学讨论会论文选》编辑委员会编 北京大学出版社 2004年

BC04431 中文的被动句 李金媚 《辽宁工学院学报》(社会科学版) 2004年第6期

BC05432 表示加强否定语气的副词"并"的用法 安媛媛 《辽宁教育行政学院学报》 2005年第11期

BC05433 从及物性角度看汉语无定主语句 唐翠菊 《对外汉语教学的全方位探索——对外汉语研究学术讨论会论文集》 赵金铭主编 商务印书馆 2005年

BC05434 对外汉语教学助词"着"的选项与排序 李蕊 周小兵 《对外汉语教学的全方位探索——对外汉语研究学术讨论会论文集》 赵金铭主编 商务印书馆 2005年

BC05435 对外汉语语法、语用的情境教学 蔡海燕 《台州学院学报》 2005年第4期

BC05436 复合趋向补语引申用法的语义解释 高顺全 《汉语学习》 2005年第1期

BC05437 关联词语在"无条件句"中使用情况的考察与分析 武惠华 《汉语研究与应用》第三辑 中国人民大学对外语言文化学院编 中国社会科学出版社 2005年

BC05438 汉语的进行体与未完整体 陈前瑞 《对外汉语研究》第一期 齐沪扬主编 商务印书馆 2005年

BC05439 介词“从”和“由” 欧慧英 《湘潭师范学院学报》(社会科学版) 2005年第1期

BC05440 “据……看/说”及其相关句式 李晓琪 章欣 《对外汉语教学的全方位探索——对外汉语研究学术讨论会论文集》 赵金铭主编 商务印书馆 2005年

BC05441 口语习用语的结构类型及其特点 张风格 《汉语研究与应用》第三辑 中国人民大学对外语言文化学院编 中国社会科学出版社 2005年

BC05442 连续量词和离散量词 郭锐 《对外汉语研究》第一期 齐沪扬主编 商务印书馆 2005年

BC05443 名称名词的句法表现 王红旗 《对外汉语研究》第一期 齐沪扬主编 商务印书馆 2005年

BC05444 “其他”和“另外”的综合考察 张世涛 《对外汉语教学的全方位探索——对外汉语研究学术讨论会论文集》 赵金铭主编 商务印书馆 2005年

BC05445 浅析结构独立的比况表达式 吴仲华 《湖北大学学报》(哲学社会科学版) 2005年第3期

BC05446 时态限制词在区分不同句型方面的作用——以兼语式与小句做宾语句的区别为例 邢欣 《对外汉语教学的全方位探索——对外汉语研究学术讨论会论文集》 赵金铭主编 商务印书馆 2005年

BC05447 试论动宾式动词 张斌 《对外汉语研究》第一期 齐沪扬主编 商务印书馆 2005年

BC05448 试论语法分析中句法、语义、语用的三位一体性 刘淑芬 《唐山师范学院学报》 2005年第6期

BC05449 特殊动词的句法语义属性研究与对外汉语教学 陈昌来 《对外汉语教学的全方位探索——对外汉语研究学术讨论会论文集》 赵金铭主编 商务印书馆 2005年

BC05450 现代汉语语法项目的标注及统计研究 邢红兵 张旺熹 《对外汉语教学的全方位探索——对外汉语研究学术讨论会论文集》 赵金铭主编 商务印书馆 2005年

BC05451 也谈动词前的“不”和“没(有)” 郑林啸 《汉语研究与应用》第三辑 中国人民大学对外语言文化学院编 中国社会科学出版社 2005年

BC05452 语气词“罢了”和“而已” 方绪军 《对外汉语教学的全方位探索——对外汉语研究学术讨论会论文集》 赵金铭主编 商务印书馆 2005年

BC05453 “张三追得李四直喘气”及其相关句式 蔡永强 《对外汉语教学的全方位探索——对外汉语研究学术讨论会论文集》 赵金铭主编 商务印书馆 2005年

BC06454 “A跟B(不)一样(X)”中“X”的隐现及其教学 肖奚强 郑巧斐 《世界汉语教学》 2006年第3期

BC06455 比较句系统研究综述 尚平 《语言文字应用》 2006年第2期

BC06456 标注词性的若干问题 钟梫 《钟梫对外汉语教学初探》 北京语言大学出版社

2006 年

BC06457 从脑波实验来看大脑对语气的认知 孟子敏 《对外汉语研究》第二期 齐沪扬主编 商务印书馆 2006 年

BC06458 单音形容词重叠的形式和语法意义 李泉 《对外汉语研究》第二期 齐沪扬主编 商务印书馆 2006 年

BC06459 对外汉语教学中的语法研究 王素梅 《教育与职业》 2006 年第 35 期

BC06460 对外汉语教学中副词"又"的用法补议 朱波 《大理学院学报》 2006 年第 11 期

BC06461 副词与句类初探 杨德峰 《汉语研究与应用》第四辑 中国人民大学对外语言文化学院编 中国社会科学出版社 2006 年

BC06462 含有"意思"的三对否定肯定结构 于海滨 《辽宁工学院学报》(社会科学版) 2006 年第 3 期

BC06463 汉语全称限定词及其句法表现 曹秀玲 《语文研究》 2006 年第 4 期

BC06464 汉语时体研究中的若干问题献疑及对策 尚新 《云南师范大学学报》(对外汉语教学与研究版) 2006 年第 1 期

BC06465 结果补语是非问句的回答方式 刘海燕 《语言文字应用》 2006 年第 2 期

BC06466 "了"在单句、复句和语段中的时体意义及其分布 叶南 《西南民族大学学报》(人文社科版) 2006 年第 7 期

BC06467 时间副词在对外汉语教学中的句法语义分析 脱傲 《北京理工大学学报》(社会科学版) 2006 年第 5 期

BC06468 试论主观量标记"没"、"不"、"好" 张谊生 《中国语文》 2006 年第 2 期

BC06469 "通过"的语法化和语义研究 裘珊珊 《浙江万里学院学报》 2006 年第 3 期

BC06470 现代汉语语气副词"可"的强调转折功能探源 齐春红 《云南民族大学学报》(哲学社会科学版) 2006 年第 3 期

BC06471 香港汉语书面语的语法特点 石定栩 王冬梅 《中国语文》 2006 年第 2 期

BC06472 "以至"与"以致"——兼论汉语近义虚词的中和倾向 张谊生 《对外汉语研究》第二期 齐沪扬主编 商务印书馆 2006 年

BC06473 "有没有/有/没有＋VP"句 王森 王毅 姜丽 《中国语文》 2006 年第 1 期

BC06474 语气词"了"和"呢"的连用 武果 《汉语研究与应用》第四辑 中国人民大学对外语言文化学院编 中国社会科学出版社 2006 年

BC06475 约束 B 原则与代词的句内指称 胡建华 石定栩 《中国语文》 2006 年第 1 期

BC06476 "在 L＋V"与"V＋在 L"的意象图示分析 赵微 《对外汉语研究》第二期 齐沪扬主编 商务印书馆 2006 年

BC06477 助动词"要"的语义分化及其主观化和语法化 (日)古川裕 《对外汉语研究》第二期 齐沪扬主编 商务印书馆 2006 年

BC06478 状态补语带宾结构中 V_1 的省略条件 吉庆波 李玉华 《辽宁教育行政学院学报》 2006 年第 11 期

BD 语篇研究

BD86001 超越分句的语言成分 刘月华 《汉语研究》 南开大学对外汉语教学中心编 南开大学出版社 1986 年

BD86002 现代汉语篇章中指同的表达 廖秋忠 《中国语文》 1986 年第 2 期

BD87003 汉语零形回指的话语分析 陈平 《中国语文》 1987 年第 1 期

BD87004 通信本位汉语篇章语法 (美)郑锦全《第二届国际汉语教学讨论会论文集》 第二届国际汉语教学讨论会组织委员会编 北京语言学院出版社 1987 年

BD90005 汉语副词的篇章功能 (美)屈承熹 《第三届国际汉语教学讨论会论文选》 第三届国际汉语教学讨论会会务工作委员会编 北京语言学院出版社 1990 年

BD90006 科技汉语中话语的承接关系 黄振英 《第三届国际汉语教学讨论会论文选》 第三届国际汉语教学讨论会会务工作委员会编 北京语言学院出版社 1990 年

BD90007 篇章语言学(文章学)的两个问题 张寿康《第三届国际汉语教学讨论会论文选》 第三届国际汉语教学讨论会会务工作委员会编 北京语言学院出版社 1990 年

BD90008 叙述文中"他"的话语分析 徐赳赳 《中国语文》 1990 年第 5 期

BD90009 语境与语言研究 (日)西木真光正 《第三届国际汉语教学讨论会论文选》 第三届国际汉语教学讨论会会务工作委员会编 北京语言学院出版社 1990 年

BD93010 多动词小句中的零形式 徐赳赳 《中国语文》 1993 年第 5 期

BD95011 论省略 黄南松 《汉语学习》 1995 年第 6 期

BD97012 "毕竟"的语篇分析 祖人植 任雪梅 《中国语文》 1997 年第 1 期

BD97013 从话题持续性看句式在语篇中的性质差异 王静 《汉语速成教学研究》第一辑 北京语言文化大学汉语速成学院编 北京大学出版社 1997 年

BD97014 省略和语篇 黄南松 《语文研究》 1997 年第 1 期

BD98015 语段组合特征考察 张宝林 《语言文化教学研究集刊》第二辑 北京语言文化大学汉语学院编 华语教学出版社 1998 年

BD99016 论副词"倒"的语篇功能——兼论对外汉语语篇教学 彭小川 《北京大学学报》(哲学社会科学版) 1999 年第 5 期

BD99017 英汉应答接应机制刍论 赵英玲 《东北师大学报》(哲学社会科学版) 1999 年第 3 期

BD99018 语段研究三题 张宝林 《语言文化教学研究集刊》第三辑 北京语言文化大学汉语学院编 华语教学出版社 1999 年

BD00019 “本来”的语篇功能 赵果 《语言文化教学研究集刊》第四辑 北京语言文化大学汉语学院编 华语教学出版社 2000年

BD00020 流水句中否定的辖域及其警示标志 袁毓林 《世界汉语教学》2000年第3期

BD00021 论副词“反正”的篇章功能和词汇意义 吴中伟 《汉语学报》第1期 邢福义 萧国政主编 湖北教育出版社 2000年

BD00022 “要不(要不然)”的篇章连接功能 陈若君 《语言教学与研究》2000年第3期

BD00023 语段概观 张宝林 《语言文化教学研究集刊》第四辑 北京语言文化大学汉语学院编 华语教学出版社 2000年

BD01024 汉语对话语体中的“拼合”现象 郑贵友 《汉语学报》第2期 邢福义 萧国政主编 湖北教育出版社 2001年

BD01025 现代汉语的指称形式及其在篇章中的运用 黄南松 《世界汉语教学》 2001年第2期

BD02026 汉语零形回指的句法驱动力 朱勘宇 《汉语学习》 2002年第4期

BD02027 论影响汉语双名词句名词语段功能的几个因素 王静 《中国对外汉语教学学会第七次学术讨论会论文选》 中国对外汉语教学学会编 人民教育出版社 2002年

BD02028 “索性”的语篇功能分析 史金生 《中国对外汉语教学学会第七次学术讨论会论文选》 中国对外汉语教学学会编 人民教育出版社 2002年

BD03029 现代汉语叙事语篇中NP的省略 田然 《汉语学习》 2003年第6期

BD04030 零形回指现象考察 蒋平 《汉语学习》 2004年第3期

BD04031 叙事语篇中NP省略的语篇条件与难度级差 田然 《语言教学与研究》 2004年第2期

BD04032 “由”字句的语篇分析 朱其智 《第七届国际汉语教学讨论会论文选》《第七届国际汉语教学讨论会论文选》编辑委员会编 北京大学出版社 2004年

BD05033 代词的篇章语法属性、范围及其语义功能分类 彭宣维 《语言教学与研究》 2005年第1期

BD05034 国内话语分析研究概述 苏海燕 《盐城师范学院学报》(人文社会科学版) 2005年第4期

BD05035 近二十年汉语语篇研究述评 田然 《汉语学习》 2005年第1期

BD06036 谈语境对语义的制约与暗示 杨丽姣 《云南师范大学学报》(对外汉语教学与研究版) 2006年第1期

BE 语义、语用研究

BE83001 现代汉语词的语义域 常敬宇 《语言教学与研究》 1983年第2期

BE86002 语境与语义 常敬宇 《汉语研究》 南开大学对外汉语教学中心编 南开大学出版社 1986 年

BE87003 汉语的内部关系义和外部关系义 王振昆 《世界汉语教学》 1987 年第 1 期

BE87004 汉语语义句型结构 (美)李宗宓 《第二届国际汉语教学讨论会论文集》 第二届国际汉语教学讨论会组织委员会编 北京语言学院出版社 1987 年

BE87005 试论"把"字句的语义特性 (美)薛凤生 《语言教学与研究》 1987 年第 1 期

BE89006 受"有点儿"修饰的词语的褒贬义 程美珍 《世界汉语教学》 1989 年第 3 期

BE90007 重音与语义 杨德峰 《第三届国际汉语教学讨论会论文选》 第三届国际汉语教学讨论会会务工作委员会编 北京语言学院出版社 1990 年

BE91008 "把字结构"的语义及其语用分析 张旺熹 《语言教学与研究》 1991 年第 3 期

BE92009 汉语"应对句"说略 吕明臣 《汉语学习》 1992 年第 6 期

BE92010 五论"名·名"结构的内部修饰义 韩陈其 《徐州师范大学学报》(哲学社会科学版) 1992 年第 1 期

BE93011 "把 OV 在 L"的语义、句法、语用分析 金立鑫 《中国语文》 1993 年第 5 期

BE93012 汉语"连"字句的语用分析 崔希亮 《中国语文》 1993 年第 2 期

BE93013 谈语义制约和格式实现的条件 徐枢 《世界汉语教学》 1993 年第 4 期

BE93014 主谓谓语结构的语义模式 张旺熹 《对外汉语教学论集》 北京语言学院教务处编 北京语言学院出版社 1993 年

BE94015 汉语基本词组的语义结构模式 李芳杰 《武汉大学学报》(哲学社会科学版) 1994 年第 1 期

BE94016 和否定判断句有关的歧义现象 李大忠 《中国人民大学学报》 1994 年第 4 期

BE95017 答句的语义类型 朱晓亚 《语言教学与研究》 1995 年第 3 期

BE95018 "失"与"丢"的语义语用分析 张风格 《中国人民大学学报》 1995 年第 4 期

BE95019 "一边 A,一边 B"的内部语义关系分析 王弘宇 《第四届国际汉语教学讨论会论文选》 胡明扬主编 北京语言学院出版社 1995 年

BE96020 表达"之后"意义的词的语义分析 郑振贤 《汉语学习》 1996 年第 2 期

BE96021 从语义级差看现代汉语"被"字句的使用 王静 《语言教学与研究》 1996 年第 2 期

BE96022 动结式述补结构的语义是什么 王红旗 《汉语学习》 1996 年第 1 期

BE96023 "都"的语义指向 陈子骄 《汉语学习》 1996 年第 6 期

BE96024 否定的强化 张伯江 《汉语学习》 1996 年第 1 期

BE96025 可能补语"动"的语义分析 梅笑寒 《汉语学习》 1996 年第 4 期

BE96026 "是"、"的"合用及单用非句法功能初探 田泉 《汉语学习》 1996 年第 5 期

BE96027 形容词的有无标记用法与疑问句式的交错关系 石毓智 《汉语学习》 1996 年第 5 期

BE96028 “再”语义分析——并比较“再”、“又” 史锡尧 《汉语学习》 1996 年第 2 期

BE96029 “在”字结构解析——从动词的语义、配价及论元之关系考察 崔希亮 《世界汉语教学》 1996 年第 2 期

BE97030 “把”字句的句法、语义、语境特征 金立鑫 《中国语文》 1997 年第 6 期

BE97031 词汇的跨域使用与词义的衍生 王珏 《徐州师范大学学报》(哲学社会科学版) 1997 年第 3 期

BE97032 对“不 A 不 B”语型的分析 杨满生 《北京第二外国语学院学报》 1997 年第 4 期

BE97033 句式“S 都是 O”中“都”的语义、语用分析 刘川平 《汉语学习》 1997 年第 4 期

BE97034 论副词“再”的“推延”义——兼论加强对汉语副词的语用研究 吴中伟 《世界汉语教学》 1997 年第 3 期

BE97035 浅谈“半”字 刘松江 《汉语速成教学研究》第一辑 北京语言文化大学汉语速成学院编 北京大学出版社 1997 年

BE97036 寻求对外汉语教学和计算机共同适用的语义解释方法 陆汝占 靳光瑾 《第五届国际汉语教学讨论会论文选》 《第五届国际汉语教学讨论会论文选》编辑委员会编 北京大学出版社 1997 年

BE97037 “这”比“那”大 崔应贤 《中国语文》 1997 年第 2 期

BE98038 浅析副词“都” 杨满生 《北京第二外国语学院学报》 1998 年第 2 期

BE98039 双音节“V＋N”结构的语义分类研究 韩容洙 《汉语学习》 1998 年第 1 期

BE98040 疑问代词任指用法的使用条件 卫斓 《南京大学学报》(哲学·人文科学·社会科学版) 1998 年第 3 期

BE98041 “这么说”试析 徐晶凝 《汉语学习》 1998 年第 4 期

BE99042 副词“反正”的语义语用分析 李宏 《语言教学与研究》 1999 年第 4 期

BE99043 汉语双宾语句生成中的句法语义问题 黄灵红 《浙江师大学报》(社会科学版) 1999 年第 2 期

BE99044 论“在＋处所”的语义功能和语序制约原则 俞咏梅 《中国语文》 1999 年第 1 期

BE99045 论重叠式动词的语义变易及语境适应 贺又宁 《贵州师范大学学报》(社会科学版) 1999 年第 3 期

BE99046 某些格式中的“也”与“还” 刘川平 《大连外国语学院 35 周年校庆学术系列丛书——对外汉语卷》 校庆丛书编委会编 长春出版社 1999 年

BE99047 试分析“能”和“会”(可能义)在句中的语义指向 来思平 《汉语速成教学研究》第二辑 北京语言文化大学汉语速成学院编 华语教学出版社 1999 年

BE99048 谈谈与“的”相关的歧义现象 李鹀 《大连外国语学院 35 周年校庆学术系列丛书——对外汉语卷》 校庆丛书编委会编 长春出版社 1999 年

BE99049 “着(·zhe)”字补议 陆俭明 《中国语文》 1999 年第 5 期

BE99050 作为篇章连接成分的“反而” 刘伟 《语言教学与研究》 1999年第1期

BE00051 重叠·指大·指小——汉语重叠式既能指大又能指小现象试析 陆镜光 《汉语学报》第1期 邢福义 萧国政主编 湖北教育出版社 2000年

BE00052 汉语动名词语义关系的分析与教学 沈阳 《第六届国际汉语教学讨论会论文选》 《第六届国际汉语教学讨论会论文选》编辑委员会编 北京大学出版社 2000年

BE00053 适用于对外汉语教学与计算机理解的存现句结构及语义特征分析 靳光瑾 《第六届国际汉语教学讨论会论文选》 《第六届国际汉语教学讨论会论文选》编辑委员会编 北京大学出版社 2000年

BE00054 现代汉语基本句模 鲁川 缑瑞隆 董丽萍 《世界汉语教学》 2000年第4期

BE00055 现代汉语意愿助动词的语义对比 (日)鲁晓琨 《第六届国际汉语教学讨论会论文选》 《第六届国际汉语教学讨论会论文选》编辑委员会编 北京大学出版社 2000年

BE00056 “一面p,一面q”的语义类型及相关句式 王伟丽 邵敬敏 《语言教学与研究》 2000年第3期

BE01057 词的文化义、交际文化义与对外汉语教学 汲传波 《聊城师范学院学报》(哲学社会科学版) 2001年第1期

BE01058 “动+趋+了”和“动+了+趋”补议 杨德峰 《中国语文》 2001年第4期

BE01059 “反而”句的语义逻辑分析 吴春仙 《语言教学与研究》 2001年第4期

BE01060 汉语体词性词组的语义类型、功能及其在对外汉语教学中的应用 李开 《东南大学学报》(哲学社会科学版) 2001年第3期

BE01061 汉语颜色词语义分析 吴平 《中国对外汉语教学学会北京分会第二届学术年会论文集》 中国对外汉语教学学会北京分会编 北京语言文化大学出版社 2001年

BE01062 浅谈汉语宾语的语义类别问题 高云莉 方琰 《语言教学与研究》 2001年第6期

BE01063 谈“把”字句的语义类型及其对补语的选择 赵清永 《中国对外汉语教学学会北京分会第二届学术年会论文集》 中国对外汉语教学学会北京分会编 北京语言文化大学出版社 2001年

BE01064 语段的语义中心的获取及表现形式 张宝林 《语言教学与研究》 2001年第3期

BE01065 语义的模糊性与相关现象辨析 吴振国 《汉语学报》第2期 邢福义 萧国政主编 湖北教育出版社 2001年

BE01066 语义中心的提取方法 张宝林 《中国对外汉语教学学会北京分会第二届学术年会论文集》 中国对外汉语教学学会北京分会编 北京语言文化大学出版社 2001年

BE01067 “怎么”的语法意义及“方式”“原因”和“情状”的关系 郭继懋 《汉语学习》 2001年第6期

BE02068 重动句语义分析及教学启示 李江 《中国对外汉语教学学会第七次学术讨论会论文选》 中国对外汉语教学学会编 人民教育出版社 2002年

BE02069 重新解读汉语助词"了" 卢福波 《南开语言学刊》第一期 南开大学出版社 2002年

BE02070 可能助动词"可以"的语义及与"能"的对比 (日)鲁晓琨 《汉语学报》第3期 邢福义主编 湖北教育出版社 2002年

BE02071 "上/下"动词性组合的认知考察 张华 《语言研究》2002年增刊第1期

BE02072 试论"简直+……"结构的句法、语义、语用 丁险峰《语言文字应用》 2002年第4期

BE03073 范围副词"都"的选择限制 张谊生 《中国语文》 2003年第5期

BE03074 论能够做结果补语的动词 辛永芬 《河南大学学报》(社会科学版) 2003年第1期

BE03075 "X是谁"和"谁是X" 李宇宏 《汉语学习》 2003年第5期

BE03076 现代汉语领属范畴研究 刘晋利 《太原师范学院学报》(社会科学版) 2003年第1期

BE03077 "住哪儿"与"住在哪儿"语义、功能比较 叶南 《西南民族大学学报》(人文社科版) 2003年第12期

BE04078 "A是A"格式的表达特点 杨艳 《东南大学学报》(哲学社会科学版) 2004年第4期

BE04079 "把"字句的原型用法 王光全 《北华大学学报》(社会科学版) 2004年第2期

BE04080 对外汉语教学中的语义链接模式 解正明 《伊犁教育学院学报》 2004年第3期

BE04081 方位词"上""下"的语义认知基础与对外汉语教学 缑瑞隆 《语言文字应用》 2004年第4期

BE04082 汉语中"不A不B"格式语义关系之考察 王威 《北京市经济管理干部学院学报》 2004年第1期

BE04083 "外人"模式与"人家"的语义特点 郭继懋 沈红丹 《世界汉语教学》 2004年第1期

BE04084 新词语隐喻化的特征及方式 江傲霜 《红河学院学报》 2004年第6期

BE04085 语义指向结构模式的多维考察 税昌锡 《浙江大学学报》(人文社会科学版) 2004年第3期

BE04086 "主观量"的语义信息特征与"就"、"才"的语义 周守晋 《北京大学学报》(哲学社会科学版) 2004年第3期

BE04087 助词"会"的语义探索及与"能"的对比 (日)鲁晓琨 《第七届国际汉语教学讨论会论文选》《第七届国际汉语教学讨论会论文选》编辑委员会编 北京大学出版社 2004年

BE05088 方位词“里”“外”的语义认知分析 吕兆格 《濮阳职业技术学院学报》 2005年第4期

BE05089 方位词“里”“外”的语义认知基础与对外汉语教学 吕兆格 《云南师范大学学报》(对外汉语教学与研究版) 2005年第5期

BE05090 能愿动词的义素结构和跨层次的交际功能 叶南 《乐山师范学院学报》 2005年第10期

BE05091 言语进程中间语的选择 聂丹 《中国社会科学》 2005年第4期

BE05092 “预想论”:现代汉语顺序的认知研究 鲁川 《世界汉语教学》 2005年第1期

BE06093 “A归A”的语义、语篇功能及偏误分析 董淑慧 《汉语学习》 2006年第4期

BE06094 成语的句法—语义功能——“他这样做是P的”跟“他这样做是P”中P的对立 张宝胜 《汉语学习》 2006年第4期

BE06095 从对外汉语教学谈“动+上/下”结构的若干问题 缑瑞隆 《郑州大学学报》(哲学社会科学版) 2006年第3期

BE06096 “第二”的词汇化意义 吴长安 《中国语文》 2006年第2期

BE06097 定语类型与槽关系类型的对应关系考察 梁社会 张卫国 《湖州师范学院学报》 2006年第5期

BE06098 “多+V”和“V+多”语序的认知解释 辛永芬 《汉语学习》 2006年第5期

BE06099 动词AABB复叠式的语法意义及动词的特点 孙宜志 《语言教学与研究》 2006年第1期

BE06100 副词“倒”的预期推断与语法意义——兼谈对外汉语副词教学 周红 《云南师范大学学报》(对外汉语教学与研究版) 2006年第3期

BE06101 汉语中的“动不动1”和“动不动2” 王世凯 刘嵚 《语文研究》 2006年第2期

BE06102 “接受”和“施予”——也谈被动句的不同类别 陆庆和 《语言教学与研究》 2006年第1期

BE06103 聚焦式“是”字句的句法、语义特点 张和友 《语言教学与研究》 2006年第1期

BE06104 论强调范畴的构建 汲传波 《暨南大学华文学院学报》 2006年第2期

BE06105 趋向动词教学的前提工程:趋向动词“上”的语义特征考察 (韩)辛承姬 《对外汉语研究》第二期 齐沪扬主编 商务印书馆 2006年

BE06106 四种语义类名词槽系的初步研究 梁社会 张卫国 《株洲师范高等专科学校学报》 2006年第6期

BE06107 谈“S+T+没(有)+V+(O)+了”句式 孟艳丽 《汉语学习》 2006年第1期

BE06108 现代汉语歧义句式“X不比Y·Z”的语义类型 谢仁友 《语文研究》 2006年第2期

BE06109 “幸亏”隐含的转接功能与语义辖域 高书贵 《天津大学学报》(社会科学版)

2006 年第 6 期

BE06110 语气副词“毕竟”的语义分析 张秋杭 《汉语学习》 2006 年第 4 期

BE06111 “最”与“极”的用法辨析 翟帆 《语文学刊》 2006 年第 2 期

BF 语体研究

BF90001 口语习用语探究 常玉钟 《中国对外汉语教学学会第三次学术讨论会论文选》 中国对外汉语教学学会编 北京语言学院出版社 1990 年

BF94002 论书面语和口语 李绍林 《齐齐哈尔大学学报》(哲学社会科学版) 1994 年第 4 期

BF96003 口语表述的即时性及与此相关的口语特点——对一篇讲词的分析 刘伟 《世界汉语教学》 1996 年第 4 期

BF97004 语体的普遍性与语体文化 丁金国 《中国海洋大学学报》(社会科学版) 1997 年第 1 期

BF98005 报刊语言常用结构浅析 陈昌娟 董淑慧 《天津师大学报》(社会科学版) 1998 年第 3 期

BF01006 加强基于对外汉语教学的语体研究的必要性 李泉 《国际汉语教学学术研讨会论文集》(《语言研究》2001 年增刊) 李祥坤主编 《语言研究》编辑部 2001 年

BF02007 自然口语中“什么”的话语分析 王海峰 《中国对外汉语教学学会第七次学术讨论会论文选》 中国对外汉语教学学会编 人民教育出版社 2002 年

BF06008 口语习用语的对称不对称现象 张风格 《汉语研究与应用》第四辑 中国人民大学对外语言文化学院编 中国社会科学出版社 2006 年

BF06009 口语语体形容词的运用规律 王景丹 《云南师范大学学报》(对外汉语教学与研究版) 2006 年第 1 期

BF06010 论汉语书面正式语体的特征与教学 冯胜利 《世界汉语教学》 2006 年第 4 期

C 汉外对比研究

CA 语音对比研究

CA77001 从阿拉伯语的语音特点看阿生的汉语教学 王绍新 杨石泉 《语言教学与研究》第一集 北京语言学院《语言教学与研究》编辑室 1977年2月

CA77002 浅谈汉法语音对比 程棠 《语言教学与研究》第二集 北京语言学院《语言教学与研究》编辑室 1977年11月

CA77003 谈汉越语音对比及对越生的汉语语音教学 刘月华 贾守义 《语言教学与研究》第一集 北京语言学院《语言教学与研究》编辑室 1977年2月

CA78004 汉朝语音对比初探 许维翰 《语言教学与研究》第三集 北京语言学院《语言教学与研究》编辑室 1978年5月

CA78005 汉语真那么难学吗？——语言对比漫谈 伍铁平 《语言教学与研究》第三集 北京语言学院《语言教学与研究》编辑室 1978年5月

CA78006 谈对说英语的学生进行汉语语音教学的问题 刘月华 刘广徽 《语言教学与研究》第三集 北京语言学院《语言教学与研究》编辑室 1978年5月

CA80007 对阿拉伯学生进行汉语语音教学的几个问题 施光亨 《语言教学与研究》 1980年第2期

CA82008 通过日语汉音看假名五段与汉字四等的关系 曲翰章 《中国语文》 1982年第5期

CA86009 汉、日语发音之比较以及日本人汉语发音错误之分析 何晓毅 《对外汉语教学研究会第二次学术讨论会论文选》 中国高等教育学会对外汉语教学研究会编 北京语言学院出版社 1986年

CA90010 入韵朝踪与华文教学——对朝语借汉入声塞尾韵的考察及其在对朝汉语教学中的应用 骆志平 《第三届国际汉语教学讨论会论文选》 第三届国际汉语教学讨论会会务工作委员会编 北京语言学院出版社 1990年

CA92011 汉外语音对比与汉语教学——《语言教学与研究》有关论文述评 张英宇 《语言教学与研究》 1992年第1期

CA94012 汉柬语音对比与汉语语音教学 李艾 《世界汉语教学》 1994年第2期

CA94013 汉日疑问句语调对比 （日）陈文芷 《世界汉语教学》 1994年第2期

CA95014 日、汉语音对比分析与汉语语音教学 （日）余维 《语言教学与研究》 1995年第4期

CA99015 朝汉塞音GAP和VOT的声学对比 俞春喜 《双语双文化论丛》第4辑 崔健

主编 延边大学出版社 1999 年
CA99016 汉印语音对比语教学提示 刘学敏 《南亚研究》 1999 年第 1 期
CA00017 韩国语汉字音声母与普通话声母的比较 朱英明 《汉语学习》 2000 年第 2 期
CA02018 汉语和格鲁吉亚语语音对比——对格鲁吉亚学生的汉语语音教学初探 玛琳娜·吉布拉泽 《南京师范大学文学院学报》 2002 年第 4 期
CA03019 韩国汉字音和普通话声调的对应关系 (韩)任少英 《汉语学习》 2003 年第 3 期
CA03020 谈对韩汉语语音对比教学 闫安阳 《连云港职业技术学院学报》 2003 年第 4 期
CA04021 试论中韩语言接触及中韩音韵关系 张晓曼 《山东大学学报》(哲学社会科学版) 2004 年第 4 期
CA04022 英语重音与汉语轻声的功能比较 陈莹 《泉州师范学院学报》 2004 年第 3 期

CB 词汇对比研究

CB62001 越南语和汉语构词法比较研究初探 阮善志 《中国语文》 1962 年第 7 期
CB77002 汉英动词的学习与比较 万惠洲 《语言教学与研究》第二集 北京语言学院《语言教学与研究》编辑室 1977 年 11 月
CB77003 汉语量词的英译问题 熊文华 《语言教学与研究》第二集 北京语言学院《语言教学与研究》编辑室 1977 年 11 月
CB79004 汉英成语、谚语的翻译与比较 张开信 《语言教学与研究》 1979 年第 1 期
CB79005 汉英后加法构词比较 万惠洲 《语言教学与研究》 1979 年第 1 期
CB79006 汉英名词的对译 熊文华 《语言教学与研究》 1979 年第 2 期
CB79007 浅谈汉法语数词的比较 毛意忠 《语言教学与研究》第四集 北京语言学院《语言教学与研究》编辑室 1979 年 2 月
CB79008 英汉名词修饰作用的比较 吕炳洪 《语言教学与研究》 1979 年第 2 期
CB80009 对等词观念害人不浅 金堤 《语言教学与研究》 1980 年第 3 期
CB80010 汉英语言学习的社会因素 熊文华 朱文俊 《语言教学与研究》 1980 年第 2 期
CB87011 通感语言的民族差异与词语搭配 张孝忠 《第二届国际汉语教学讨论会论文集》 第二届国际汉语教学讨论会组织委员会编 北京语言学院出版社 1987 年
CB90012 朝汉语拟声词意义特征比较 金红莲 《双语双文化论丛》第 1 辑 延边大学汉语系《双语双文化论丛》编委会编 延边大学出版社 1990 年
CB90013 朝鲜语汉字词字序颠倒及其词义 朴泰衡 《双语双文化论丛》第 1 辑 延边大学汉语系《双语双文化论丛》编委会编 延边大学出版社 1990 年
CB90014 翻译中的语义对比试析 谭载喜 《英汉对比研究论文集(1977—1989)》 杨自俭 李瑞华主编 上海外语教育出版社 1990 年

CB90015 关于汉语和日语的汉语词汇 (日)芝田稔 《第三届国际汉语教学讨论会论文选》 第三届国际汉语教学讨论会会务工作委员会编 北京语言学院出版社 1990年

CB90016 汉朝语亲属词对比浅谈 安英姬 《双语双文化论丛》第1辑 延边大学汉语系《双语双文化论丛》编委会编 延边大学出版社 1990年

CB90017 汉日拟声词比较研究 (日)濑户口津子 《中国语文》 1990年第4期

CB90018 汉语“个”的朝译刍议 张义源 《双语双文化论丛》第1辑 延边大学汉语系《双语双文化论丛》编委会编 延边大学出版社 1990年

CB90019 汉语常用词汇与日语相应汉字词汇对比——兼论对日本人的汉语词汇教学 李泉 《第三届国际汉语教学讨论会论文选》 第三届国际汉语教学讨论会会务工作委员会编 北京语言学院出版社 1990年

CB90020 试论英汉词义的差异 刘宓庆 《英汉对比研究论文集(1977—1989)》 杨自俭 李瑞华主编 上海外语教育出版社 1990年

CB90021 试谈英汉多义词的比较 沐莘 《英汉对比研究论文集(1977—1989)》 杨自俭 李瑞华主编 上海外语教育出版社 1990年

CB90022 试谈英汉同义词的比较 沐莘 《英汉对比研究论文集(1977—1989)》 杨自俭 李瑞华主编 上海外语教育出版社 1990年

CB90023 英汉成语对比研究 杨自俭 栾雪梅 《英汉对比研究论文集(1977—1989)》 杨自俭 李瑞华主编 上海外语教育出版社 1990年

CB90024 英汉词语意义的非完全对应关系 邱述德 《英汉对比研究论文集(1977—1989)》 杨自俭 李瑞华主编 上海外语教育出版社 1990年

CB90025 英语的“Wh-”疑问代词与汉语教学 (美)米凯乐 《第三届国际汉语教学讨论会论文选》 第三届国际汉语教学讨论会会务工作委员会编 北京语言学院出版社 1990年

CB90026 中日文词汇对朝文之影响 (韩)许壁 《第三届国际汉语教学讨论会论文选》 第三届国际汉语教学讨论会会务工作委员会编 北京语言学院出版社 1990年

CB93027 “东”、“西”与“east”、“west” 陈满华 《中国人民大学学报》 1993年第4期

CB93028 英汉甚词演变的相同趋势 李露蕾 《中国对外汉语教学学会第四次学术讨论会论文选》 中国对外汉语教学学会编 北京语言学院出版社 1993年

CB94029 英汉语叹词异同小议——英汉词汇比较系列研究之五 庞林林 《广西民族学院学报》(哲学社会科学版) 1994年第2期

CB95030 “穿戴”语义场与语言的民族特点 金石 《汉语学习》 1995年第5期

CB95031 德语和汉语的颜色词汇比较 黎东良 《湖北大学学报》(哲学社会科学版) 1995年第1期

CB95032 副词“只”和“only”的句法语义和语用比较 卢英顺 《汉语学习》 1995年第2期

CB95033　汉语仿词的法语表达法　凌晨　《安徽师范大学学报》(人文社会科学版)　1995年第3期

CB95034　“它”和“it”的对比　鲁健骥　《中国语文》　1995年第5期

CB95035　英语、维吾尔语时间副词比较　马建疆　《新疆师范大学学报》(哲学社会科学版)　1995年第2期

CB96036　朝鲜语汉字成语与汉语成语　全香兰　《汉语学习》　1996年第2期

CB96037　汉语和英语中的借词　熊文华　《语言文化教学研究》　北京语言学院汉语学院编　华语教学出版社　1996年

CB96038　《汉语水平词汇等级大纲》中的中韩同形词比较分析　(韩)朱英月　《汉语学习》　1996年第5期

CB96039　略析汉西副词用法的异同　阎德早　方瑛　《语言文化教学研究》　北京语言学院汉语学院编　华语教学出版社　1996年

CB96040　论英汉谚语的民族特色　朱盛娥　《佛山科学技术学院学报》(社会科学版)　1996年增刊第1期

CB96041　浅谈意大利语中的谚语汉译技巧　朱建中　《语言文化教学研究》　北京语言学院汉语学院编　华语教学出版社　1996年

CB96042　双层对应——谈汉外对比模式　王永场　《中国对外汉语教学学会成立十周年纪念论文选》　中国对外汉语教学学会秘书处编　北京语言学院出版社　1996年

CB96043　英汉词语同素反序现象比较谈　周福芹　《东北师大学报》(哲学社会科学版)　1996年第4期

CB97044　论亲属词——英汉亲属词语义比较　王逢鑫　《北京大学学报》(外国语言文学专刊)　1997年

CB97045　英汉称赞语之比较　石宁　《中国人民大学学报》　1997年第4期

CB97046　英汉成语的比较与翻译　卫华　邢爱云　《郑州纺织工学院学报》　1997年第3期

CB99047　朝汉程度副词对比　廉哲　《双语双文化论丛》第4辑　崔健主编　延边大学出版社　1999年

CB99048　从几个例子看新加坡华语和普通话的词义差别　(新加坡)周烈婷　《语言文字应用》　1999年第1期

CB99049　韩中词缀比较初探——以韩国语汉字词缀为中心　(韩)朱英月　《汉语学习》　1999年第5期

CB99050　汉朝语表示“红”颜色词群词法特征对比　玄贞姬　《双语双文化论丛》第4辑　崔健主编　延边大学出版社　1999年

CB99051　汉日结果复合动词的对比　王健　《汉语速成教学研究》第二辑　北京语言文化大学汉语速成学院编　华语教学出版社　1999年

CB99052 汉语词汇和韩国语汉字词的对比研究 徐建宏 《辽宁大学学报》(哲学社会科学版) 1999年第4期

CB99053 汉语和日语中的拟声词、拟态词 张汉英 《湖北大学学报》(哲学社会科学版) 1999年第5期

CB99054 论中、英两种语言中若干称谓语的文化差异 张梅娟 《西安石油学院学报》(社会科学版) 1999年第3期

CB99055 同素同义逆序词在汉语韩语中的差异表现 (韩)韩在均 《汉语学习》 1999年第3期

CB99056 英汉性别称呼词语对比初探 谢军 《零陵师范高等专科学校学报》 1999年第4期

CB00057 韩国人怎样准确地使用汉语的量词 陈秀美 《双语学研究》(《民族教育研究》2000增刊) 戴庆厦主编 《民族教育研究》编辑部 2000年

CB00058 汉阿亲属称谓的差异及其文化渊源 朱立才 《语言文化教学研究集刊》第四辑 北京语言文化大学汉语学院编 华语教学出版社 2000年

CB00059 汉韩亲属称谓中敬、谦称的对比 (韩)韩在均 《汉语学习》 2000年第1期

CB00060 汉韩双语素复合词的差异 朴爱阳 《汉语学习》 2000年第6期

CB00061 汉日反义词的对比研究 倪永明 《江苏理工大学学报》(社会科学版) 2000年第4期

CB00062 汉日量词的比较研究——谈对日汉语量词教学的特点与方法 陈绂 《第六届国际汉语教学讨论会论文选》《第六届国际汉语教学讨论会论文选》编辑委员会编 北京大学出版社 2000年

CB00063 汉日叹词特点的比较 刘元满《汉语学习》 2000年第1期

CB00064 汉语与韩语的复数表示法比较 权裕璃 《汉语学习》 2000年第4期

CB00065 论朝鲜语同义汉字词识别方法与应用——以汉日朝语词汇对比为中心 太平武 《汉语学习》 2000年第3期

CB00066 英汉颜色词与文化心态习俗分析 张俊萍 《双语学研究》(《民族教育研究》2000年增刊) 戴庆厦主编 《民族教育研究》编辑部 2000年

CB00067 英汉植物词语的国俗语义对比研究 张宜波 《石油大学学报》(社会科学版) 2000年第3期

CB01068 韩语"하다"类汉字动词在汉语中的词类分布初探 金敏呈 《汉语学习》 2001年第2期

CB01069 汉韩同义词对比研究——以名词为例 (韩)宋尚美 《汉语学习》 2001年第4期

CB01070 汉语量词"条"与日语量词"枚"的交叉分布和认知倾向的对比 段颖玲 《国际汉语教学学术研讨会论文集》(《语言研究》2001年增刊) 李祥坤主编 《语言研究》编辑部 2001年

CB01071 印尼学生学习“还”的困难 蔡智敏 《国际汉语教学学术研讨会论文集》(《语言研究》2001年增刊) 李祥坤主编 《语言研究》编辑部 2001年

CB01072 用中英比较进行汉语教学管窥 (美)傅鸿础 《国际汉语教学学术研讨会论文集》(《语言研究》2001年增刊) 李祥坤主编 《语言研究》编辑部 2001年

CB01073 中韩缩略语比较 郑阳寿 《汉语学习》 2001年第3期

CB01074 中日汉字词缀比较 王顺洪 《汉语学报》第4期 邢福义主编 湖北教育出版社 2001年

CB02075 不同眼中的不同颜色——汉英颜色词联想意义的对比分析 张笑难 《陕西师范大学学报》(哲学社会科学版) 2002年增刊第2期

CB02076 汉语与韩语量词比较 (韩)金珍我 《世界汉语教学》 2002年第2期

CB02077 指物时“它”、“它们”与it、they的比较研究 储泽祥 吴军 廖光蓉 《湘潭工学院学报》(社会科学版) 2002年第1期

CB03078 汉语仿词与英汉类比构词之异同 乐金声 《安徽师范大学学报》(人文社会科学版) 2003年第7期

CB03079 略论双音节汉越词与汉语双音节词的异同 舒雅丽 (越)阮福禄 《汉语学习》 2003年第6期

CB03080 “美丽”、“漂亮”和“beautiful”、“pretty”的对比分析 殷梅 孟繁杰 《青岛科技大学学报》(社会科学版) 2003年第2期

CB03081 浅析英语成语与汉语成语在逻辑上的一致性 林健 《高等职业教育—天津职业大学学报》 2003年第3期

CB03082 英汉“上、下、前、后”之对比 赵娟 傅惠生 《天津外国语学院学报》 2003年第6期

CB03083 英汉数字符号系统及其文化涵义对比研究 温洪瑞 《山东大学学报》(哲学社会科学版) 2003年第3期

CB04084 方位词“上”与“tren”比较 (越)陶氏河宁 《云南师范大学学报》(对外汉语教学与研究版) 2004年第6期

CB04085 汉韩同形词偏误分析 全香兰 《汉语学习》 2004年第3期

CB04086 略论双音节汉越词与汉语双音节词的异同 舒雅丽 (越)阮福禄 《第七届国际汉语教学讨论会论文选》《第七届国际汉语教学讨论会论文选》编辑委员会编 北京大学出版社 2004年

CB04087 日汉对应成语对比研究 郑丽芸《语言教学与研究》 2004年第3期

CB04088 英汉谚语文化涵义对比研究 温洪瑞 《山东大学学报》(哲学社会科学版) 2004年第4期

CB05089 汉韩混合型外来词对比 (韩)曹喜俊 《汉语学习》 2005年第2期

CB05090 汉语"什么"和英语"What"的对比分析 张舸 《广州广播电视大学学报》 2005年第3期

CB05091 日汉时间词对比分析及相关问题 辛永芬 《河南大学学报》(社会科学版) 2005年第3期

CB05092 试探汉韩指示词的不对应现象 (韩)金廷恩 《汉语学习》 2005年第4期

CB06093 汉日成语对比研究 郑亨奎 《天津外国语学院学报》 2006年第1期

CB06094 汉语"担心"和日语"心配"的宾语类型考察——兼议汉日两种语言负面信息表达差异 徐桂梅 《汉语研究与应用》第四辑 中国人民大学对外语言文化学院编 中国社会科学出版社 2006年

CB06095 "很"和韩国语"매우"的句法功能对比 (韩)金琮镐 《汉语学习》 2006年第3期

CB06096 英汉数字习语与英汉民族文化心理对比研究 李育卫 《楚雄师范学院学报》 2006年第5期

CC 语法对比研究

CC77001 汉越语法对比初探 刘岚云执笔 《语言教学与研究》第一集 北京语言学院《语言教学与研究》编辑室 1977年2月

CC77002 通过对比研究语法 吕叔湘 《语言教学与研究》第二集 北京语言学院《语言教学与研究》编辑室 1977年11月

CC80003 汉语人称代词活用的法译问题——兼与《鲁迅短篇小说选》的译者商榷 毛意忠 《语言教学与研究》 1980年第3期

CC80004 汉语与英语中表示趋向的动词短语比较 邱质朴 (英)Isabel Tasker& Morag Deans《语言教学与研究》 1980年第1期

CC80005 试论"着"的用法及其与英语进行式的比较 陈刚 《中国语文》 1980年第1期

CC80006 谈汉语的"都"和英语的"all" 赵永新 《语言教学与研究》 1980年第1期

CC80007 通过对比帮助说西班牙语的学生掌握汉语语序 朱一之 《语言教学与研究》 1980年第3期

CC80008 英汉疑问代词的对比研究 赵世开 《语言教学与研究》 1980年第2期

CC83009 "ALL"与"都" 王还 《语言教学与研究》 1983年第4期

CC83010 英语和汉语的被动句 王还 《中国语文》 1983年第6期

CC84011 汉语的状语与"得"后的补语和英语的状语 王还 《语言教学与研究》 1984年第4期

CC84012 说汉语的"连锁复句"——纪念《语言教学与研究》创刊五周年 邢公畹 《语言教学与研究》 1984年第3期

CC85013 保加利亚语与汉语中动词的“体” (保)史耐新·戈戈娃 《第一届国际汉语教学讨论会论文选》 第一届国际汉语教学讨论会组织委员会编 北京语言学院出版社 1985 年

CC85014 关于汉语和英语的结果补语 高恭亿 《第一届国际汉语教学讨论会论文选》 第一届国际汉语教学讨论会组织委员会编 北京语言学院出版社 1985 年

CC85015 试从“前提”的角度分析中英语的某些差异 (澳)徐家祯 《第一届国际汉语教学讨论会论文选》 第一届国际汉语教学讨论会组织委员会编 北京语言学院出版社 1985 年

CC85016 有关汉外语法对比的三个问题 王还 《第一届国际汉语教学讨论会论文选》 第一届国际汉语教学讨论会组织委员会编 北京语言学院出版社 1985 年

CC86017 日语、汉语、英语的比较 (日)实藤惠秀 张国璐译 《汉语研究》 南开大学对外汉语教学中心编 南开大学出版社 1986 年

CC87018 比较汉语和德语句子结连法的异同 (德)高立希 《第二届国际汉语教学讨论会论文集》 第二届国际汉语教学讨论会组织委员会编 北京语言学院出版社 1987 年

CC87019 关于“了”与日语“夕”形的非等值性 荀春生 《第二届国际汉语教学讨论会论文集》 第二届国际汉语教学讨论会组织委员会编 北京语言学院出版社 1987 年

CC87020 日汉指示代词用法的对比 (日)赞井唯允 《第二届国际汉语教学讨论会论文集》 第二届国际汉语教学讨论会组织委员会编 北京语言学院出版社 1987 年

CC90021 A Comparison of Ways of Expressing Direction in the Verb Phrase in Chinese and English 邱质朴 (英)Isabel Tasker&Morag Deans 《英汉对比研究论文集(1977—1989)》 杨自俭 李瑞华主编 上海外语教育出版社 1990 年

CC90022 词序与辖域——英汉比较 沈家煊 《英汉对比研究论文集(1977—1989)》 杨自俭 李瑞华主编 上海外语教育出版社 1990 年

CC90023 从汉语词序看长句翻译 林同济 《英汉对比研究论文集(1977—1989)》 杨自俭 李瑞华主编 上海外语教育出版社 1990 年

CC90024 关于外国人学习汉语助词“了”的几个问题 丁桂贤 《湖南师范大学社会科学学报》 1990 年第 2 期

CC90025 关于英汉语法比较的几个问题——评最近出版的几本英汉对比语法著作 王菊泉 《英汉对比研究论文集(1977—1989)》 杨自俭 李瑞华主编 上海外语教育出版社 1990 年

CC90026 国外汉英对比研究杂谈 胡壮麟 《英汉对比研究论文集(1977—1989)》 杨自俭 李瑞华主编 上海外语教育出版社 1990 年

CC90027 汉朝语对应的被动句特点刍议 金钟太 《双语双文化论丛》第 1 辑 延边大学汉

语系《双语双文化论丛》编委会编 延边大学出版社 1990 年

CC90028 汉英代词比较 苑锡群 《第三届国际汉语教学讨论会论文选》 第三届国际汉语教学讨论会会务工作委员会编 北京语言学院出版社 1990 年

CC90029 汉语述补(结果)宾谓语句在朝鲜语中的对应形式 崔承一 《第三届国际汉语教学讨论会论文选》 第三届国际汉语教学讨论会会务工作委员会编 北京语言学院出版社 1990 年

CC90030 汉语体词宾语在朝鲜语中的对应形式 崔承一 《双语双文化论丛》第 1 辑 延边大学汉语系 《双语双文化论丛》编委会编 延边大学出版社 1990 年

CC90031 汉语"V＋V＋O"与日语"O＋V"句式结构的比较——日本学生汉语作文中常见错句——以"爱"为主 (日)荒屋劝 《第三届国际汉语教学讨论会论文选》 第三届国际汉语教学讨论会会务工作委员会编 北京语言学院出版社 1990 年

CC90032 汉语"在＋Np"与朝鲜语"Np＋에""Np＋에서"的对比 柳英绿 《双语双文化论丛》第 1 辑 延边大学汉语系《双语双文化论丛》编委会编 延边大学出版社 1990 年

CC90033 英汉被动意义名词性短语的对比研究 王菊泉 宗福常 《英汉对比研究论文集(1977—1989)》 杨自俭 李瑞华主编 上海外语教育出版社 1990 年

CC90034 英—汉不定代词的对比研究 赵世开 《英汉对比研究论文集(1977—1989)》 杨自俭 李瑞华主编 上海外语教育出版社 1990 年

CC90035 英汉词性漫谈 吴景荣 王建之 《英汉对比研究论文集(1977—1989)》 杨自俭 李瑞华主编 上海外语教育出版社 1990 年

CC90036 英汉假设条件句比较 陈国华 《英汉对比研究论文集(1977—1989)》 杨自俭 李瑞华主编 上海外语教育出版社 1990 年

CC90037 英汉语序的比较研究 汪康懋 肖研 《英汉对比研究论文集(1977—1989)》 杨自俭 李瑞华主编 上海外语教育出版社 1990 年

CC90038 英汉远近称指示词的对译问题 许余龙 《英汉对比研究论文集(1977—1989)》 杨自俭 李瑞华主编 上海外语教育出版社 1990 年

CC90039 英—汉疑问代词的对比研究 赵世开 《英汉对比研究论文集(1977—1989)》 杨自俭 李瑞华主编 上海外语教育出版社 1990 年

CC90040 英—汉指示代词的对比研究 赵世开 《英汉对比研究论文集(1977—1989)》 杨自俭 李瑞华主编 上海外语教育出版社 1990 年

CC90041 与数量成分相关的几组汉朝句式的对比 崔健 《双语双文化论丛》第 1 辑 延边大学汉语系《双语双文化论丛》编委会编 延边大学出版社 1990 年

CC95042 汉语"比"字句的俄语表达——兼谈中国学生翻译"比"字句时常见的错误 王辛夷 《北京大学学报》(外国语言文学专刊) 1995 年

CC95043 汉语和英语的完成态 胡明扬 《语言教学与研究》 1995年第1期
CC95044 汉语"是非问句"与日语"肯否性问句"比较 (日)于康 《世界汉语教学》 1995年第2期
CC95045 Repetition and Nonrepetition of Past Actions and Repetition of Past Nonactions (澳)Yingxian Wang 《世界汉语教学》 1995年第4期
CC95046 日汉语无主句同异比较 秦礼君 《汉语学习》 1995年第4期
CC95047 "它"和"it"的对比 鲁健骥 《中国语文》 1995年第5期
CC96048 朝鲜语和汉语主语的对比 金岩 《汉语学习》 1996年第6期
CC96049 从汉语、阿拉伯语不同的句法结构看汉、阿心理文化差异 朱立才 《语言文化教学研究》 北京语言学院汉语学院编 华语教学出版社 1996年
CC96050 法语国家学生易入误区例析 朱匡侯 《中国对外汉语教学学会成立十周年纪念论文选》 中国对外汉语教学学会秘书处编 北京语言学院出版社 1996年
CC96051 汉英定语、状语、宾语的位置 熊文华 《世界汉语教学》 1996年第4期
CC96052 汉语述补结构在罗语中的表述 董原 《世界汉语教学》 1996年第3期
CC96053 日汉语气助词系统对比 李泉 《汉语言文化研究》 胡明扬 金天相等编 广西师范大学出版社 1996年
CC96054 印地语汉语语序比较 刘学敏 《语言文化教学研究》 北京语言学院汉语学院编 华语教学出版社 1996年
CC96055 英汉否定比较初探 孙玉 《北京大学学报》(外国语言文学专刊) 1996年
CC97056 朝汉语双宾语比较 金岩 《汉语学习》 1997年第4期
CC97057 朝汉语转成宾语认定宾语的对比 金岩 《汉语学习》 1997年第6期
CC97058 汉、俄疑问句对比研究 王辛爽 《北京大学学报》(外国语言文学专刊) 1997年
CC97059 汉语存现宾语与朝鲜语中的对应形式 金岩 《汉语学习》 1997年第5期
CC97060 汉语的"V+起·来 j→d"与日语的"～シハシメル" 靳卫卫 《汉语速成教学研究》第一辑 北京语言文化大学汉语速成学院编 北京大学出版社 1997年
CC97061 汉语可能补语与英语情态动词 can 赵娅 《汉语速成教学研究》第一辑 北京语言文化大学汉语速成学院编 北京大学出版社 1997年
CC97062 日汉翻译时的主语省略问题 (日)小川泰生 《汉语学习》 1997年第5期
CC97063 日汉语"名词·名词"结构生成装置对比研究 (日)杉村博文 《第五届国际汉语教学讨论会论文选》《第五届国际汉语教学讨论会论文选》编辑委员会编 北京大学出版社 1997年
CC98064 朝鲜语材料、工具状语在汉语中的对应形式 柳英绿 《汉语学习》 1998年第2期
CC98065 从汉日语的对比谈汉语中标点符号的作用 王硕 《北大海外教育》第二辑 郭振华 赵燕皎主编 北京大学出版社 1998年

CC98066 汉日形容词充当谓语的对比分析 刘荣 《对外汉语教学论丛》第1辑 四川大学对外汉语教学中心 王文虎主编 四川大学出版社 1998年

CC98067 汉英造句特点的对比研究 程相文 《汉语学习》 1998年第5期

CC98068 汉语状中结构在罗语中的表述 董原 《世界汉语教学》 1998年第1期

CC99069 朝汉背景处所的表达形式对比 崔健 《双语双文化论丛》第4辑 崔健主编 延边大学出版社 1999年

CC99070 朝鲜语"V+버리다"与汉语"V+掉"的对比 南日 《双语双文化论丛》第4辑 崔健主编 延边大学出版社 1999年

CC99071 从谓语成分来看介词"对"、"给"与日语格助词"レこ" 汪灵灵 《大连外国语学院35周年校庆学术系列丛书——对外汉语卷》 校庆丛书编委会编 长春出版社 1999年

CC99072 "的"与"の"汉日定语标志的比较研究 顾顺莲 《汉语学习》 1999年第1期

CC99073 关于汉语和英语的时与体 熊文华 《语言文化教学研究集刊》第三辑 北京语言文化大学汉语学院编 华语教学出版社 1999年

CC99074 汉外比较语法:第二语言教学的重要手段 方立 《语言教育问题研究论文集》 吕必松主编 华语教学出版社 1999年

CC99075 汉语"被"字句和英语"被动式"的功能对比 贾钰 《语言文化教学研究集刊》第三辑 北京语言文化大学汉语学院编 华语教学出版社 1999年

CC99076 汉语表示过去动作的几组句式与英语相关时态之比较 赵娅 《汉语学习》 1999年第1期

CC99077 汉语和英语的时与体 熊文华 《中国对外汉语教学学会第六次学术讨论会论文选》 中国对外汉语教学学会编 华语教学出版社 1999年

CC99078 汉语介词与英语介词之异同 赵斐容 《吉安师专学报》 1999年第1期

CC99079 连词"和"与"and"用法之比较 赵娅 《汉语速成教学研究》第二辑 北京语言文化大学汉语速成学院编 华语教学出版社 1999年

CC99080 "呢"在疑问句中的意义 熊仲儒 《安徽师范大学学报》(人文社会科学版) 1999年第2期

CC99081 现代汉语"VP+看"与日语"V+Zみる"的比较 靳卫卫 《汉语速成教学研究》第二辑 北京语言文化大学汉语速成学院编 华语教学出版社 1999年

CC00082 "除了……"一式的汉英对比及思考 熊文 《汉语学报》第1期 邢福义 萧国政主编 湖北教育出版社 2000年

CC00083 对外汉语学科建设中的汉日语法对比研究 顾顺莲 《上海交通大学学报》(哲学社会科学版) 2000年第2期

CC00084 俄汉比较短语及其民族文化差异 朱蝶 《湖南师范大学社会科学学报》 2000

年第3期

CC00085　法语的beaucoup与汉语的"很、很多、多"——兼谈对外汉语重点词教学与外汉比较　(瑞士)谢红华　《世界汉语教学》　2000年第2期

CC00086　关于汉语修饰成分的位置　(日)舆水优　《第六届国际汉语教学讨论会论文选》　《第六届国际汉语教学讨论会论文选》编辑委员会编　北京大学出版社　2000年

CC00087　韩汉语被动句对比——韩国留学生"被"动句偏误分析　柳英绿　《汉语学习》　2000年第6期

CC00088　汉德简单句语序差异　孙福生　《首都师范大学学报》(社会科学版)　2000年增刊第3期

CC00089　汉韩语用于转折复句的语法手段的比较　杨澈淑　《双语学研究》(《民族教育研究》2000年增刊)　戴庆厦主编　《民族教育研究》编辑部　2000年

CC00090　汉英"介词短语"句法功能之比较　黄东梅　《涪陵师范学院学报》　2000年第2期

CC00091　汉英事物数量句式探微　王晓驷　《四川外语学院学报》　2000年第4期

CC00092　汉藏双语定语对比　格桑央京　《双语学研究》(《民族教育研究》2000年增刊)　戴庆厦主编　《民族教育研究》编辑部　2000年

CC00093　近二十年对外汉语教学领域汉英语法对比研究综述　贾钰　《世界汉语教学》　2000年第2期

CC00094　一部难得的专著——读《汉日比较语法》　胡裕树　《汉语学习》　2000年第6期

CC00095　英汉介词"by"、"被"、"由"的对比　聂建军　《首都师范大学学报》(社会科学版)　2000年

CC01096　"跟"与"With"的对比　白荃　《世界汉语教学》　2001年第2期

CC01097　韩·中比较程度副词与[十关系]述语共现对比——以"更"和"더"为中心　(韩)金琮镐　《汉语学习》　2001年第1期

CC01098　汉、英、日语连词语序对比研究及其语言类型学意义　周刚　《语言教学与研究》　2001年第5期

CC01099　汉英语言无标志受事主语句对比研究　李青　《汉语学习》　2001年第3期

CC01100　汉语的"比"字句与法语的相应形式　刘苏乔　《中国对外汉语教学学会北京分会第二届学术年会论文集》　中国对外汉语教学学会北京分会编　北京语言文化大学出版社　2001年

CC01101　汉语述补结构在日语中的表达方式　张美霞　《中国对外汉语教学学会北京分会第二届学术年会论文集》　中国对外汉语教学学会北京分会编　北京语言文化大学出版社　2001年

CC01102　汉语双宾动词与日语相关动词的比较　王健　《汉语学习》　2001年第6期

CC01103　汉语"W死＋了"与韩语"W死＋겠다"比较　(韩)边桂贤　《汉语学习》　2001年

第3期

CC01104 汉语与日语的时相比较研究 齐沪扬 章天明 《世界汉语教学》 2001年第2期

CC01105 现代汉语语句中的“这种”与“这样”——兼与日语对应词语比较 郑杰 《中国对外汉语教学学会北京分会第二届学术年会论文集》 中国对外汉语教学学会北京分会编 北京语言文化大学出版社 2001年

CC02106 “する”与“做”在语法方面的对比 王健 《汉语学习》 2002年第4期

CC02107 韩汉语比较句对比 柳英绿 《汉语学习》 2002年第6期

CC02108 汉英S+V+O1+O2句式对比及汉语教学 全裕慧 《汉语学习》 2002年第3期

CC02109 汉语递加关系多项定语与法语相关句式的比较 耿京茹 《汉语学习》 2002年第5期

CC02110 王朔《顽主》动词重叠的几个汉韩对译问题 (韩)辛承姬 《汉语学报》第4期 邢福义主编 湖北教育出版社 2002年

CC03111 从俄汉语对比角度看汉语中的主语 王利众 孙晓薇 《哈尔滨工业大学学报》(社会科学版) 2003年第1期

CC03112 从日语的角度看汉语被动句的特点 (日)杉村博文 《语言文字应用》 2003年第2期

CC03113 对比研究与对外汉语教学——兼论对比研究的三个时期、三个目标和三个层面 潘文国 《暨南大学华文学院学报》 2003年第1期

CC03114 韩汉语正反问句对比 柳英绿 《汉语学习》 2003年第5期

CC03115 汉语结构助词与英语修饰成分的比较分析 范波 《云南师范大学学报》(对外汉语教学与研究版) 2003年第6期

CC03116 试论汉英语言的对比研究及其应用 印明鹤 《辽宁师范大学学报》(社会科学版) 2003年第5期

CC03117 新加坡华语句法特点及其规范问题 陆俭明 《对外汉语教学论文集》 厦门大学海外华文教育研究所 海外教育学院编 厦门大学出版社 2003年

CC03118 中英文语序之比较 周汉清 陈敏 《江西科技师范学院学报》 2003年第6期

CC04119 “……是……”和“to be…”——比较中的反观 邱琳 肖娅曼 《西南民族大学学报》(人文社科版) 2004年第10期

CC04120 从《杜诗谚解》看汉韩形容词重叠形式的历时对比 (韩)金英美 《南开语言学刊》第三期 南开大学出版社 2004年

CC04121 “动+起来”和“动+了+起来”——汉日互译中的一些对照分析 (日)山田留李子 《第七届国际汉语教学讨论会论文选》 《第七届国际汉语教学讨论会论文选》编辑委员会编 北京大学出版社 2004年

CC04122 韩国学生习得汉语补语研究 黄玉花 《和田师范专科学校学报》 2004年第3期

CC04123 韩汉语选择问句对比 柳英绿 《汉语学习》 2004 年第 6 期

CC04124 汉语印尼语复杂定语的对比分析 徐富平 黄兆龙 《暨南大学华文学院学报》 2004 年第 3 期

CC04125 英汉单句语序差异比较研究 刘朝彦 《浙江教育学院学报》 2004 年第 3 期

CC05126 补语的汉英之比较——对外汉语教学中对补语的解释 蒋小棣 《现代语文》(理论研究版) 2005 年第 2 期

CC05127 朝鲜语命名句及其在汉语中的对应 太平武 《汉语学习》2005 年第 3 期

CC05128 汉语趋向补语与法语相关表述的比较 耿京茹 《汉语学习》 2005 年第 3 期

CC06129 韩汉方向概念表达形式对比 崔健 朴贞姬 《对外汉语研究》第二期 齐沪扬主编 商务印书馆 2006 年

CC06130 韩汉空间标记词的“共用”和“通用”现象 崔健 《汉语学习》 2006 年第 6 期

CC06131 “来/去”、“오다/가다”的时间域隐语义及与之相关的几个问题 金奉民 《汉语学习》 2006 年第 4 期

CC06132 英语汉语省略现象的对比与分析 陈光波 《山东教育学院学报》 2006 年第 2 期

CC06133 有关非亲属语言语法比较的一些方法论问题 戴庆厦 金海月 《世界汉语教学》 2006 年第 4 期

CD 文字对比研究

CD86001 汉日文同形异义语词举例 王风举 《兰州教育学院学报》 1986 年第 2 期

CD98002 《HSK 汉字等级大纲》中的汉字与韩国教育用汉字的字形比较 黄贞姬 《汉语学习》 1998 年第 1 期

CD99003 现代汉语汉字与日语当用汉字的比较分析 赵旭 《北京第二外国语学院学报》 1999 年第 2 期

CD00004 从汉字的偏旁部首和英语的词根词缀看不同的思维形式 张吉生 《汉语学习》 2000 年第 2 期

CD01005 从汉字的表意功能看汉语文字和英语文字 何一薇 《语言与文化论集》 程裕祯主编 北京出版社 文津出版社 2001 年

CD05006 “字”与外来概念的翻译 戴俊霞 《安徽工业大学学报》(社会科学版) 2005 年第 2 期

CE 语用对比研究

CE87001 汉英修辞中的文化因素漫笔 吕炳洪 《世界汉语教学》 1987 年第 3 期

CE90002 汉语“手”与朝鲜语“손”【son】的语用特征对比 金基石 《双语双文化论丛》第1辑 延边大学汉语系 《双语双文化论丛》编委会编 延边大学出版社 1990年
CE90003 中国学生在英语交际中的语用失误——汉英语用差异调查 何自然 阎庄 《英汉对比研究论文集(1977—1989)》 杨自俭 李瑞华主编 上海外语教育出版社 1990年
CE96004 从跨文化交际角度对比英汉称赞语和答语 陈晨 《汉语言文化研究》 胡明扬 金天相等编 广西师范大学出版社 1996年
CE97005 浅谈比喻与民族差异——中英日比喻及对外汉语教学 石慧敏 《上海师范大学学报》(哲学社会科学版) 1997年第1期
CE97006 时间指示的语用对比分析——汉外对比语用学的尝试 (日)余维 《第五届国际汉语教学讨论会论文选》 《第五届国际汉语教学讨论会论文选》编辑委员会编 北京大学出版社 1997年
CE98007 汉、英标点符号的语用异同 冯保初 李学珍 《山东大学学报》(社会科学版) 1998年第3期
CE98008 汉语和英语表达差异的社会语言学分析 李其曙 《云南民族学院学报》(哲学社会科学版) 1998年第2期
CE98009 谈英汉形象化修辞 孙瑾 《南京理工大学学报》(社会科学版) 1998年第1期
CE99010 英汉恭维语差异探微 朱亚夫 《广州师院学报》 1999年第3期
CE00011 汉英文化称赞语对比分析 施家炜 《汉语学习》 2000年第5期
CE00012 空间指示的语用对比分析——以日汉现场指示对比分析为中心 (日)余维 《第六届国际汉语教学讨论会论文选》 《第六届国际汉语教学讨论会论文选》编辑委员会编 北京大学出版社 2000年
CE00013 英汉语用失误的对比分析及对策 郑志进 《贵州师范大学学报》(社会科学版) 2000年第2期
CE01014 日汉亲属称谓的语用情境对比研究 方经民 《语言教学与研究》 2001年第2期
CE02015 动物比喻与翻译 张雪 《语言研究》 2002年增刊第1期
CE02016 英汉“批评”言语行为与礼貌策略对比分析 吴格奇 《湖州师范学院学报》 2002年第2期
CE03017 副词“只”和“only”的语用歧义探讨 丁后银 《运城学院学报》 2003年第6期
CE03018 英汉委婉语的语用心理 陈玉玲 《武警工程学院学报》 2003年第4期
CE04019 英汉语言中隐喻的认知与异同 李耸 赵晓丹 《东北大学学报》(社会科学版) 2004年第2期
CE05020 汉语“离”和日语“が”“まで”的认知模式和语用特征之对比 周刚 《对外汉语研

究》第一期 齐沪扬主编 商务印书馆 2005年

CZ 其他

CZ85001 试从"前提"角度分析中英语的某些差异 (澳)徐家祯 《第一届国际汉语教学讨论会论文选》 第一届国际汉语教学讨论会组织委员会编 北京语言学院出版社 1985年

CZ86002 比较语言学初探 王振昆 《汉语研究》 南开大学对外汉语教学中心编 南开大学出版社 1986年

CZ87003 从华英对比角度看新加坡华文报新闻语言的倾向 (新加坡)陈新才 《第二届国际汉语教学讨论会论文集》 第二届国际汉语教学讨论会组织委员会编 北京语言学院出版社 1987年

CZ90004 A Comparison of Some Cohesive Devices in English and Chinese 钱瑗 《英汉对比研究论文集(1977—1989)》 杨自俭 李瑞华主编 上海外语教育出版社 1990年

CZ90005 不同文化的感谢语比较 徐子亮 《第三届国际汉语教学讨论会论文选》 第三届国际汉语教学讨论会会务工作委员会编 北京语言学院出版社 1990年

CZ90006 从汉英句型对比看自然语言的普遍性 廖雅章 《英汉对比研究论文集(1977—1989)》 杨自俭 李瑞华主编 上海外语教育出版社 1990年

CZ90007 符号学与跨文化交际 刘英凯 《英汉对比研究论文集(1977—1989)》 杨自俭 李瑞华主编 上海外语教育出版社 1990年

CZ90008 节奏在汉语词语结构中的作用所引起的汉英语法差异 王菊泉 《英汉对比研究论文集(1977—1989)》 杨自俭 李瑞华主编 上海外语教育出版社 1990年

CZ90009 马来学生在汉语学习中所面对的难题初探 (马)钟秋生 《第三届国际汉语教学讨论会论文选》 第三届国际汉语教学讨论会会务工作委员会编 北京语言学院出版社 1990年

CZ90010 浅谈英语和汉语的对比研究 赵世开 《英汉对比研究论文集(1977—1989)》 杨自俭 李瑞华主编 上海外语教育出版社 1990年

CZ90011 英汉对比修辞研究初探 (加)Richard M. Coe (中)胡曙中 《英汉对比研究论文集(1977—1989)》 杨自俭 李瑞华主编 上海外语教育出版社 1990年

CZ90012 英汉对比中微观和宏观的研究 赵世开 《英汉对比研究论文集(1977—1989)》 杨自俭 李瑞华主编 上海外语教育出版社 1990年

CZ90013 英汉修辞比较与翻译 袁昌明 《英汉对比研究论文集(1977—1989)》 杨自俭 李瑞华主编 上海外语教育出版社 1990年

CZ90014 英汉"移觉"修辞格探讨 刘英凯 《英汉对比研究论文集(1977—1989)》 杨自俭 李瑞华主编 上海外语教育出版社 1990年

CZ93015 汉英段落结构比较 安纯人 《解放军外国语学院学报》 1993年第2期

CZ93016 英文汉译中的语体问题 熊文华 《对外汉语教学论文选评》第1集 盛炎 沙砾编 北京语言学院出版社 1993年3月

CZ94017 汉英句子结构与思维方式刍议 毕继万 《文化与交际》 胡文仲主编 外语教学与研究出版社 1994年

CZ95018 俄汉成语中的动物形象对比 李玮 《北京大学学报》(外国语言文学专刊) 1995年

CZ95019 汉英词语文化上的不对应 张德鑫 《世界汉语教学》 1995年第1期

CZ95020 中国语言对比研究的发展 赵永新 《世界汉语教学》 1995年第2期

CZ96021 英汉信息结构对比与翻译 宋志平 《东北师大学报》(哲学社会科学版) 1996年第6期

CZ97022 时间顺序的有序性和无序性——谈英汉语言与文化特征 郭熙煌 《湖北大学学报》(哲学社会科学版) 1997年第4期

CZ98023 汉英动物形象的联想意义及其成语翻译 杨山青 《贵州教育学院学报》(社会科学版) 1998年第1期

CZ98024 汉英祈使语气表达方式比较 商拓 《西南民族学院学报》(哲学社会科学版) 1998年增刊第3期

CZ98025 浅谈对外汉语教学中遇到的语言差异问题 洪芸 《北京第二外国语学院学报》 1998年第6期

CZ99026 英汉成语典故的差异与互译 但冰洁 《贵州师范大学学报》(社会科学版) 1999年第3期

CZ99027 语言对比及其相关理论的拓展空间 凌德祥《中国对外汉语教学学会第六次学术讨论会论文选》 中国对外汉语教学学会编 华语教学出版社 1999年

CZ99028 中西作品中比喻差异及其社会文化成因 刘英凯 《北京大学学报》(哲学社会科学版) 1999年第3期

CZ00029 从汉语的"神"英语的"准"看思维与语言的关系 袁焱 《双语学研究》(《民族教育研究》2000年增刊) 戴庆厦主编 《民族教育研究》编辑部 2000年

CZ00030 对外汉语教学也要转变观念——且说汉外比较 施光亨 《汉日语言研究文集》(三) 北京出版社 2000年

CZ00031 俄汉服饰专用词语的形象意义对比 郑涛 《贵州师范大学学报》(社会科学版) 2000年第2期

CZ00032 汉英语篇的理解与推理:系列实验研究概述 索玉柱 《双语学研究》(《民族教育研究》2000年增刊) 戴庆厦主编 《民族教育研究》编辑部 2000年

CZ00033 汉语哈萨克语心理的对比 成燕燕 《双语学研究》(《民族教育研究》2000 年增刊) 戴庆厦主编 《民族教育研究》编辑部 2000 年

CZ00034 汉语哈萨克语语言心理的对比 成燕燕 《语言与翻译》 2000 年第 3 期

CZ00035 跨文化差异与语言学习 赵江宁 《安徽师范大学学报》(人文社会科学版) 2000 年第 8 期

CZ01036 英汉重复格的比较与翻译 傅维贤 《安徽师范大学学报》(人文社会科学版) 2001 年第 8 期

CZ01037 主语显著和话题显著——评《简爱》的两个中译本 张德让 龙云平 《安徽师范大学学报》(人文社会科学版) 2001 年第 8 期

CZ02038 英汉第三人称代词语篇照应功能对比研究 赵宏 邵志洪 《外语教学与研究》 2002 年第 3 期

CZ03039 东西方文化差异与语言翻译的比较 孙元旭 《贵州教育学院学报》(社会科学版) 2003 年第 3 期

CZ03040 浅议英汉翻译的有效性 杨大露 《贵州教育学院学报》(社会科学) 2003 年第 1 期

CZ03041 英汉色彩词联想意义的文化诠释 赵巧云 《湖北大学学报》(哲学社会科学版) 2003 年第 6 期

CZ03042 英汉语口误对比 高桂香 《河北师范大学学报》(哲学社会科学版) 2003 年第 3 期

CZ04043 东西方蛇文化之比较 吴立莉 杨继玲 《合肥工业大学学报》(社会科学版) 2004 年第 2 期

CZ04044 汉英零形回指探析 朱迎春 陶岳炼 《台州学院学报》 2004 年第 1 期

CZ04045 英汉语静动特征对比 张江云 《贵州师范大学学报》(社会科学版) 2004 年第 4 期

CZ05046 日本所用汉字的汉语“转型”初探 史有为 《世界汉语教学》 2005 年第 4 期

CZ06047 汉语人名地名音译词的“义溢出”现象探析 林木森 《福建师大福清分校学报》 2006 年第 4 期

CZ06048 试论中介语构建中的负迁移因素 赵海洪 谌伦清 《科技信息》 2006 年第 7 期

CZ06049 英汉对比观照下的语义单位本位研究 李相群 《邵阳学院学报》(社会科学版) 2006 年第 3 期

D 对外汉语课程与教学研究

DA 阶段教学研究

1. 初级汉语教学研究(001—028)*

DA80001 对外国学生的基础汉语教学 李景蕙 程美珍 刘英林 《语言教学与研究》 1980年第4期

DA81002 关于基础汉语教学中的课堂操练 施光亨 《语言教学与研究》 1981年第4期

DA83003 在基础汉语阶段进行语段训练好 洪材章 《语言教学与研究》 1983年第1期

DA85004 基础阶段的汉字、语音和语法教学 (苏)雅·沃哈拉 《第一届国际汉语教学讨论会论文选》 第一届国际汉语教学讨论会组织委员会编 北京语言学院出版社 1985年

DA90005 "悬念"在对外基础汉语教学中的运用 黄振英 《世界汉语教学》 1990年第2期

DA93006 零起点汉语教学的难点透视及对策 赵顺国 《中国人民大学学报》 1993年第4期

DA95007 汉语入门阶段的几个教学技巧 (日)长谷川良一 《第四届国际汉语教学讨论会论文选》《第四届国际汉语教学讨论会论文选》编辑委员会编 北京语言学院出版社 1995年

DA96008 听力理解领先原则与初级汉语教学 周晓峰 陈昕 《中国对外汉语教学学会成立十周年纪念论文选》 中国对外汉语教学学会秘书处编 北京语言学院出版社 1996年

DA98009 "高原期现象"与对外汉语教学 金志刚 《汉语学习》 1998年第5期

DA98010 关于初级汉语课"说"的一些想法 陈辉 《华侨大学学报》(哲学社会科学版) 1998年第3期

DA98011 关于初级阶段综合课的词语教学 李珠 《世界汉语教学》 1998年第3期

DA99012 初级阶段汉语教学四题 王钟华 《语言教学与研究》 1999年第3期

DA99013 试论英汉对比在基础汉语教学中的应用 周健 《暨南学报》(哲学社会科学版) 1999年增刊第1期

DA00014 初级汉语教学中主动纠错行为的负效应 夏小芸 《汉语学报》第1期 邢福义 萧国政主编 湖北教育出版社 2000年

DA01015 基础汉语课教学要突出"基础"特点 努尔巴·司马义 《语言与翻译》 2001年

---

* 括号里的数字代表该小类条目编号最后三位数字,下同。

第3期

DA02016 对外汉语教学初级阶段语感培养的原则 赵春利 杨才英 《语言教学与研究》2002年第1期

DA03017 初级阶段欧美留学生识字量与字的构词数 赵果 《语言文字应用》 2003年第3期

DA03018 对外汉语初级阶段语音感教学研究 王玲娟 《重庆大学学报》(社会科学版)2003年第3期

DA03019 对外汉语教学难点分析及对策 徐丽华 《浙江师范大学学报》(社会科学版)2003年第5期

DA03020 关于初级汉语精读课的改革设想 郭丽 《云南师范大学学报》(对外汉语教学与研究版) 2003年第2期

DA03021 谈对外汉语初级阶段教学语言 荣继华 《汉语研究与应用》第一辑 中国人民大学对外语言文化学院编 中国社会科学出版社 2003年

DA03022 一年制零起点留学生汉语教学初探 李建军 《昌吉学院学报》 2003年第1期

DA04023 对外汉语初级综合课的教师语言 李春红 《四川职业技术学院学报》 2004年第2期

DA05024 汉语初级听力教学中词汇的复习与巩固 陈晓宁 《语言文字应用》 2005年增刊

DA06025 初级汉语教学中的"语篇意识"与"语篇教学意识" 杨春 《玉溪师范学院学报》2006年第10期

DA06026 论对外汉语初级班的听写 刘若云 《中山大学学报论丛》 2006年第11期

DA06027 试论对外汉语初级阶段教学方法 阮艳花 刘建新 《中国电力教育》 2006年第4期

DA06028 以口语为主的对外汉语教学初级阶段的语法教学 张娜 《现代语文》(语言研究版) 2006年第4期

2. 中高级汉语教学研究(029—076)

DA88029 试论中级汉语教学——兼析《中级汉语教程》 李忆民 《语言教学与研究》 1988年第2期

DA89030 《高级汉语》教法探讨二题 赵双之 《天津师大学报》(社会科学版) 1989年第5期

DA90031 中、高阶段的词语教学 李金钞 《第三届国际汉语教学讨论会论文选》 第三届国际汉语教学讨论会会务工作委员会编 北京语言学院出版社 1990年

DA91032 从褒贬不一中探讨点问题 孙钧政 《中高级对外汉语教学论文选》 国家对外汉语教学领导小组办公室教学业务部编 北京语言学院出版社 1991年

DA91033 对外汉语教学中、高级阶段如何把语言教学与文化教学结合起来 张柏玉 《中高级对外汉语教学论文选》 国家对外汉语教学领导小组办公室教学业务部编 北

京语言学院出版社 1991年

DA91034 对外汉语教学中级阶段的教学原则及方法 左珊丹 《中高级对外汉语教学论文选》 国家对外汉语教学领导小组办公室教学业务部编 北京语言学院出版社 1991年

DA91035 高级阶段汉语教学散论 王晓澎 倪明亮 《中高级对外汉语教学论文选》 国家对外汉语教学领导小组办公室教学业务部编 北京语言学院出版社 1991年

DA91036 关于中高级阶段对外汉语教学的几个问题(代序) 程棠 《中高级对外汉语教学论文选》 国家对外汉语教学领导小组办公室教学业务部编 北京语言学院出版社 1991年

DA91037 论交际法在中级阶段对外汉语教学中的地位和实践 赵玲 《中高级对外汉语教学论文选》 国家对外汉语教学领导小组办公室教学业务部编 北京语言学院出版社 1991年

DA91038 试论中级汉语课的设计 陈灼 《中高级对外汉语教学论文选》 国家对外汉语教学领导小组办公室教学业务部编 北京语言学院出版社 1991年

DA91039 试谈中高级阶段对外汉语教学的性质和任务 李泉 《中高级对外汉语教学论文选》 国家对外汉语教学领导小组办公室教学业务部编 北京语言学院出版社 1991年

DA91040 谈中级汉语课堂教学的原则与方法 杨寄洲 《中高级对外汉语教学论文选》 国家对外汉语教学领导小组办公室教学业务部编 北京语言学院出版社 1991年

DA91041 再论中高级阶段汉语教学的性质与任务 李杨 《中高级对外汉语教学论文选》 国家对外汉语教学领导小组办公室教学业务部编 北京语言学院出版社 1991年

DA91042 中高级汉语教学呼唤“航标” 施光亨 《中高级对外汉语教学论文选》 国家对外汉语教学领导小组办公室教学业务部编 北京语言学院出版社 1991年

DA91043 中高级阶段对外汉语教学的理论探讨 刘英林 《中高级对外汉语教学论文选》 国家对外汉语教学领导小组办公室教学业务部编 北京语言学院出版社 1991年

DA91044 中级阶段对外汉语教学的几个问题 郭振华 《中高级对外汉语教学论文选》 国家对外汉语教学领导小组办公室教学业务部编 北京语言学院出版社 1991年

DA93045 关于中高级对外汉语教学的社会语言实践问题 刘士勤 《汉语学习》 1993年第2期

DA93046 关于中高级汉语教学的几个问题 吕必松 《语言教学与研究》 1993年第1期

DA93047 建立科学的训练体系——中高级阶段汉语教学技能训练问题 李杨 《中国对外汉语教学学会第四次学术讨论会论文选》 中国对外汉语教学学会编 北京语言学院出版社 1993年

DA94048 关于高年级口语教学的思考和构想 章纪孝 《世界汉语教学》 1994年第1期

DA94049 中级汉语教学的思考与探索 李绍林《语言教学与研究》1994 年第 2 期
DA95050 高级口语的自我表达训练 彭瑞情《语言教学与研究》1995 年第 4 期
DA95051 语用分析在高级汉语教学中的运用 杨翼《世界汉语教学》1995 年第 3 期
DA96052 从口语到书面——中级汉语教学课题之一 （英）佟秉正《世界汉语教学》1996 年第 4 期
DA96053 认知法理论在预科中级阶段教学中的应用 刘秀明《喀什师范学院学报》1996 年第 1 期
DA96054 新词新语与中高级对外汉语教学 王世生《语言文化教学研究》北京语言学院汉语学院编 华语教学出版社 1996 年
DA97055 关于中高级阶段书面语教学 杨志棠《第五届国际汉语教学讨论会论文选》《第五届国际汉语教学讨论会论文选》编辑委员会编 北京大学出版社 1997 年
DA97056 中级汉语课的口头成段表达训练 王世生《语言教学与研究》1997 年第 2 期
DA98057 中级汉语课堂教学的交际化 陈作宏《第二语言（汉语）教学论集》第 3 集 戴庆厦主编 民族出版社 1998 年
DA99058 对外汉语中级阶段教学改革构想——词语的集中强化教学 陈贤纯《世界汉语教学》1999 年第 4 期
DA99059 中高级汉语言语技能训练与交际能力培养阐微 于逢春 王晓坤 沈玲《长春大学学报》1999 年第 1 期
DA99060 中级班学生的特点与口语教学的改进 郑蕊《汉语速成教学研究》第二辑 北京语言文化大学汉语速成学院编 华语教学出版社 1999 年
DA00061 语段表达能力及其培养 王丽《汉语学报》第 2 期 邢福义 萧国政主编 湖北教育出版社 2000 年
DA01062 汉语留学生高级班课堂教学法探讨 段爱萍 石凯民 刘小军《西北工业大学学报》（社会科学版）2001 年第 3 期
DA01063 论对外汉语高级阶段教学法 金志刚《辽宁广播电视大学学报》2001 年第 3 期
DA01064 试论中高级汉语主干课的课文教学 孙克文《对外汉语教学与教材研究论文集》国家对外汉语教学领导小组编 华语教学出版社 2001 年
DA02065 论对外汉语高级阶段古代文学教学的特殊性 涂文晖《华侨大学学报》（哲学社会科学版）2002 年第 4 期
DA02066 言语策略与语言教学——中高级汉语教学向语用扩展 张黎《语言文字应用》2002 年第 2 期
DA03067 汉语句群的组合形式与成段表达能力的培训 张永昱《汉语学习》2003 年第 2 期
DA03068 立体语言观与融叠教学法——兼论高级阶段教学的误区与得失 李建国 顾颖《云南师范大学学报》（对外汉语教学与研究版）2003 年第 1 期

DA03069 谈留学生中级阶段口语教学 孙雁雁 《云南师范大学学报》(对外汉语教学与研究版) 2003 年第 4 期

DA03070 中高级口语课程的文化教学研究 胡建军 《云南师范大学学报》(对外汉语教学与研究版) 2003 年第 4 期

DA04071 留学生高级阶段汉语综合课中的交际教学法 陈宏 《江汉大学学报》(人文科学版) 2004 年第 5 期

DA05072 高年级留学生汉语阅读理解难易语句分析 马燕华 《语言文字应用》 2005 年增刊

DA05073 浅谈中医院校的中高级对外汉语教学 薄彤 《天津中医学院学报》 2005 年第 1 期

DA05074 中高级汉语教学应突出修辞能力培养 周健 彭彩红 《汉语学习》 2005 年第 3 期

DA06075 浅谈中级汉语课交际性原则的贯彻 许俐珍 《语言文字应用》 2006 年第 2 期

DA06076 中高级对外汉语教学实践的范式选择 周萍 《宁波大学学报》(教育科学版) 2006 年第 2 期

DB 课型教学研究

1. 精读课(文选课、综合课)(001—027)

DB78001 怎样对留学生进行《文章选读》课教学? 郑万鹏 《语言教学与研究》第三集 北京语言学院《语言教学与研究》编辑室 1978 年 5 月

DB79002 外国进修生汉语文选教学中的几个问题 徐缦华 王继志 《语言教学与研究》 1979 年第 1 期

DB80003 高年级文选课教学的原则和方法 李玉敬 孙瑞珍 《语言教学与研究》 1980 年第 4 期

DB80004 文选课的词语教学 李玉敬 孙瑞珍 《语言教学与研究》 1980 年第 2 期

DB80005 在短文教学中必须重视语言的实践性 刘镰力 《语言教学与研究》 1980 年第 3 期

DB82006 试谈文选课的交际训练 李忆民 《语言教学与研究》 1982 年第 3 期

DB84007 谈三年级《文选》课教学 李玉敬 姜德梧(执笔) 《北京语言学院第二届教学经验科研成果交流会论文选》(内部发行) 1984 年

DB85008 试谈文选课的交际训练 李忆民 《对外汉语教学论集》 《语言教学与研究》编辑部编 北京语言学院出版社 1985 年

DB85009 谈“交流” 陈灼 《对外汉语教学论集》 《语言教学与研究》编辑部编 北京语言学院出版社 1985 年

DB85010 在文选教学中必须重视语言的实践性 刘镰力 《对外汉语教学论集》 《语言教学与研究》编辑部编 北京语言学院出版社 1985 年

DB89011 基础汉语精读课的课堂教学方法略述 王德佩 《语言教学与研究》 1989 年第 3 期

DB91012 汉语精读课语法例句的设计与展示 彭小川 《对外汉语教学与研究》 中山大学出版社 1991 年

DB93013 课堂教学的内向和外向——试论中级汉语精读课课堂教学交际化 李忆民 《语言教学与研究》 1993 年第 3 期

DB97014 《初级阶段的综合课》 蔡整莹 《对外汉语教学课程研究》 李杨主编 北京语言文化大学出版社 1997 年

DB97015 如何为成人第二语言学习者创造一门有效的精读课 (美)卢百可 《第二语言(汉语)教学论集》(第 2 集) 戴庆厦主编 民族出版社 1997 年

DB99016 试论初级阶段综合课教学规范化 朱庆明 《对外汉语教学初级阶段课程规范》 北京语言文化大学出版社 1999 年

DB99017 速成汉语"综合课"教学的几点尝试 王志芳 《汉语速成教学研究》第二辑 北京语言文化大学汉语速成学院编 华语教学出版社 1999 年

DB00018 对外汉语教学综合课课文教学刍议 李江 《北京邮电大学学报》(社会科学版) 2000 年第 2 期

DB01019 汉语言专业本科生的培养及精读课的任务 岑玉珍 《中国对外汉语教学学会北京分会第二届学术年会论文集》 中国对外汉语教学学会北京分会编 北京语言文化大学出版社 2001 年

DB01020 语篇分析技巧在汉语精读课中的运用 朱其智 《汉语学习》 2001 年第 4 期

DB02021 对外汉语精读课教学中的语体观和语境观 周利芳 《天津外国语学院学报》 2002 年第 3 期

DB02022 谈中级精读课教学注重培养口头交际意识的意义与措施 杨嘉敏 《汉语学习》 2002 年第 3 期

DB03023 对汉语精读课教学的思考 金春花 《云南师范大学学报》(对外汉语教学与研究版) 2003 年第 5 期

DB04024 对外汉语综合课动态教学设计模型 杨翼 《数字化对外汉语教学理论与方法研究》 清华大学出版社 2004 年

DB04025 论对外汉语教育中的文学课教学 涂文晖 《高等函授学报》(哲学社会科学版) 2004 年第 6 期

DB06026 对外汉语中级精读课教学中教师的"中介作用" 金婷 《语言教学与研究》 2006 年第 3 期

DB06027 "汉语综合课"教学之我见 秦武 鲁蕾 《语言与翻译》 2006 年第 4 期

2. 口语课(028—130)

DB86028 汉语口语教学:从句构练习到交际练习 (英)佟秉正 《第一届国际汉语教学讨论

会论文选》 第一届国际汉语教学讨论会组织委员会编 北京语言学院出版社 1986年

DB86029 看、听、想、说、写——谈用电视录像进行口语教学的几个环节 史世庆 《第一届国际汉语教学讨论会论文选》 第一届国际汉语教学讨论会组织委员会编 北京语言学院出版社 1986年

DB86030 论汉语会话班里的录像教学 蓝安东 《第一届国际汉语教学讨论会论文选》 第一届国际汉语教学讨论会组织委员会编 北京语言学院出版社 1986年

DB87031 会话教学以及它和叙述话语之间的关系 陈绥宁 《第二届国际汉语教学讨论会论文选》 第二届国际汉语教学讨论会组织委员会编 北京语言学院出版社 1987年

DB89032 口语教学中的听话训练 周小兵 《世界汉语教学》 1989年第3期

DB90033 论听和说 杨惠元 《第三届国际汉语教学讨论会论文选》 第三届国际汉语教学讨论会会务工作委员会编 北京语言学院出版社 1990年

DB90034 现代汉语口语视听说课课堂教学原则与教学实践初探 于康 王晓葵 要红 陈莎 马玲 《中国对外汉语教学学会第三次学术讨论会论文选》 中国对外汉语教学学会编 北京语言学院出版社 1990年

DB92035 对外汉语口语教学初探 许绿翎 《沧州师范专科学校学报》 1992年第2期

DB92036 论汉语交际能力的培养 范开泰 《世界汉语教学》 1992年第1期

DB92037 说话课的地位及其训练方法 张国辉 《语言教学与研究》 1992年第1期

DB92038 外贸口语的特点与教学 张黎 《世界汉语教学》 1992年第4期

DB92039 语言交际训练 杨红华 《广西大学学报》(哲学社会科学版) 1992年第6期

DB93040 句群表达能力训练 朱敏 《中国对外汉语教学学会第四次学术讨论会论文选》 中国对外汉语教学学会编 北京语言学院出版社 1993年

DB93041 说话训练的理论基础 杨惠元 《对外汉语教学论集》 北京语言学院教务处编 北京语言学院出版社 1993年

DB93042 信息落差与口语教学 崔良 叶军 《中国对外汉语教学学会第四次学术讨论会论文选》 中国对外汉语教学学会编 北京语言学院出版社 1993年

DB94043 初级口语教学漫谈 张园 《北京大学学报·对外汉语教学中心成立十周年纪念专刊》 1994年

DB94044 从留学生的口语应变能力看汉语口语的表达特点 李绍林 《汉语学习》 1994年第6期

DB94045 汉语口语的教学方法 崔达送 《汉语学习》 1994年第6期

DB94046 浅谈口语课的训练方法 金敬华 《山东师大学报》(社会科学版) 1994年第4期

DB95047 对外汉语教学概论(讲义)(续十四) 吕必松 《世界汉语教学》 1995年第4期

DB95048　试论中级口语课的规范化问题　张黎　《语言文化教学论文集》第一辑　北京语言学院出版社　1995年

DB95049　谈谈外国留学生中高级口语教学　苏焰　《武汉大学学报》(哲学社会科学版)　1995年第3期

DB95050　提问式口语教学探讨　岳维善　《语言文化教学论文集》第一辑　北京语言学院出版社　1995年

DB96051　口语表述的即时性及与此相关的口语特点——对一篇讲词的分析　施光亨　刘伟　《世界汉语教学》　1996年第4期

DB96052　谈对外汉语初级口语课堂教学的交际性　罗青松　《中国人民大学学报》　1996年第5期

DB96053　谈高级阶段的口语表达训练　付瑶　《语言文化教学研究集刊》第一辑　北京语言文化大学汉语学院编　华语教学出版社　1996年

DB96054　应该重视作为口语体的口语教学　申修言　《汉语学习》　1996年第3期

DB97055　会话教学的要素及其相关实践　史有为　《语言教学与研究》　1997年第3期

DB97056　试论第二语言学习中口语交际能力的培养　张和生　《北京师范大学学报》(社会科学版)　1997年第6期

DB97057　试论高级口语教学中的几个基本问题　张若莹　《第五届国际汉语教学讨论会论文选》《第五届国际汉语教学讨论会论文选》编辑委员会编　北京大学出版社　1997年

DB97058　外国学生在中高级阶段口语语段表达现象分析　田然　《汉语学习》　1997年第6期

DB98059　初级口语课堂讲练及测试技巧　刘立新　《北大海外教育》第二辑　郭振华　赵燕皎编　北京大学出版社　1998年

DB98060　对外汉语阅读课教学原则初探　马惠玲　《河南大学学报》(社会科学版)　1998年第5期

DB98061　浅谈课堂口语教学与课外会话的差异　王功龙　贾红棉　《佳木斯大学社会科学学报》　1998年第6期

DB98062　谈初级口语课文教学中的"听读"训练　李海燕　《北大海外教育》第二辑　郭振华　赵燕皎编　北京大学出版社　1998年

DB98063　语句重音与口语教学　季秀清　《语言文化教学研究集刊》第二辑　北京语言文化大学汉语学院编　华语教学出版社　1998年

DB99064　对汉语口语课的反思　王若江　《汉语学习》　1999年第2期

DB99065　对外汉语初级阶段口语教学法初探　崔凤玲　《东北财经大学学报》　1999年第4期

DB99066　分组讨论,刺激表达——中高级口语训练方法的探讨　潘先军　《大连外国语学院35周年校庆学术系列丛书——对外汉语卷》　校庆丛书编委会编　长春出版社

1999年

DB99067 汉语说话课要讲清语境 朱其智 《中山大学学报论丛》 1999年第5期

DB99068 混合班会话课中日本留学生的几种表现及对策 王学松 《北京师范大学学报》(社会科学版) 1999年专刊

DB99069 视听教学手段和汉语口语表达 齐燕荣 《汉语速成教学研究》第二辑 北京语言文化大学汉语速成学院编 华语教学出版社 1999年

DB99070 谈对外汉语口语教学中的成段表达训练 陈福宝 《双语双文化论丛》第4辑 崔健编 延边大学出版社 1999年

DB99071 语言获得与对外汉语课堂教学 刘晓雨 《语言文字应用》 1999年第1期

DB99072 语言习得理论在口语教学中的运用 李戎 《汉语速成教学研究》第二辑 北京语言文化大学汉语速成学院编 华语教学出版社 1999年

DB00073 德国高校汉语口语课差异教学初探 孟虹 《汉语学习》 2000年第2期

DB00074 对外汉语口语教学与语用含义的分析——以中级口语句式教学为例 祖人植 《北大海外教育》第三辑 赵燕皎 李晓琪编 华语教学出版社 2000年

DB00075 教材的淡化与高级口语教学 常丹阳 《语言文化教学研究集刊》第四辑 北京语言文化大学汉语学院编 华语教学出版社 2000年

DB00076 利用社会环境进行口语教学的几点设想及实践 贾放 《世界汉语教学》 2000年第4期

DB00077 浅谈在口语教学中实施情景教学 戴桂芙 《北大海外教育》第三辑 赵燕皎 李晓琪编 华语教学出版社 2000年

DB00078 语篇结构规律与话题表达教学 龚常庚 《语言文化教学研究集刊》第四辑 北京语言文化大学汉语学院编 华语教学出版社 2000年

DB01079 初级阶段口语教学应重视成段表达能力的训练 李小丽 《语言文字应用》 2001年第3期

DB01080 对外汉语口语教学研究综述 刘晓雨 《语言教学与研究》 2001年第2期

DB01081 汉语口语成段表达能力训练的分析定位 翟汛 《国际汉语教学学术研讨会论文集》(《语言研究》 2001年增刊) 李祥坤主编 《语言研究》编辑部 2001年

DB01082 活化初级阶段口语课课堂教学活动的策略——口语课课堂教学 戴悉心 《暨南大学华文学院学报》 2001年第2期

DB01083 Key to Improve Students'Oral Skill 林光华 《国际汉语教学学术研讨会论文集》(《语言研究》2001年增刊) 李祥坤主编 《语言研究》编辑部 2001年

DB01084 跨文化交际与口语教学 赵雷 《国际汉语教学学术研讨会论文集》(《语言研究》2001年增刊) 李祥坤主编 《语言研究》编辑部 2001年

DB01085 留学生汉语口头言语交际能力的层次及其训练标准 戴悉心 《语言文字应用》 2001年第2期

DB01086 谈中高级口语教学的语段表达训练 肖海薇 《国际汉语教学学术研讨会论文集》(《语言研究》 2001年增刊) 李祥坤主编 《语言研究》编辑部 2001年

DB01087 谈中级口语技能训练 赵雷 《天津外国语学院学报》 2001年第2期

DB02088 对留学生口语词汇和笔语词汇的调查 余文青 《世界汉语教学》 2002年第4期

DB02089 对外汉语教学初级阶段语感培养的原则 赵春利 杨才英 《语言教学与研究》 2002年第1期

DB02090 对外汉语口语教学中的若干理论问题论略 李建国 顾颖 《中国对外汉语教学学会第七次学术讨论会论文选》 中国对外汉语教学学会编 人民教育出版社 2002年

DB02091 汉语口语体口语教学中语法体系的建立与量化 郭颖雯 《汉语学习》 2002年第6期

DB02092 汉语作为外语的口语教学新议 徐子亮 《世界汉语教学》 2002年第4期

DB02093 谈口语课课堂活动及课下练习的设计 武惠华 《汉语学习》 2002年第5期

DB02094 语言实践在口语自动化中的作用 徐子亮 《对外汉语论丛》第二集 竟成主编 上海外语教育出版社 2002年

DB03095 对外汉语高级阶段口语教学浅析 江傲霜 《蒙自师范高等专科学校学报》 2003年第4期

DB03096 对外汉语口语教学策略研究 张云艳 《云南师范大学学报》(对外汉语教学与研究版) 2003年第6期

DB03097 对外汉语口语课教学目标的实现 王淑红 《汉语研究与应用》第一辑 中国人民大学对外语言文化学院编 中国社会科学出版社 2003年

DB03098 汉语口语教学中情感因素与互动教学 卢娅 《职业教育研究》 2003年第12期

DB03099 交际法与对外汉语初级口语教学——兼评北大版《初级汉语口语》教材 杨继光 《成都师范高等专科学校学报》 2003年第1期

DB03100 口语教学中的角色定位及教学话语选择 谭春健 《云南师范大学学报》(对外汉语教学与研究版) 2003年第3期

DB03101 篇章语言学与语段、语篇口语教学 郭颖雯 《语言教学与研究》 2003年第5期

DB03102 实施"双向交际"原则 活化口语课课堂教学 胡丹 《鞍山师范学院学报》 2003年第3期

DB03103 谈对外汉语的成人口语教学 孔怡 《云南师范大学学报》(对外汉语教学与研究版) 2003年第4期

DB04104 辩论在高级口语教学中的应用 刘继红 《北京地区第三届对外汉语教学讨论会

论文选》 北京大学出版社 2004 年

DB04105 对外汉语口语课中培养学生的交际能力初探 孙来麟 《云南师范大学学报》(对外汉语教学与研究版) 2004 年第 4 期

DB04106 功能法与预科汉语口语教学 连吉娥 《语言与翻译》 2004 年第 3 期

DB04107 会话技能训练的原理与途径 徐子亮 《暨南大学华文学院学报》 2004 年第 2 期

DB04108 交际能力理论与对外汉语口语教学 孙瑞 《伊犁教育学院学报》 2004 年第 3 期

DB04109 口语教学法的认知原理分析 徐子亮 《对外汉语教学的跨文化视角:旧金山对外汉语教学学术会议论文集》 2004 年

DB04110 口语教学中的相关理论问题刍议 李建国 顾颖 《云南师范大学学报》(对外汉语教学与研究版) 2004 年第 4 期

DB04111 口语习用语的基本特征及其教学 张风格 《汉语研究与应用》第二辑 中国人民大学对外语言文化学院编 中国社会科学出版社 2004 年

DB04112 论对外汉语教学中口语课的词汇教学 郭宏 《西南民族大学学报》(人文社科版) 2004 年第 4 期

DB04113 浅谈汉语口语课的组织原则 付东明 《和田师范专科学校学报》 2004 年第 4 期

DB04114 浅谈基于交际任务的教学法——兼论口语教学的新思路 吴中伟 《第七届国际汉语教学讨论会论文选》《第七届国际汉语教学讨论会论文选》编辑委员会编 北京大学出版社 2004 年

DB04115 试论对外汉语教学中看图说话教学的主要方法 郭晓燕 《太原城市职业技术学院学报》 2004 年增刊第 3 期

DB04116 怎样通过朗读提高中级阶段留学生的口语输出能力 孙雁雁 《第七届国际汉语教学讨论会论文选》《第七届国际汉语教学讨论会论文选》编辑委员会编 北京大学出版社 2004 年

DB05117 合作学习与汉语口语教学 李艳萍 《新疆教育学院学报》 2005 年第 2 期

DB05118 开放式口语教学模式探索——语言实践课 耿京茹 《南开语言学刊》第五辑 南开大学出版社 2005 年

DB05119 朗读教学——对外汉语教学中的一个缺失环节 侯亚光 《语言文字应用》 2005 年增刊

DB05120 用交际法搭建口语教学的平台 肖亚西 《湘潭师范学院学报》(社会科学版) 2005 年第 6 期

DB05121 在对外汉语教学中培养学生的口语交际能力 李丽丽 《云南师范大学学报》(对外汉语教学与研究版) 2005 年第 1 期

DB06122 插入语和对外汉语口语教学 王秀娟 《江西金融职工大学学报》 2006 年增刊第 1 期

DB06123 对外汉语初级阶段口语课的反思——有关听说课教学的理论与实践之初探 邓楠楠 蒋磊 《铜陵职业技术学院学报》 2006年第2期

DB06124 对外汉语口语教学模式面面观 杜欣 《语言文字应用》 2006年第2期

DB06125 对外汉语口语课中的词汇教学问题 徐丽华 蓝蕊 《浙江师范大学学报》(社会科学版) 2006年第6期

DB06126 近十年对外汉语词汇教学新思路的开拓 徐开妍 《现代语文》(语言研究版) 2006年第5期

DB06127 近十年来对外汉语口语教学综述 于芳芳 《现代语文》(语言研究版) 2006年第5期

DB06128 论商贸汉语口语的词汇教学 汤玲 《中山大学学报论丛》 2006年第10期

DB06129 浅谈教师言语与对外汉语口语教学 张卓 《现代教育科学》 2006年第2期

DB06130 浅谈在对外汉语口语课中如何培养学生的语言交际能力 车正兰 《辽宁教育行政学院学报》 2006年第5期

3. 听力课(131—225)

DB77131 听力训练在语言教学中的作用 石佩雯 李继禹 《语言教学与研究》第一集 北京语言学院 《语言教学与研究》编辑室 1977年2月

DB84132 听力教学札记 张祖圻 《语言教学与研究》 1984年第2期

DB85133 对科技汉语听力课教学的认识 郭金鼓 《对外汉语教学论集》 《语言教学与研究》编辑部编 北京语言学院出版社 1985年

DB85134 听力教学初探 杨惠元 《对外汉语教学论集》《语言教学与研究》编辑部编 北京语言学院出版社 1985年

DB85135 基础汉语教学和"数"——关于听力训练 李德津 《对外汉语教学论集》《语言教学与研究》编辑部编 北京语言学院出版社 1985年

DB85136 谈科技汉语的听力理解 李清华 《语言教学与研究》 1987年第2期

DB88137 提高听说课教学中言语材料的重现率和学生的开口率 岳维善 《世界汉语教学》 1988年第3期

DB90138 听力构成和听力教学的构想 郭锦桴 《中国对外汉语教学学会第三次学术讨论会论文选》 中国对外汉语教学学会编 北京语言学院出版社 1990年

DB90139 听力训练81法的理论基础 杨惠元 《中国对外汉语教学学会第三次学术讨论会论文选》 中国对外汉语教学学会编 北京语言学院出版社 1990年

DB91140 从历年试卷看听力口语课的教学及其测试问题 郑懿德 《第三届国际汉语教学讨论会论文选》《第三届国际汉语教学讨论会论文选》编辑委员会编 北京语言学院出版社 1991年

DB91141 论听和说 杨惠元《第三届国际汉语教学讨论会论文选》《第三届国际汉语教学讨论会论文选》编辑委员会编 北京语言学院出版社 1991年

DB92142 基础汉语听力课教学的三项基本原则 卢福波《辽宁师范大学学报》(社会科学版) 1992年第6期

DB92143 中国对外汉语听力教学的发展 杨惠元《世界汉语教学》1992年第4期

DB93144 听力课的教学环节设计——关于备课与上课 杨惠元《语言教学与研究》1993年第2期

DB94145 广播新闻听力课教学论略 金天相 李泉《汉语学习》1994年第3期

DB94146 听力练习的一种尝试——对比听写 刘颂浩《北京大学学报·对外汉语教学中心成立十周年纪念专刊》1994年

DB94147 预测原理在听力教学中的应用 张黎《语言教学与研究》1994年第1期

DB95148 初级汉语水平日本留学生的听力障碍 马燕华《北京师范大学学报》(社会科学版) 1995年第6期

DB95149 谈听力教学中的口语训练 鲁俐《清华大学学报》(哲学社会科学版) 1995年第4期

DB96150 从听力测试谈留学生听力理解方面的障碍 毛悦《中国对外汉语教学学会第五次学术讨论会论文选》中国对外汉语教学学会编 北京语言学院出版社 1996年

DB96151 话语分析理论与语段听力教学 齐燕荣《语言教学与研究》1996年第4期

DB96152 试论汉语听力会话技能的培养 谭菊明《新疆教育学院学报》1996年第3期

DB97153 初级阶段听力课教学的基本任务——积累语言信息 王小珊《对外汉语教学课程研究》李杨主编 北京语言文化大学出版社 1997年

DB97154 从历年试卷看听力口语课的教学及其测试问题 郑懿德《汉语集稿》北京语言文化大学出版社 1997年

DB97155 改进听力课教学的几个问题 卢岚岚《汉语速成教学研究》第一辑 北京语言文化大学汉语速成学院编 北京大学出版社 1997年

DB97156 HSK水平考试成绩分析——兼谈听力教学在汉语学习中的重要性 寒宇《北京第二外国语学院学报》1997年第4期

DB97157 录听实况,析辨声义——关于汉语实况听力课 孟国《天津市对外汉语教学论文集》天津人民出版社 1997年

DB97158 浅谈电视新闻教学及听力理解 刘濂《第五届国际汉语教学讨论会论文选》《第五届国际汉语教学讨论会论文选》编辑委员会编 北京大学出版社 1997年

DB97159 听力训练理论研究的回顾与展望 杨惠元《世界汉语教学》1997年第2期

DB97160 有声作业与听力教学 浮根成《语言教学与研究》1997年第3期

DB98161 初级听力课可懂输入的几种尝试 蔡琼萍《第二语言(汉语)教学论集》第3集

戴庆厦主编 民族出版社 1998年

DB98162 对外基础汉语听力课教学初探 温敏 《武汉大学学报》(人文社会科学版) 1998年第3期

DB98163 将中国民歌引入对外汉语教学 赵方禹 《北京第二外国语学院学报》 1998年第2期

DB98164 口误与对外汉语实况教学 孟国 《语言教学与研究》 1998年第3期

DB98165 论汉语听力课的设置和教学——北大汉语中心听力课调查报告 李红印 陈莉 《北大海外教育》第二辑 郭振华 赵燕皎编 北京大学出版社 1998年

DB98166 培养学生掌握跳跃听力障碍技巧的能力 胡波 《语言文化教学研究集刊》第二辑 北京语言文化大学汉语学院编 华语教学出版社 1998年

DB98167 谈汉语听力教学中的针对性 沈燕 《对外汉语教学探讨集——北京地区第一届对外汉语教学讨论会论文选》 赵金铭等编 北京大学出版社 1998年

DB98168 听力课教学的现状与革新 金立鑫 《对外汉语论丛》 吕光旦主编 上海外语教育出版社 1998年

DB99169 初级听力理解课的教学原则与教学环节 刘红英 《沈阳师范学院学报》(社会科学版) 1999年第1期

DB99170 汉语中的口误问题 孟国 《汉语学习》 1999年第1期

DB99171 论听力理解的阶段性划分与启发——谈第二语言的听力课教学 王碧霞 《语言文化教学研究集刊》第三辑 北京语言文化大学汉语学院编 华语教学出版社 1999年

DB99172 图式理论与中级汉语听力教学浅析 史芬茹 《北京师范大学学报》(社会科学版) 1999年专刊

DB99173 训练听力理解微技能,发挥教师知道作用 胡孝斌 《汉语速成教学研究》第二辑 北京语言文化大学汉语速成学院编 华语教学出版社 1999年

DB99174 针对日本留学生的听力坡度训练法 王珊 《西安外国语学院学报》 1999年第1期

DB99175 中级汉语水平留学生听力跳跃障碍的实现条件 马燕华 《北京大学学报》(哲学社会科学版) 1999年第5期

DB00176 辨音辨调跟理解词义句义的关系——一次听力理解的实验 杨惠元 《世界汉语教学》 2000年第1期

DB00177 对外汉语听力训练浅谈 蔡梅 《齐齐哈尔大学学报》(哲学社会科学版) 2000年第2期

DB00178 汉语听力教学新论 李红印 《南京大学学报》(哲学·人文科学·社会科学版) 2000年第5期

DB00179 普通话听力训练的认知基础和实践 王小珊 《语言文化教学研究集刊》第四辑

北京语言文化大学汉语学院编　华语教学出版社　2000 年

DB00180　日本留学生初级班汉语听力教学　杨晓莉　《大连民族学院学报》　2000 年第 2 期

DB00181　听力教学 CALL 四法　(日)砂冈和子　《第六届国际汉语教学讨论会论文选》　《第六届国际汉语教学讨论会论文选》编辑委员会编　北京大学出版社　2000 年

DB00182　语言的有效输入与听力课教学　阮宝娣　《双语学研究》(《民族教育研究》2000 年增刊)　戴庆厦主编　《民族教育研究》编辑部　2000 年

DB01183　对外汉语听力教学研究述评　刘颂浩　《世界汉语教学》　2001 年第 1 期

DB01184　高级听力训练的必要性及其教材编写尝试　幺书君　《中国对外汉语教学学会北京分会第二届学术年会论文集》　中国对外汉语教学学会北京分会编　北京语言文化大学出版社　2001 年

DB01185　汉语听力教学再认识　李红印　《对外汉语教学与教材研究论文集》　国家对外汉语教学领导小组编　华语教学出版社　2001 年

DB01186　试论利用语境进行听力教学　陈颖　《北京师范大学学报》(人文社会科学版)　2001 年第 6 期

DB01187　试谈听力训练中的跨文化交际能力培养　沈燕　《国际汉语教学学术研讨会论文集》(《语言研究》　2001 年增刊)　李祥坤主编　《语言研究》编辑部　2001 年

DB01188　《新闻听力课》教学实践的反思　刘平　《对外汉语教学与教材研究论文集》　国家对外汉语教学领导小组编　华语教学出版社　2001 年

DB01189　“以神制形”练听力　陶嘉炜　《对外汉语教学与教材研究论文集》　国家对外汉语教学领导小组编　华语教学出版社　2001 年

DB02190　对外汉语教学初级阶段听力输入的内容及方式　刘丽宁　《语言与翻译》　2002 年第 4 期

DB02191　对外汉语教学中听力教学的文化问题　吴晓颖　《玉溪师范学院学报》　2002 年第 4 期

DB02192　影响听懂的因素分析及对策　曹慧　《语言教学与研究》　2002 年第 2 期

DB03193　提高听力课教学效果的几点尝试　幺书君　《汉语研究与应用》第一辑　中国人民大学对外语言文化学院编　中国社会科学出版社　2003 年

DB03194　听力教学思考　陈昕　《对外汉语教学论文集》　厦门大学海外华文教育研究所海外教育学院编　厦门大学出版社　2003 年

DB03195　听力理解认知策略分析及教学对策　杨雪梅　《暨南大学学报》　2003 年第 4 期

DB03196　图式理论与第二语言听力教学　高霞　《楚雄师范学院学报》　2003 年第 2 期

DB04197　对外汉语教学中影响听力理解的因素及对策　丁艳　《云南师范大学学报》(对外汉语教学与研究版)　2004 年第 1 期

DB04198　对外汉语听力理解中的语义分析　钱如玉　《常州信息职业技术学院学报》　2004

年第1期

DB04199　对外汉语听力能力培养初探　马伟阳　《焦作大学学报》　2004年第2期

DB04200　会话含义理论与汉语听力教学　王凤兰　《西南民族大学学报》(人文社科版)　2004年第11期

DB04201　监控训练在速成汉语中高级听力教学中的应用　毛悦　任丽丽　《语言教学与研究》　2004年第3期

DB04202　"理解后听"教学模式探讨　谭春健　《云南师范大学学报》(对外汉语教学与研究版)　2004年第4期

DB04203　浅析对外汉语教学中的听力训练　韩冠男　《潍坊学院学报》　2004年第5期

DB04204　谈听力训练中抓主要信息能力的培养　胡波　《云南师范大学学报》　2004年增刊

DB04205　听力教学应调动和利用学生的认知结构　陈军　《北京地区第三届对外汉语教学讨论会论文选》　北京大学出版社　2004年

DB04206　听力课中引入外来词教学培养学生语感的实验报告　方欣欣　《第七届国际汉语教学讨论会论文选》　《第七届国际汉语教学讨论会论文选》编辑委员会编　北京大学出版社　2004年

DB04207　听力难度成因分析　幺书君　《第七届国际汉语教学讨论会论文选》　《第七届国际汉语教学讨论会论文选》编辑委员会编　北京大学出版社　2004年

DB04208　图式理论与对外汉语听力教学　傅由　《汉语研究与应用》第二辑　中国人民大学对外语言文化学院编　中国社会科学出版社　2004年

DB04209　自然法在对外汉语初级水平听力教学中的应用　王宏丽　《四川教育学院学报》　2004年第3期

DB04210　自上而下模型和自下而上模型在对外汉语教学中的应用　孙晓明　《云南师范大学学报》　2004年增刊

DB05211　对外汉语初级阶段口语教学浅析　孙海丽　《齐齐哈尔大学学报》(哲学社会科学版)　2005年第5期

DB05212　HSK听力强化训练　佟迅　《云南师范大学学报》(对外汉语教学与研究版)　2005年第5期

DB05213　试论对外汉语教学中短文听解图式的建立　陈颖　《语言文字应用》　2005年增刊

DB05214　试论对外汉语听力教学交际能力的训练与培养　苏明　马威　《辽宁教育行政学院学报》　2005年第1期

DB05215　听说课课堂教学效果研究　高玮　《语言文字应用》　2005年增刊

DB05216　语调辨析在中级汉语听力理解中的重要性　干红梅　《汉语学习》　2005年第3期

DB06217　对外汉语听力教学探　刘颖　《和田师范专科学校学报》　2006年第3期

DB06218　对外汉语中级听力教学中影响听懂因素的解析　马玉红　《北京市经济管理干部

学院学报》 2006 年第 4 期

DB06219 汉语语速与对外汉语听力教学 孟国 《世界汉语教学》 2006 年第 2 期

DB06220 母语习得模式的借鉴与应用——对外汉语教学听力训练 张亚冰 黄丽 《吉林省教育学院学报》 2006 年第 5 期

DB06221 浅议运用听写进行听力课的词汇教学 柯露晞 《中山大学学报论丛》 2006 年第 10 期

DB06222 认知与元认知策略在对外汉语听力教学中的应用 黄薇 《红河学院学报》 2006 年第 4 期

DB06223 试论对外汉语听力的"预听" 周逢琴 《成都教育学院学报》 2006 年第 8 期

DB06224 语篇分析理论在听力教学中的应用 朱子辉 《汉语研究与应用》第四辑 中国人民大学对外语言文化学院编 中国社会科学出版社 2006 年

DB06225 注意策略与对外汉语听力教学 傅由 王淑红 《汉语研究与应用》第四辑 中国人民大学对外语言文化学院编 中国社会科学出版社 2006 年

4. 阅读课(226—299)

DB85226 阅读教学浅谈 张树昌 杨俊萱 《对外汉语教学论集》《语言教学与研究》编辑部编 北京语言学院出版社 1985 年

DB86227 谈发展对外汉语泛读教学的重要性和迫切性 王新文 《对外汉语教学研究会第二次学术讨论会论文选》 中国高等教育学会对外汉语教学研究会编 北京语言学院出版社 1986 年

DB87228 快速阅读和高级汉语快速阅读 倪明亮 《世界汉语教学》 1987 年第 4 期

DB87229 谈对外汉语阅读教学的设疑提问 杨俊萱 梅立崇 《语言教学与研究》 1987 年第 2 期

DB87230 现代汉语阅读课中的"假借字"问题 (美)薛凤生 《第二届国际汉语教学讨论会论文集》 第二届国际汉语教学讨论会组织委员会编 北京语言学院出版社 1987 年

DB87231 中文逗号用法与汉语阅读教学 (美)米凯乐 《第二届国际汉语教学讨论会论文集》 第二届国际汉语教学讨论会组织委员会编 北京语言学院出版社 1987 年

DB90232 对外汉语教学中的快速阅读训练 鲁宝元 《中国对外汉语教学学会第三次学术讨论会论文选》 中国对外汉语教学学会编 北京语言学院出版社 1990 年

DB90233 对外汉语教学中的速读训练 周小兵 《汉语学习》 1990 年第 4 期

DB90234 论初级阅读 陈贤纯 《中国对外汉语教学学会第三次学术讨论会论文选》 中国对外汉语教学学会编 北京语言学院出版社 1990 年

DB90235 谈留学生的速读训练 周小兵 《中国对外汉语教学学会第三次学术讨论会论文

选》 中国对外汉语教学学会编 北京语言学院出版社 1990 年

DB92236 认字辨词与阅读理解能力 (新加坡)谢世涯 苏启祯 《语言教学与研究》 1992 年第 4 期

DB92237 一年制零起点留学生“会话课”中文化背景知识的范畴及其教学 马燕华 《北京师范大学学报》(社会科学版) 1992 年第 6 期

DB93238 谈非视觉信息的培养——基础阶段汉语阅读教学探讨 王碧霞 《对外汉语教学论集》 北京语言学院教务处编 北京语言学院出版社 1993 年

DB95239 浅谈对外汉语阅读课教学 吴平 《北京第二外国语学院学报》 1995 年第 3 期

DB95240 谈对外汉语教学中的阅读技能训练 王志胜 《青海民族学院学报》(社会科学版) 1995 年第 4 期

DB95241 预设与阅读理解 刘颂浩 《语言教学与研究》 1995 年第 3 期

DB96242 对外汉语教学概论(讲义)(续十五) 吕必松 《世界汉语教学》 1996 年第 2 期

DB96243 对外汉语教学中的“骑马词”问题 袁嘉 《西南民族学院学报》(哲学社会科学版) 1996 年增刊第 6 期

DB96244 多项选择题应用中的一些问题 刘颂浩 《语言文字应用》 1996 年第 1 期

DB96245 高水平汉语阅读难点词语调查及有关问题 李绍林 《语言文化教学研究》 北京语言学院汉语学院编 华语教学出版社 1996 年

DB96246 口语表达与阅读课教学——改革中级汉语阅读课的一种尝试 陈晓燕 《南京大学学报》(哲学·人文科学·社会科学版) 1996 年第 4 期

DB96247 阅读教学中的若干问题 刘颂浩 林欢 《语言教学与研究》 1996 年第 1 期

DB97248 关于阅读教学的几点思考 李世之 《世界汉语教学》 1997 年第 1 期

DB98249 对外汉语阅读课的定位、定量、定法问题 李黔萍 《对外汉语论丛》 吕光旦主编 上海外语教育出版社 1998 年

DB98250 谈汉语在作为第二语言教学中阅读理解技能的训练 袁雨华 《喀什师范学院学报》 1998 年第 2 期

DB98251 讨论式阅读课教学实验报告 李兰英 《第二语言(汉语)教学论集》第 3 集 戴庆厦主编 民族出版社 1998 年

DB99252 对外汉语教学中阅读理解的策略训练 张辉 《语言文化教学研究集刊》第三辑 北京语言文化大学汉语学院编 华语教学出版社 1999 年

DB99253 汉语作为第二语言的阅读·阅读课·阅读测试 林可 《广西大学学报》(哲学社会科学版) 1999 年第 2 期

DB99254 日本留学生中高级阶段的阅读理解难点以及教学上的思考 岑玉珍 白荃 《北京师范大学学报》(社会科学版) 1999 年专刊

DB99255 语言深层结构论与对外汉语高级阅读教学 王向晖 《汉语速成教学研究》第二辑

北京语言文化大学汉语速成学院编　华语教学出版社　1999年

DB99256　阅读技能训练理论与实践新探　刘谦功　《语言文化教学研究集刊》第三辑　北京语言文化大学汉语学院编　华语教学出版社　1999年

DB99257　阅读练习中判断正误题的运用与设计　戴悉心　《语言文化教学研究集刊》第三辑　北京语言文化大学汉语学院编　华语教学出版社　1999年

DB00258　从语言理解的三个层次看阅读课教学程序的设计　刘谦功　《语言文化教学研究集刊》第四辑　北京语言文化大学汉语学院编　华语教学出版社　2000年

DB00259　汉语快速阅读训练技巧　刘蕾　《汉语学报》第1期　邢福义　萧国政主编　湖北教育出版社　2000年

DB00260　视知觉、知识图式和快速阅读训练　张惠芬　《汉语学习》　2000年第2期

DB00261　探索汉语阅读的微技能　周健　《第六届国际汉语教学讨论会论文选》《第六届国际汉语教学讨论会论文选》编辑委员会编　北京大学出版社　2000年

DB00262　外国留学生汉语阅读中音、形信息对汉字辨认的影响　高立群　孟凌　《世界汉语教学》　2000年第4期

DB00263　外国留学生汉语阅读中字形与字音的作用初探　季秀清　《语言文化教学研究集刊》第四辑　北京语言文化大学汉语学院编　华语教学出版社　2000年

DB00264　阅读课上的词汇学习　刘颂浩　《第六届国际汉语教学讨论会论文选》《第六届国际汉语教学讨论会论文选》编辑委员会编　北京大学出版社　2000年

DB01265　对阅读教学研究的若干思考　刘颂浩　《中国对外汉语教学学会北京分会第二届学术年会论文集》　中国对外汉语教学学会北京分会编　北京语言文化大学出版社　2001年

DB01266　关于在语境中猜测词义的调查　刘颂浩　《汉语学习》　2001年第1期

DB01267　汉语阅读教学任务及其量化分析　乔印伟　《世界汉语教学》　2001年第2期

DB01268　中级阅读教材的难度控制及阅读技能训练的"汉化"　徐霄鹰　《对外汉语教学与教材研究论文集》　国家对外汉语教学领导小组编　华语教学出版社　2001年

DB02269　汉语作为第二语言学习中的词语意义辨析问题　王魁京　《中国对外汉语教学学会第七次学术讨论会论文选》　中国对外汉语教学学会编　人民教育出版社　2002年

DB02270　朗读·默读·阅读　丁根生　《对外汉语一对一个别教授研究》　吴仁甫编　中国社会科学出版社　2002年

DB02271　模糊语言与留学生汉语中级阅读课教学　张平　《吉林广播电视大学学报》　2002年

DB02272　说"精读"和"泛读"　鲁健骥　《中国对外汉语教学学会第七次学术讨论会论文选》　人民教育出版社　2002年

DB02273　阅读课与阅读理解能力的培养　玛依拉　《双语学研究》(《民族教育研究》2000

年增刊) 戴庆厦主编 《民族教育研究》编辑部 2002年

DB03274 从认知机制谈高级阶段的快速阅读训练 王瑶 《桂林师范高等专科学校学报》 2003年第1期

DB03275 对外汉语教学中文学作品导读的三种诠释技术 李丽 《云南师范大学学报》(对外汉语教学与研究版) 2003年第3期

DB03276 对外汉语教学中文学作品的阅读的教学思考 崔海燕 路明 《辽宁公安司法管理干部学院学报》 2003年第4期

DB03277 对外汉语阅读教学的新探索 陈子骄 《牡丹江师范学院学报》(哲学社会科学版) 2003年第5期

DB03278 关于韩国留学生阅读课教学的思考 鲍丽娟 由田 《长春大学学报》 2003年第5期

DB03279 留学生阅读教学的思考 刘慧清 《云南师范大学学报》(对外汉语教学与研究版) 2003年第4期

DB03280 图式理论在对外汉语阅读教学中的应用 戴雪梅 《汉语学习》 2003年第2期

DB03281 影响对外汉语阅读课实词理解的因素及教学对策 莫银燕 《云南师范大学学报》(对外汉语教学与研究版) 2003年第6期

DB03282 阅读训练中理解性偏误的类型、原因及对策分析 陈珺 《云南师范大学学报》(对外汉语教学与研究版) 2003年第3期

DB03283 中级汉语阅读课教学模式初探 熊云茜 《云南师范大学学报》(对外汉语教学与研究版) 2003年第2期

DB04284 对外汉语阅读教学与研究现状述评 徐承伟 《汉语研究与应用》第二辑 中国人民大学对外语言文化学院编 中国社会科学出版社 2004年

DB04285 对外汉语阅读教学中的缩略语教学 严亚莉 《暨南大学华文学院学报》 2004年第2期

DB04286 对外汉语阅读课教学方法研究 廖智宏 《广西民族学院学报》(哲学社会科学版) 2004年增刊第1期

DB04287 浅议对民族学生汉语阅读教学认识上的几个偏误 蒋方珍 《和田师范专科学校学报》 2004年第3期

DB04288 提高民族学生汉语口语水平的对策:口语练习延迟法 杜华 《和田师范专科学校学报》 2004年第2期

DB04289 图式理论启发下的对外汉语阅读教学策略 王辉 《汉语学习》 2004年第2期

DB05290 初级阶段的汉语阅读教学 沈兰 《对外汉语阅读研究》 北京大学出版社 2005年

DB05291 词义猜测的过程和猜测所用的知识——伴随性词语学习的个案研究 钱旭菁 《世界汉语教学》 2005年第1期

DB05292 读者反应论在对外汉语教学中的应用 褚江波 《语言教学与研究》 2005年第2期

DB05293 高级汉语阅读课的自主阅读指导 罗青松 《海外华文教育》 陈荣岚编 《海外华文教育》杂志社 2005年

DB05294 影响留学生阅读因素的考察 吴门吉 《对外汉语阅读研究》 北京大学出版社 2005年

DB05295 中国戏剧会话分析与对外汉语教学——从话轮转换角度解读《雷雨》的人物关系 司建国 《云南师范大学学报》(对外汉语教学与研究版) 2005年第4期

DB06296 "篇章断句"之汉语阅读策略教学 信世昌 《对外汉语研究》第二期 齐沪扬主编 商务印书馆 2006年

DB06297 任务型语言教学在对外汉语中级阅读教学中的应用 范文苑 《现代语文》(语言研究版) 2006年第6期

DB06298 阅读:覆盖率、识读率和字词比 张卫国 《语言文字应用》 2006年第3期

DB06299 中级汉语快速阅读技巧分析 汤晓林 《语言文字应用》 2006年第2期

5. 写作课(300—335)

DB79300 谈谈外国留学生的写作课教学 李清华 《语言教学与研究》第四集 北京语言学院《语言教学与研究》编辑室 1979年2月

DB85301 初级班的"写作"课程 (美)黎天睦(Timothy Light) 《第一届国际汉语教学讨论会论文选》 第一届国际汉语教学讨论会组织委员会编 北京语言学院出版社 1985年

DB85302 浅谈写作课教学 祝秉耀 《对外汉语教学论集》 《语言教学与研究》编辑部编 北京语言学院出版社 1985年

DB85303 外国留学生汉语专业的写作课教学 杨建昌 《对外汉语教学论集》 《语言教学与研究》编辑部编 北京语言学院出版社 1985年

DB86304 谈"写"的技能培养 褚福章 《对外汉语教学研究会第二次学术讨论会论文选》 中国高等教育学会对外汉语教学研究会编 北京语言学院出版社 1986年

DB86305 外国留学生中级阶段的写作课教学 李清华《语言教学与研究》 1986年第1期

DB90306 关于对外汉语教学中的作文教学 (日)宫本幸子 《第三届国际汉语教学讨论会论文选》 第三届国际汉语教学讨论会会务工作委员会编 北京语言学院出版社 1990年

DB90307 基础汉语写作课的基本训练方法 吕效东 《第三届国际汉语教学讨论会论文选》 第三届国际汉语教学讨论会会务工作委员会编 北京语言学院出版社 1990年

DB93308 论写作对语言学习的深化 吴振邦《对外汉语教学论集》 北京语言学院教务处编 北京语言学院出版社 1993年

DB94309 留学生的汉语写作教学刍议 南勇 《汉语学习》 1994年第6期

DB96310 刍议留学生的"写" 李秀坤 《辽宁师范大学学报》(社会科学版) 1996年第4期

DB98311 初级阶段笔头表达训练浅析 鲁江 《第二语言(汉语)教学论集》第3集 戴庆厦主编 民族出版社 1998年

DB98312 对外汉语语段写作训练简论 陈福宝 《汉语学习》 1998年第6期

DB98313 华侨华人学生写作教学初探 王俭 《华侨大学学报》(哲学社会科学版) 1998年第1期

DB98314 中级写作课的性质、任务及教学方法 李萍 《对外汉语教学论丛》第一辑 王文虎主编 四川大学出版社 1998年

DB99315 对外汉语写作教学的特点和基本原则——兼谈第一语言和第二语言写作教学的区别 罗青松 《语言教育问题研究论文集》 吕必松主编 华语教学出版社 1999年

DB99316 留学生汉语写作教学二题 何立荣 《扬州大学学报》(高教研究版) 1999年第3期

DB99317 浅谈留学生汉语写作中的篇章失误——兼谈写作课的篇章教学问题 何立荣 《汉语学习》 1999年第1期

DB00318 关于如何培养高级汉语写作人才之我见 马仲可 《第六届国际汉语教学讨论会论文选》《第六届国际汉语教学讨论会论文选》编辑委员会编 北京大学出版社 2000年

DB00319 汉语写作教学中的语段运用 祝秉耀 《语言文化教学研究集刊》第四辑 北京语言文化大学汉语学院编 华语教学出版社 2000年

DB00320 试论笔画定序的规范化 马显彬 《龙岩师专学报》 2000年第2期

DB00321 试论记忆在写作中的作用 金舒年 《北大海外教育》第三辑 赵燕皎 李晓琪编 华语教学出版社 2000年

DB01322 对11篇留学生汉语作文中偏误的统计分析及对汉语写作课教学的思考 辛平 《汉语学习》 2001年第4期

DB02323 对外汉语写作教学中的重要一环——谈作文评改的现状和对策 许国萍 王一平 《暨南大学华文学院学报》 2002年第2期

DB01324 汉语话语结构问题及其在写作训练中的影响 王健昆 《北京师范大学学报》(人文社会科学版) 2001年第6期

DB01325 留学生写作训练的中间环节 刘海燕 《中国对外汉语教学学会北京分会第二届学术年会论文集》 中国对外汉语教学学会北京分会编 北京语言文化大学出版社 2001年

DB02326 思维训练与读写教学 朱川 《对外汉语一对一个别教授研究》 吴仁甫主编 中国社会科学出版社 2002年

DB03327 初级写作教学的思考和实践 王一平 许国萍 《对外汉语教学论文集》 厦门大

学海外华文教育研究所 海外教育学院编 厦门大学出版社 2003年

DB03328 对外汉语教学写作课初探 陈贤纯 《语言教学与研究》 2003年第5期

DB03329 海外华文写作教学法初探 张桃 《对外汉语教学论文集》 厦门大学海外华文教育研究所 海外教育学院编 厦门大学出版社 2003年

DB03330 留学生本科论文指导的几个问题 岑玉珍 《汉语研究与应用》第一辑 中国人民大学对外语言文化学院编 中国社会科学出版社 2003年

DB03331 论运用"过程法"进行汉语写作教学 唐曙霞 《云南师范大学学报》(对外汉语教学与研究版) 2003年第5期

DB04332 过程写作的实践与理论 杨俐 《世界汉语教学》 2004年第1期

DB04333 汉语写作教学刍议 王凤兰 《齐齐哈尔大学学报》(哲学社会科学版) 2004年第5期

DB04334 任务型教学模式在对外汉语写作课中的应用 张笑难 《北京地区第三届对外汉语教学讨论会论文选》 北京大学出版社 2004年

DB06335 留学生写作教学中的控制性训练原则 杜欣 《汉语学习》 2006年第3期

6. 视听说课(336—356)

DB86336 《视听说》教学尝试 余又兰 《对外汉语教学研究会第二次学术讨论会论文选》 中国高等教育学会对外汉语教学研究会编 北京语言学院出版社 1986年

DB87337 视听说课总体设计、教材编写与教学原则及其在对外汉语教学中的运用 于康 《第二届国际汉语教学讨论会论文集》 第二届国际汉语教学讨论会组织委员会编 北京语言学院出版社 1987年

DB91338 对外汉语视听说课程教学、教法再思考 葛中华 《中高级对外汉语教学论文选》国家对外汉语教学领导小组办公室教学业务部编 北京语言学院出版社 1991年

DB91339 试谈汉语听说课中的几个问题 冯克敏 《新疆教育学院学报》 1991年第3期

DB93340 训练听说技能的有效形式——《视听说》课程的构想与实践 邹胜瑛 《山东师大学报》(人文社会科学版) 1993年第1期

DB95341 浅谈对外汉语的"视听说"教学 沈履伟 《天津师大学报》(社会科学版) 1995年第1期

DB96342 "电视实况视听说"课的教学实践与理论探讨 孟国 《天津师大学报》(社会科学版) 1996年第6期

DB96343 关于高年级的视听说课教学 吴丽君 《世界汉语教学》 1996年第2期

DB96344 视听说课的教材与课堂教学 罗庆铭 《汉语学习》 1996年第6期

DB97345 汉语"视听说"课程教学初探 唐荔 《北京广播电视大学学报》 1997年第3期

DB97346 中高级汉语视听说课有关问题的调查分析与构想 赵立江 《世界汉语教学》

1997年第3期

DB97347 中高级汉语视听说课有关问题的调查分析与探讨 赵立江 《汉语速成教学研究》第一辑 北京语言文化大学汉语速成学院编 北京大学出版社 1997年

DB98348 视听课与汉语复杂口语的情境教学 于森 《北京第二外国语学院学报》 1998年第2期

DB98349 视听说课的设计构想 沈履伟 《天津外国语学院学报》 1998年第1期

DB99350 试论对外汉语视听说的课堂教学 郑桂芬 《大连外国语学院35周年校庆学术系列丛书——对外汉语卷》 校庆丛书编委会编 长春出版社 1999年

DB99351 视听说课课堂教学的优势及教学重点 刘虹 《北京师范大学学报》(社会科学版) 1999年专刊

DB99352 谈"视、听、说"课教材的选择和使用方法 史世庆 《中国对外汉语教学学会第六次学术讨论会论文选》 中国对外汉语教学学会编 华语教学出版社 1999年

DB00353 电视短节目作视听说教材的初步研究 陈晓桦 《绥化师专学报》 2000年第2期

DB00354 视听说课中的语言习得 温象羽 《天津师大学报》(社会科学版) 2000年第2期

DB01355 视听课的交际决策与目标词教学同精读课比较的个案实验分析 于森 《中国对外汉语教学学会北京分会第二届学术年会论文集》 中国对外汉语教学学会北京分会编 北京语言文化大学出版社 2001年

DB04356 对外汉语视听说课的选材探析 郝红艳 《云南师范大学学报》(对外汉语教学与研究版) 2004年第3期

7. 报刊课(357—391)

DB85357 报刊词语和报刊语言课教学 李振杰 《第一届国际汉语教学讨论会论文选》 第一届国际汉语教学讨论会组织委员会编 北京语言学院出版社 1985年

DB85358 对外汉语教学有关报刊阅读方面的几个问题 苏迈凯 《第一届国际汉语教学讨论会论文选》 第一届国际汉语教学讨论会组织委员会编 北京语言学院出版社 1985年

DB86359 报刊文选课浅谈 桂梦春 《对外汉语教学研究会第二次学术讨论会论文选》 中国高等教育学会对外汉语教学研究会编 北京语言学院出版社 1986年

DB87360 读报课的设置与教学问题 陈君宏 《第二届国际汉语教学讨论会论文选》 第二届国际汉语教学讨论会组织委员会编 北京语言学院出版社 1987年

DB87361 文化与报刊语言教学 于丛杨 《第二届国际汉语教学讨论会论文选》 第二届国际汉语教学讨论会组织委员会编 北京语言学院出版社 1987年

DB88362 报刊课教学的一点新尝试 张娟云 王锡三 《世界汉语教学》 1988年第3期

DB88363 关于报刊选读课和听力课 邢公畹 《世界汉语教学》 1988年第1期

DB90364 报刊选读课之我见 梁霞 《中国对外汉语教学学会第三次学术讨论会论文选》 中国对外汉语教学学会编 北京语言学院出版社 1990年

DB94365 关于对外汉语报刊课的一点思考 张和生 《北京师范大学学报》(社会科学版) 1994年第3期

DB96366 报刊课的教学设想与安排 侯敏 王秀清 《语言教学与研究》 1996年第2期

DB96367 报刊课之我见 许俐珍 《中国对外汉语教学学会成立十周年纪念论文选》 中国对外汉语教学学会秘书处编 北京语言学院出版社 1996年

DB96368 对外汉语《报刊语言基础》教学方法初探 金学丽 《沈阳师范学院学报》(社会科学版) 1996年第2期

DB96369 简论对外汉语教学中的报刊课 余维钦 《中国对外汉语教学学会成立十周年纪念论文选》 中国对外汉语教学学会秘书处编 北京语言学院出版社 1996年

DB96370 谈谈对外汉语怎样上好报刊语言课 陈台丽 《上海金融学院学报》 1996年第4期

DB96371 新闻标题的结构形式、语法特征及教学探索 张风格 《汉语言文化研究》 胡明扬 金天相等编 广西师范大学出版社 1996年

DB97372 报刊语汇的文化特色及教学对策 李巍 《北华大学学报》(社会科学版) 1997年第6期

DB97373 报刊语言特点探讨 陈昌娟 《天津商学院学报》 1997年第3期

DB97374 对外报刊教学最佳阅读模式探讨 朱建中 《语言文化教学研究集刊》第一辑 北京语言文化大学汉语学院编 华语教学出版社 1997年

DB98375 三年级报刊阅读教学策略探讨 朱建中 《语言文化教学研究集刊》第二辑 北京语言文化大学汉语学院编 华语教学出版社 1998年

DB98376 试论报刊选读课的教学定位 郝琳 《北京第二外国语学院学报》 1998年第2期

DB98377 缩略词与对外汉语报刊教学 浮根成 《汉语学习》 1998年第1期

DB99378 报刊教学综论 俞灏敏 《中国对外汉语教学学会第六次学术讨论会论文选》 中国对外汉语教学学会编 华语教学出版社 1999年

DB99379 从思维模式谈报刊阅读 高典 《语言文化教学研究集刊》第三辑 北京语言文化大学汉语学院编 华语教学出版社 1999年

DB99380 问题与对策——报刊课之我见 张崇富 《汉语学习》 1999年第4期

DB99381 在教学中如何突出报刊课的特点——中级报刊课的教学原则和方法探讨 胡秀梅 《北京师范大学学报》(社会科学版) 1999年专刊

DB00382 报刊语言课在汉语水平考试(HSK)中的反馈及对策 董萃 《锦州师范学院学报》(哲学社会科学版) 2000年第2期

DB00383 对外汉语新闻听读教学的原则和方法 王新文 《语言文字应用》 2000年第4期

DB01384 报刊阅读能力的结构及其训练说略 张金平 《国际汉语教学学术研讨会论文集》

(《语言研究》2001年增刊) 李祥坤主编 《语言研究》编辑部 2001年

DB01385 浅谈对外报刊教学中的文化问题 朱建中 《语言文化教学与研究(二〇〇一年卷)》 北京语言文化大学汉语学院编 人民教育出版社 2001年

DB02386 利用互联网资源辅助报刊课教学 丁安琪 《汉语学习》 2002年第5期

DB03387 对外汉语报刊阅读教学的尝试 甘甲才 《广东外语外贸大学学报》 2003年第2期

DB04388 试谈报刊语言教学中的固定表达 李春红 《四川职业技术学院学报》 2004年第1期

DB05389 汉语报刊阅读教学中的语感问题研究 徐富平 《云南师范大学学报》(对外汉语教学与研究版) 2005年第3期

DB05390 论对外汉语报刊阅读的教学策略 朴春燕 《沈阳师范大学学报》(社会科学版) 2005年第3期

DB05391 新词语和报刊语言教学 邓慧蓉 刘扬 白少辉 《东北农业大学学报》(社会科学版) 2005年第3期

8. 翻译课(392—405)

DB79392 对日本留学生的翻译课教学 荀春生 《语言教学与研究》 1979年第2期

DB80393 关于教美国留学生翻译课的几个问题 苟锡泉 《语言教学与研究》 1980年第4期

DB89394 谈报刊翻译课教学 赵炳晨 《世界汉语教学》 1989年第2期

DB90395 对外汉语翻译教学的理论指导与具体实践 孙慧双 《语言教学与研究》 1990年第3期

DB90396 对外汉语教学中的日汉翻译课 徐甲申 《第三届国际汉语教学讨论会论文选》 第三届国际汉语教学讨论会会务工作委员会编 北京语言学院出版社 1990年

DB91397 对比分析在翻译教学中的应用 许和平 《中高级对外汉语教学论文选》 国家对外汉语教学领导小组办公室教学业务部编 北京语言学院出版社 1991年

DB94398 对外汉语教学翻译课难点举要——浅议"意思"一词的英译 李威 王宏 《北华大学学报》(社会科学版) 1994年第4期

DB95399 十年翻译课的再思考 蔡振生 《世界汉语教学》 1995年第4期

DB97400 日译汉中敬语翻译的一些问题 赵炜宏 《汉语速成教学研究》第一辑 北京语言文化大学汉语速成学院编 北京大学出版社 1997年

DB98401 语言文化与翻译课教学 朱立才 《世界汉语教学》 1998年第3期

DB99402 对外汉语翻译课(日译汉)基础阶段词汇教学之我见 宋慧敏 《大连外国语学院35周年校庆学术系列丛书——对外汉语卷》 校庆丛书编委会编 长春出版社 1999年

DB01403 谈“动态词义”——兼谈翻译课的特色 邱鸿康 《语言文字应用》 2001年第2期

DB03404 试论翻译教学在对外汉语教学中的运用 朱丽萍 赵纯瑶 《楚雄师范学院学报》 2003年第6期

DB04405 关于汉语作为第二语言教学中的翻译课问题 (埃及)希夏姆 《第七届国际汉语教学讨论会论文选》《第七届国际汉语教学讨论会论文选》编辑委员会编 北京大学出版社 2004年

9. 其他(406—442)

DB85406 关于文言阅读课的教学 金德厚 《对外汉语教学论集》《语言教学与研究》编辑部编 北京语言学院出版社 1985年

DB85407 积极开展多种形式的语言实践活动——把语言实践活动纳入教学轨道 孙瑞珍 吴叔平 《对外汉语教学论集》《语言教学与研究》编辑部编 北京语言学院出版社 1985年

DB85408 谈古代汉语教学 王力 《对外汉语教学论集》《语言教学与研究》编辑部编 北京语言学院出版社 1985年

DB85409 怎样教好新闻听读课 何子铨 《对外汉语教学论集》《语言教学与研究》编辑部编 北京语言学院出版社 1985年

DB86410 对外古代汉语教学浅谈 寇德璋 《对外汉语教学研究会第二次学术讨论会论文选》 中国高等教育学会对外汉语教学研究会编 北京语言学院出版社 1986年

DB86411 谈谈对外汉语教学中的汉字课 张静贤 《语言教学与研究》 1986年第1期

DB87412 如何帮助外国学生尽快理解古代汉语 寇德璋 《第二届国际汉语教学讨论会论文选》 第二届国际汉语教学讨论会组织委员会编 北京语言学院出版社 1987年

DB87413 文言作为外语教学刍议 章纪孝 《语言教学与研究》 1987年第1期

DB89414 对外汉语教学中的烹饪课 黄奕谋 《世界汉语教学》 1989年第3期

DB91415 对外汉语教学中级阶段的“电视短剧”课 李淑清 《世界汉语教学》 1991年第2期

DB91416 文学课教学与语言技能训练 吴晓露 《中高级对外汉语教学论文选》 国家对外汉语教学领导小组办公室教学业务部编 北京语言学院出版社 1991年

DB93417 对外文言教学刍议 李文生 陈曦 《中国对外汉语教学学会第四次学术讨论会论文选》 中国对外汉语教学学会编 北京语言学院出版社 1993年

DB93418 谈错误分析课 李大忠 《中国对外汉语教学学会第四次学术讨论会论文选》 中国对外汉语教学学会编 北京语言学院出版社 1993年

DB94419 对外古文教学初探 王锡三 《天津师大学报》(社会科学版) 1994年第4期

DB94420 对外汉语文化课教学刍议——关于教学导向与教学原则 赵贤州 《汉语学习》 1994年第1期

DB95421 对外汉语教学概论(讲义)(续十三) 吕必松 《世界汉语教学》 1995 年第 3 期

DB96422 谈谈汉语拼音课的教学 苗冬霞 《第二语言(汉语)教学论集》第 1 集 戴庆厦主编 民族出版社 1996 年

DB98423 对外古汉语教学初探——以“也”及其相关句型为例 俞志强 柯蔚南 《语言教学与研究》 1998 年第 2 期

DB98424 古汉语课教学的再认识 郑继娥 《对外汉语教学论丛》第一辑 王文虎主编 四川大学出版社 1998 年

DB99425 论对外汉语的文学教学 潘先军 《大连外国语学院 35 周年校庆学术系列丛书——对外汉语卷》 校庆丛书编委会编 长春出版社 1999 年

DB99426 《中国概况》课教学初探 刘庆福 《北京师范大学学报》(社会科学版) 1999 年专刊

DB00427 充分利用文化大环境开设文化实践课——文化课教学模式新探索 辛平 《第六届国际汉语教学讨论会论文选》 《第六届国际汉语教学讨论会论文选》编辑委员会编 北京大学出版社 2000 年

DB00428 从留学生文言翻译中的问题谈对外文言教学 李海燕 《北大海外教育》第三辑 赵燕皎 李晓琪编 华语教学出版社 2000 年

DB00429 对日韩留学生“中国文学”课教学的理论思考 孟长勇 《第六届国际汉语教学讨论会论文选》 《第六届国际汉语教学讨论会论文选》编辑委员会编 北京大学出版社 2000 年

DB00430 试说错误分析课 王艳玲 楼卫国 《喀什师范学院学报》 2000 年第 3 期

DB01431 古汉语教学中名物化的英译问题 俞志强 South Coblin 《语言教学与研究》 2001 年第 5 期

DB01432 关于对外汉语教学中“古代汉语”教学及教材建设的几点思考 朱瑞平 《北京师范大学学报》(人文社会科学版) 2001 年第 6 期

DB01433 关于专题讨论课的几点思考 刘春兰 《对外汉语教学与教材研究论文集》 国家对外汉语教学领导小组编 华语教学出版社 2001 年

DB01434 论对外汉语教学的中国现代文学课 吴成年 《北京师范大学学报》(人文社会科学版) 2002 年第 6 期

DB03435 对外汉语影视课中教师的主体作用 肖路 《暨南大学华文学院学报》 2003 年第 3 期

DB04436 对外成人汉语教学中两个障碍的分析 匡锦 《汉语教学新理念》 丛铁华编 北京大学出版社 2004 年

DB04437 谈《中国概况》课的教学思路 韩秀梅 《云南师范大学学报》(对外汉语教学与研究版) 2004 年第 5 期

DB05438　谈"中外是非",论"古今通塞"——古汉语教学对象分类及其相关的教学法意义　张洪明　宋晨清　《语言教学与研究》2005年第1期

DB05439　"文献阅读与写作"课教学探索　徐承伟　《汉语研究与应用》第三辑　中国人民大学对外语言文化学院编　中国社会科学出版社　2005年

DB06440　对外汉语教学的中国现代文学课规范化之研究　吴成年　《云南师范大学学报》(对外汉语教学与研究版)　2006年第3期

DB06441　浅谈留学生古代汉语教学　韩梅　《现代语文》(语言研究版)　2006年第5期

DB06442　中国文化课的改革与建设——以《中国概况》为例　祖晓梅　陆平舟　《世界汉语教学》　2006年第3期

DC　国(族)别教学研究

DC85001　教日本人学汉语　胡裕树　何伟渔　《对外汉语教学论集》《语言教学与研究》编辑部编　北京语言学院出版社　1985年

DC85002　通过汉外对比帮助意大利学生克服难点　阎德早　邓崇谟　《对外汉语教学论集》《语言教学与研究》编辑部编　北京语言学院出版社　1985年

DC85003　在日本汉语教学上的两个问题　(日)伊藤敬一　《第一届国际汉语教学讨论会论文选》　第一届国际汉语教学讨论会组织委员会编　北京语言学院出版社　1985年

DC87004　日本学生常犯的语法错误　(日)舆水优　《第二届国际汉语教学讨论会论文集》　第二届国际汉语教学讨论会组织委员会编　北京语言学院出版社　1987年

DC90005　对日汉语教学的初步探索　石慧敏　《上海师范大学学报》(哲学社会科学版)　1990年第1期

DC90006　日本学生学习汉语语音上的几个问题　(日)长谷川良一　《第三届国际汉语教学讨论会论文选》　第三届国际汉语教学讨论会会务工作委员会编　北京语言学院出版社　1990年12月

DC90007　为什么日本学生最难掌握的是汉语的声调　(日)长谷川良一　《中国语文》　1990年第6期

DC91008　对日汉语教学中的作文教学　宫本幸子　《首都师范大学学报》(社会科学版)　1991年第4期

DC91009　外国人学习汉语的难点　(日)舆水优　《中国语文》　1991年第2期

DC92010　日本大学生为何选修汉语　郭洁梅　《中国语文》1992年第2期

DC92011　日本留学生汉语教学探略　陈炯　仲虹　《江南大学学报》(自然科学版)　1992年第3期

DC93012　意大利人学汉语的难点之一——结果补语问题　马箭飞　《对外汉语教学论集》

北京语言学院教务处编 北京语言学院出版社 1993 年

DC95013 对日本学生进行汉语教学的几个问题 (日)杜君燕 《第四届国际汉语教学讨论会论文选》《第四届国际汉语教学讨论会论文选》编辑委员会编 北京语言学院出版社 1995 年

DC95014 论对阿拉伯人汉语教学中的若干问题 (埃及)希夏姆 《第四届国际汉语教学讨论会论文选》《第四届国际汉语教学讨论会论文选》编辑委员会编 北京语言学院出版社 1995 年

DC96015 对日本人书写中文汉字差错规律的分析及思考 王幼敏 《华东师范大学学报》(哲学社会科学版) 1996 年第 4 期

DC96016 浅谈对日汉语的语音教学 (日)宫本幸子 《呼兰师专学报》 1996 年第 3 期

DC96017 日本人学习汉语发音难的症结与解决方法 金敬华 《山东师大学报》(社会科学版) 1996 年第 5 期

DC97018 对日本和韩国学生进行的一次短期速成教学实验 张朋朋 《汉语速成教学研究》第一辑 北京语言文化大学汉语速成学院编 北京大学出版社 1997 年

DC97019 菲律宾华语课堂教学探讨——兼论海外华校的华语教学 王燕燕 《汉语学习》 1997 年第 6 期

DC97020 韩国汉语教学的特点和问题——兼说汉字对韩国学生的正负迁移 (韩)孟柱亿 《第五届国际汉语教学讨论会论文选》《第五届国际汉语教学讨论会论文选》编辑委员会编 北京大学出版社 1997 年

DC97021 浅谈俄罗斯学生在汉语学习初级阶段的难点 翟英华 《齐齐哈尔大学学报》(哲学社会科学版) 1997 年第 3 期

DC97022 日本学生学汉语——兼谈谓词性主语 (日)舆水优 《第五届国际汉语教学讨论会论文选》《第五届国际汉语教学讨论会论文选》编辑委员会编 北京大学出版社 1997 年

DC97023 谈对日本学生的初级汉语语音教学 何平 《语言教学与研究》 1997 年第 3 期

DC97024 新疆克拉玛依市第五小学少数民族汉语实验班汉语教学调查报告 胡宗哲 《汉语学习》 1997 年第 1 期

DC98025 对日汉语教学研究的现状 崔立斌 《北大海外教育》第二辑 郭振华 赵燕皎编 北京大学出版社 1998 年

DC98026 对日汉语语音对比教学法探索 姜光辉 《吉林师范学院学报》 1998 年第 3 期

DC98027 韩国语中的汉字源词及对韩汉语的词语教学 贺国伟 《华东师范大学学报》(哲学社会科学版) 1998 年第 2 期

DC98028 谈谈朝鲜族的识字教学 南海龙 《第二语言(汉语)教学论集》第 3 集 戴庆厦主编 民族出版社 1998 年

DC98029　有韩国特色的汉语教学的构想　(韩)孟柱亿　《汉字与汉字教学研究论文选》　吕必松主编　北京大学出版社　1998年

DC99030　对韩国留学生汉语词汇教学中的几个问题　李大农　《中国对外汉语教学学会第六次学术讨论会论文选》　中国对外汉语教学学会编　华语教学出版社　1999年

DC99031　关于中高级水平日本留学生听写错误成因分析及对策　李彦春　《北京师范大学学报》(社会科学版)　1999年专刊

DC99032　韩用汉字、汉语词汇与对韩汉语教学　张和生　《北京师范大学学报》(社会科学版)　1999年专刊

DC99033　漫说对韩基础汉语教学　吉元　《双语双文化论丛》第4辑　崔健编　延边大学出版社　1999年

DC99034　维吾尔族学生汉语发音特点分析　曹春梅　《喀什师范学院学报》　1999年第2期

DC99035　语义与文化——兼析日本汉语教材　张英　《汉语学习》　1999年第6期

DC00036　关于印尼华裔学生汉语语音的调查及相应的教学对策　倪伟曼　林明贤　《华侨大学学报》(哲学社会科学版)　2000年第2期

DC00037　汉语教学的一些经验与想法　(新加坡)卢绍昌　《第六届国际汉语教学讨论会论文选》《第六届国际汉语教学讨论会论文选》编辑委员会编　北京大学出版社　2000年

DC00038　世界汉语教学中的一个新课题——再论对澳门土生葡人的汉语教学　盛炎　《第六届国际汉语教学讨论会论文选》《第六届国际汉语教学讨论会论文选》编辑委员会编　北京大学出版社　2000年

DC00039　试论朝鲜语汉字教育　池福淑　《双语学研究》(《民族教育研究》2000年增刊)　戴庆厦主编　《民族教育研究》编辑部　2000年

DC00040　泰语干扰和对泰汉语教学对策　华玉明　黄艳梅　《邵阳师范高等专科学校学报》2000年第6期

DC00041　探讨对日汉语教学中的语音和语感问题　喻捷　《双语学研究》(《民族教育研究》2000年增刊)　戴庆厦主编　《民族教育研究》编辑部　2000年

DC00042　越南语语音习得难点分析　石宝洁　《解放军外国语学院学报》　2000年第3期

DC01043　对韩国儿童汉语教学的任务、原则和方法　(韩)萧素秋　国际汉语教学学术研讨会论文集(《语言研究》2001年增刊)　李祥坤主编　《语言研究》编辑部　2001年

DC01044　论对韩汉语教学目标常量和变量的分析与把握　于逢春　《长春大学学报》　2001年第3期

DC01045　浅谈对外汉语教学中的对照法　李密　《对外汉语教学与教材研究论文集》　国家对外汉语教学领导小组编　华语教学出版社　2001年

DC01046 中高级水平韩国学生的教学重点 方欣欣 《汉语学习》 2001年第5期

DC02047 对俄留学生汉语教学应注意的问题 施少青 赵建 《黑龙江教育学院学报》 2002年第1期

DC02048 法国汉语口语教学观感 (法)白乐桑 赵惠淳 《世界汉语教学》 2002年第1期

DC02049 韩国语中的汉源词汇与对韩汉语教学 王庆云 《语言教学与研究》2002年第5期

DC02050 论对韩汉语教学中师生常变量的互动关系 于逢春 《长春大学学报》 2002年第5期

DC03051 对俄汉语语音语调教学的探索 王敏 孙凤波 《黑龙江教育学院学报》 2003年第5期

DC03052 法国留学生的汉语教学研究 顾颖 李建国 《云南师范大学学报》(对外汉语教学与研究版) 2003年第5期

DC03053 回顾与展望:美国汉语教学理论研究述评 柯传仁 沈禾玲 《语言教学与研究》 2003年第3期

DC03054 有针对性地对日本留学生进行语音教学 赵丽君 《云南师范大学学报》(对外汉语教学与研究版) 2003年第7期

DC03055 针对韩国人的汉语教学——"汉字代沟"对对外汉语教学的启示 全香兰 《汉语学习》 2003年第3期

DC04056 对外汉语新教师如何适应以美国学生为对象的课堂教学 鲁洲 《宁波大学学报》(教育科学版) 2004年第6期

DC04057 俄罗斯学生汉语习得难点及对策分析 李媚乐 《辽宁大学学报》(哲学社会科学版) 2004年第3期

DC04058 海外母语为英语者的成人初级汉语教学 (英)李明芳 张新生 《第七届国际汉语教学讨论会论文选》《第七届国际汉语教学讨论会论文选》编辑委员会编 北京大学出版社 2004年

DC04059 韩国人的汉字字音认知基础及其教学 全香兰 《汉语口语与书面语教学——2002年国际汉语教学学术研讨会论文集》 赵金铭主编 北京大学出版社 2004年

DC04060 汉字基础在韩国留学生汉语学习中的负迁移 潘先军 《辽宁教育行政学院学报》 2004年第3期

DC04061 浅析日本学生学习助词的难点与误区 陈绂 《第七届国际汉语教学讨论会论文选》《第七届国际汉语教学讨论会论文选》编辑委员会编 北京大学出版社 2004年

DC04062 越南留学生学习汉语难点分析 周小兵等 《第七届国际汉语教学讨论会论文选》《第七届国际汉语教学讨论会论文选》编辑委员会编 北京大学出版社 2004年

DC04063 中级水平的日本学生在汉语听力上的偏误 (日)张卫 《第七届国际汉语教学讨

论会论文选》《第七届国际汉语教学讨论会论文选》编辑委员会编 北京大学出版社 2004年

DC05064 对初级水平韩国留学生连动句教学的研究 孙红娟 《语言文字应用》 2005年增刊

DC05065 对韩国留学生汉语发音中一些问题的解析 闫恒 《青岛职业技术学院学报》 2005年第2期

DC05066 对日本留学生的语音教学问题 梁亚东 邹德温 《长春师范学院学报》(人文社会科学版) 2005年第2期

DC05067 关于语篇—词汇主导教学——从对日汉语教学中词汇的地位谈起 史有为 《对外汉语研究》第一期 齐沪扬主编 商务印书馆 2005年

DC05068 印尼留学生习得汉语塞音和塞擦音实验研究 林奕高 王功平 《语言教学与研究》 2005年第4期

DC05069 越南人学汉语常见语音偏误分析 杨娜 《云南师范大学学报》(对外汉语教学与研究版) 2005年第1期

DC06070 对俄初级汉语口语教学中常见问题浅析 郑珊珊 《科技信息》 2006年第S5期

DC06071 韩国在华公司职员汉语教学特点分析 魏英丽 《现代语文》(语言研究版) 2006年第11期

DC06072 蒙古留学生学习汉语特点及对策初探 赵金色 《云南师范大学学报》(对外汉语教学与研究版) 2006年第3期

DC06073 面向加拿大中小学的基础汉语语法体系 黄金城 《汉语学习》 2006年第5期

DD 语言要素教学研究

1. 语音教学研究(001—127)

DD65001 怎样教“半上”声?——教学笔记 钟梫 《中国语文》 1965年第2期

DD77002 利用汉语拼音对外国留学生进行汉语教学 李德津 《语言教学与研究》第一集 北京语言学院《语言教学与研究》编辑室 1977年2月

DD77003 “三声”变调及其教学 胡炳忠 《语言教学与研究》第一集 北京语言学院 《语言教学与研究》编辑室 1977年2月

DD77004 怎样做好示范朗读 石佩雯 《语言教学与研究》第二集 北京语言学院 《语言教学与研究》编辑室 1977年11月

DD78005 北京语音表在教学上的使用 胡炳忠 《语言教学与研究》第三集 北京语言学院 《语言教学与研究》编辑室 1978年5月

DD79006 关于声调教学的一点建议 石佩雯 《语言教学与研究》第四集 北京语言学院

《语言教学与研究》编辑室　1979年2月

DD79007　"三声"变调及其教学　胡炳忠　《语言教学与研究》　1979年第2期

DD79008　四声连读与"变调代表字"——教学笔记　胡炳忠　《语言教学与研究》　1979年第1期

DD79009　语音教学和字音教学　林焘　《语言教学与研究》第四集　北京语言学院《语言教学与研究》编辑室　1979年2月

DD80010　教具设计:汉语拼音表　陈之昌　《语言教学与研究》　1980年第3期

DD83011　第三声的性质及其教学　陈明远　朱竹　刘骥　《对外汉语教学论文集》　中国教育学会对外汉语教学研究会　1983年

DD83012　《汉语拼音方案》在对外国学生汉语教学中的作用　杨甲荣　《语文建设》　1983年第9期

DD84013　从对外汉语教学谈汉语拼音的分词连写　杨惠元　《语言教学与研究》　1984年第1期

DD85014　对阿拉伯学生进行汉语语音教学的几个问题　施光亨　《对外汉语教学论集》　《语言教学与研究》编辑部编　北京语言学院出版社　1985年

DD85015　对外汉语教学中难音辨析　李明　《第一届国际汉语教学讨论会论文选》　第一届国际汉语教学讨论会组织委员会编　北京语言学院出版社　1985年

DD85016　构成汉语语音学习难易的各种因素　(美)郑良伟　《第一届国际汉语教学讨论会论文选》　第一届国际汉语教学讨论会组织委员会编　北京语言学院出版社　1985年

DD85017　基础汉语教学中的四声连读练习　胡炳忠　《对外汉语教学论集》　《语言教学与研究》编辑部编　北京语言学院出版社　1985年

DD85018　基础汉语语音教学的若干问题　程美珍　赵金铭　《第一届国际汉语教学讨论会论文选》　第一届国际汉语教学讨论会组织委员会编　北京语言学院出版社　1985年

DD85019　简化对外汉语音系教学的可能与依据　赵金铭　《语言教学与研究》　1985年第3期

DD85020　声调教法的商榷　余霭芹　《第一届国际汉语教学讨论会论文选》　第一届国际汉语教学讨论会组织委员会编　北京语言学院出版社　1985年

DD85021　送气音在对外汉语教学中之地位及其识记问题　陈亚川　《对外汉语教学论集》　《语言教学与研究》编辑部编　北京语言学院出版社　1985年

DD85022　谈谈对斯瓦希利语学生的汉语语音教学　周换琴　佟慧君　《对外汉语教学论集》　《语言教学与研究》编辑部编　北京语言学院出版社　1985年

DD85023　语调和语义　石佩雯　《对外汉语教学论集》　《语言教学与研究》编辑部编　北京语言学院出版社　1985年

DD87024 从汉语“注音识字,提前读写”实验谈对外汉语语音教学 王均 《第二届国际汉语教学讨论会论文集》 第二届国际汉语教学讨论会组织委员会编 北京语言学院出版社 1987年

DD87025 汉语语音教学的重点 李培元 《世界汉语教学》 1987年第1期

DD90026 从声调出发进行语音教学的体会 胡炳忠 《中国对外汉语教学学会第三次学术讨论会论文选》 中国对外汉语教学学会编 北京语言学院出版社 1990年

DD90027 高级口语课中的语音训练问题 刘荣 《汉语学习》 1990年第6期

DD90028 普通话上声教学的探讨 (美)沈晓楠 《第三届国际汉语教学讨论会论文选》 第三届国际汉语教学讨论会会务工作委员会编 北京语言学院出版社 1990年

DD90029 “洋腔洋调”的语调和声调 孟国 《天津师范大学学报》(自然科学版) 1990年第3期

DD90030 语流的语音训练 黄明晔 《上海师范大学学报》(哲学社会科学版) 1990年第4期

DD93031 “洋腔洋调”的实验研究 毛世桢 《中国对外汉语教学学会第四次学术讨论会论文选》 中国对外汉语教学学会编 北京语言学院出版社 1993年

DD93032 用汉语拼音方案教外国留学生学习汉语的一些体会 杜荣 傅惟慈 钟梫 李景蕙 《对外汉语教学论文选评》第1集 盛炎 沙砾编 北京语言学院出版社 1993年

DD94033 对外汉语教学概论(讲义)(续八) 吕必松 《世界汉语教学》 1994年第2期

DD94034 对外汉语教学概论(讲义)(续九) 吕必松 《世界汉语教学》 1994年第3期

DD94035 普通话舌尖前音和舌尖后音的区分方法 秦敏 《湖州师范学院学报》 1994年第4期

DD95036 对外汉语[er][i]两音位的教学及[er]音史的问题——评李思敬《汉语“儿”[er]音史研究》 邢公畹 《语言教学与研究》 1995年第3期

DD95037 对外籍生汉语语音教学的返想 郭翠霞 《语言与翻译》 1995年第2期

DD95038 普通话字音异读现象分析 崔希亮 《第四届国际汉语教学讨论会论文选》 《第四届国际汉语教学讨论会论文选》编辑委员会编 北京语言学院出版社 1995年

DD95039 音位学原理与第二语言语音教学 杨信川 《广西大学学报》(哲学社会科学版) 1995年第6期

DD96040 从调号标注看外国学生的汉语声调特点 王又民 《语言文化教学研究》 北京语言学院汉语学院编 华语教学出版社 1996年

DD96041 对外汉语音教学中的几个问题 程棠 《语言教学与研究》 1996年第3期

DD96042 韩国人学习汉语发音难点初探 王改改 《汉语言文化研究》 胡明扬 金天相等编 广西师范大学出版社 1996年

DD96043 如何进行声调训练 董玉国 《汉语学习》 1996年第2期

DD96044 语音研究和对外汉语教学 林焘 《世界汉语教学》1996年第2期

DD97045 对日本学生的语音教学 奥山望 《第五届国际汉语教学讨论会论文选》《第五届国际汉语教学讨论会论文选》编辑委员会编 北京大学出版社 1997年

DD97046 《汉语拼音方案》在对外汉语教学使用中的一些问题 叶军 《语文建设》 1997年第8期

DD97047 泰国人学习汉语普通话语音难点辨析 蒋印莲 《第五届国际汉语教学讨论会论文选》《第五届国际汉语教学讨论会论文选》编辑委员会编 北京大学出版社 1997年

DD98048 快速语音教学的尝试及其意义 余维钦 《对外汉语教学论丛》第一辑 王文虎主编 四川大学出版社 1998年

DD98049 谈初级汉语语音教学——对日本学生教学的思考 何平 《北大海外教育》第二辑 郭振华 赵燕皎编 北京大学出版社 1998年

DD98050 谈对韩国学生的语音教学——难音及对策 宋春阳 《南开学报》(哲学社会科学版) 1998年第3期

DD98051 语流教学初探 蒋以亮 《语言教学与研究》 1998年第4期

DD98052 语音教学二题 任瑚琏 《对外汉语教学论丛》第一辑 王文虎主编 四川大学出版社 1998年

DD99053 对比分析、对比教学法与对外汉语教学 刘富华 《吉林师范学院学报》 1999年第6期

DD99054 对韩国学生进行汉语语音教学应注意的问题 丁立群 《大连外国语学院35周年校庆学术系列丛书——对外汉语卷》 校庆丛书编委会编 长春出版社 1999年

DD99055 对外汉语的语流教学——谈一个班教学实践的几点体会 蒋以亮 《语言文化教学研究集刊》第三辑 北京语言文化大学汉语学院编 华语教学出版社 1999年

DD99056 对外汉语语音教学研究综述 冯丽萍 《北京师范大学学报》(社会科学版) 1999年专刊

DD99057 关于初级形式的语调训练 董玉国 《汉语速成教学研究》第二辑 北京语言文化大学汉语速成学院编 华语教学出版社 1999年

DD99058 汉语普通话的特殊韵母及其教学 周翠琳 《汉语速成教学研究》第二辑 北京语言文化大学汉语速成学院编 华语教学出版社 1999年

DD99059 汉语四声的旋律艺术与练唱 叶南 《西南民族学院学报》(哲学社会科学版) 1999年第3期

DD99060 普通话上声本质及其教学的再认识 刘川平 《大连外国语学院35周年校庆学术系列丛书——对外汉语卷》 校庆丛书编委会编 长春出版社 1999年

DD99061 浅谈对韩国留学生的初级汉语语音教学 黄贞姬 《双语双文化论丛》第4辑 崔

健编 延边大学出版社 1999年

DD99062 音乐与对外汉语的语音教学 蒋以亮 《汉语学习》 1999年第3期

DD99063 正常节律句句尾轻读词初步考察 季秀清 《语言文化教学研究集刊》第三辑 北京语言文化大学汉语学院编 华语教学出版社 1999年

DD00064 初级汉语水平留学生的第三声听辨分析 马燕华 《北京师范大学学报》(社会科学版) 2000年第6期

DD00065 对外汉语语音教学简论 张英 《北大海外教育》第三辑 赵燕皎 李晓琪编 华语教学出版社 2000年

DD00066 关于现代汉语语音(知识)课的一些思考 曹文 《语言文化教学研究集刊》第四辑 北京语言文化大学汉语学院编 华语教学出版社 2000年

DD00067 汉语九宫调模的表意功能 吴洁敏 《世界汉语教学》 2000年第4期

DD00068 计算机语音分析及其在汉语教学中的应用 曾金金 《第六届国际汉语教学讨论会论文选》《第六届国际汉语教学讨论会论文选》编辑委员会编 北京大学出版社 2000年

DD00069 论对外汉语语言教学中"声调"的纠偏 何丽静 王阳 《北京联合大学学报》 2000年第2期

DD00070 普通话的语音标准和语音教学 林焘 《第六届国际汉语教学讨论会论文选》《第六届国际汉语教学讨论会论文选》编辑委员会编 北京大学出版社 2000年

DD00071 声调教学改革初探 关键 《语言教学与研究》 2000年第4期

DD00072 试论语音教学中的误导问题 (韩)孟柱亿 《第六届国际汉语教学讨论会论文选》《第六届国际汉语教学讨论会论文选》编辑委员会编 北京大学出版社 2000年

DD00073 探讨对日汉语教学中的语音与语感问题 喻捷 《双语学研究》(《民族教育研究》2000年增刊) 戴庆厦主编 《民族教育研究》编辑部 2000年

DD00074 维吾尔族学生汉语语音教学刍议 张洋 《双语学研究》(《民族教育研究》2000年增刊) 戴庆厦主编 《民族教育研究》编辑部 2000年

DD01075 初级阶段的对外汉语语音教学刍议 缪小放 《汉日语言研究文集》(四) 北京出版社 2001年

DD01076 关于对外汉语声调教学的一些思考 姜晓红 《宁夏大学学报》(人文社会科学版) 2001年第3期

DD01077 关于汉语重音教学的几点思考 韩丽丹 《国际汉语教学学术研讨会论文集》(《语言研究》2001年增刊) 李祥坤主编 《语言研究》编辑部 2001年

DD01078 汉语音节的原始模仿性在对外汉语语音教学中的运用 熊云茜 《云南师范大学学报》(教育科学版) 2001年第5期

DD01079 教元音、辅音,还是教声母、韵母? 柴俊星 《国际汉语教学学术研讨会论文集》

(《语言研究》2001年增刊) 李祥坤主编 《语言研究》编辑部 2001年

DD01080 “连读变调歌诀”续貂 陈延河 《语文建设》 2001年第7期

DD01081 谈谈对留学生的语音教学 何干俊 《汉语学报》第3期 邢福义主编 湖北教育出版社 2001年

DD01082 语调教学二题 孙琳 《对外汉语教学与教材研究论文集》 国家对外汉语教学领导小组编 华语教学出版社 2001年

DD02083 “标准”与“基石”——基础阶段对外汉语语音教学的新思考 王汉卫 《暨南大学华文学院学报》 2002年第2期

DD02084 初中级留学生汉语声调听辨量化分析 汪燕 《中国对外汉语教学学会第七次学术讨论会论文选》 中国对外汉语教学学会编 人民教育出版社 2002年

DD02085 对外汉语教学中粤语口音普通话听辨训练问题探讨 杨蔚 《广州大学学报》(社会科学版) 2002年第10期

DD02086 对外汉语口语教学中的语音语调教学 杨屏 《黔东南民族师范高等专科学校学报》 2002年第4期

DD02087 汉语语音研究与汉语语音教学接口中的若干问题 王韫佳 《对外汉语论丛》第二集 竟成主编 上海外语教育出版社 2002年

DD02088 认知法在对外汉语语音教学中的应用 邵菁 《对外汉语论丛》第二集 竟成主编 上海外语教育出版社 2002年

DD02089 试论以发音方法为纲的声母教学顺序 王汉卫 《暨南大学华文学院学报》 2002年第4期

DD02090 手势在语音教学中的作用 张园 《语言教学与研究》 2002年第6期

DD03091 从汉语的语音模糊看汉语语音教学 蔚草 《语言与翻译》 2003年第2期

DD03092 对外汉语初级阶段语音感教学研究 王玲娟 《重庆大学学报》(社会科学版) 2003年第3期

DD03093 对外汉语教学课本中的“变调”符号问题 李无未 岳辉 《汉语学习》 2003年第6期

DD03094 《对外汉语教学语音大纲》初探 叶军 《云南师范大学学报》(对外汉语教学与研究版) 2003年第4期

DD03095 汉语词语构成的音节因素和节奏语感的培养 吴淮南 《南京大学学报》(哲学·人文科学·社会科学) 2003年第3期

DD03096 汉语拼音在国际汉语教学中的地位和运用 柯彼德 《世界汉语教学》 2003年第3期

DD03097 基础阶段声调教学四题 王汉卫 《暨南大学华文学院学报》 2003年第3期

DD03098 民族学生汉语口语语音偏误分析及教学对策 顾英华 《新疆大学学报》(社会科

学版） 2003 年增刊第 1 期

DD03099 母语的负迁移与声母、韵母、声调教学 吴晓颖 《云南师范大学学报》(对外汉语教学与研究版） 2003 年第 6 期

DD03100 舌尖声母发音部位质疑 王希哲 《语文研究》 2003 年第 4 期

DD03101 外国学生学习汉语的法宝——拼音 李雅梅 《云南师范大学学报》(对外汉语教学与研究版） 2003 年第 3 期

DD03102 语音的困惑和对外汉语语音教学改革 王群生 《荆州师范学院学报》 2003 年第 6 期

DD03103 语音教学中的“歌诀”传统 陈延河 《语文建设》 2003 年第 6 期

DD04104 对外汉语教学中的语音教学的几种方法 郝小明 《太原大学学报》 2004 年第 1 期

DD04105 对意大利学生进行汉语教学浅谈 (意)李雪梅 《汉语口语与书面语教学——2002 年国际汉语教学学术研讨会论文集》 赵金铭主编 北京大学出版社 2004 年

DD04106 法国学生学习汉语辅音中的一些问题 刘苏乔 齐冲 《语言文字应用》 2004 年第 4 期

DD04107 声调教学刍议 卢勇斌 《广西民族学院学报》(哲学社会科学版） 2004 年第 12 期

DD04108 试论语感与普通话语音教学 邹煜 《四川理工学院学报》(社会科学版） 2004 年第 2 期

DD05109 对外汉语声调教学研究述评 池杨琴 《解放军外国语学院学报》 2005 年第 1 期

DD05110 对外汉语语音教学有效途径的选择 柴俊星 《语言文字应用》 2005 年第 3 期

DD05111 关于普通话上声变调的教学问题 邵燕梅 《临沂师范学院学报》 2005 年第 2 期

DD05112 汉语拼音对外国学生发音偏误的诱发机制及其教学对策 周奕 《语言文字应用》 2005 年增刊

DD05113 《汉语拼音方案》与世界汉语语音教学 王理嘉 《世界汉语教学》 2005 年第 2 期

DD05114 汉语拼音正词法及其在对外汉语教学中的应用 李宝贵 《大连民族学院学报》 2005 年第 2 期

DD05115 汉语洋文盲与汉语拼音的教学和应用 刘涛 《语言研究》 2005 年第 1 期

DD05116 汉语作为第二语言的声调教学——也从上声谈起 王鹿 《喀什师范学院学报》 2005 年增刊第 6 期

DD05117 留学生入门阶段语音教学研究 顾筝 吴中伟 《云南师范大学学报》(对外汉语教学与研究版） 2005 年第 3 期

DD05118 试论对外汉语语音教学的阶段侧重 王芳 李计伟 《辽宁教育行政学院学报》 2005 年第 7 期

DD05119 语音教学的现状与对策 张宝林 《云南师范大学学报》(对外汉语教学与研究版） 2005 年第 6 期

DD06120 对外汉语初级班第三声的类推法教学 刘若云 《中山大学学报论丛》 2006 年第 9 期

DD06121 对外汉语声调教学研究回望 彭玉康 胡袁圆 《暨南大学华文学院学报》 2006 年第 4 期

DD06122 对外汉语语音研究与语音教学研究综述 周芳 《云南师范大学学报》(对外汉语教学与研究版) 2006 年第 2 期

DD06123 汉语拼音在对外汉语教学中的应用研究 刘涛 《现代语文》(语言研究版) 2006 年第 11 期

DD06124 汉语声调特征教学探讨 王安红 《语言教学与研究》 2006 年第 3 期

DD06125 略论对外汉语语音教学的"难点频现"原则 周奕 《语言文字应用》 2006 年第 2 期

DD06126 语音对比与对外汉语语音教学 许光烈 《广州大学学报》(社会科学版) 2006 年第 8 期

DD06127 中级阶段语音教学刍议 刘巍 《语言文字应用》 2006 年第 2 期

2. 词汇教学研究(128—357)

DD79128 汉语词汇教学琐谈 张维 《语言教学与研究》 1979 年第 1 期

DD80129 错在哪儿,为什么?(三) 崔奉春 《汉语学习》 1980 年第 3 期

DD81130 谈谈基础汉语的词汇教学 狄昌运 《语言教学与研究》 1981 年第 1 期

DD85131 词语教学中的病句分析和批改 汪宗虎 《语言教学与研究》 1985 年第 3 期

DD85132 对外汉语教学的词汇处理问题 刘铭 《第一届国际汉语教学讨论会论文选》 第一届国际汉语教学讨论会组织委员会编 北京语言学院出版社 1985 年

DD86133 词汇教学浅谈 董明 《对外汉语教学研究会第二次学术讨论会论文选》 中国高等教育学会对外汉语教学研究会编 北京语言学院出版社 1986 年

DD87134 词汇规范和对外汉语教学 李行健 《第二届国际汉语教学讨论会论文集》 第二届国际汉语教学讨论会组织委员会编 北京语言学院出版社 1987 年

DD87135 基础汉语的词汇教学 胡炳忠 《第二届国际汉语教学讨论会论文集》 第二届国际汉语教学讨论会组织委员会编 北京语言学院出版社 1987 年

DD88136 词汇教学中的联想法 李立 《华南地区对外汉语教学讨论会论文选》 中山大学出版社 1988 年

DD88137 对外汉语教学中词义辨析的几个问题 郭志良 《世界汉语教学》 1988 年第 1 期

DD88138 基础汉语阅读课中的词汇教学 谢红花 《华南地区对外汉语教学讨论会论文选》 中山大学出版社 1988 年

DD90139 论对外汉语词汇教学 何平 《第三届国际汉语教学讨论会论文选》 第三届国际汉语教学讨论会会务工作委员会编 北京语言学院出版社 1990 年

DD90140 中高级阶段的词语教学 李金钞《第三届国际汉语教学讨论会论文选》 第三届国际汉语教学讨论会会务工作委员会编 北京语言学院出版社 1990 年

DD91141 对外汉语教学漫议之八(三篇) 王德春 《汉语学习》 1991 年第 5 期

DD91142 对外汉语教学漫议之九(二篇) 王德春 《汉语学习》 1991 年第 6 期

DD91143 对外汉语教学释词的几个问题 李泉《汉语学习》1991 年第 3 期

DD91144 对外汉语教学中的词义理解和词汇记忆问题 朱敏 《南京师大学报》(社会科学版) 1991 年第 4 期

DD91145 对外汉语教学中语汇教学的若干问题 胡明扬 《语言文字应用》 1991 年第 1 期

DD92146 对外汉语教学漫议之十(三篇) 王德春《汉语学习》 1992 年第 1 期

DD93147 对外汉语词汇教学初探 常敬宇 《语文建设》 1993 年第 6 期

DD93148 对外汉语词语教学初探 朱丽云 《中国对外汉语教学学会第四次学术讨论会论文选》 中国对外汉语教学学会编 北京语言学院出版社 1993 年

DD93149 谈基础汉语词汇教学 周翠琳 《语文建设》 1993 年第 9 期

DD93150 有关对外汉语教材如何处理离合词的问题 高书贵 《世界汉语教学》 1993 年第 2 期

DD94151 对外汉语教学:汉语内部规律的试金石——以"反而"为例 王还《世界汉语教学》 1994 年第 1 期

DD94152 对外汉语教学概论(讲义)(续十) 吕必松 《世界汉语教学》 1994 年第 4 期

DD94153 结合语境进行词汇教学和阅读教学 常敬宇《语文建设》 1994 年第 7 期

DD94154 论生词的外语译释 刘运同 《华侨大学学报》(哲学社会科学版) 1994 年第 1 期

DD94155 认知与释词 徐子亮 《华东师范大学学报》(哲学社会科学版) 1994 年第 3 期

DD94156 谈对外汉语词汇教学 刘镰力 《语文建设》 1994 年第 8 期

DD94157 "一点儿"和"有点儿" 杨嘉敏 《汉语学习》 1994 年第 5 期

DD95158 单音节同音近义词的教学 李炜《语文建设》 1995 年第 5 期

DD95159 对外汉语词汇教学初探 王小宁 《清华大学学报》(哲学社会科学版) 1995 年第 4 期

DD95160 对外基础汉语词汇教学浅谈 温敏 《武汉大学学报》(哲学社会科学版) 1995 年第 6 期

DD95161 汉语教学应重视字义的教学 李新龙 《喀什师范学院学报》 1995 年第 2 期

DD95162 谈如何教"一点儿"、"有一点儿"和"差一点儿" 张德尧 《中国人民大学学报》 1995 年第 4 期

DD95163 现代汉语词汇研究和教学浅议 田小琳 《第四届国际汉语教学讨论会论文选》《第四届国际汉语教学讨论会论文选》编辑委员会编 北京语言学院出版社 1995 年

DD95164 以 3000 词为基础的成语教学 高光烈 《第四届国际汉语教学讨论会论文选》《第

四届国际汉语教学讨论会论文选》编辑委员会编 北京语言学院出版社 1995年
DD95165 语言教学中的"禁忌现象" (澳)徐家祯 《第四届国际汉语教学讨论会论文选》《第四届国际汉语教学讨论会论文选》编辑委员会编 北京语言学院出版社 1995年
DD95166 字词频率与语文学习成效的相关研究 (新加坡)周清海 梁荣基 《第四届国际汉语教学讨论会论文选》《第四届国际汉语教学讨论会论文选》编辑委员会编 北京语言学院出版社 1995年
DD96167 对外汉语高级阶段的词汇教学 张捷鸿 《山东师大学报》(社会科学版) 1996年第5期
DD96168 对外汉语教学中词语辨析之浅见 刘缙 《中国人民大学学报》 1996年第5期
DD96169 "谁胜谁败"——对外汉语教学中的难点之一 赵方禹 《北京第二外国语学院学报》 1996年第3期
DD96170 谈对欧美学生的字词教学 陈绂 《语言教学与研究》 1996年第4期
DD96171 外国留学生使用介词"在"的错误分析 岑玉珍 《汉语言文化研究》 胡明扬 金天相 等编 广西师范大学出版社 1996年
DD96172 新词新语与对外汉语教学 赵永新 《中国对外汉语教学学会成立十周年纪念论文选》 中国对外汉语教学学会秘书处编 北京语言学院出版社 1996年
DD96173 英语国家学生学习高级汉语词汇的心理特征与教学策略 罗青松 《汉语言文化研究》 胡明扬 金天相等编 广西师范大学出版社 1996年
DD96174 由表及里,形具神生——对外汉语成语教学探论 杨晓黎 《安徽大学学报》(哲学社会科学版) 1996年第1期
DD96175 直接法与生词教学 朱其智《中山大学学报论丛》 1996年第3期
DD97176 称谓语:对外汉语教学中的一个难点 温象羽 《天津师大学报》(社会科学版) 1997年第6期
DD97177 对外汉语词汇教学的多维性 田卫平 《世界汉语教学》 1997年第4期
DD97178 对外汉语词义教学中的两个问题 万艺玲 《语言教学与研究》1997年第3期
DD97179 对外汉语教学中的词义讲解和词义辨析 张玉娥 《中山大学学报论丛》 1997年第4期
DD97180 对外汉语教学中的时间词问题 温云水 《天津外国语学院学报》1997年第3期
DD97181 对外汉语教学中的文化词语 孟子敏 《词汇文字研究与对外汉语教学》 北京语言文化大学出版社 1997年
DD97182 对外汉语近义词教学漫谈 刘缙 《语言文字应用》 1997年第1期
DD97183 浅谈对外汉语教学中的词汇教学 李小梅 《西安外国语学院学报》 1997年第2期
DD97184 谈词汇教学与文化教学相结合 毛悦 《汉语速成教学研究》第一辑 北京语言文化大学汉语速成学院编 北京大学出版社 1997年

DD97185 谈对外汉语教学中的近义词辨析 孟祥英 《天津师大学报》(社会科学版) 1997年第3期

DD97186 谈汉语量词的文化底蕴 迟永长 《辽宁师范大学学报》(社会科学版) 1997年第5期

DD97187 英语国家学生高级汉语词汇学习过程的心理特征与教学策略 罗青松 《第五届国际汉语教学讨论会论文选》 《第五届国际汉语教学讨论会论文选》编辑委员会编 北京大学出版社 1997年

DD97188 语汇教学的若干问题 胡明扬 《第五届国际汉语教学讨论会论文选》 《第五届国际汉语教学讨论会论文选》编辑委员会编 北京大学出版社 1997年

DD98189 词汇表达训练中的一种量化标准——字词比系数 王永场 《语言文字应用》 1998年第4期

DD98190 词汇认知与表达——试论对外汉语教学中的词汇教学 王永场 《对外汉语教学论丛》第一辑 王文虎主编 四川大学出版社 1998年

DD98191 对外汉语词语教学的拓展法 杨晓黎 《华东师范大学学报》(哲学社会科学版) 1998年第6期

DD98192 对外汉语词语教学方法的初步探索 胡秀春 《浙江师大学报》(社会科学版) 1998年第6期

DD98193 对外汉语教学中词的转移意义研究 姜恩庆 《天津商学院学报》 1998年第6期

DD98194 对外汉语教学中社交称呼语的教学 张莉 《语言文化教学研究集刊》第二辑 北京语言文化大学汉语学院编 华语教学出版社 1998年

DD98195 对外汉语虚词教学的回顾与展望 李晓琪 《北大海外教育》第二辑 郭振华 赵燕皎主编 北京大学出版社 1998年

DD98196 关于程度副词的对外汉语教学 徐晶凝 《南开学报》(哲学社会科学版) 1998年

DD98197 关于词语教学的思考 陈桂德 《华侨大学学报》(哲学社会科学版) 1998年第3期

DD98198 汉语词汇学教学初探 谢米纳斯 《语言教学与研究》 1998年第1期

DD98199 HSK词汇大纲中汉日同形词的比较研究与对日本学生的汉语词汇教学 刘富华 《汉语学习》 1998年第6期

DD98200 基础汉语词汇教学点滴 李青敏 《对外汉语教学论丛》第一辑 王文虎主编 四川大学出版社 1998年

DD98201 基础汉语短文阶段综合课的词语教学 牟世荣 《语言文化教学研究集刊》第二辑 北京语言文化大学汉语学院编 华语教学出版社 1998年

DD98202 课堂词语教学浅谈 罗青松 《汉语学习》 1998年第5期

DD98203 离合词教学初探——以韩国留学生的汉语教学为例 苗冬霞 《第二语言(汉语)教学论集》第3集 戴庆厦主编 民族出版社 1998年

DD98204 说“刚”和“刚才” 聂建军 尚秀妍 《汉语学习》 1998年第2期

DD98205 谈报刊语言基础词汇教学 史艳岚 《语言文化教学研究集刊》第二辑 北京语言文化大学汉语学院编 华语教学出版社 1998年

DD98206 现代汉语面称系统的不对称性与对外汉语教学 凌德祥 《南京大学学报》(哲学·人文科学·社会科学版) 1998年第1期

DD98207 语气助词的语气义及其教学探讨 徐晶凝 《世界汉语教学》 1998年第2期

DD99208 对外汉语名量词选用教学的一点探索 戴梦霞 《汉语学习》 1999年第4期

DD99209 高校少数民族汉语教学中近义词辨析的几个问题 马新军 《喀什师范学院学报》 1999年第3期

DD99210 汉语词语教学的几种方法 周翠琳 《泰安师专学报》 1999年增刊第1期

DD99211 汉语缩略语与对外汉语教学 杨庆蕙 《北京师范大学学报》(社会科学版) 1999年专刊

DD99212 基础词语难度分析及教学设想 李绍林 《语言文化教学研究集刊》第三辑 北京语言文化大学汉语学院编 华语教学出版社 1999年

DD99213 集合式词汇教学探讨 胡鸿 褚佩如 《世界汉语教学》 1999年第4期

DD99214 论对外汉语教学中的词汇教学 李莉 《天津外国语学院学报》 1999年第1期

DD99215 谈对外汉语教学中的近义词教学 耿京茹 《汉语速成教学研究》第二辑 北京语言文化大学汉语速成学院编 华语教学出版社 1999年

DD99216 谈对外汉语入门阶段的教学 杨奕榕 《黔东南民族师范高等专科学校学报》 1999年第1期

DD99217 同义或近义语素与词的误用——语素教学中的一个问题 胡秀梅 李炜东 《北京师范大学学报》(社会科学版) 1999年专刊

DD99218 语义学、修辞学与对外汉语教学 李瑛 姜敏 《沈阳师范学院学报》(社会科学版) 1999年第3期

DD99219 阅读课上的词汇训练 刘颂浩 《世界汉语教学》 1999年第4期

DD99220 重视词汇教学 提高教学质量 王新建 赵素珍 刘香敏 《新疆职业大学学报》 1999年第2期

DD99221 专用语——经贸汉语教学初探 刘丽瑛 《语言文化教学研究集刊》第三辑 北京语言文化大学汉语学院编 华语教学出版社 1999年

DD00222 从中高级阶段学生词汇习得的偏误看中高级阶段词汇教学的基本问题 张若莹 《首都师范大学学报》(社会科学版) 2000年增刊第3期

DD00223 对外汉语词语教学的几个问题 王吉辉 《天津外国语学院学报》 2000年第4期

DD00224 对外汉语教学中汉语量词的教学及其文化意蕴 李清 《楚雄师专学报》 2000年第4期

DD00225 对外汉语离合词循环递进复式教学法 周上之 《汉语学报》第1期 邢福义 萧国政主编 湖北教育出版社 2000年

DD00226 “反正”与“既然” 许晶凝 《北大海外教育》第三辑 赵燕皎 李晓琪主编 华语教学出版社 2000年

DD00227 关于某些模糊形容词的语境化教学 胡秀春 《首都师范大学学报》(社会科学版) 2000年增刊第3期

DD00228 韩国学生“文化词”学习特点探悉——兼论对韩国留学生的汉语词汇教学 李大农 《汉语学习》 2000年第6期

DD00229 汉语形同、形近义异词与教学对策 王玉华 《天津中医学院学报》 2000年第4期

DD00230 缩略语与报刊语言教学 张丕谦 《泰安教育学院学报岱宗学刊》 2000年第4期

DD00231 “易拉罐”与汉语词汇教学 刘岩 《双语学研究》(《民族教育研究》2000年增刊) 戴庆厦主编 《民族教育研究》编辑部 2000年

DD00232 阅读课上的词汇学习 刘颂浩 《第六届国际汉语教学讨论会论文选》 《第六届国际汉语教学讨论会论文选》编辑委员会编 北京大学出版社 2000年

DD00233 中级汉语阶段词语教学刍议 戴莉 《西北师大学报》(社会科学版) 2000年第5期

DD01234 初级汉语词义教学的扩展法 连晓霞 《天津外国语学院学报》 2001年第3期

DD01235 初级汉语的词语记忆与词语教学 吴坚 《对外汉语教学与教材研究论文集》 国家对外汉语教学领导小组编 华语教学出版社 2001年

DD01236 对外汉语教学中的同义词辨析 赵新 李英 《暨南大学华文学院学报》 2001年第2期

DD01237 汉语教学中的新词语问题 曾祥喜 《国际汉语教学学术研讨会论文集》(《语言研究》2001年增刊) 李祥坤主编 《语言研究》编辑部 2001年

DD01238 留学生中级汉语词汇教学的理论与实践 杨金华 《汉语学报》第3期 邢福义主编 湖北教育出版社 2001年

DD01239 试论汉语造词理据在对外汉语教学中的应用 刘兰民 《山东省青年管理干部学院学报》 2001年第5期

DD01240 谈谈中高级阶段词汇教学 张慧晶 《对外汉语教学与教材研究论文集》 国家对外汉语教学领导小组编 华语教学出版社 2001年

DD01241 文化词语的教学 王祖姝 《国际汉语教学学术研讨会论文集》(《语言研究》2001年增刊) 李祥坤主编 《语言研究》编辑部 2001年

DD01242 中介语理论与词汇、语法教学的质、量搭配 郝琳 《对外汉语教学与教材研究论文集》 国家对外汉语教学领导小组编 华语教学出版社 2001年

DD01243 字本位与对外汉语词汇教学 贾颖 《汉语学习》 2001年第4期

DD02244 词汇教学的特点及其认知理据 齐春红 《云南师范大学学报》(哲学社会科学版)

2002年第6期

DD02245 词语的形象色彩与词汇教学 杨爱芬 冯丽娜 毛俊萍《天津大学学报》(社会科学版) 2002年第4期

DD02246 从留学生作文谈篇章层面的词汇教学 曹慧《语言文字应用》2002年第2期

DD02247 对外汉语词汇教学中"语素法"的几个问题 肖贤彬 《汉语学习》 2002年第6期

DD02248 对外汉语教学词汇复习方略 王嘉宾 吴海燕 《莱阳农学院学报》(社会科学版) 2002年第1期

DD02249 对外汉语教学中词汇教学技巧 张慧君《齐齐哈尔大学学报》(哲学社会科学版) 2002年第3期

DD02250 对外汉语教学中的词汇教学与设计 李开《语言教学与研究》2002年第5期

DD02251 对英语国家留学生汉语教学中的词汇问题的探讨 何干俊 《江西师范大学学报》(哲学社会科学版) 2002年第3期

DD02252 关于汉语惯用法结构的性质、范围与教学方法的思考 徐建华 《锦州师范学院学报》(哲学社会科学版) 2002年第3期

DD02253 论词语搭配与对外汉语教学 方艳 《连云港职业技术学院学报》2002年第3期

DD02254 配价理论与对外汉语词汇教学 邵菁 《语言教学与研究》 2002年第1期

DD02255 浅谈汉语词汇中部分词语的文化义 伊莉曼 《新疆师范大学学报》(哲学社会科学版) 2002年第1期

DD02256 商务人员汉语教学中词汇教学得失谈 易源《对外汉语一对一个别教授研究》吴仁甫编 中国社会科学出版社 2002年

DD02257 试谈词汇归类教学 俞茜华《对外汉语一对一个别教授研究》吴仁甫主编 中国社会科学出版社 2002年

DD02258 "四字结构模块认知法"在对外汉语教学中的作用 邹洪民 刘向晖 《深圳信息职业技术学院学报》 2002年第1期

DD02259 "我国"中的"我—"——兼论对外汉语词汇教学 赵果 《汉语学习》 2002年第4期

DD02260 训诂在对外汉语词汇教学中的运用 崔雪梅 《成都大学学报》(社会科学版) 2002年第4期

DD02261 "一直"与"一向"的语义及句法特征 邓小宁 《中国对外汉语教学学会第七次学术讨论会论文选》 中国对外汉语教学学会编 人民教育出版社 2002年5月

DD02262 字母词语与对外汉语教学 原新梅 《河南师范大学学报》(哲学社会科学版) 2002年第6期

DD03263 对外汉语成语教学探论 洪波 《中山大学学报论丛》 2003年第2期

DD03264 对外汉语词汇教学的几个基本理论问题 王世友 莫修云《云南师范大学学报》(对外汉语教学与研究版) 2003年第2期

DD03265 对外汉语词汇教学琐议 杨满生 《北京第二外国语学院学报》 2003 年第 6 期
DD03266 关于少数民族汉语词汇教学中新词新义的思考 王燕灵 《安徽工业大学学报》(社会科学版) 2003 年第 3 期
DD03267 汉语词汇的网络性与对外汉语词汇教学 常敬宇 《暨南大学华文学院学报》 2003 年第 3 期
DD03268 汉语的动态助词与对外汉语教学 魏红 《云南师范大学学报》(对外汉语教学与研究版) 2003 年第 1 期
DD03269 汉字特点和词汇教学 王燕灵 张霞 《塔里木农垦大学学报》 2003 年第 1 期
DD03270 华语教学中词语的释义问题 陈荣岚 《对外汉语教学论文集》 厦门大学海外华文教育研究所 海外教育学院编 厦门大学出版社 2003 年
DD03271 论词汇教学中的意识增进 傅瑞华 《世界汉语教学》 2003 年第 2 期
DD03272 论对外汉语教学中的离合词 韩明 《温州师范学院学报》 2003 年第 4 期
DD03273 试论对外汉语教学中的国俗词教学 刘晓娟 《云南师范大学学报》(对外汉语教学与研究版) 2003 年第 6 期
DD03274 双语教学中词汇“空位”的层次研究 袁焱 《云南师范大学学报》(对外汉语教学与研究版) 2003 年第 1 期
DD03275 谈对外汉语教学中的词语释义 郝小明 《太原大学学报》 2003 年第 4 期
DD04276 初级汉语教材中的词汇处理研究 舒雅丽 《语言文字应用》 2004 年第 3 期
DD04277 词语的解释 吴勇毅 《汉语研究与应用》第二辑 中国人民大学对外语言文化学院编 中国社会科学出版社 2004 年
DD04278 对外汉语词汇教学应把握的几个原则 孙新爱 《云南师范大学学报》(对外汉语教学与研究版) 2004 年第 2 期
DD04279 对外汉语词语教学方法探讨 钱少青 《湖南工程学院学报》(社会科学版) 2004 年第 2 期
DD04280 对外汉语词语教学中的词义应用 崔雪梅 《成都大学学报》(社会科学版) 2004 年第 2 期
DD04281 对外汉语教学应以词汇教学为中心 李如龙 杨吉春 《暨南大学华文学院学报》 2004 年第 4 期
DD04282 对外汉语教学中词汇语境的设置 方艳 《北京教育学院学报》 2004 年第 3 期
DD04283 对外汉语综合课词汇分类教学的策略 刘倩 《南京晓庄学院学报》 2004 年第 3 期
DD04284 高校民族学生学习汉语词汇四法 托呼塔别克 《伊犁师范学院学报》 2004 年第 1 期
DD04285 汉语词汇的结构对称特点及其在教学中的运用 郭智 《云南师范大学学报》(对外汉语教学与研究版) 2004 年第 1 期

DD04286　汉语习惯用语与对外汉语教学　赵宏　王洋　《东北农业大学学报》(社会科学版)　2004年第4期

DD04287　汉语阅读中的伴随性词汇学习研究　钱旭菁　《第七届国际汉语教学讨论会论文选》《第七届国际汉语教学讨论会论文选》编辑委员会编　北京大学出版社　2004年

DD04288　基础汉语教学课堂中的生词复现技巧　刘若云　林凌　《中山大学学报论丛》　2004年24卷第2期

DD04289　简论对外汉语词汇教学中的语素义教学　钱润池　《暨南大学华文学院学报》　2004年第2期

DD04290　聚合词在对外汉语教学中的意义　董茜　《云南师范大学学报》(对外汉语教学与研究版)　2004年第2期

DD04291　课堂词汇输入探微　卜佳晖　《语言教学与研究》　2004年第2期

DD04292　课堂教学中怎么进行近义词用法对比　杨寄洲　《世界汉语教学》　2004年第3期

DD04293　略谈汉语同形词及对外汉语教学　陈绂　《语言文字应用》　2004年第2期

DD04294　论词语的组织方式与语篇难度及词语教学　田然　《云南师范大学学报》(对外汉语教学与研究版)　2004年第4期

DD04295　浅析汉语词语的附加修辞功能　吕光远　《哈尔滨商业大学学报》(社会科学版)　2004年第3期

DD04296　谈对外汉语词汇教学　李青　《玉溪师范学院学报》　2004年第2期

DD04297　网络化:词汇教学的方法论探索　杨万兵　《云南师范大学学报》(对外汉语教学与研究版)　2004年第3期

DD04298　析对外汉语词汇教学原则之文化阐释的原则　何颖　《重庆工业高等专科学校学报》　2004年第6期

DD04299　语素教学是对外汉语词汇教学的基础　王周炎　卿雪华　《云南师范大学学报》(对外汉语教学与研究版)　2004年第5期

DD04300　中文心理词典理论与对外汉语词汇教学　徐彩华　史芬茹　陈颖　《第七届国际汉语教学讨论会论文选》《第七届国际汉语教学讨论会论文选》编辑委员会编　北京大学出版社　2004年

DD04301　“字”本位理论与对外汉语词汇教学　刘晓梅　《广东外语外贸大学学报》　2004年第4期

DD05302　词形、词义因素在留学生汉语词汇选择判断中的作用　张金桥　吴晓明　《世界汉语教学》　2005年第2期

DD05303　从“这个歌星很白”看颜色词的对外汉语教学　辛亚宁　《郧阳师范高等专科学校学报》　2005年第2期

DD05304 对外汉语词汇教学的若干思考 张亚冰 《辽宁教育行政学院学报》 2005 年第 1 期

DD05305 对外汉语词汇教学研究述评 张和生 《语言文字应用》 2005 年增刊

DD05306 对外汉语惯用语教学研究 孟繁杰 《海外华文教育》 陈荣岚编 《海外华文教育》杂志社 2005 年

DD05307 对外汉语教学中的词语搭配研究 齐春红 《云南师范大学学报》(对外汉语教学与研究版) 2005 年第 2 期

DD05308 对外汉语教学中的儿化问题 徐越 《语言教学与研究》 2005 年第 5 期

DD05309 对外汉语教学中新词语问题刍议 史慧 《唐山师范学院学报》 2005 年第 3 期

DD05310 对外汉语教学中要重视词汇教学 陆俭明 《汉语作为第二语言的汉语本体研究》 外语教学与研究出版社 2005 年

DD05311 方位词"上""下"的语义认知基础与对外汉语教学 缑瑞隆 《对外汉语教学的全方位探索——对外汉语研究学术讨论会论文集》 赵金铭主编 商务印书馆 2005 年

DD05312 关于对外汉语的量词教学的不同意见 羽离子 《南通大学学报》(教育科学版) 2005 年第 4 期

DD05313 惯用语与对外汉语教学 李国慧 《佳木斯大学社会科学学报》 2005 年第 4 期

DD05314 汉语第二语言教学中量词教法探微 李亚丽 《文山师范高等专科学校学报》 2005 年第 2 期

DD05315 近十年对外汉语词汇教学研究中的三大流派 李彤 《语言文字应用》 2005 年增刊

DD05316 留学生离合词使用偏误的分析 王瑞敏 《语言文字应用》 2005 年增刊

DD05317 留学生使用"女人"的偏误倾向及原因分析 姜自霞 《云南师范大学学报》(对外汉语教学与研究版) 2005 年第 4 期

DD05318 略论对外汉语词汇教学的两个原则 李如龙 吴茗 《语言教学与研究》 2005 年第 2 期

DD05319 试论对外汉语报刊阅读课中的新词语教学 蔡绿 《太原师范学院学报》(社会科学版) 2005 年第 1 期

DD05320 试说"索性"及"干脆" 邓葵 《海外华文教育》 陈荣岚编 《海外华文教育》杂志社 2005 年

DD05321 谈对外汉语的词汇教学 许光烈 《五邑大学学报》(社会科学版) 2005 年第 3 期

DD05322 谈高级汉语阅读课的词汇教学 罗青松 《汉语研究与应用》第三辑 中国人民大学对外语言文化学院编 中国社会科学出版社 2005 年

DD05323 谈基础阶段词汇集中教学 王汉卫 《语言与翻译》 2005 年第 1 期

DD05324 习惯用语与对外汉语教学 陈岩 赵宏 《东北农业大学学报》(社会科学版)

2005年第2期
DD05325 现代汉语词汇构造特点与对外汉语词汇教学 冯传强 《胜利油田师范专科学校学报》 2005年第4期
DD05326 以“词块理论”为原则的对外汉语教学 王玲 《安徽工业大学学报》(社会科学版) 2005年第4期
DD05327 隐含义与对外汉语词汇教学 赵峰 《宁德师专学报》(哲学社会科学版) 2005年第1期
DD05328 运用语义学的有关理论进行对外汉语词汇教学 曾小红 《海外华文教育》 陈荣岚编 《海外华文教育》杂志社 2005年
DD05329 在对外汉语词汇教学中实施“字本位”方法的实验报告 王骏 《暨南大学华文学院学报》 2005年第3期
DD05330 怎样教韩国学生学汉语成语 刘小斌 《海外华文教育》 陈荣岚编 《海外华文教育》杂志社 2005年
DD06331 初级汉语教学中的词汇释义方法 简榕蓉 《牡丹江师范学院学报》(哲学社会科学版) 2006年第6期
DD06332 词块——对外汉语词汇教学中待开发的资源 郝友 《湘潭师范学院学报》(社会科学版) 2006年第6期
DD06333 词义的动态性与对外汉语词汇教学 马杜娟 《邢台学院学报》 2006年第3期
DD06334 对外汉语教学中的词汇空缺现象及对策 汪灵灵 《辽宁行政学院学报》 2006年第7期
DD06335 对外汉语教学中的动词教学 杨翠 《湘潭师范学院学报》(社会科学版) 2006年第2期
DD06336 对外汉语教学中的语气副词教学研究 齐春红 《云南师范大学学报》(对外汉语教学与研究版) 2006年第3期
DD06337 对外汉语教学中语气词“吧”的教学策略 赵卫 白晓红 《天津大学学报》(社会科学版) 2006年第6期
DD06338 对外汉语离合词的偏误分析和教学 陈玮 《语文学刊》 2006年第24期
DD06339 对外汉语量词教学二题 刘慧 吴慧 《赣南师范学院学报》 2006年第5期
DD06340 对外汉语语素教学的实施策略 杨捷 《语言文字应用》 2006年第2期
DD06341 惯用语在对外汉语教学中的难点与应对策略 车晓庚 《语言文字应用》 2006年第2期
DD06342 汉语词义系统性与对外汉语词汇教学 周健 廖暑业 《语言文字应用》 2006年第3期
DD06343 汉语作为第二语言教学中的副词研究综述 吴娟娟 《现代语文》(语言研究版)

2006 年第 4 期

DD06344 汉语作为第二语言教学中的副词研究综述 何淑冰 《宿州教育学院学报》 2006 年第 1 期

DD06345 HSK 名词图片表达方法研究 郑艳群 陈文慧 《世界汉语教学》 2006 年第 4 期

DD06346 近五年来对外汉语词汇教学研究综述 刘智伟 任敏 《云南师范大学学报》(对外汉语教学与研究版) 2006 年第 2 期

DD06347 量词“副”的义项分立与对外汉语教学 李计伟 《语言教学与研究》 2006 年第 6 期

DD06348 论对外汉语词汇教学对语境理论的应用 李立新 《陕西师范大学学报》(哲学社会科学版) 2006 年增刊第 2 期

DD06349 论对外汉语教学中的近义词辨析 胡亮节 《云南师范大学学报》(对外汉语教学与研究版) 2006 年第 6 期

DD06350 “呢 2”的功能、用法及在对外汉语教学中的应对策略 周士宏 申莉 《世界汉语教学》 2006 年第 2 期

DD06351 浅谈对外汉语教学中的词语文化含义教学 刘志敬 《湖北函授大学学报》 2006 年第 3 期

DD06352 强化词汇教学意识 提高词汇教学质量 张亚冰 《辽宁教育行政学院学报》 2006 年第 5 期

DD06353 认知分析与对外汉语示形量词教学——对外汉语量词教学个案研究系列之一 缑瑞隆 《云南师范大学学报》(对外汉语教学与研究版) 2006 年第 3 期

DD06354 双音节复合词语素结合理据的分析及其在第二语言教学中的应用 朱志平 《世界汉语教学》 2006 年第 1 期

DD06355 说“见”作补语 伍依兰 《云南师范大学学报》(对外汉语教学与研究版) 2006 年第 5 期

DD06356 谈语义分类在对外汉语教学中的运用 李遐 《现代语文》(语言研究版) 2006 年第 3 期

DD06357 针对日韩留学生的名量词教学 龙泉 《和田师范专科学校学报》 2006 年第 3 期

3. 语法教学研究(358—592)

DD65358 什么时候不用词尾“了”?——教学笔记 钟梫 《中国语文》 1965 年第 4 期

DD77359 怎样引入新句型 麻云明 《语言教学与研究》第一集 北京语言学院 《语言教学与研究》编辑室 1977 年 2 月

DD78360 汉语语法教学中的辩证法 任宣知 《语言教学与研究》第三集 北京语言学院 《语言教学与研究》编辑室 1978 年 5 月

DD80361 关于汉语虚词教学 陆俭明 《语言教学与研究》 1980 年第 4 期

DD81362 我们怎样处理"把"字(节译) 王德佩 《语言教学与研究》1981年第3期
DD82363 词组的结构与语法教学 杨石泉 宋希仲 《语言教学与研究》1982年第3期
DD82364 谈结果补语的意义 吕文华 《语言教学与研究》1982年第3期
DD83365 对日本学生的补语教学 荀春生 《对外汉语教学论文选》 中国教育学会对外汉语教学研究会 内部资料 1983年
DD83366 结合实践进行汉语语法教学 张维耿 《对外汉语教学论文选》 中国教育学会对外汉语教学研究会 内部资料 1983年
DD83367 如何对阿拉伯语学生进行"是"句教学 杜同惠 《语言教学与研究》1983年第3期
DD84368 留学生汉语教学语法二题——兼与《实用现代汉语语法作者商榷》 郑懿德 陈亚川《语言教学与研究》1984年第4期
DD85369 关于对外汉语语法教学的几个问题 顾学梅 《第一届国际汉语教学讨论会论文选》 第一届国际汉语教学讨论会组织委员会编 北京语言学院出版社 1985年
DD85370 汉语教学二题——注意词类和实词搭配的教学 张寿康 《第一届国际汉语教学讨论会论文选》 第一届国际汉语教学讨论会组织委员会编 北京语言学院出版社 1985年
DD85371 通过对比帮助说西班牙语的学生掌握汉语语序 朱一之《对外汉语教学论集》《语言教学与研究》编辑部编 北京语言学院出版社 1985年
DD85372 现代汉语中"主题—评语"句教学研究之初探 齐德立《第一届国际汉语教学讨论会论文选》 第一届国际汉语教学讨论会组织委员会编 北京语言学院出版社 1985年
DD85373 虚词研究在留学生汉语教学中的重要性 田万湘 许德楠 《对外汉语教学论集》《语言教学与研究》编辑部编 北京语言学院出版社 1985年
DD85374 "以谓语动词为中心"的语法教学 周继圣《第一届国际汉语教学讨论会论文选》第一届国际汉语教学讨论会组织委员会编 北京语言学院出版社 1985年
DD85375 怎样教学"是……的"?(节选) (美)汪有序 《第一届国际汉语教学讨论会论文选》 第一届国际汉语教学讨论会组织委员会编 北京语言学院出版社 1985年
DD86376 在如何向外国学生解释"把"字句问题上的一点儿尝试 袁大同 《对外汉语教学研究会第二次学术讨论会论文选》 中国高等教育学会对外汉语教学研究会编 北京语言学院出版社 1986年
DD87377 汉语教学语法的取向 王培光 《第二届国际汉语教学讨论会论文集》第二届国际汉语教学讨论会组织委员会编 北京语言学院出版社 1987年
DD87378 汉语教学语法二三议 李临定《世界汉语教学》1987年第2期
DD87379 汉语语法的对比教学 (英)佟秉正《第二届国际汉语教学讨论会论文集》 第二届国际汉语教学讨论会组织委员会编 北京语言学院出版社 1987年

DD87380 基础汉语语法点的针对性及试分类 胡炳忠《世界汉语教学》1987年第2期
DD87381 美国学生与"能愿动词" (美)李华元《第二届国际汉语教学讨论会论文集》第二届国际汉语教学讨论会组织委员会编 北京语言学院出版社 1987年
DD87382 谈句型教学中交际性原则的运用 王德佩 《语言教学与研究》1987年第2期
DD87383 怎么教"不、没、了、过、着" (美)汪有序《世界汉语教学》 1987年第4期
DD87384 怎么教、学"不、没、了、过、着" (美)汪有序 《第二届国际汉语教学讨论会论文集》 第二届国际汉语教学讨论会组织委员会编 北京语言学院出版社 1987年
DD88385 关于华语语法教学问题 (新加坡)吴英成 《语言教学与研究》1988年第3期
DD88386 关于怎么教"不、没、了、过" 王环 《世界汉语教学》 1988年第4期
DD89387 "把"字句教学中的两个问题 黄振英 《世界汉语教学》 1989年第1期
DD89388 对外汉语语法教学的思考 谢文庆《天津师大学报》(社会科学版) 1989年第6期
DD89389 对外汉语语法课堂教学的一种模式 崔永华 《世界汉语教学》1989年第2期
DD90390 从句型统计看对外汉语语法教学的重点——《现代汉语句型统计与研究》介绍之三 赵淑华 《第三届国际汉语教学讨论会论文选》 第三届国际汉语教学讨论会会务工作委员会编 北京语言学院出版社 1990年
DD90391 对外汉语的语法教学和语法分析 陆世光 史松明 《天津师大学报》(社会科学版) 1990年第3期
DD90392 对外汉语语法教学的重点和难点 龙青然 《汉语学习》 1990年第3期
DD90393 汉语语法组合中的两个一致——试谈对外汉语语法教学法 田小琳 《第三届国际汉语教学讨论会论文选》 第三届国际汉语教学讨论会会务工作委员会编 北京语言学院出版社 1990年
DD90394 汉语作为外语教学的语法体系急需修改的要点 (德)柯彼德 《第三届国际汉语教学讨论会论文选》 第三届国际汉语教学讨论会会务工作委员会编 北京语言学院出版社 1990年
DD90395 论词组教学在对外汉语教学中的重要地位 瞿汛 《第三届国际汉语教学讨论会论文选》 第三届国际汉语教学讨论会会务工作委员会编 北京语言学院出版社 1990年
DD90396 谈语法教学 陈贤纯 《第三届国际汉语教学讨论会论文选》 第三届国际汉语教学讨论会会务工作委员会编 北京语言学院出版社 1990年
DD90397 语感、语言觉识与语法教学 王培光 《第三届国际汉语教学讨论会论文选》 第三届国际汉语教学讨论会会务工作委员会编 北京语言学院出版社 1990年
DD91398 对外汉语形容词教学漫谈 韩荔华 《世界汉语教学》 1991年第2期
DD91399 外国学生学习汉语时的语法错误举例 刘坚 《语言教学与研究》 1991年第2期

DD91400 义句与音句 王艾录 《汉语学习》 1991年第4期
DD92401 “把”字句的课堂教学 程相文 周翠琳 《世界汉语教学》 1992年第4期
DD92402 “汉语交际语法”的构想 卞觉非 《汉语学习》 1992年第3期
DD92403 句型研究与对外汉语教学——兼析“才”字句 赵淑华 《语言文字应用》 1992年第3期
DD93404 补语的分类及其教学 竟成 《世界汉语教学》 1993年第2期
DD93405 对外汉语语法教学札记 宋玉柱 《汉语学习》 1993年第4期
DD93406 关于中高级阶段汉语语法教学的构想 吕文华 《世界汉语教学》 1993年第2期
DD93407 论对外汉语虚词教学 李晓琪 《世界汉语教学》 1993年第3期
DD93408 试论祈使义句教学 肖奚强 《汉语学习》 1993年第6期
DD93409 状态补语的句法、语义、语用分析在教学中的应用 鲁健骥 《语言教学与研究》 1993年第2期
DD94410 对外汉语教学语法体系改革的新蓝图——评吕文华《对外汉语教学语法探索》 邵敬敏 《汉语学习》 1994年第5期
DD94411 对外汉语语法教学理论认识的深化——《对外汉语教学语法探索》读后 张旺熹 《语言教学与研究》 1994年第3期
DD94412 多层定语的次序及其逻辑特性 田惠刚 《世界汉语教学》 1994年第3期
DD94413 教外国人汉语语法的一些原则问题 赵金铭 《语言教学与研究》 1994年第2期
DD94414 静态的语法教学和动态的语法教学相结合 庄文中 《语言文字应用》 1994年第2期
DD94415 试论运用功能法教“把”字句 (澳)张宁 刘明臣 《语言教学与研究》 1994年第1期
DD94416 语义在对外汉语句型、句式教学中的重要性——兼谈从语义范畴建立教学用句子类型系统的可能性 吴勇毅 《汉语学习》 1994年第5期
DD95417 从思维过程入手,结合语境教“把”字结构 王有芬 《北京第二外国语学院学报》 1995年第3期
DD95418 对外汉语教学概论(讲义)(续十一) 吕必松 《世界汉语教学》 1995年第1期
DD95419 对外汉语教学中“离合词”的处理问题 杨庆蕙 《第四届国际汉语教学讨论会论文选》 胡明扬主编 北京语言学院出版社 1995年
DD95420 关于对外汉语教学中的补语系统 吕文华 《语言教学与研究》 1995年第4期
DD95421 关于义句教学的思考 肖奚强 《第四届国际汉语教学讨论会论文选》 胡明扬主编 北京语言学院出版社 1995年
DD95422 类型练习在语文教学上的效用和不足 陈志诚 《第四届国际汉语教学讨论会论文选》 胡明扬主编 北京语言学院出版社 1995年

DD95423 试论对外汉语教学语法的句型系统及其特殊性 徐子亮 《华东师范大学学报》(哲学社会科学版) 1995年第3期

DD95424 外国留学生汉语专业高年级语法教学的实践与思考 郑懿德 《语言教学与研究》1995年第4期

DD95425 语法教学连续体初论 王培光 《第四届国际汉语教学讨论会论文选》胡明扬主编 北京语言学院出版社 1995年

DD95426 语法偏误分析二题 李大忠 《中国人民大学学报》 1995年第4期

DD95427 中高级汉语教学语法等级大纲的研制与思考 孙瑞珍 《语言教学与研究》 1995年第2期

DD95428 中介语与汉语虚词教学 李晓琪 《世界汉语教学》 1995年第4期

DD96429 从运用"把"字句的偏误看"把"字句的教学与研究 李大忠 《汉语言文化研究》 胡明扬 金天相等编 广西师范大学出版社 1996年

DD96430 对外汉语语法教学的三个阶段及其教学主旨 赵金铭 《世界汉语教学》 1996年第3期

DD96431 离合词的结构特点和语用分析——兼论中高级对外汉语离合词教学 饶秦 《汉语学习》 1997年第1期

DD96432 西方语法教学的新趋向 王培光 《语言教学与研究》 1996年第3期

DD96433 语义搭配律刍议 张黎 《汉语学习》1996年第2期

DD97434 多层状语的顺序及其逻辑特性与对外汉语教学 肖莉 《赣南师范学院学报》1997年第2期

DD97435 集合概念在对外汉语教学中的应用 彭志平 万志敏 《语言教学与研究》 1997年第4期

DD97436 建立三维语法教学体系——初级阶段对外汉语语法教学研究的回顾与展望 李珠 《世界汉语教学》1997年第2期

DD97437 "是……的"句质疑 杨石泉 《中国语文》 1997年第6期

DD97438 谈对外汉语虚词教学 李小荣 《世界汉语教学》 1997年第4期

DD97439 语法教学三题 杨石泉 《世界汉语教学》 1997年第2期

DD98440 "把"字句的三个平面分析及其在对外汉语教学中的应用 任玉华 《华东师范大学学报》(哲学社会科学版) 1998年第6期

DD98441 对韩汉语教学中的介词教学 (韩)韩容洙 《汉语学习》1998年第6期

DD98442 对外汉语教学语法分级初探 祖人植 《北大海外教育》第二辑 郭振华 赵燕皎主编 北京大学出版社 1998年

DD98443 对外汉语教学中经常要思考的问题——为什么？是什么？怎么样？ 陆俭明 《语言文字应用》 1998年第4期

DD98444 关于语言功能和言语功能——兼谈汉语交际语法 徐晶凝 《北京大学学报》(哲学社会科学版) 1998年第6期

DD98445 汉语助词的语气义及其教学探索 徐晶凝 《世界汉语教学》 1998年第2期

DD98446 句型教学结合语义分析的构想 吕文华 《汉语学习》 1998年第6期

DD98447 谈谈"动趋结构" 李婷 《北京第二外国语学院学报》 1998年第6期

DD98448 谈谈复句教学 尹绍华《对外汉语教学论丛》第一辑 王文虎主编 四川大学出版社 1998年

DD98449 中级汉语语法教学体系亟待建立 张明莹 《北京大学学报》(哲学社会科学版) 1998年第6期

DD99450 从HSK(基础)测试的数据统计看"把"字句的教学 姜德梧 《汉语学习》 1999年第5期

DD99451 短语词的划分在对外汉语教学中的意义 吕文华 《语言教学与研究》 1999年第3期

DD99452 对外汉语教学语法课语段教学刍议 彭小川 《语言文字应用》 1999年第3期

DD99453 对外汉语教学中"了"(le)的语法项目及其等级切分 程伟民 《清华大学学报》(哲学社会科学版) 1999年第1期

DD99454 汉语"了"字教学研究 李晓琪 《华东师范大学学报》(哲学社会科学版) 1999年第4期

DD99455 汉语"三式"的对外教学 邵龙青 刘谦功 《东北财经大学学报》 1999年第6期

DD99456 汉语形容词谓语句的特点及其教学 别红樱 《汉语速成教学研究》第二辑 北京语言文化大学汉语速成学院编 华语教学出版社 1999年

DD99457 句型主体论 李芳杰 《语言教学与研究》 1999年第4期

DD99458 "使动"义的"动词+结果补语"结构的教与学 全裕慧 《汉语学习》 1999年第5期

DD99459 试论在句首的"由+施事"结构的句法功能 白荃 《中国对外汉语教学学会第六次学术讨论会论文选》 中国对外汉语教学学会编 华语教学出版社 1999年

DD99460 谈强调反问的"又"和"还" (日)柴森 《世界汉语教学》 1999年第3期

DD99461 现代汉语句型与对外汉语句型教学 温云水 《世界汉语教学》 1999年第3期

DD00462 "不"、"没(有)"教学和研究上的误区——关于"不"、"没(有)"的意义和用法的探讨 白荃 《语言教学与研究》 2000年第3期

DD00463 "除了……还……"和"除了……也……" 赵燕皎 《北大海外教育》第三辑 赵燕皎 李晓琪主编 华语教学出版社 2000年

DD00464 动态助词"着"的对外汉语教学设计 陈广艳 《池州师专学报》 2000年第2期

DD00465 对外汉语教学初级阶段语法项目的排序问题 杨寄洲 《语言教学与研究》 2000年第3期

DD00466 对外汉语教学语法体系的建构 胡裕树 《回眸与思考:对外汉语教学》 张德鑫主编 外语教学与研究出版社 2000年

DD00467 对外汉语教学语法体系中的主语和主题 吴中伟 《汉语学习》 2000年第4期

DD00468 “对外汉语教学”中的语法教学 陆俭明《语言教学与研究》 2000年第3期

DD00469 关于“了”的教学——《初级汉语课本》与《现代汉语教程读写课本》之比较 叶蓉 《西南交通大学学报》(社会科学版) 2000年第4期

DD00470 关于“太”字结构的教学与研究——谈对外汉语语法教学三个平面的结合问题 卢福波 《世界汉语教学》 2000年第2期

DD00471 汉语作为第二语言教学中的语法体系问题 孙德金 《双语学研究》(《民族教育研究》2000年增刊) 戴庆厦主编 《民族教育研究》编辑部 2000年

DD00472 汉语作为外语教学语法体系革新的焦点——汉语动词词法 (德)柯彼德 《汉语学报》第2期 邢福义 萧国政主编 湖北教育出版社 2000年

DD00473 建立语素教学的构想 吕文华 《第六届国际汉语教学讨论会论文选》《第六届国际汉语教学讨论会论文选》编辑委员会编 北京大学出版社 2000年

DD00474 逻辑推理在对外汉语教学中的应用 李晓亮 《语言教学与研究》 2000年第1期

DD00475 试论反问句教学 赵雷 《语言文化教学研究集刊》第四辑 北京语言文化大学汉语学院编 华语教学出版社 2000年

DD00476 谈反问句教学 赵雷 《语言教学与研究》 2000年第3期

DD00477 谈谈对外汉语表达语法的教学问题 卢福波 《语言教学与研究》 2000年第2期

DD00478 谈谈基础汉语教学中与副词有关的几个问题 黄晓红 《汉语学习》 2000年第4期

DD01479 对日本学生的汉语词序教学研究 何重先 《武汉大学学报》(人文科学版) 2001年第6期

DD01480 对外汉语语法教学的语义策略初探 徐昌火 《对外汉语教学与教材研究论文集》国家对外汉语教学领导小组编 华语教学出版社 2001年

DD01481 关于汉语教学技巧的两点思考 周健 《对外汉语教学与教材研究论文集》 国家对外汉语教学领导小组编 华语教学出版社 2001年

DD01482 关于可能补语的教学 田化冰 《安顺师范高等专科学校学报》 2001年第4期

DD01483 关于“N^A 给 $N^B V(O)$”结构及其教学 董付兰 《湛江师范学院学报》 2001年第5期

DD01484 关于述补结构系统的思考——兼谈对外汉语教学的补语系统 吕文华 《世界汉语教学》 2001年第3期

DD01485 汉语第二语言的副词教学 周小兵 《国际汉语教学学术研讨会论文集》(《语言研究》2001年增刊) 李祥坤主编 《语言研究》编辑部 2001年

DD01486 汉语交际文化与对外汉语语法教学 袁嘉 《西南民族学院学报》(哲学社会科学

版） 2001 年第 7 期

DD01487 汉语作为外语教学语法体系革新的焦点 柯彼德 《汉语学报》第 2 期 邢福义 萧国政主编 湖北教育出版社 2001 年

DD01488 简化汉语补语教学系统的构想 吕文华 《国际汉语教学学术研讨会论文集》(《语言研究》2001 年增刊） 李祥坤主编 《语言研究》编辑部 2001 年

DD01489 论词语的语法教学 丁雪欢 《暨南大学华文学院学报》 2001 年第 3 期

DD01490 论现代汉语功能句型 温云水 《世界汉语教学》 2001 年第 4 期

DD01491 试论"被"字句的教学 高顺全 《暨南大学华文学院学报》 2001 年第 1 期

DD01492 小句中枢说与句型研究和教学 李芳杰 《世界汉语教学》 2001 年第 3 期

DD02493 "把"字句练习设计中的语境问题 刘颂浩 汪燕 《中国对外汉语教学学会第七次学术讨论会论文选》 中国对外汉语教学学会编 人民教育出版社 2002 年

DD02494 对外汉语教学语法的体系与方法问题 卢福波 《汉语学习》 2002 年第 2 期

DD02495 对外汉语教学语法体系研究思路述评——从语言共性与个性的视角 祖人植 《北京大学学报》(哲学社会科学版） 2002 年第 4 期

DD02496 对外汉语教学中引导留学生产出"使"字兼语句的教学策略 张新明 《无锡商业职业技术学院学报》 2002 年第 4 期

DD02497 汉语的当代变迁与对外汉语教学 刁晏斌 《辽宁师范大学学报》(社会科学版） 2002 年第 1 期

DD02498 汉语第二语言教学语法的特点 周小兵 《中山大学学报》(社会科学版） 2002 年第 6 期

DD02499 汉语运用中"宾、补争动"的矛盾及其消除 常纯民 那娜 《齐齐哈尔大学学报》(哲学社会科学版） 2002 年第 1 期

DD02500 汉语作为第二语言语法教学的"语法词汇化"问题 吴勇毅 《暨南大学华文学院学报》 2002 年第 4 期

DD02501 理论语法与教学语法的衔接问题——以汉语作为第二语言教学为例 郭熙 《汉语学习》 2002 年第 4 期

DD02502 浅谈运用交际原则进行语法教学的必要性 吴晓颖 《玉溪师范学院学报》 2002 年第 3 期

DD02503 试论理论语法与教学语法的接口 崔希亮 《中国对外汉语教学学会第七次学术讨论会论文选》 中国对外汉语教学学会编 人民教育出版社 2002 年

DD02504 谈对外汉语副词教学中的语境利用 周利芳 《语言教学与研究》 2002 年第 3 期

DD02505 询问情状时"……怎么了"和"……怎么样了"的差异 陈力 郭继懋 《中国对外汉语教学学会第七次学术讨论会论文选》 中国对外汉语教学学会编 人民教育出版社 2002 年

DD02506 语法在语言教学中的合理地位 李建宏 《新疆财经学院学报》 2002 年第 2 期

DD02507 语用分析在语法教学中的作用及必要性——从语气助词"了"的教学谈起 杨太康 《西南民族学院学报》(哲学社会科学版) 2002 年增刊第 4 期

DD03508 "的"字结构的对外汉语教学 唐春华 朱元富 《云南师范大学学报》(对外汉语教学与研究版) 2003 年第 4 期

DD03509 对日汉语语法教学的难点 (日)郭春贵 《对外汉语教学语法探索》 国家汉办教学处编 中国社会科学出版社 2003 年

DD03510 对外汉语基础语法认知法教学初探 刘若云 徐韵如 《暨南大学华文学院学报》 2003 年第 4 期

DD03511 对外汉语教学句型系统的审视与前瞻 祖人植 《对外汉语教学论文集》 厦门大学海外华文教育研究所 海外教育学院编 厦门大学出版社 2003 年

DD03512 对外汉语教学语法的层级划分与项目排序问题 卢福波 《汉语学习》 2003 年第 2 期

DD03513 对外汉语教学语法的方法问题点滴:以如何教表示完成的"了"为例 何宝璋 《对外汉语教学语法探索》 国家汉办教学处编 中国社会科学出版社 2003 年

DD03514 对外汉语教学语法与语法教学 赵金铭 《对外汉语教学语法探索》 国家汉办教学处编 中国社会科学出版社 2003 年

DD03515 对外汉语教学语法中存在的若干问题 王素梅 《沈阳师范大学学报》(社会科学版) 2003 年第 4 期

DD03516 对外汉语教学中的插语教学 陈作宏 《云南师范大学学报》(对外汉语教学与研究版) 2003 年第 1 期

DD03517 对外汉语语法、词汇教学中的语用分析问题 赵淑华 《对外汉语教学语法探索》 国家汉办教学处编 中国社会科学出版社 2003 年

DD03518 对外汉语中结果补语的课堂教学 杨司薇 《云南师范大学学报》(对外汉语教学与研究版) 2003 年第 6 期

DD03519 功能篇章语法及其在对外汉语教学上的应用 (美)屈承熹 《对外汉语教学语法探索》 国家汉办教学处编 中国社会科学出版社 2003 年

DD03520 关于"把"字句教学系统性的几点思考 陆庆和 《暨南大学华文学院学报》 2003 年第 1 期

DD03521 关于对外汉语教学语法体系的若干问题 吕文华 《对外汉语教学语法探索》 国家汉办教学处编 中国社会科学出版社 2003 年

DD03522 关于建立词汇——语法教学模式的思考 李晓琪 《对外汉语教学语法探索》 国家汉办教学处编 中国社会科学出版社 2003 年

DD03523 Guidelines for Grammatical Description in L2 Chinese TENG Shou-hsin(邓守

信)《世界汉语教学》 2003 年第 1 期

DD03524 汉语语法理论与汉语教学 (韩)朴正九 《对外汉语教学语法探索》 国家汉办教学处编 中国社会科学出版社 2003 年

DD03525 基于语体的对外汉语教学语法体系的构建 李泉 《汉语学习》 2003 年第 3 期

DD03526 漫谈理论语法、教学语法和语言教学中语法规则的表述方法 金立鑫 《对外汉语教学语法探索》 国家汉办教学处编 中国社会科学出版社 2003 年

DD03527 强化词语教学,淡化句法教学——也谈对外汉语教学中的语法教学 杨惠元 《语言教学与研究》 2003 年第 1 期

DD03528 如何体现"变化"——关于句尾"了"理论语法与教学语法的接口 谭春健 《语言教学与研究》 2003 年第 3 期

DD03529 试论教学语法的基础兼及与理论语法的关系 崔希亮 《对外汉语教学语法探索》 国家汉办教学处编 中国社会科学出版社 2003 年

DD03530 释"能"——兼谈对外汉语教学助动词释词的系统化 郑天刚 《南开语言学刊》第二期 南开大学出版社 2003 年

DD03531 受事宾语变"把"字句的再认识 王瑛 《语言与翻译》 2003 年第 1 期

DD03532 谈对外汉语教学语法 刘月华 《对外汉语教学语法探索》 国家汉办教学处编 中国社会科学出版社 2003 年

DD03533 谈对外汉语语气教学 赵春利 《暨南大学华文学院学报》 2003 年第 1 期

DD03534 谈谈对外汉语教学语法的体系与方法问题 卢福波 《对外汉语教学语法探索》 国家汉办教学处编 中国社会科学出版社 2003 年

DD03535 完句成分在对外汉语教学中的运用 司红霞 《汉语学习》 2003 年第 5 期

DD03536 语法教学的语法明显度 王培光 《对外汉语教学语法探索》 国家汉办教学处编 中国社会科学出版社 2003 年

DD03537 语法教学与语境设计 赵永红 《云南师范大学学报》(对外汉语教学与研究版) 2003 年第 1 期

DD03538 语法在对外汉语教学中的地位和作用及相关问题 李泉 《对外汉语教学语法探索》 国家汉办教学处编 中国社会科学出版社 2003 年

DD04539 "被"字句与"叫、让"被动句在教学语法中的分离 吴门吉 周小兵 《云南师范大学学报》(对外汉语教学与研究版) 2004 年第 4 期

DD04540 对比分析与语法教学 (美)邓守信 《汉语研究与应用》第二辑 中国人民大学对外语言文化学院编 中国社会科学出版社 2004 年

DD04541 对外汉语教学中"是……的"句型分析 杨春雍 《云南师范大学学报》(对外汉语教学与研究版) 2004 年第 5 期

DD04542 对外汉语教学中语法教学的若干问题 郑华辰 《南京晓庄学院学报》 2004 年

第3期

DD04543 韩、中汉语使用者在"这——"、"那——"使用上的异同点 (韩)梁敬美 《第七届国际汉语教学讨论会论文选》《第七届国际汉语教学讨论会论文选》编辑委员会编 北京大学出版社 2004年

DD04544 汉语问句的习得和组织学生课堂提问的意义 蒋以亮 《第七届国际汉语教学讨论会论文选》《第七届国际汉语教学讨论会论文选》编辑委员会编 北京大学出版社 2004年

DD04545 汉语作为第二语言(CSL)语法教学的"语法词汇化"问题 吴勇毅 《第七届国际汉语教学讨论会论文选》《第七届国际汉语教学讨论会论文选》编辑委员会编 北京大学出版社 2004年

DD04546 进行体、持续体的否定及相关问题 高顺全 《第七届国际汉语教学讨论会论文选》《第七届国际汉语教学讨论会论文选》编辑委员会编 北京大学出版社 2004年

DD04547 "了2"的一种教学设计 赵万勋 《汉语研究与应用》第二辑 中国人民大学对外语言文化学院编 中国社会科学出版社 2004年

DD04548 论复合趋向补语的教学研究 洪琳 《云南师范大学学报》(对外汉语教学与研究版) 2004年第5期

DD04549 谈两种简单趋向补语的异同 王凤兰 《云南师范大学学报》(对外汉语教学与研究版) 2004年第5期

DD04550 以话题为纲——提高汉语语法教学效率的新尝试 (德)柯彼德 《第七届国际汉语教学讨论会论文选》《第七届国际汉语教学讨论会论文选》编辑委员会编 北京大学出版社 2004年

DD04551 "尤其"及相关句式的教学 岑玉珍 《汉语研究与应用》第二辑 中国人民大学对外语言文化学院编 中国社会科学出版社 2004年

DD04552 语气副词"竟"及其教学 聂丹 《语言教学与研究》 2004年第5期

DD04553 "在+L"词序研究及其对外汉语教学策略 杨丽姣 《云南师范大学学报》(对外汉语教学与研究版) 2004年第1期

DD04554 "做不到"、"做不好"与"做不了"——兼论汉语补语教学 李晓琪 《第七届国际汉语教学讨论会论文选》《第七届国际汉语教学讨论会论文选》编辑委员会编 北京大学出版社 2004年

DD05555 "把"字句语法项目的选取与排序研究 李英 邓小宁 《语言教学与研究》 2005年第3期

DD05556 比较句语法项目的选取和排序 陈珺 周小兵《语言教学与研究》 2005年第2期

DD05557 从功能出发进行对外汉语语法教学的研究与实践 任燕平 彭莉 《嘉兴学院学报》

2005年第4期

DD05558 对外汉语教学基本句型的确立依据与排序研究 卢福波 《语言文字应用》 2005年第4期

DD05559 对外汉语教学中例句的选择 刘若云 徐韵如 《中山大学学报论丛》 2005年第6期

DD05560 对外汉语教学中一个不可或缺的因素——汉语节律对句法的影响 赵成新 《河南大学学报》(社会科学版) 2005年第5期

DD05561 对外汉语教学助词"着"的选项与排序 李蕊 周小兵 《世界汉语教学》 2005年第1期

DD05562 对外汉语句法教学的三个平面问题 王鸿雁 阿依努尔·艾买提 艾力·木合塔尔 《和田师范专科学校学报》 2005年第4期

DD05563 对外汉语语法教学理论与实践之探讨 赵瑾 《开封大学学报》 2005年第3期

DD05564 关于对外汉语语法教学的几点思考 丁存越 《云南师范大学学报》(对外汉语教学与研究版) 2005年第2期

DD05565 汉语单句的结构对称特点 郭智 《云南师范大学学报》(对外汉语教学与研究版) 2005年第4期

DD05566 汉语焦点理论及其在对外汉语教学上的应用 赵清永 孙刚 《语言文字应用》 2005年增刊

DD05567 "NP+了"的解释及教学策略 谭春健 赵刚 《云南师范大学学报》(对外汉语教学与研究版) 2005年第1期

DD05568 浅析对外汉语教学中语法与语义的关系 姜苹 陈岩 《黑龙江教育学院学报》 2005年第4期

DD05569 特殊动词的句法语义属性研究与对外汉语教学 陈昌来 《上海师范大学学报》(哲学社会科学版) 2005年第4期

DD05570 要重视讲解词语和句法格式的使用环境 陆俭明 《对外汉语研究》第一期 齐沪扬主编 商务印书馆 2005年

DD05571 语法本体研究与对外汉语语法教学 邵敬敏 罗晓英 《暨南大学华文学院学报》 2005年第3期

DD05572 语法不教什么——对外汉语语法教学的两个原则问题 孙德金 《汉语研究与应用》第三辑 中国人民大学对外语言文化学院编 中国社会科学出版社 2005年

DD05573 语义范畴与对外汉语语法教学 周红 《云南师范大学学报》(对外汉语教学与研究版) 2005年第3期

DD05574 语义功能语法的理论研究与教学应用 倪旸 龙涛 《天津大学学报》(社会科学版) 2005年第3期

DD05575 “在+处所”的偏误分析及对外汉语教学 李金静 《语言文字应用》 2005年增刊

DD06576 从句法结构到功能与篇章:对外汉语语法的循序教学 (美)屈承熹 《对外汉语研究》第二期 齐沪扬主编 商务印书馆 2006年

DD06577 对外汉语教学句型选择和确定的原则 李晟宇 伏学凤 朱志平 《语言文字应用》 2006年第2期

DD06578 对外汉语教学语法研究述评 李泉 《世界汉语教学》 2006年第2期

DD06579 对外汉语教学中汉语的动态助词 陈杰 《鞍山师范学院学报》 2006年

DD06580 对外汉语语法教学的理论性和实用性原则 陈璐 《青岛职业技术学院学报》 2006年第3期

DD06581 20世纪80年代以来对外汉语教学语法研究综述 丁崇明 《北京师范大学学报》(社会科学版) 2006年第3期

DD06582 90年代以来对外汉语虚词教学研究综述 彭玉兰 魏艳丽 《景德镇高专学报》 2006年第1期

DD06583 留学生汉语教学中语法教学的探究 薛崇 《沈阳农业大学学报》(社会科学版) 2006年第1期

DD06584 论第二语言汉语教学语法的“本位” 何清强 《汉语学习》 2006年第2期

DD06585 浅谈对外汉语教学中的语义分析法——从“动+补+宾”结构的表现形式和语义关系看语义教学 郑超 《北京化工大学学报》(社会科学版) 2006年第3期

DD06586 浅谈对外汉语语法教学中的实用性原则 郑金勇 《现代语文》(语言研究版) 2006年第10期

DD06587 外国留学生使用“在NL”的调查分析 林齐倩 《对外汉语研究》第二期 齐沪扬主编 商务印书馆 2006年

DD06588 消极修辞和语法问题 王未 《毕节学院学报》 2006年第3期

DD06589 “形+得+很”结构在对外汉语教学中的语法分析 马赟 《现代语文》(语言研究版) 2006年第3期

DD06590 也谈对外汉语教学的补语系统 李劲荣 《云南师范大学学报》(对外汉语教学与研究版) 2006年第2期

DD06591 语境与对外汉语语法教学 张华 《现代语文》(语言研究版) 2006年第7期

DD06592 云南方言否定副词及在对外汉语中的教学对策 茅维 《云南师范大学学报》(对外汉语教学与研究版) 2006年第3期

4. 汉字教学研究(593—895)

DD77593 谈谈汉字教学 王学作 《语言教学与研究》第一集 北京语言学院《语言教学与研究》编辑室 1977年2月

DD77594 再谈汉字教学 王学作 《语言教学与研究》第二集 北京语言学院《语言教学与研究》编辑室 1977年11月

DD80595 汉字图表教学浅谈 王学作 《语言教学与研究》 1980年第1期

DD80596 析字教学法 王学作 《语言教学与研究》 1980年第4期

DD82597 从对外汉语教学看文字改革 陈晨 《语文建设》 1982年第3期

DD82598 汉字教学体会点滴 李清华 《语言教学与研究》 1982年第2期

DD84599 字素拼合法在汉字教学中的作用 李文治 岳维善 张永亮 《语言教学与研究》 1984年第2期

DD85600 汉字教学简述——对外汉语教学发展史之一章 李培元 任远 《第一届国际汉语教学讨论会论文选》 第一届国际汉语教学讨论会组织委员会编 北京语言学院出版社 1985年

DD85601 汉字现状与汉字教学 陈阿宝 《第一届国际汉语教学讨论会论文选》 第一届国际汉语教学讨论会组织委员会编 北京语言学院出版社 1985年

DD86602 学习汉语也并不难 陈贤纯 《语言教学与研究》 1986年第1期

DD87603 从象声词来看汉字规范 (日)砂冈和子 《第二届国际汉语教学讨论会论文集》 第二届国际汉语教学讨论会组织委员会编 北京语言学院出版社 1987年

DD87604 对外汉语教学中汉字教学的新尝试 (新加坡)卢绍昌 《第二届国际汉语教学讨论会论文集》 第二届国际汉语教学讨论会组织委员会编 北京语言学院出版社 1987年

DD87605 对外汉字教学要从形体入手 施光亨 《世界汉语教学》 1987年第2期

DD87606 汉字的再认识 安子介 《第二届国际汉语教学讨论会论文集》 第二届国际汉语教学讨论会组织委员会编 北京语言学院出版社 1987年

DD87607 汉字读音教学中的两个问题——异读和误读 张拱贵 《第二届国际汉语教学讨论会论文集》 第二届国际汉语教学讨论会组织委员会编 北京语言学院出版社 1987年

DD87608 汉字教学常用汉字的优选问题——(前1000个高频字的对比分析) 常宝儒 《第二届国际汉语教学讨论会论文集》 第二届国际汉语教学讨论会组织委员会编北京语言学院出版社 1987年

DD87609 美国普林斯顿中学的《拼音中文》实验班 (美)叶漳民 李彼得 《第二届国际汉语教学讨论会论文集》 第二届国际汉语教学讨论会组织委员会编 北京语言学院出版社 1987年

DD87610 为什么先学拼音文字者要学好华文比较困难——我在马来西亚所观察到的 (马)钟秋生 《第二届国际汉语教学讨论会论文集》 第二届国际汉语教学讨论会组织委员会编 北京语言学院出版社 1987年

DD87611 现代汉字笔形论 张静贤 《第二届国际汉语教学讨论会论文集》 第二届国际汉语教学讨论会组织委员会编 北京语言学院出版社 1987 年

DD87612 中国与日本简化汉字的评骘及今后整理与简化汉字应循的原理 (新加坡)谢世涯 《第二届国际汉语教学讨论会论文集》 第二届国际汉语教学讨论会组织委员会编 北京语言学院出版社 1987 年

DD89613 英语母语者汉字教学琐谈 祝敏申 《上海大学学报》(社会科学版) 1989 年第 3 期

DD90614 从汉字部件到汉字结构——谈对外汉字教学 张旺熹 《世界汉语教学》 1990 年第 2 期

DD90615 对外汉字教学的尝试 黄立华 《广西民族学院学报》(哲学社会科学版) 1990 年第 2 期

DD90616 汉字部件的研究 (新加坡)卢绍昌 《第三届国际汉语教学讨论会论文选》 第三届国际汉语教学讨论会会务工作委员会编 北京语言学院出版社 1990 年

DD90617 论字群——汉语教学研究新议 (马)黄碧云 《第三届国际汉语教学讨论会论文选》 第三届国际汉语教学讨论会会务工作委员会编 北京语言学院出版社 1990 年

DD90618 浅谈汉字教学——学习字素拼合法 王琼 《中国对外汉语教学学会第三次学术讨论会论文选》 中国对外汉语教学学会编 北京语言学院出版社 1990 年

DD90619 谈谈汉字教学的问题 刘社会 《语言教学与研究》 1990 年第 2 期

DD90620 现代汉字笔顺论 张静贤 《第三届国际汉语教学讨论会论文选》 第三届国际汉语教学讨论会会务工作委员会编 北京语言学院出版社 1990 年

DD93621 汉字声旁的音变和认读 吴仁甫 《中国对外汉语教学学会第四次学术讨论会论文选》 中国对外汉语教学学会编 北京语言学院出版社 1993 年

DD93622 会意汉字内部结构的复合程序 石定果 《对外汉语教学论集》 北京语言学院教务处编 北京语言学院出版社 1993 年

DD93623 谈谈汉字教学 刘又辛 《语言教学与研究》 1993 年第 3 期

DD94624 从留学生识记汉字的心理过程探讨基础阶段汉字教学 王碧霞 李宁 种国胜 徐叶菁 《语言教学与研究》 1994 年第 3 期

DD94625 对外汉语教学中的常用汉字教学刍议 王敏 《三峡学刊》 1994 年第 4 期

DD94626 “汉字部件教学法”刍议——兼论汉字教学方法应与编码方法“兼容” 潘天华 《镇江高专学报》(综合版) 1994 第 3 期第 4 期合刊

DD94627 汉字文化与对外汉语教学——兼评安子介《解开汉字之谜》 余志鸿 《上海大学学报》(社会科学版) 1994 年第 6 期

DD94628 解开汉字之谜 推动对外汉语教学 刘力生 徐乃忠 《上海大学学报》(社会科学版)1994 年第 6 期

DD94629　连环生字教学法的尝试　刘春娥　《山东教育》　1994年第12期

DD94630　浅谈汉字规范化教学问题　罗玉兰　《伊犁师范学院学报》　1994年第2期

DD94631　试论安子介汉字思想在应用语言学上的意义　沈益洪　《上海大学学报》(社会科学版)1994年第6期

DD94632　现代汉字教学法探讨　郝恩美　《语言文字研究》　1994年第3期

DD94633　现代汉字中的非形声字　李海霞　《三峡学刊》　1994年第1期

DD94634　现代汉字左声右形结构析得　吕永进　《语言文字应用》　1994年第2期

DD94635　语素组合教学法与汉字解析——兼谈《解开汉字之谜》的一点启示　元立　《上海大学学报》(社会科学版)　1994年第6期

DD94636　掌握规律　突出特点　培养能力——试谈"归类识字"教学　张徽　《云南教育》　1994年第9期

DD95637　部件组合——潜在的汉字结构层次　韩布新　《中文信息学报》　1995年第3期

DD95638　对外汉语教学概论(讲义)(续十二)　吕必松　《世界汉语教学》　1995年第2期

DD95639　关于汉字教学的一些新设想　(德)柯彼德　《第四届国际汉语教学讨论会论文选》　《第四届国际汉语教学讨论会论文选》编辑委员会编　北京语言学院出版社　1995年

DD95640　汉字教学:教什么？怎么教？　卞觉非　《语言文字应用》　1995年第1期

DD95641　汉字结构分析法在汉字教学中的地位和作用　黎纪　《武当学刊》(哲学社会科学版)　1995年第1期

DD95642　论初级阶段的汉字教学　陈茅　吴晓露　《第四届国际汉语教学讨论会论文选》　《第四届国际汉语教学讨论会论文选》编辑委员会编　北京语言学院出版社　1995年

DD95643　现代汉语常用字的结构类型　张玉金　《汉语学习》　1995年第2期

DD95644　现代汉字的部件切分　苏培成　《语言文字应用》　1995年第3期

DD96645　汉字笔顺刍议　万业馨　《语言文化教学研究》　北京语言学院汉语学院编　华语教学出版社　1996年

DD96646　汉字部件的换位和结构变化　丁学明　《内蒙古教育学院学报》　1996年第1期

DD96647　汉字词化教学试说　亦葩　《汉字文化》　1996年第1期

DD96648　汉字结构分析与形声原则的统一　聂在富　《山东教育》　1996年增刊第1期

DD96649　汉字结构与汉字教学　赵学会　《第二语言(汉语)教学论集》第1集　戴庆厦主编　民族出版社　1996年

DD96650　揭示汉字造字法则　提高对外汉语教学质量　严光仪　《重庆大学学报》(社会科学版)　1996年第1期

DD96651　论对外汉语教学中的汉字识记教学——兼评安子介先生的汉字研究成绩　高玉昆　《国际关系学院学报》　1996年第4期

DD96652　谈对外汉语教学中的字词教学　陈绂　《北京师范大学学报》(社会科学版)　1996

年第6期

DD96653 谈汉字教学的"难"和"易" 刘缙 《汉语言文化研究》 胡明扬 金天相等编 广西师范大学出版社 1996年

DD96654 The Bracket Description for Construcion of Chinese Characters Zhiwei Feng 《世界汉语教学》 1996年第2期

DD97655 第二语言教学中的汉字教学 陈作宏 《第二语言(汉语)教学论集》第2集 戴庆厦主编 民族出版社 1997年

DD97656 "多字音节"及其功用初探 易洪川 朱全红 《语文建设》 1997年第10期

DD97657 关于汉字笔画的教学(上) 林亚莉 《贵州教育》 1997年第6期

DD97658 关于汉字笔画的教学(下) 林亚莉 《贵州教育》 1997年增刊第2期

DD97659 关于偏旁和部首的教学 邬建华 《江西教育》 1997年第10期

DD97660 关于现代汉字的构字法 匡祖山 《玉林师专学报》 1997年第4期

DD97661 汉字部件和对外汉字教学 崔永华 《语言文字应用》 1997年第3期

DD97662 汉字的学与教 (美)程朝晖 《世界汉语教学》 1997年第3期

DD97663 《汉字教学的规律和方法》序 李行健 《汉语学习》 1997年第2期

DD97664 汉字教学的现状与设想 王志胜 《青海师范大学学报》(哲学社会科学版) 1997年第3期

DD97665 汉字研究与对外汉语教学 石定果 《语言教学与研究》 1997年第1期

DD97666 汉字与汉字教学研讨会侧记 中国国家对外汉语教学领导小组办公室学术交流部 《世界汉语教学》 1997年第4期

DD97667 据理识字——"字理识字法"初探 白双法 《山西大学学报》(哲学社会科学版) 1997年第1期

DD97668 美国零起点短期班学员汉字教学初探 赵明德 田艳 《第二语言(汉语)教学论集》第2集 戴庆厦主编 民族出版社 1997年

DD97669 浅谈汉字规范化与第二语言的汉字教学 玛依拉 《第二语言(汉语)教学论集》第2集 戴庆厦主编 民族出版社 1997年

DD97670 谈集中识字教学 张凤麟 《汉语学习》 1997年第6期

DD98671 从汉语的两个特点谈必须切实重视汉字教学 李大遂 《北京大学学报》(哲学社会科学版) 1998年第3期

DD98672 从汉字在第二语言学习中的问题看汉字教学 (英)高万丽 《汉字与汉字教学研究论文选》 吕必松主编 北京大学出版社 1998年

DD98673 从基本字表的研制看汉字学与汉字教育 易洪川 杨夷平 朱全红 《语言文字应用》 1998年第4期

DD98674 从认知科学看对外汉字教学 石定果 《汉字与汉字教学研究论文选》 吕必松主

编 北京大学出版社 1998 年

DD98675 独体字是学好汉字的基础 杜晓俐 王贵福 吕景和 《黑龙江教育学院学报》1998 年第 2 期

DD98676 对外汉语教学用 2905 汉字的语音状况分析 冯丽萍 《北京师范大学学报》(社会科学版) 1998 年第 6 期

DD98677 对外汉语教学中汉字教学的新尝试 (新加坡)卢绍昌 《彭城职业大学学报》1998 年第 4 期

DD98678 对外汉字教学刍议 翟汛 《武汉大学学报》(人文社会科学版) 1998 年第 3 期

DD98679 对外汉字教学的特点、难点及其对策 费锦昌 《北京大学学报》(哲学社会科学版) 1998 年第 3 期

DD98680 对外汉字教学实验报告 钱学烈 《北京大学学报》(哲学社会科学版) 1998 年第 3 期

DD98681 对外汉字教学研究的角度 卢小宁 《汉语学习》 1998 年第 3 期

DD98682 对外汉字教学中多项分流、交际领先的原则 周小兵 《汉字与汉字教学研究论文选》 吕必松主编 北京大学出版社 1998 年

DD98683 翻译法在对外汉字教学中的意义及实施 田艳 《第二语言(汉语)教学论集》第 3 集 戴庆厦主编 民族出版社 1998 年

DD98684 根据汉字特点强化字形教学 刘玉汉 《宁夏教育》 1998 年第 3 期

DD98685 关于对外汉字教学的调查报告 石定果 万业馨 《语言教学与研究》 1998 年第 1 期

DD98686 关于对西方国家学生汉字教学的理论性思考 田惠刚 《北京大学学报》(哲学社会科学版) 1998 年第 6 期

DD98687 关于构建教学汉字体系,辅助对外国人汉字教学的初步设想 徐甲申 《汉字与汉字教学研究论文选》 吕必松主编 北京大学出版社 1998 年

DD98688 关于汉字教学的一种思路 崔永华 《北京大学学报》(哲学社会科学版) 1998 年第 3 期

DD98689 关于合体字结构分析问题——部件分析法和偏旁分析法的初步比较 李大遂 《对外汉语教学讨论集——北京地区第一届对外汉语教学讨论会论文选》 北京大学出版社 1998 年

DD98690 汉字的理据性与汉字教学 郑继娥 《华东师范大学学报》(哲学社会科学版) 1998 年第 6 期

DD98691 汉字的文化蕴含与汉字教学 胡双宝 《汉字与汉字教学研究论文选》 吕必松主编 北京大学出版社 1998 年

DD98692 汉字教学 黄沛荣 《汉字与汉字教学研究论文选》 吕必松主编 北京大学出版

社 1998 年

DD98693 汉字教学法浅见 珂妤 《对外汉语教学论丛》第一辑 王文虎主编 四川大学出版社 1998 年

DD98694 汉字教学改革的十项措施 杨洪清 《汉字与汉字教学研究论文选》 吕必松主编 北京大学出版社 1998 年

DD98695 汉字教学及其教材编写 张惠芬 《对外汉语教学讨论集——北京地区第一届对外汉语教学讨论会论文选》 北京大学出版社 1998 年

DD98696 汉字教学与汉语研究 吕必松 《汉字与汉字教学研究论文选》 吕必松主编 北京大学出版社 1998 年

DD98697 汉字教学与研究的一些体会 (新加坡)卢绍昌 《汉字与汉字教学研究论文选》 吕必松主编 北京大学出版社 1998 年

DD98698 汉字结构"暂拟体系"——识字教学的科学化与规范化探讨 达世平 《上海师范大学学报》(社会科学版) 1998 年第 4 期

DD98699 汉字联想网及对外汉字教学 张永亮 《汉字与汉字教学研究论文选》 吕必松主编 北京大学出版社 1998 年

DD98700 汉字偏旁表义度探索 (德)顾安达 《汉字与汉字教学研究论文选》 吕必松主编 北京大学出版社 1998 年

DD98701 汉字文化研究与汉字教学的几点断想 张德鑫 《汉字与汉字教学研究论文选》 吕必松主编 北京大学出版社 1998 年

DD98702 汉字习得与汉字教学实验室 (葡)孙琳 《汉字与汉字教学研究论文选》 吕必松主编 北京大学出版社 1998 年

DD98703 简论欧美学生汉字认知的特点——运用心理学教学汉字教学的思考 石羽佳 《对外汉语教学论丛》第一辑 王文虎主编 四川大学出版社 1998 年

DD98704 利用多媒体教授汉字的想法和做法 (丹)王建琦 《汉字与汉字教学研究论文选》 吕必松主编 北京大学出版社 1998 年

DD98705 两个不同概念的"部件"及相关问题 万业馨 《汉字与汉字教学研究论文选》 吕必松主编 北京大学出版社 1998 年

DD98706 留学生汉字教学的新思路 周健 《暨南学报》(哲学社会科学) 1998 年第 2 期

DD98707 论初级汉语水平欧美留学生汉字复现规律 李开 《南京大学学报》(哲学·人文科学·社会科学版) 1998 年第 3 期

DD98708 美国班汉字教学的改革及理论探讨 赵明德 《第二语言(汉语)教学论集》第 3 集 戴庆厦主编 民族出版社 1998 年

DD98709 民汉学生汉字错别字对比分析 李继莹 《伊犁师范学院学报》 1998 年第 1 期

DD98710 莫斯科大学亚非学院的汉字教学 (俄)谭傲霜 《汉字与汉字教学研究论文选》

吕必松主编 北京大学出版社 1998 年

DD98711 浅谈汉字教学 俞信宝 《北大海外教育》第二辑 郭振华 赵燕皎主编 北京大学出版社 1998 年

DD98712 浅析识字教学的对内、对外差别 杨夷平 易洪川 《世界汉语教学》 1998 年第 2 期

DD98713 浅析同音易错字 李春梅 《第二语言(汉语)教学论集》第 3 集 戴庆厦主编 民族出版社 1998 年

DD98714 浅议汉字的误读问题 玛依拉 《第二语言(汉语)教学论集》第 3 集 戴庆厦主编 民族出版社 1998 年

DD98715 全方位加强汉字教学 赵明德 《对外汉语教学讨论集——北京地区第一届对外汉语教学讨论会论文选》 北京大学出版社 1998 年

DD98716 认知心理学的记忆原理对汉字教学的启迪 吴世雄 《语言教学与研究》 1998 年第 4 期

DD98717 声符辨音效能新探 邓明 《晋中师专学报》 1998 年第 2 期

DD98718 试论汉语教学中字、词、句的内在联系 卢福波 《汉字与汉字教学研究论文选》 吕必松主编 北京大学出版社 1998 年

DD98719 谈汉语双轨教学中汉字的引入 (法)华卫民 《汉字与汉字教学研究论文选》 吕必松主编 北京大学出版社 1998 年

DD98720 谈汉字及汉字教学 陈绂 《对外汉语教学讨论集——北京地区第一届对外汉语教学讨论会论文选》 北京大学出版社 1998 年

DD98721 现代汉字部件变形分析 梁彦敏 《北大海外教育》第二辑 郭振华 赵燕皎主编 北京大学出版社 1998 年

DD98722 现代汉字的几何性质及其在汉字教学中的意义 施正宇 《语言文字应用》 1998 年第 4 期

DD98723 现代汉字的教学方法 郝恩美 《汉字与汉字教学研究论文选》 吕必松主编 北京大学出版社 1998 年

DD98724 一千高频度汉字的解析及教学构想 陈仁凤 陈阿宝 《语言文字应用》 1998 年第 1 期

DD98725 有关汉字教学的调查报告(第一号) 石定果 万业馨 《汉字与汉字教学研究论文选》 吕必松主编 北京大学出版社 1998 年

DD98726 字词直通 字词同步——关于基础汉语阶段字词问题的思考 李芳杰 《语言教学与研究》 1998 年第 1 期

DD99727 从对外汉语教学看汉字字形规范 陈阿宝 《语文建设》 1999 年第 2 期

DD99728 从语言学经典著作看汉字与汉语教学 郭君 《语言与翻译》 1999 年第 1 期

DD99729　对外汉字教学改革探索　赵明德　《语言教学与研究》　1999 年第 3 期

DD99730　对外汉字教学与小学识字教学　潘先军　《汉字文化》　1999 年第 2 期

DD99731　关于汉字文化研究与汉字教学的几点思考　张德鑫　《世界汉语教学》　1999 年第 1 期

DD99732　关于建构“教学汉字”体系，辅助对外国人汉字教学的初步设想　徐甲申　《大连外国语学院 35 周年校庆学术系列丛书——对外汉语卷》　校庆丛书编委会编　长春出版社　1999 年

DD99733　汉字的“因形示义”在教学中的应用　鲍文超　《聊城师范学院学报》(哲学社会科学版)　1999 年第 6 期

DD99734　汉字的认知及教学方法　徐子亮　《中国对外汉语教学学会第六次学术讨论会论文选》　中国对外汉语教学学会编　华语教学出版社　1999 年

DD99735　汉字学与汉字教学　易洪川　杨夷平　朱全红　《中国对外汉语教学学会第六次学术讨论会论文选》　中国对外汉语教学学会编　华语教学出版社　1999 年

DD99736　汉字字符分工与部件教学　万业馨　《语言教学与研究》1999 年第 4 期

DD99737　南亚留学生错别字分析及教学对策　连晓霞　陈万珍　《河南师范大学学报》(哲学社会科版)　1999 年第 5 期

DD99738　浅谈汉字教学　莎丽塔娜提　《伊犁师范学院学报》　1999 年第 2 期

DD99739　3500 常用汉字中声旁的表音功能　项菊　《黄冈师专学报》　1999 年第 5 期

DD99740　手写汉字识别与识字教学　(新加坡)吴英成　《世界汉语教学》　1999 年第 2 期

DD99741　谈第二语言的汉字教学　余又兰　《世界汉语教学》　1999 年第 1 期

DD99742　语文分开、集中识字的思路和具体做法　张朋朋　《汉语速成教学研究》第二辑　北京语言文化大学汉语速成学院编　华语教学出版社　1999 年

DD99743　语言文字应用的一个重要领域——汉字识字教学的心理实质及其规律　张大成　伍新春　《语言文字应用》　1999 年第 4 期

DD99744　字音特点及其教学策略　易洪川　《语言文字应用》　1999 年第 4 期

DD00745　笔顺综合研究及留学生用笔顺原则　易洪川　杨夷平　朱全红　《第六届国际汉语教学讨论会论文选》　《第六届国际汉语教学讨论会论文选》编辑委员会编　北京大学出版社　2000 年

DD00746　从汉字和拼音文字的比较谈对外汉字教学的方法　孙海丽　《理论观察》　2000 年第 3 期

DD00747　当今对外汉字教学的情况调查　河南师范大学对外汉字教学研究课题组　《双语学研究》(《民族教育研究》2000 年增刊)　戴庆厦主编　《民族教育研究》编辑部　2000 年

DD00748　对外汉语教学更应重视汉字的表意性　敖桂华　《白城师范高等专科学校学报》

2000 年第 2 期

DD00749　对外汉字教学之我见　翟英华　《齐齐哈尔大学学报》(哲学社会科学版)　2000 年第 5 期

DD00750　关于对外汉字教学如何走出困境的思考　李大遂　《北大海外教育》第三辑　赵燕皎　李晓琪主编　华语教学出版社　2000 年

DD00751　关于汉字书法课中的几个关系问题　徐甲申　《第六届国际汉语教学讨论会论文选》《第六届国际汉语教学讨论会论文选》编辑委员会编　北京大学出版社　2000 年

DD00752　汉字电脑输入与对外汉字教学　潘先军　《汉字文化》　2000 年第 3 期

DD00753　汉字教学中的几个认知心理问题　徐彩华　《北京师范大学学报》(社会科学版)　2000 年第 6 期

DD00754　汉字教学中要不要作字形分析及如何分析　邹燕平　《首都师范大学学报》(社会科学版)　2000 年增刊

DD00755　略论形声字声旁与对外汉字教学　万业馨　《世界汉语教学》　2000 年第 1 期

DD00756　母语识字教学及其对对外汉字教学的启示　田艳　《双语学研究》(《民族教育研究》2000 年增刊)　戴庆厦主编　《民族教育研究》编辑部　2000 年

DD00757　声旁能不能在对外汉字教学中发挥作用？——声旁问题的再考虑　(德)孟坤雅　《第六届国际汉语教学讨论会论文选》　《第六届国际汉语教学讨论会论文选》编辑委员会编　北京大学出版社　2000 年

DD00758　试论朝鲜语汉字教育　池福淑　《双语学研究》(《民族教育研究》2000 年增刊)　戴庆厦主编　《民族教育研究》编辑部　2000 年

DD00759　双语教学中的汉字教学研究　赵明德　《双语学研究》(《民族教育研究》2000 年增刊)　戴庆厦主编　《民族教育研究》编辑部　2000 年

DD01760　Chinese Logography: A Semiotic Approach to Visual Communication　李祥坤　《国际汉语教学学术研讨会论文集》(《语言研究》2001 年增刊)　李祥坤主编　《语言研究》编辑部　2001 年

DD01761　初级对外汉字的系统教学初探　高惠敏　《国际汉语教学学术研讨会论文集》(《语言研究》2001 年增刊)　李祥坤主编　《语言研究》编辑部　2001 年

DD01762　从学习到教学汉字的经验与处理方法的几种建议　(法)鲍安娜　《国际汉语教学学术研讨会论文集》(《语言研究》2001 年增刊)　李祥坤主编　《语言研究》编辑部　2001 年

DD01763　对汉字认知、汉字教学并语文关系的几点看法　万业馨　《国际汉语教学学术研讨会论文集》(《语言研究》2001 年增刊)　李祥坤主编　《语言研究》编辑部　2001 年

DD01764　对外汉语汉字教学浅探　高惠敏　《安徽教育学院学报》　2001 年第 2 期

DD01765 对外汉语教学的“新六书” 张世涛 《国际汉语教学学术研讨会论文集》(《语言研究》2001年增刊) 李祥坤主编 《语言研究》编辑部 2001年

DD01766 对外汉字教学规律探究 张惠芬 《汉语学报》第4期 邢福义主编 湖北教育出版社 2001年

DD01767 发挥汉字偏旁在汉字习得中的作用 (美)王晓钧 《国际汉语教学学术研讨会论文集》(《语言研究》2001年增刊) 李祥坤主编 《语言研究》编辑部 2001年

DD01768 改进汉字教学的几个途径 (美)焦晓晓 《国际汉语教学学术研讨会论文集》(《语言研究》2001年增刊) 李祥坤主编 《语言研究》编辑部 2001年

DD01769 构建全方位的对外汉字教学格局 张景业 《外语与外语教学》 2001年第6期

DD01770 关于汉字教学法研究的思考与探索——兼论利用汉字“字族理论”进行汉字教学 陈曦 《汉语学习》 2001年第3期

DD01771 关于培养留学生的汉字观 易洪川 《国际汉语教学学术研讨会论文集》(《语言研究》2001年增刊) 李祥坤主编 《语言研究》编辑部 2001年

DD01772 汉语文字特性的省思——试谈汉语文字教与学的难易 (南非)黄楳轩 《国际汉语教学学术研讨会论文集》(《语言研究》2001年增刊) 李祥坤主编 《语言研究》编辑部 2001年

DD01773 汉字部首教学浅探 肖发学 《甘肃教育学院学报》(社会科学版) 2001年增刊第2期

DD01774 汉字教学刍议 王艳玲 《喀什师范学院学报》 2001年第1期

DD01775 汉字教学的策略 俞志强 《国际汉语教学学术研讨会论文集》(《语言研究》2001年增刊) 李祥坤主编 《语言研究》编辑部 2001年

DD01776 汉字课教学技法初探 邓小琴 《海外华文教育》 2001年第3期

DD01777 汉字认知心理研究成果与汉字教学 郑继娥 《成都教育学院学报》 2001年第2期

DD01778 汉字认知研究的新进展与汉字教学 徐彩华 《中国对外汉语教学学会北京分会第二届学术年会论文集》 中国对外汉语教学学会北京分会编 北京语言文化大学出版社 2001年

DD01779 汉字是汉语语法学的最小单位 张宝胜 《海南师范学院学报》(人文社会科学版) 2001年第4期

DD01780 汉字学习的问题分析及教学策略 王又民 《语言文化教学与研究(二〇〇一年卷)》 北京语言文化大学汉语学院编 人民教育出版社 2001年

DD01781 汉字字音特点对汉语教学法的影响 易洪川 《语言教育问题研究论文集》 华语教学出版社 2001年

DD01782 “Imagine me, I have a story to tell”—Memonic Devices Used by Anglophone Students for Learning Chinese Characters (加)李文丹 《国际汉语教学学术研

讨会论文集》(《语言研究》2001 年增刊) 李祥坤主编 《语言研究》编辑部 2001 年

DD01783 记忆原理对汉字听写训练的启示 王静 《语言教学与研究》 2001 年第 1 期

DD01784 教授初学者汉字的金钥匙——电脑中文 (美)何文潮 《国际汉语教学学术研讨会论文集》(《语言研究》2001 年增刊) 李祥坤主编 《语言研究》编辑部 2001 年

DD01785 Learning New Chinese Characters: Picturing Helps to Retrieve (澳)胡世琴 《国际汉语教学学术研讨会论文集》(《语言研究》2001 年增刊) 李祥坤主编 《语言研究》编辑部 2001 年

DD01786 零起点汉语教学中的汉字问题 吴中伟 《对外汉语教学与教材研究论文集》 国家对外汉语教学领导小组编 华语教学出版社 2001 年

DD01787 略论汉字表音偏旁及其教学 李大遂 《中国对外汉语教学学会北京分会第二届学术年会论文集》 中国对外汉语教学学会北京分会编 北京语言文化大学出版社 2001 年

DD01788 略谈利用联想教汉字 (美)姚道中 《国际汉语教学学术研讨会论文集》(《语言研究》2001 年增刊) 李祥坤主编 《语言研究》编辑部 2001 年

DD01789 论对外汉字教学的基本内容 施正宇 《国际汉语教学学术研讨会论文集》(《语言研究》2001 年增刊) 李祥坤主编 《语言研究》编辑部 2001 年

DD01790 On Teaching Chinese Characters: the Design and Use of Character Packet (美)洪玮 《国际汉语教学学术研讨会论文集》(《语言研究》2001 年增刊) 李祥坤主编《语言研究》编辑部 2001 年

DD01791 浅论同音字教学 (美)马真梅 《国际汉语教学学术研讨会论文集》(《语言研究》2001 年增刊) 李祥坤主编 《语言研究》编辑部 2001 年

DD01792 认知教学法在汉字教学中的应用 邵菁 《国际汉语教学学术研讨会论文集》(《语言研究》2001 年增刊) 李祥坤主编 《语言研究》编辑部 2001 年

DD01793 Some Thoughts on Relationship between Spoken Chinese and Written Chinese and Implications for Teaching Basic-Level Chinese to Non-Native Learners (美)顾百里 《国际汉语教学学术研讨会论文集》(《语言研究》2001 年增刊) 李祥坤主编 《语言研究》编辑部 2001 年

DD01794 The Art of Teaching Chinese Characters (美)邢志群 《国际汉语教学学术研讨会论文集》(《语言研究》2001 年增刊) 李祥坤主编 《语言研究》编辑部 2001 年

DD01795 The Impact of the Writing System on Learning Chinese as a Foreign Language (美)萧云 《国际汉语教学学术研讨会论文集》(《语言研究》2001 年增刊) 李祥坤主编 《语言研究》编辑部 2001 年

DD01796 文字学视野中的部件教学 万业馨 《语言教学与研究》 2001 年第 1 期

DD01797 "系联法"对外汉字教学初探 杨冰郁 石凯民 《延安教育学院学报》 2001 年

第 4 期

DD01798 形声字教学的重点和难点 李禄兴 《国际汉语教学学术研讨会论文集》(《语言研究》2001 年增刊) 李祥坤主编 《语言研究》编辑部 2001 年

DD01799 形声字教学与研究 刘光明 《池州师专学报》 2001 年第 15 期

DD01800 形象化的联想记忆法在汉字教学中的作用 (美)吴建新 《国际汉语教学学术研讨会论文集》(《语言研究》2001 年增刊) 李祥坤主编 《语言研究》编辑部 2001 年

DD01801 以汉字为出发点谈教西方学生汉语的设想 (澳)徐家祯 《国际汉语教学学术研讨会论文集》(《语言研究》2001 年增刊) 李祥坤主编 《语言研究》编辑部 2001 年

DD01802 用多媒体教材学汉字:教学法与技术上的几点设想 (美)王颖 《国际汉语教学学术研讨会论文集》(《语言研究》2001 年增刊) 李祥坤主编 《语言研究》编辑部 2001 年

DD01803 折笔的研究与教学 易洪川 《语言文字应用》 2001 年第 4 期

DD01804 中国传统文化与不同年级的汉字教学 (美)于月明 《国际汉语教学学术研讨会论文集》(《语言研究》2001 年增刊) 李祥坤主编 《语言研究》编辑部 2001 年

DD01805 中文教学:兼顾"文房四宝"与"中文电脑" 戚桐欣 《国际汉语教学学术研讨会论文集》(《语言研究》2001 年增刊) 李祥坤主编 《语言研究》编辑部 2001 年

DD01806 中文网络世界中五花八门的文字 赵雪 《国际汉语教学学术研讨会论文集》(《语言研究》2001 年增刊) 李祥坤主编 《语言研究》编辑部 2001 年

DD01807 走向信息化、网络化和多媒体化的汉字教学 余蕾 王铭 《国际汉语教学学术研讨会论文集》(《语言研究》2001 年增刊) 李祥坤主编 《语言研究》编辑部 2001 年

DD02808 对汉字教学中认知因素的再认识 翟宜疆 《新世纪 新视野——华东地区对外汉语教学研究论文集》 朱立元主编 山西人民出版社 2002 年

DD02809 对外汉语教学之管见 汤勤 《语言研究》 2002 年增刊第 1 期

DD02810 对外汉字教学的规范问题 肖奚强 《现代汉语语法与对外汉语教学》 学林出版社 2002 年

DD02811 关于对外汉语教学中汉字教学的认识 安挪亚 《对外汉语论丛》第二集 竟成主编 上海外语教育出版社 2002 年

DD02812 关于复合笔形折笔 易洪川 《中国对外汉语教学学会第七次学术讨论会论文选》 中国对外汉语教学学会编 人民教育出版社 2002 年

DD02813 汉字的构造特征及其习得机制与对外汉语教学 田茂松 《黔东南民族师范高等专科学校学报》 2002 年第 5 期

DD02814 汉字构形学说与对外汉字教学 朱志平 《语言教学与研究》 2002 年第 4 期

DD02815 汉字教学策略与汉字教材编写 周健 《对外汉语论丛》第二集 竟成主编 上海

外语教育出版社 2002年

DD02816 汉字教学疑难辨析 朱振平 《首都师范大学学报》(社会科学版) 2002年增刊

DD02817 简论偏旁和偏旁教学 李大遂 《暨南大学华文学院学报》 2002年第1期

DD02818 建构科学的对外汉字教学传播体系 杜敏 《陕西师范大学学报》(哲学社会科学版) 2002年第6期

DD02819 论汉字形音义相结合的特点及其在识字教学领域当中的应用 李静峰 《广西大学学报》(哲学社会科学版) 2002年第5期

DD02820 浅谈针对欧盟学员的汉字教学 来静青 《汉日语言研究文集》 续三义主编 北京出版社 文津出版社 2002年

DD02821 试论对日汉字教学——日本留学生汉字生字考察统计分析 郑杰 《汉日语言研究文集》 续三义主编 北京出版社 文津出版社 2002年

DD02822 谈第二语言汉语教学中的汉字教学 葛勇 《西北民族大学学报》(哲学社会科学版) 2002年第2期

DD02823 在甲级字解析基础上的对外汉字教学构想 王晓光 《语言研究》 2002年特刊

DD03824 初学汉语的美国学生汉字正字法意识的实验研究 江新 《对外汉语研究的跨学科探索——汉语学习与认知国际学术讨论会论文集》 赵金铭主编 北京语言大学出版社 2003年

DD03825 对外汉语初级阶段汉字教学重要性初探 陈俊羽 《云南师范大学学报》(对外汉语教学与研究版) 2003年第6期

D003826 关于汉字简化的回顾与思考 李菡幽 《对外汉语教学论文集》 厦门大学海外华文教育研究所 海外教育学院编 厦门大学出版社 2003年

DD03827 汉字的结构对称特点及其在对外汉语教学中的运用 郭智 《云南师范大学学报》(对外汉语教学与研究版) 2003年第3期

DD03828 汉字繁简之分与对外汉字教学 王光和 《成都教育学院学报》 2003年第12期

DD03829 汉字偏旁的名称与翻译 简启贤 《云南师范大学学报》(对外汉语教学与研究版) 2003年第5期

DD03830 汉字象形符号与对外汉语中的虚词教学 王继洪 《上海大学学报》(社会科学版) 2003年第3期

DD03831 汉字与汉字教学 王梅 《对外汉语教学论文集》 厦门大学海外华文教育研究所 海外教育学院编 厦门大学出版社 2003年

DD03832 华文教学的基本字集中教学法刍议 李如龙 《对外汉语教学论文集》 厦门大学海外华文教育研究所 海外教育学院编 厦门大学出版社 2003年

DD03833 近4年对外汉字教学研究述评 潘先军 《汉字文化》 2003年第3期

DD03834 利用汉字的文化性进行汉字教学 谭海涛 《云南师范大学学报》(对外汉语教学

与研究版） 2003 年第 6 期

DD03835 留学生形声字声旁规则性效应调查 邢红兵 《对外汉语研究的跨学科探索——汉语学习与认知国际学术研讨会论文集》 赵金铭主编 北京语言大学出版社 2003 年

DD03836 论海外华裔儿童汉字教学的特殊性 马燕华 《北京师范大学学报》(社会科学版) 2003 年第 6 期

DD03837 美国大学汉字初级阶段教学效率的问题与对策 (美)印京华 《云南师范大学学报》(对外汉语教学与研究版) 2003 年第 3 期

DD03838 浅谈形声字及其教学 刘院琴 《延安教育学院学报》 2003 年第 4 期

DD03839 谈对外"理性识字法"的构造 (法)安雄 《世界汉语教学》 2003 年第 2 期

DD03840 "系联法"对外汉字教学初探 刘威 《黑龙江教育学院学报》 2003 年第 3 期

DD03841 新疆少数民族学生汉字教学中应注意的几个问题 吕亚梅 《伊犁师范学院学报》 2003 年第 1 期

DD03842 增加汉字书写系统的语法信息 陆丙甫 《南昌大学学报》(人文社会科学版) 2003 年第 4 期

DD03843 中高级留学生识字量抽样测试报告 李大遂 《济南大学华文学院学报》 2003 年第 2 期

DD03844 抓住汉语汉字的特点进行对外汉语教学 朱宇清 《常州工学院学报》 2003 年第 1 期

DD04845 部件理论在对外汉字教学中的运用 吴铮 李艳杰 《双语学研究》第二辑 戴庆厦主编 民族出版社 2004 年

DD04846 常用汉字义系字族表 李大遂 《第七届国际汉语教学讨论会论文选》 《第七届国际汉语教学讨论会论文选》编辑委员会编 北京大学出版社 2004 年

DD04847 从笔画研究看现代汉字字形研究的问题 易洪川 《汉语口语与书面语教学——2002 年国际汉语教学学术研讨会论文集》 赵金铭主编 北京大学出版社 2004 年

DD04848 从汉字的特点及发展规律谈留学生汉字教学 郝晓梅 《云南师范大学学报》(对外汉语教学与研究版) 2004 年第 3 期

DD04849 从汉字研究到汉字教学 万业馨 《世界汉语教学》 2004 年第 2 期

DD04850 对外汉语教学中的汉字教学探讨 伍巍 《广州大学学报》(社会科学版) 2004 年第 7 期

DD04851 对外汉语教学中的汉字教学研究 刘建梅 《语言文字应用》 2004 年第 3 期

DD04852 对外汉字教学发展与研究概述 李大遂 《暨南大学华文学院学报》 2004 年第 2 期

DD04853 对外汉字教学十八法 刘社会 《汉语口语与书面语教学——2002 年国际汉语教学学术研讨会论文集》 赵金铭主编 北京大学出版社 2004 年

DD04854　对外汉字教学与汉字规范问题　李宝贵　《教育科学》　2004 年第 6 期

DD04855　构建对外"理性汉字教学方法"的基础研究　(法)安雄　《第七届国际汉语教学讨论会论文选》《第七届国际汉语教学讨论会论文选》编辑委员会编　北京大学出版社　2004 年

DD04856　关于联想式对外汉字教学法的构想　黄雪梅　《云南师范大学学报》(对外汉语教学与研究版)　2004 年第 5 期

DD04857　汉语教学中的"形似同音字"问题　范晓玲　《伊犁师范学院学报》　2004 年第 2 期

DD04858　《汉语水平词汇与汉字等级大纲》中形声声旁表音特点分析　邢红兵　舒华　《汉语口语与书面语教学——2002 年国际汉语教学学术研讨会论文集》　赵金铭主编　北京大学出版社　2004 年

DD04859　汉字笔画区别特征初步分析　梁彦民　《第七届国际汉语教学讨论会论文选》《第七届国际汉语教学讨论会论文选》编辑委员会编　北京大学出版社　2004 年

DD04860　汉字部件区别特征与对外汉字教学　梁彦民　《语言教学与研究》　2004 年第 4 期

DD04861　论对外汉字教学中的部件教学　殷凌燕　《云南师范大学学报》(对外汉语教学与研究版)　2004 年第 2 期

DD04862　论汉字学理论建设与汉字教学　(韩)洪映熙　赵学清　《延安大学学报》(社会科学版)　2004 年第 3 期

DD04863　突出系统性　扩大识字量——关于中高级汉字课的思考与实践　李大遂　《语言文字应用》　2004 年第 3 期

DD04864　文化联想与对外汉字教学　张承明　《汉语教学新理念》　丛铁华主编　北京大学出版社　2004 年

DD04865　"系联法"对外汉字教学研究　杜丽荣　《西南民族大学学报》(人文社科版)　2004 年第 7 期

DD04866　研究学习策略　改进汉字教学　周健　尉万传　《暨南大学华文学院学报》　2004 年第 1 期

DD04867　中级阶段日韩学生汉语阅读中字形和字音的作用　江新　《汉语口语与书面语教学——2002 年国际汉语教学学术研讨会论文集》　赵金铭主编　北京大学出版社　2004 年

DD05868　部件位置信息在留学生汉字加工中的作用　冯丽萍　卢华岩　徐彩华　《语言教学与研究》　2005 年第 3 期

DD05869　对外汉语教学中的"笔画组合方式辨字"问题　何洪峰　《汉语学习》　2005 年第 3 期

DD05870　对外汉语教学中的形声字表义状况分析　李蕊　《语言文字应用》　2005 年第 2 期

DD05871　对外汉字教学所需查字法研究　易洪川　翟汛　《对外汉语教学的全方位探

索——对外汉语研究学术讨论会论文集》 赵金铭主编 商务印书馆 2005年

DD05872 非汉字文化圈留学生汉字习得规律与教学研究 赵悦 《东北财经大学学报》 2005年第4期

DD05873 《(汉语水平)汉字等级大纲》汉字部件统计分析 邢红兵 《世界汉语教学》 2005年第2期

DD05874 汉字理据性与对外汉字教学 李宝贵 《汉字文化》 2005年第1期

DD05875 论对外汉字教学的层次性 潘先军 《汉字文化》 2005年第2期

DD05876 美国学生短期汉语学习中的汉字教学研究 杨悦 《云南师范大学学报》(对外汉语教学与研究版) 2005年第3期

DD05877 少数民族预科生汉字偏误分析 刘江涛 《语言与翻译》 2005年第1期

DD05878 针对西方学习者的汉字教学:认写分流、多认少写 江新 《对外汉语教学的全方位探索——对外汉语研究学术讨论会论文集》 赵金铭主编 商务印书馆 2005年

DD05879 中级阶段欧美学生汉语阅读中字形和字音的作用 江新 《对外汉语阅读研究》 周小兵 宋永波主编 北京大学出版社 2005年

DD06880 笔位变体与笔画教学——由"文字"与"字"的区分谈起 顾颖 杨文惠 《云南师范大学学报》(对外汉语教学与研究版) 2006年第5期

DD06881 从汉字的应用看汉字的性质 徐福坤 《安徽广播电视大学学报》 2006年第3期

DD06882 从汉字习得的角度看单笔部件拆分 李禄兴 《汉语研究与应用》第四辑 中国人民大学对外语言文化学院编 中国社会科学出版社 2006年

DD06883 从汉字字形的"中介性"看对外汉字教学 宁宁 《现代语文》(语言研究版) 2006年第6期

DD06884 从一份调查报告和一次教学实验看对外汉字教学的几个问题 陈洁 《科技信息》 2006年第10期

DD06885 对外汉语传授的联想法与汉字构意关系探讨 高惠宁 《山东理工大学学报》(社会科学版) 2006年第5期

DD06886 对外汉语教学中的"新说文解字"评述 李香平 《语言教学与研究》 2006年第2期

DD06887 关于建立语素教学的几点意见 陈俊羽 《云南师范大学学报》(对外汉语教学与研究版) 2006年第6期

DD06888 汉字教学的危机 王丽君 《语言与翻译》 2006年第1期

DD06889 汉字研究与汉字教学综观 李泉 《汉语研究与应用》第四辑 中国人民大学对外语言文化学院编 中国社会科学出版社 2006年

DD06890 跨文化背景下的对外汉字教学 于天昱 《运城学院学报》 2006年第4期

DD06891 论第一语言与第二语言汉字教学之异同 马燕华 《汉语研究与应用》第四辑 中国人民大学对外语言文化学院编 中国社会科学出版社 2006年

DD06892 浅谈汉字课中的"互动"教学 王亚娟 《语言文字应用》 2006 年第 2 期

DD06893 五百个基础汉字造出的句子可以覆盖多少个语法点 崔建新 《汉语研究与应用》第四辑 中国人民大学对外语言文化学院编 中国社会科学出版社 2006 年

DD06894 现代汉字的理据性与对外汉字教学 赵妍 《语言文字应用》 2006 年第 2 期

DD06895 新疆少数民族汉字教学现状及教学方法探究 王芙菱 《语言与翻译》 2006 年第 2 期

5. 语篇教学研究（896—921）

DD85896 话语分析与对外汉语教学 杨石泉 《对外汉语教学论集》《语言教学与研究》编辑部编 北京语言学院出版社 1985 年

DD85897 在基础汉语阶段进行语段训练好 洪材章 《对外汉语教学论集》《语言教学与研究》编辑部编 北京语言学院出版社 1985 年

DD87898 句群及其在汉语教学中的地位 田小琳 《第二届国际汉语教学讨论会论文集》第二届国际汉语教学讨论会组织委员会编 北京语言学院出版社 1987 年

DD96899 语段写作谭要 金天相 《汉语言文化研究》 胡明扬 金天相等编 广西师范大学出版社 1996 年

DD97900 语境与对外汉语教学 娄秀荣 《沈阳师范学院学报》(社会科学版) 1997 年第 3 期

DD98901 对外汉语语段写作训练简论 陈福宝 《汉语学习》 1998 年第 6 期

DD98902 关于叙述体的篇章教学——怎样教学生把句子连成段落 刘月华 《世界汉语教学》1998 年第 1 期

DD98903 语段教学的回顾与展望 张宝林 《语言教学与研究》 1998 年第 2 期

DD98904 走出语篇教学的盲区 赵燕皎 《对外汉语教学探讨集》 北京大学出版社 1998 年

DD99905 从系统功能角度分析语篇教学 田然 《汉语速成教学研究》第二辑 北京语言文化大学汉语速成学院编 华语教学出版社 1999 年

DD99906 对外汉语语段教学的重点——衔接 涛亚 《首都师范大学学报》(社会科学版) 2000 年增刊第 3 期

DD99907 对外汉语语法课语段教学刍议 彭小川 《语言文字应用》 1999 年第 3 期

DD99908 对外汉语语篇教学初探 罗青松 《芝兰集》 人民教育出版社 1999 年

DD99909 论副词"倒"的语篇功能——兼论对外汉语语篇教学 彭小川 《北京大学学报》(哲学社会科学版) 1999 年第 5 期

DD00910 语段教学新探 郑婕 《双语学研究》(《民族教育研究》2000 年增刊) 戴庆厦主编《民族教育研究》编辑部 2000 年

DD01911 浅谈中高级汉语中的关联成分及其使用 褚佩如 《中国对外汉语教学学会北京

分会第二届学术年会论文集》 中国对外汉语教学学会北京分会编 北京语言文化大学出版社 2001 年

DD01912 语篇分析技巧在汉语精读课中的运用 朱其智 《汉语学习》 2001 年第 4 期

DD02913 试论语篇中的对立性连接成分——兼论对外汉语语篇教学 李守纪 《中国对外汉语教学学会第七次学术讨论会论文选》 中国对外汉语教学学会编 人民教育出版社 2002 年

DD03914 对外汉语教学句群测试的分析与思考 陈萍 《云南师范大学学报》(对外汉语教学与研究版) 2003 年第 5 期

DD03915 篇章偏误及篇章教学研究综述 陈晨 《汉语研究与应用》第一辑 中国人民大学对外语言文化学院编 中国社会科学出版社 2003 年

DD03916 篇章语言学与语段、语篇口语教学 郭颖雯 《语言教学与研究》 2003 年第 5 期

DD04917 初级汉语水平日本留学生汉语语篇衔接手段分析 马燕华 《第七届国际汉语教学讨论会论文选》《第七届国际汉语教学讨论会论文选》编辑委员会编 北京大学出版社 2004 年

DD04918 功能语篇分析在对外汉语教学中的运用 贺文丽 《云南师范大学学报》(对外汉语教学与研究版) 2004 年第 4 期

DD04919 关于对外汉语语篇教学的新思考 彭小川 《汉语学习》 2004 年第 2 期

DD06920 对外汉语单篇语料的教学单元分析 卢华岩 《语言文字应用》 2006 年第 2 期

DD06921 语境在对外汉语教学中的运用 宋月波 《辽宁教育行政学院学报》 2006 年第 11 期

6. 语用教学研究(922—968)

DD87922 对外汉语教学中文学作品的修辞分析问题 姜德梧 《语言教学与研究》 1987 年第 1 期

DD87923 语言的"专化作用"和对外汉语教学 邢公畹 《世界汉语教学》 1987 年第 1 期

DD88924 对外汉语教学应重视语气情态表达——兼谈汉语语气情态的语用功能 常敬宇 《世界汉语教学》 1988 年第 4 期

DD90925 对外汉语教学漫议之二(三篇) 王德春 《汉语学习》 1990 年第 5 期

DD90926 对外汉语教学漫议之三(三篇) 王德春 《汉语学习》 1990 年第 6 期

DD90927 试论汉语交际的得体性 常敬宇 《第三届国际汉语教学讨论会论文选》 第三届国际汉语教学讨论会会务工作委员会编 北京语言学院出版社 1990 年 12 月

DD91928 对外汉语教学漫议之四(三篇) 王德春 《汉语学习》 1991 年第 1 期

DD91929 浅论谦语与对外汉语教学 温象羽 《天津师大学报》(社会科学版) 1991 年第 1 期

DD92930 对外汉语教学漫议之十一(二篇) 王德春 《汉语学习》 1992 年第 4 期

DD93931　不同语言习惯所造成的语句分析　金红莲　《中国对外汉语教学学会第四次学术讨论会论文选》　中国对外汉语教学学会编　北京语言学院出版社　1993 年

DD93932　汉语语感说略　赵双之　《天津师大学报》(社会科学版)　1993 年第 1 期

DD95933　他们在社会言语交际中常碰到的几个问题——对八名汉语学习者的社会言语交际情况的调查及问题分析　王魁京　《第四届国际汉语教学讨论会论文选》　《第四届国际汉语教学讨论会论文选》编辑委员会编　北京语言学院出版社　1995 年

DD96934　对言语行为"请求"的教学探讨　洪玮　《世界汉语教学》　1996 年第 2 期

DD96935　修辞与对外汉语教学　徐桂梅　《汉语言文化研究》　胡明扬　金天相等编　广西师范大学出版社　1996 年

DD96936　语用学与对外汉语教学　邓恩明　《世界汉语教学》　1996 年第 3 期

DD98937　对外汉语教学中的修辞问题　陆庆和　《语言教学与研究》　1998 年第 2 期

DD98938　"强调"概念在对外汉语教学中的应用　张清源《对外汉语教学论丛》第一辑　王文虎主编　四川大学出版社　1998 年

DD98939　说说"不要紧"与"没关系"　杨惠芬《汉语学习》　1998 年第 4 期

DD98940　外贸口语中的委婉表达　刘丽瑛　《汉语学习》　1998 年第 1 期

DD99941　"合作准则"的违反与"会话含意"的产生——对外汉语教学中的"会话含意"分析　吕俞辉　《北京师范大学学报》(社会科学版)　1999 年第 6 期

DD00942　试谈"才、就、V 到"的语用条件及教学　卫斓　朱俐　《首都师范大学学报》(社会科学版)　2000 年增刊第 3 期

DD00943　委婉表达法的语用功能与对外汉语教学　常敬宇　《语言教学与研究》　2000 年第 3 期

DD00944　语用与文化——兼析日本汉语教材　张英　《汉语学习》　2000 年第 3 期

DD01945　汉语称谓教学探讨　周健　《语言教学与研究》　2001 年第 4 期

DD02946　对外汉语教学的语用观　吕俞辉　《上海大学学报》(社会科学版)　2002 年第 2 期

DD02947　"非 X 不可"句式的语义类型及其语用教学　杨玉玲　《汉语学习》　2002 年第 1 期

DD02948　含意理论在对外汉语教学中的运用　宗世海　《语言教学与研究》　2002 年第 3 期

DD02949　"了"与"的"的语用差异及其教学策略　卢福波　《暨南大学华文学院学报》　2002 年第 2 期

DD03950　现代修辞学与对外汉语　吴土艮　《浙江树人大学学报》　2003 年第 5 期

DD04951　对外汉语写作教学中的修辞教学　于宏梅　《乐山师范学院学报》　2004 年第 6 期

DD04952　对语用能力的认知与综合知解　陈作宏　《云南师范大学学报》(对外汉语教学与研究版)　2004 年第 1 期

DD04953　修辞教学与对外汉语教学　曹成龙　《云南师范大学学报》(对外汉语教学与研究版)　2004 年第 4 期

DD05954 对外汉语教学修辞的特性 马明艳 《绍兴文理学院学报》(社科版) 2005年第3期

DD05955 对外汉语教学中修辞教学与修辞能力的培养——第二届对外汉语修辞教学国际学术研讨会综述 侯友兰 《绍兴文理学院学报》(社科版) 2005年第3期

DD05956 对外汉语教学中言语行为的语用条件研究 张鲁昌 《云南师范大学学报》(对外汉语教学与研究版) 2005年第5期

DD05957 功能释义法在汉语教学中的意义和运用 海珂 《河南教育学院学报》(哲学社会科学版) 2005年第5期

DD05958 浅谈初级对外汉语教学中的修辞导入 冯晓鸿 《绍兴文理学院学报》(社科版) 2005年第3期

DD05959 语用能力、语境与对外汉语教学 王凤兰 《西南民族大学学报》(人文社科版) 2005年第6期

DD05960 中动句的语用特点及教学建议 曹安 《汉语学习》 2005年第5期

DD06961 对外汉语的语用修辞教学 陈光磊 《修辞学习》 2006年第2期

DD06962 对外汉语中的修辞教学 吴迪 《渤海大学学报》(哲学社会科学版) 2006年第3期

DD06963 汉语教学中的语用点:由点到面的教学实践 吴伟平 《世界汉语教学》 2006年第1期

DD06964 论对外汉语教学中的格式教学 程乐乐 《语文学刊》 2006年第22期

DD06965 论对外汉语教学中语用层次上的同义差异 董茜 《云南师范大学学报》(对外汉语教学与研究版) 2006年第4期

DD06966 论语用学理论在对外汉语教学领域中的运用 杨淑云 《广西财经学院学报》 2006年增刊第1期

DD06967 谈对外汉语修辞的教学 董明 桂弘 《语言文字应用》 2006年第2期

DD06968 在汉语综合技能课生词教学中培养学生的语用能力 李丹丹 《大理学院学报》 2006年第7期

7. 语体教学研究(969—980)

DD87969 风格学与对外汉语教学 程祥徽 《第二届国际汉语教学讨论会论文选》 第二届国际汉语教学讨论会组织委员会编 北京语言学院出版社 1987年

DD88970 对外文言教学的方法问题 章纪孝 《世界汉语教学》 1988年第3期

DD92971 将揭示语引入对外汉语教学的设想 张宁志 《世界汉语教学》 1992年第2期

DD96972 汉语外交语体考察及其教学尝试 刘亚林 《世界汉语教学》 1996年第2期

DD96973 应该重视作为口语体的口语教学 申修言 《汉语学习》 1996年第3期

DD97974 对外汉语教学中的语体意识 丁金国 《烟台大学学报》(哲学社会科学版) 1997年第1期

DD98975 文艺语体和文艺作品教学中的语体训练 黄岳洲 陈本源 《语言教学与研究》1998年第4期

DD99976 再论对外汉语教学中的语体意识 丁金国 《语言文字应用》 1999年第2期

DD02977 汉语口语体口语教学语法体系的建立与量化 郭颖雯 《汉语学习》 2002年第6期

DD02978 口语与书面语用语区别举要 刘士勤 《考试研究文集》第一辑 谢小庆 鲁新民主编 经济科学出版社 2002年

DD04979 口语词汇与书面语词汇教学研究 吴丽君 《云南师范大学学报》(对外汉语教学与研究版) 2004年第3期

DD04980 面向对外汉语教学的语体研究的范围和内容 李泉 《汉语学习》 2004年第1期

E 对外汉语文化教学研究

E80001 对外国进修生进行中国文学教学的几个问题 吴欢章 《语言教学与研究》 1980年第4期

E80002 对外语教学中文化问题的认识发展过程 李又安 杨海平 《语言教学与研究》 1980年第4期

E85003 在中国留学的美国学生因社会文化背景的差异而产生的一些问题(及解决的初步建议) 徐志韫 《第一届国际汉语教学讨论会论文选》 第一届国际汉语教学讨论会组织委员会编 北京语言学院出版社 1985年

E85004 中国文化介绍在对外汉语教学中的作用 毕继万 《第一届国际汉语教学讨论会论文选》 第一届国际汉语教学讨论会组织委员会编 北京语言学院出版社 1985年

E87005 文化与报刊语言教学 于丛扬 《语言教学与研究》 1987年第4期

E87006 问候语的文化心理背景 胡明扬 《语言教学与研究》 1987年第2期

E87007 语言教学与文化背景知识的相关性 复旦大学留学生部汉语教研室 《语言教学与研究》 1987年第2期

E89008 文化差异与文化导入论略 赵贤州 《语言教学与研究》 1989年第1期

E90009 第二语言教学与社会文化 赵贤州 《中国对外汉语教学学会第三次学术讨论会论文选》 中国对外汉语教学学会编 北京语言学院出版社 1990年

E90010 对对外汉语教学本质之认识 张德鑫 《中国对外汉语教学学会第三次学术讨论会论文选》 中国对外汉语教学学会编 北京语言学院出版社 1990年

E90011 对外汉语教学基础阶段处理文化因素的原则和做法 鲁健骥 《语言教学与研究》 1990年第1期

E90012 汉语教学中的文化活动 何景贤 《第三届国际汉语教学讨论会论文选》 第三届国际汉语教学讨论会会务工作委员会编 北京语言学院出版社 1990年

E90013 试论对外汉语教学中的国情文化教学 刘小湘 《上海师范大学学报》(哲学社会科学版) 1990年第1期

E90014 试议交际文化和知识文化 张占一 《语言教学与研究》 1990年第3期

E90015 谈汉文化的汉语表征 刘宁 《第三届国际汉语教学讨论会论文选》 第三届国际汉语教学讨论会会务工作委员会编 北京语言学院出版社 1990年

E90016 "同志"及其文化内涵 岳长顺 《天津师大学报》(社会科学版) 1990年第2期

E90017 文化概念与文化要素 王国安 《第三届国际汉语教学讨论会论文选》 第三届国

际汉语教学讨论会会务工作委员会编 北京语言学院出版社 1990年

E90018 中国文化介绍的取向 李铭建 《中国对外汉语教学学会第三次学术讨论会论文选》 中国对外汉语教学学会编 北京语言学院出版社 1990年

E91019 对外汉语教学漫议之五(三篇) 王德春 《汉语学习》 1991年第2期

E91020 对外汉语教学漫议之六(三篇) 王德春 《汉语学习》 1991年第3期

E91021 对外汉语教学中的汉文化教学刍议 邓浩 郑婕 《汉语学习》 1991年第5期

E91022 汉语与饮食文化 赵守辉 《汉语学习》 1991年第5期

E91023 建立语言与文化相结合的教学体系——关于对外汉语教学中语言与文化关系问题的思考 王钟华 《世界汉语教学》 1991年第1期

E91024 跨文化意识与外语教学 毕继万 张占一 《天津师大学报》(社会科学版) 1991年第5期

E91025 论中高级阶段对外汉语教学中的文化问题 周思源 《中高级对外汉语教学论文选》 国家对外汉语教学领导小组办公室教学业务部编 北京语言学院出版社 1991年

E91026 如何理解和揭示对外汉语教学中的文化因素 张占一 毕继万 《语言教学与研究》 1991年第4期

E91027 文化教学的思考与文化教材的设计 杨国章 《世界汉语教学》 1991年第4期

E91028 运用正确的文化观点科学对待传统文化 杨国章 《中高级对外汉语教学论文选》 国家对外汉语教学领导小组办公室教学业务部编 北京语言学院出版社 1991年

E91029 在平等对话中传播中国文化——对留学生讲授中国文化课"孔子与儒学"的尝试 苑良珍 《中高级对外汉语教学论文选》 国家对外汉语教学领导小组办公室教学业务部编 北京语言学院出版社 1991年

E92030 对外汉语教学与汉文化 董明 《北京师范大学学报》(社会科学版) 1992年第6期

E92031 对外汉语教学与中国文化——谈听说课对中国文化因素的引入 常月华 《郑州大学学报》(哲学社会科学版) 1992年第4期

E92032 对外汉语课堂教学与"文化渗透" 金志刚 《辽宁师范大学学报》(社会科学版) 1992年第6期

E92033 关于文化导入的再思考 赵贤州 《语言教学与研究》 1992年第3期

E92034 基础汉语教学阶段文化导入内容初探 魏春木 卞觉非 《世界汉语教学》 1992年第1期

E92035 交际文化琐谈 张占一 《语言教学与研究》 1992年第4期

E92036 交际文化与对外汉语教学 孟子敏 《语言教学与研究》 1992年第1期

E92037 "交际文化"质疑 周思源 《汉语学习》 1992年第4期

E92038 论"汉语·文化圈"跟对外汉语教学的基本策略 卞觉非 《语言文字应用》 1992

年第 2 期

E92039 论对外汉语教学的文化观念 周思源 《语言教学与研究》 1992 年第 3 期

E92040 论对外汉语教学中文化因素的导入 邓时忠 《西南民族学院学报》(哲学社会科学版) 1992 年第 6 期

E92041 语言国情学与对外汉语教学 何寅 《中国文化与世界》 上海外语教育出版社 1992 年

E92042 语言教学中的文化导入 陈光磊 《语言教学与研究》 1992 年第 3 期

E93043 从感知的角度对第二语言教学和文化的关系的探讨 王珊 《中国对外汉语教学学会第四次学术讨论会论文选》 中国对外汉语教学学会编 北京语言学院出版社 1993 年

E93044 对外汉语教学漫议之十二(两篇) 王德春 《汉语学习》 1993 年第 1 期

E93045 对外汉语教学漫议之十三(三篇) 王德春 《汉语学习》 1993 年第 5 期

E93046 对外汉语教学中的文化导入三论 魏春木 《中国对外汉语教学学会第四次学术讨论会论文选》 中国对外汉语教学学会编 北京语言学院出版社 1993 年

E93047 对外汉语教学中的文化因素 胡明扬 《语言教学与研究》 1993 年第 4 期

E93048 对外汉语教学中文化教学的层次 王学松 《北京师范大学学报》(社会科学版) 1993 年第 6 期

E93049 汉文化教学与对外汉语教学关系论——汉文化教学对对外汉语教学的影响及制约模式 项广明 《中国对外汉语教学学会第四次学术讨论会论文选》 中国对外汉语教学学会编 北京语言学院出版社 1993 年

E93050 交际中语言和文化的双向选择 叶盼云 《中国对外汉语教学学会第四次学术讨论会论文选》 中国对外汉语教学学会编 北京语言学院出版社 1993 年

E93051 跨文化非语言交际研究及其与外语教学之间关系 毕继万 《汉语学习》 1993 年第 3 期

E93052 说“礼拜”——语言与文化的关系之一例 张清常 《语言文字应用》 1993 年第 4 期

E93053 谈对外知识文化教学 韩鉴堂 《天津师大学报》(社会科学版) 1993 年第 1 期

E93054 谈谈第二语言教学与第二文化教学 李润新 《语言与文化多学科研究》 北京语言学院出版社 1993 年

E93055 谈文化与词汇教学 梅立崇 《语言文字应用》 1993 年第 1 期

E93056 颜色词所体现的文化反差 熊文华 《对外汉语教学论集》 北京语言学院教务处编 北京语言学院出版社 1993 年

E93057 语言教学中的文化导入 陈光磊 《中国对外汉语教学学会第四次学术讨论会论文选》 中国对外汉语教学学会编 北京语言学院出版社 1993 年

E94058 吃与中国文化漫谈 温锁林 《汉语学习》 1994 年第 3 期

E94059 从“文化测试”说到“文化大纲” 陈光磊 《世界汉语教学》 1994年第1期

E94060 第二语言学习中的跨文化现象研究 王魁京 《文化与交际》 胡文仲主编 外语教学与研究出版社 1994年

E94061 对外汉语教学与跨文化问题的多面性 王魁京 《北京师范大学学报》(社会科学版) 1994年第6期

E94062 对外汉语教学中如何弘扬中华传统文化 肖莉 《佳木斯大学社会科学学报》 1994年第4期

E94063 对外汉语文化课教学刍议——关于教学导向与教学原则 赵贤州 《汉语学习》 1994年第1期

E94064 多元文化班教学特点探讨 吴建玲 《世界汉语教学》 1994年第4期

E94065 关于华裔学生文化教学的若干探讨 金宁 《华侨大学学报》(哲学社会科学版) 1994年第3期

E94066 关于文化课整体设计的构想 贾放 《北京师范大学学报》(社会科学版) 1994年第6期

D94067 跨文化词汇的语义语用问题 沈履伟 《天津外国语学院学报》 1994年第1期

E94068 跨文化交际中的语体学问题 盛炎 《语言教学与研究》 1994年第2期

E94069 论对外汉语文化教学 张英 《汉语学习》 1994年第5期

E94070 试谈陈述性文化知识和程序性文化知识 梅立崇 《汉语学习》 1994年第1期

E94071 文化考察的新视角:语言文化与超语言文化 葛中华 《汉语学习》 1994年第3期

E94072 也谈文化导入的几个问题 沈履伟 《四川外语学院学报》 1994年第1期

E95073 常用面称及其特点 郭继懋 《中国语文》 1995年第2期

E95074 称谓与文化——从对外汉语教学的角度看汉语称谓词语 丁夏 《清华大学学报》(哲学社会科学版) 1995年第4期

E95075 词语的文化诠释 金舒年 《语文建设》 1995年第5期

E95076 对美国留学生汉语教学过程中的文化导入 郭红焱 《北京第二外国语学院学报》 1995年第4期

E95077 对外汉语教学中的文化传播思考 阎军 史艳岚 《兰州大学学报》(社会科学版) 1995年第4期

E95078 对外汉语文化教学特点初探 仁玉 《辽宁师范大学学报》(社会科学版) 1995年第2期

E95079 对外汉语言文化专业设置浅议 李忠星 《武汉大学学报》(哲学社会科学版) 1995年第3期

E95080 对外文化教学问题刍议 王锡三 《对外汉语教学论文集》 百花文艺出版社 1995年

E95081 对语言和文化教学的再认识 李振杰 《语言文化教学论文集》第一辑 北京语言学院汉语学院编 北京语言学院出版社 1995年

E95082 多元文化班教学特点探讨 吴建玲 《世界汉语教学》 1995年第4期

E95083 符号·文化与外语教学 李杰 《汕头大学学报》(人文科学版) 1995年第1期

E95084 汉语与数字文化 (新加坡)卢绍昌 《第四届国际汉语教学讨论会论文选》《第四届国际汉语教学讨论会论文选》编辑委员会编 北京语言学院出版社 1995年

E95085 话语生成和理解中的文化因素 张绍滔 《第四届国际汉语教学讨论会论文选》《第四届国际汉语教学讨论会论文选》编辑委员会编 北京语言学院出版社 1995年

E95086 跨文化研究的新纬度——学习者的中介文化行为系统 王建勤 《世界汉语教学》1995年第3期

E95087 留学生初级汉语教学与文化内容初探 何重先 《武汉大学学报》(哲学社会科学版) 1995年第6期

E95088 欧美学生阅读中国古典诗文应注意的问题 蒋绍愚 《第四届国际汉语教学讨论会论文选》《第四届国际汉语教学讨论会论文选》编辑委员会编 北京语言学院出版社 1995年

E95089 浅谈对外汉语教学中的文化介入 董萃 《沈阳师范学院学报》(社会科学版) 1995年第1期

E95090 数字"七"的文化内蕴 张德鑫 《第四届国际汉语教学讨论会论文选》《第四届国际汉语教学讨论会论文选》编辑委员会编 北京语言学院出版社 1995年

E95091 数字姓、称、名——汉语数文化一奇观 张德鑫 《汉语学习》 1995年第1期

E95092 文化差异与对外汉语教学 李宝贵 《辽宁师范大学学报》(社会科学版) 1995年第1期

E95093 我国古代的改姓问题 张书岩 《汉语学习》 1995年第3期

E95094 言语行为与文化模式——中国人的交际方式三例 任甫 勇毅(执笔) 刘方 子亮 《汉语学习》 1995年第1期

E95095 也谈对外汉语教学中的文化教学——兼及《说汉语谈文化》 董树人 《世界汉语教学》 1995年第2期

E95096 中国之礼的语言与文化透视 万惠洲 《第四届国际汉语教学讨论会论文选》《第四届国际汉语教学讨论会论文选》编辑委员会编 北京语言学院出版社 1995年

E96097 北京街巷名称中的14个方位词 张清常 《中国语文》 1996年第1期

E96098 称谓与心理 潘耀武 《中国对外汉语教学学会成立十周年纪念论文选》 中国对外汉语教学学会秘书处编 北京语言学院出版社 1996年

E96099 对外汉语教学界的两股"文化风" 张占一 《中国对外汉语教学学会成立十周年纪念论文选》 中国对外汉语教学学会秘书处编 北京语言学院出版社 1996年

E96100 对外汉语教学中的跨文化交际 周小兵 《中山大学学报》(社会科学版) 1996 年第 6 期

E96101 对外汉语教学中的跨文化交流 邹明强 《云南民族学院学报》(哲学社会科学版) 1996 年第 4 期

E96102 对外汉语教学中的文化导入——从 TIC 谈起 杨怡 《厦门大学学报》(哲学社会科学版) 1996 年第 4 期

E96103 对外汉语教学中的文化因素研究述评 卢伟 《世界汉语教学》 1996 年第 2 期

E96104 对外汉语教学中文化因素的定性、定位与定量问题刍议 林国立 《语言教学与研究》 1996 年第 1 期

E96105 对外汉语教学中语言教学和文化教学的"位"与"量" 吴仁甫 徐子亮 《华东师范大学学报》(哲学社会科学版) 1996 年第 4 期

E96106 对外汉语教学中语言文化研究的问题 毕继万 张德鑫 《中国对外汉语教学学会成立十周年纪念论文选》 中国对外汉语教学学会秘书处编 北京语言学院出版社 1996 年

E96107 汉语贬义词与汉民族观念文化 张和生 《中国对外汉语教学学会成立十周年纪念论文选》 中国对外汉语教学学会秘书处编 北京语言学院出版社 1996 年

E96108 句子的音节组合及其文化内涵 金天相 《汉语言文化研究》 胡明扬 金天相等编 广西师范大学出版社 1996 年

E96109 论对外汉语教学的文化定位 周思源 《语言文化教学研究》 北京语言文化大学汉语学院编 华语教学出版社 1996 年

E96110 论对外汉语教学的文化性质 林可 《广西大学学报》(哲学社会科学版) 1996 年第 4 期

E96111 论对外汉语文化教学的层次 马叔骏 潘先军 《汉语学习》 1996 年第 1 期

E96112 论汉语文化词和文化意义 王国安 《中国对外汉语教学学会第五次学术讨论会论文选》 北京语言学院出版社 1996 年

E96113 The Flesh Made Word—A Preliminary Study of Body Metaphors in Chinese H. R. Lan 《中国语文》 1996 年第 1 期

E96114 "言外之意"与汉民族文化心理 钱玉莲 《中国对外汉语教学学会成立十周年纪念论文选》 中国对外汉语教学学会秘书处编 北京语言学院出版社 1996 年

E96115 中国人总是否定称赞吗? 郭爱先 《北京大学学报》(外国语言文学专刊) 1996 年

E97116 传播中华文化的窗口——为日本留学生讲授汉语课的点滴感受 张国范 齐玉华 《北华大学学报》(社会科学版) 1997 年第 6 期

E97117 对少数民族汉语专业的汉文化教学探析 刘平 《新疆师范大学学报》(哲学社会科学版) 1997 年第 1 期

E97118 对外汉语教学基础阶段文化导入的方法 孙欣欣 《世界汉语教学》 1997年第1期

E97119 对外汉语教学应注重文化知识的传授 田桂民 《南开学报》(哲学社会科学版) 1997年第6期

E97120 反映在汉语符号系统中的人本位意识 (俄)谭傲霜 《第五届国际汉语教学讨论会论文选》《第五届国际汉语教学讨论会论文选》编辑委员会编 北京大学出版社 1997年

E97121 方位词的文化考察 张德鑫 《第五届国际汉语教学讨论会论文选》《第五届国际汉语教学讨论会论文选》编辑委员会编 北京大学出版社 1997年

E97122 关于对外汉语课中的文化教学问题 陈光磊 《语言文字应用》 1997年第1期

E97123 国俗语义与对外汉语教学 蔡振生 《世界汉语教学》 1997年第2期

E97124 汉语"海"字及相关词语的文化性 周燕语 《第五届国际汉语教学讨论会论文选》《第五届国际汉语教学讨论会论文选》编辑委员会编 北京大学出版社 1997年

E97125 汉语表述与跨文化交际 王振昆 《第五届国际汉语教学讨论会论文选》《第五届国际汉语教学讨论会论文选》编辑委员会编 北京大学出版社 1997年

E97126 汉字文化和汉语教学 (德)柯彼德 《第五届国际汉语教学讨论会论文选》《第五届国际汉语教学讨论会论文选》编辑委员会编 北京大学出版社 1997年

E97127 略说日本学生在汉语交际中的负迁移现象 王有芬 《北京第二外国语学院学报》 1997年第2期

E97128 论对外汉语教学与文化渗透 张淑贤 《淄博学院学报》(社会科学版) 1997年第2期

E97129 论汉语作为外语教学中的文化取向 赵金铭 《双语双方言》 汉学出版社 1997年

E97130 论跨文化交际中语言的语用失误 彭增安 《汉语学习》 1997年第5期

E97131 如何在少数民族汉语教学中进行汉文化因素的教学 马新军 王丽君 《喀什师范学院学报》 1997年第3期

E97132 释"重单日"与奇数——兼谈文化导入的层次 史双元 《第五届国际汉语教学讨论会论文选》《第五届国际汉语教学讨论会论文选》编辑委员会编 北京大学出版社 1997年

E97133 文化依附与对外汉语教学 孟子敏 《语言教学与研究》 1997年第2期

E98134 对外汉语教学中文化渗透之我见 刘乃叔 敖桂华 《汉语学习》 1998年第2期

E98135 汉语言的艺术化教育 王德明 陈锦辉 《云南师范大学学报》(哲学社会科学版) 1998年第1期

E98136 跨文化交际研究与第二语言教学 毕继万 《语言教学与研究》 1998年第1期

E98137 略论文化因素教学 程文 《对外汉语教学论丛》第1辑 四川大学对外汉语教学中心 王文虎主编 四川大学出版社 1998年

E98138 试论对外汉语教学中的跨文化交际意识 李红 《陕西师范大学学报》(哲学社会科学版) 1998年增刊第1期

E98139 试论对外汉语教学中的文化语言学问题 张若莹 《北大海外教育》第二辑 郭振华 赵燕皎主编 北京大学出版社 1998年

E98140 谈谈口语课的文化教学 张笑难 《北京第二外国语学院学报》 1998年第2期

E98141 想象—思维训练与语言习得——关于对外文化教学的理论思考 黄悦 《语言文化教学研究集刊》第二辑 北京语言文化大学汉语学院编 华语教学出版社 1998年

E98142 语言中文化因素的多层面剖析——谈张德鑫《中外语言文化漫谈》 卢卓群 《汉语学习》 1998年第5期

E98143 寓文化教学于对外汉语教学之中 李恕仁 《云南师范大学学报》(哲学社会科学版) 1998年第4期

E99144 从"老外"一词谈跨文化言语交际的国际准则 亓华 《语文建设》 1999年第2期

E99145 对外汉语教学中的文化导入特征——从语言的文化本质谈起 李建国 杨文惠 《华侨大学学报》(哲学社会科学版) 1999年第3期

E99146 对外汉语教学中中国文化类课程定位、定量问题的再分析 朱丽云 《中国对外汉语教学学会第六次学术讨论会论文选》 中国对外汉语教学学会编 华语教学出版社 1999年

E99147 汉语的言语礼节特点与对外汉语教学 肖莉 《大连外国语学院35周年校庆学术系列丛书——对外汉语卷》 校庆丛书编委会编 长春出版社 1999年

E99148 汉语教学中的文化导入现象刍议 景永恒 《新疆师范大学学报》(哲学社会科学版) 1999年第2期

E99149 汉语文化教学与双文化的学习 郭永瑛 《语言与翻译》 1999年第3期

E99150 汉字词语国俗语义的文化透析 蔡振生 《语言文字应用》 1999年第4期

E99151 论对外汉语教学中的文化因素 王苹 《贵州大学学报》(社会科学版) 1999年第6期

E99152 论对外汉语文化教学的内容与形式 潘先军 《大连外国语学院35周年校庆学术系列丛书——对外汉语卷》 校庆丛书编委会编 长春出版社 1999年

E99153 浅谈《基础汉语》教学中的文化教学 易斌 秦武 《语言与翻译》 1999年第4期

E99154 浅谈预科汉语教学中的文化依附 王琼 姜振国 《语言与翻译》 1999年第1期

E99155 深入浅出的语言文化教学 刘卓 《汉语学习》 1999年第4期

E99156 谈对外汉语教学中的几个问题 李美子 《石油大学学报》(社会科学版) 1999年第3期

E99157 文化意识与对外汉语教学 张淑贤 《北京大学学报》(哲学社会科学版) 1999年第4期

E99158 英汉语言教学中的文化负迁移作用 谢军 《湖南师范大学社会科学学报》 1999年第3期

E99159 在语言教学活动中反视汉语词语的文化内涵 王健昆 《北京师范大学学报》(社会科学版) 1999年专刊

E99160 中华传统文化与对外汉语教学 肖莉 《大连外国语学院35周年校庆学术系列丛书——对外汉语卷》 校庆丛书编委会编 长春出版社 1999年

E00161 称谓语的使用原则 赵永红 《双语学研究》(《民族教育研究》2000年增刊) 戴庆厦主编 《民族教育研究》编辑部 2000年

E00162 充分利用大环境开设文化实践课——文化教学模式新探索 辛平 《第六届国际汉语教学讨论会论文选》《第六届国际汉语教学讨论会论文选》编辑委员会编 北京大学出版社 2000年

E00163 从跨文化交际的角度谈汉语教学中的文化导入 李春梅 《双语学研究》(《民族教育研究》2000年增刊) 戴庆厦主编 《民族教育研究》编辑部 2000年

E00164 对外汉语教育美德教育探讨 陈昌娟 《第六届国际汉语教学讨论会论文选》《第六届国际汉语教学讨论会论文选》编辑委员会编 北京大学出版社 2000年

E00165 21世纪海外华文教学思想初探 周京宁 《第六届国际汉语教学讨论会论文选》《第六届国际汉语教学讨论会论文选》编辑委员会编 北京大学出版社 2000年

E00166 关于对外开设中国民俗课的调查与思考 舒燕 《语言文化教学研究集刊》第四辑 北京语言文化大学汉语学院编 华语教学出版社 2000年

E00167 关于跨文化语汇教学的思考 沈履伟 《河北大学学报》(哲学社会科学版) 2000年第2期

E00168 汉语词语的文化内涵及其理解偏误 田伏礼 《丹东师专学报》 2000年第1期

E00169 汉语文课要重视汉文化知识的讲授 包双喜 《内蒙古民族师院学报》(汉文版·哲学社会科学版) 2000年第4期

E00170 基础语言课中语言教学与文化教学结合的问题 (澳)徐家祯 《世界汉语教学》 2000年第3期

E00171 跨文化交际的文化规约 李树新 《广播电视大学学报》(哲学社会科学版) 2000年第2期

E00172 跨文化交际中的几个问题 宣雅 《北大海外教育》第三辑 赵燕皎 李晓琪主编 华语教学出版社 2000年

E00173 令留学生头痛的称呼 李彦春 《北京师范大学学报》(社会科学版) 2000年第6期

E00174 论"语言是一种生活方式"——兼谈其在对外汉语教学中的作用 (葡)孙琳 《第六届国际汉语教学讨论会论文选》《第六届国际汉语教学讨论会论文选》编辑委员会编 北京大学出版社 2000年

E00175　论词语的文化意义及其特点　李天翼　《贵州民族学院学报》(社会科学版)　2000年增刊第1期

E00176　试论文化混融语境中的交际与汉语教学　周健　《汉语学习》　2000年第4期

E00177　谈对外汉语教学中的文化导入　宋玉霞　《承德民族职业技术学院学报》　2000年第3期

E00178　谈非中国文化环境中培养跨文化交际能力的途径　沈燕　(德)韦荷雅　《第六届国际汉语教学讨论会论文选》　《第六届国际汉语教学讨论会论文选》编辑委员会编　北京大学出版社　2000年

E00179　先驱之举:澳大利亚的汉语和中国文化教学　李侠　《第六届国际汉语教学讨论会论文选》　《第六届国际汉语教学讨论会论文选》编辑委员会编　北京大学出版社　2000年

E00180　中高级汉语教学中的语言文化观　陈晓云　《双语学研究》(《民族教育研究》2000年增刊)　戴庆厦主编　《民族教育研究》编辑部　2000年

E01181　从俗语、熟语看"吃"对汉语语汇的文化渗透　曹慧　《中国对外汉语教学学会北京分会第二届学术年会论文集》　中国对外汉语教学学会北京分会编　北京语言文化大学出版社　2001年

E01182　民俗语言研究对汉语教学的作用　谭汝为　《天津外国语学院学报》　2001年第4期

E01183　民俗语言与对外汉语教学　谭汝为　《语言教学与研究》　2001年第5期

E01184　试对比分析对外汉语与少数民族汉语文化教学与研究　贺群　《西北民族学院学报》(哲学社会科学版.汉文)　2001年第4期

E01185　谈谈"吃"对汉语语汇的文化渗透　曹慧　《语言文化教学与研究(二〇〇一年卷)》　北京语言文化大学汉语学院编　人民教育出版社　2001年

E01186　谈图像在跨母文化的语言教学中的特殊作用　张淑贤　《汉语学习》　2001年第2期

E01187　文语兼顾　育教并重——浅谈汉语课教学中的文化引导　李善邦　《华侨大学学报》(人文社会科学版)　2001年第3期

E01188　言语习得与跨文化意识　钱华　《中国对外汉语教学学会北京分会第二届学术年会论文集》　中国对外汉语教学学会北京分会编　北京语言文化大学出版社　2001年

E01189　在汉字教学中导入中国文化　欧阳祯人　《对外汉语教学与教材研究论文集》　国家对外汉语教学领导小组编　华语教学出版社　2001年

E02190　从第二语言教学谈语言教学与文化的关系　翟英华　《齐齐哈尔大学学报》(哲学社会科学版)　2002年第2期

E02191　打开中国文化之门的"金钥匙"——试论对外汉语教学中的婚俗文化教学　毛海莹　徐雪梅　《暨南大学华文学院学报》　2002年第4期

E02192　第二语言教学中的社会文化制约　朱学佳　《乌鲁木齐成人教育学院学报》　2002

年第2期

E02193 东南亚华文教育与中华文化传承 吴端阳 吴绮云 《国家教育行政学院学报》 2002年第6期

E02194 民俗文化与对外汉语教学 常峻 《上海大学学报》(社会科学版) 2002年第1期

E02195 商务人员汉语教学中的文化渗透轨迹 易源 《对外汉语一对一个别教授研究》 吴仁甫主编 中国社会科学出版社 2002年

E02196 试论对外汉语教学中的词语文化内涵 卢华岩 《北京师范大学学报》(人文社会科学版) 2002年第6期

E02197 英汉文化对比应当具体化 曾贤模 《贵州工业大学学报》(社会科学版) 2002年第2期

E03198 词语的文化意义对对外汉语词汇教学的影响及教学对策 朱芳华 《对外汉语教学论文集》 厦门大学海外华文教育研究所 海外教育学院编 厦门大学出版社 2003年

E03199 从语言看文化——词义理解、运用的文化性与民族性解读 余广川 《宜宾学院学报》 2003年第6期

E03200 对外汉语教学与跨文化研究 刘森 李正栓 《云南师范大学学报》(对外汉语教学与研究版) 2003年第1期

E03201 对外汉语教学中的方位文化教学 吴琳 《中南民族大学学报》(人文社会科学版) 2003年增刊第1期

E03202 对外汉语教学中的汉语教学与汉文化教学 李春玲 《辽宁教育行政学院学报》 2003年第5期

E03203 对外汉语教学中的文化冲突问题 姚俊玲 《云南师范大学学报》(对外汉语教学与研究版) 2003年第2期

E03204 对外汉语教学中的文化传授——从HSK考试看跨文化交际教学的重要性 毛通文 《对外汉语教学论文集》 厦门大学海外华文教育研究所 海外教育学院编 厦门大学出版社 2003年

E03205 对外汉语教学中的文化词语 张高翔 《云南师范大学学报》(对外汉语教学与研究版) 2003年第3期

E03206 对外基础汉语教学的文化导入 张慧君 《齐齐哈尔大学学报》(哲学社会科学版) 2003年第4期

E03207 对外民俗文化教学散论 贾放 《北京师范大学学报》(社会科学版) 2003年第6期

E03208 海外华文教师培训中的中国文化课教学 常大群 《对外汉语教学论文集》 厦门大学海外华文教育研究所 海外教育学院编 厦门大学出版社 2003年

E03209 汉英词汇词义与文化教学 李青 《云南师范大学学报》(对外汉语教学与研究版)

2003年第6期

E03210　跨文化交际与对外汉语教学　袁新　《云南师范大学学报》(对外汉语教学与研究版)　2003年第2期

E03211　跨文化能力与文化教学的新目标　祖晓梅　《世界汉语教学》　2003年第4期

E03212　论对外汉语教学中学生跨文化交际能力的培养　朱丽萍　《云南师范大学学报》(对外汉语教学与研究版)　2003年第3期

E03213　民俗文化对日本留学生高级汉语学习的影响　黎敏　《语言教学与研究》　2003年第6期

E03214　浅谈传统文化和对外汉语教学　王治理　《对外汉语教学论文集》　厦门大学海外华文教育研究所　海外教育学院编　厦门大学出版社　2003年

E03215　浅谈海外华文教育中中国历史文化课的设置及相关教学问题　耿虎　《对外汉语教学论文集》　厦门大学海外华文教育研究所　海外教育学院编　厦门大学出版社　2003年

E03216　浅谈留学生汉语学习中文化休克与调节问题　杨红旗　《大理学院学报》　2003年第4期

E03217　浅议对外汉语公派出国教师的跨文化交际问题及其对策　黄宏　《对外汉语教学论文集》　厦门大学海外华文教育研究所　海外教育学院编　厦门大学出版社　2003年

E03218　试论汉语词语的文化附加义　张慧晶　《汉语学习》　2003年第3期

E03219　试论中西文化差异与对外汉语教学　沈家贤　《云南师范大学学报》(对外汉语教学与研究版)　2003年第3期

E03220　试谈对外汉语教学中的跨文化意识　郑超　《沈阳师范大学学报》(社会科学版)　2003年第3期

E03221　谈汉文化知识的传播在对外汉语教学中的作用　阿衣古力·玉苏甫　阿孜古丽·阿不都热合曼　《新疆教育学院学报》　2003年第3期

E03222　谈跨文化交际中的文化现象　陈永科　《西安联合大学学报》　2003年第3期

E03223　谈留学生非常规个别教学的文化内涵导入　黎小力　《云南师范大学学报》(对外汉语教学与研究版)　2003年第4期

E03224　言语心态、方式与对外汉语教学　杨述　龙翔　《云南师范大学学报》(对外汉语教学与研究版)　2003年第3期

E03225　颜色词语在跨文化交际中的语义分析　杨悦　《云南师范大学学报》(对外汉语教学与研究版)　2003年第6期

E03226　英汉店铺名称系统的语言特征与文化内涵　贾卫国　《山东大学学报》(哲学社会科学版)　2003年第3期

E03227　在华教重拓展中华文化教学可行性探讨　方明　《对外汉语教学论文集》　厦门大

学海外华文教育研究所 海外教育学院编 厦门大学出版社 2003年

E03228 怎样处理对外汉语教学中文化与语言教学的关系 罗云艳 《玉溪师范学院学报》2003年第1期

E03229 中高级口语课程的文化教学研究 胡建军 《云南师范大学学报》(对外汉语教学与研究版) 2003年第1期

E03230 中国对外汉语教学界文化研究20年述评 亓华 《北京师范大学学报》(社会科学版) 2003年第6期

E03231 中国生肖语言的文化隐喻与对外汉语教学 毛海莹 《云南师范大学学报》(对外汉语教学与研究版) 2003年第5期

E04232 对外汉语教学中的文化导入 李华戎 李福 《大连民族学院学报》 2004年第6期

E04233 对外汉语语言教学中的民俗解说 华霄颖 《云南师范大学学报》(对外汉语教学与研究版) 2004年第2期

E04234 对外汉语中的文化教学模式比较和策略分析 张莹 《合肥工业大学学报》(社会科学版) 2004年第5期

E04235 对外汉语中语言与文化的教学及其把握 胡清国 《广西社会科学》 2004年第3期

E04236 汉语教学与文化教学及汉学 (罗)杨玲 《第七届国际汉语教学讨论会论文选》《第七届国际汉语教学讨论会论文选》编辑委员会编 北京大学出版社 2004年

E04237 汉语社会面称语的语用选择机制 韩志刚 《第七届国际汉语教学讨论会论文选》《第七届国际汉语教学讨论会论文选》编辑委员会编 北京大学出版社 2004年

E04238 《跨文化交际》课教学模式的实践和思考 祖晓梅 《南开语言学刊》第三期 南开大学出版社 2004年

E04239 略谈对韩国留学生汉语教学中文化因素的导入 代娜新 《辽宁师专学报》(社会科学版) 2004年第2期

E04240 论对外汉语教学中的文化阐释 卢微一 《云南师范大学学报》(对外汉语教学与研究版) 2004年第1期

E04241 论汉语教学中的文化教学及教师的双文化意识 周健 《语言与翻译》 2004年第1期

E04242 论文化阐释在对外汉语教学中的作用 王磊 《山东省青年管理干部学院学报》2004年第4期

E04243 浅析"缘"与"缘分"的文化意义 白宏钟 《南开语言学刊》第三期 南开大学出版社 2004年

E04244 试论外交语言 岳建玲 《第七届国际汉语教学讨论会论文选》《第七届国际汉语教学讨论会论文选》编辑委员会编 北京大学出版社 2004年

E04245 谈汉语第二语言教学中的文化教学 刘继红 《云南师范大学学报》(对外汉语教学

与研究版） 2004年第4期

E04246 文化与言语交际——兼谈如何通过语言功能进行文化对比 吴勇毅 《对外汉语教学探索》 学林出版社 2004年

E04247 修辞文化与对外汉语教学 谭汝为 《绍兴文理学院学报》 2004年第2期

E04248 英汉跨文化非语言交际对比研究 李育卫 《云南师范大学学报》(对外汉语教学与研究版） 2004年第5期

E04249 由“谢谢”的使用谈语言与文化教学 曾金金 《第七届国际汉语教学讨论会论文选》《第七届国际汉语教学讨论会论文选》编辑委员会编 北京大学出版社 2004年

E04250 语言的得体性与对外汉语教学中的文化导入 张如梅 《大理学院学报》 2004年第4期

E04251 语言教学必须重视文化知识的传授 牛淑玲 《语言与翻译》 2004年第1期

E04252 中国与英美文化交际中礼貌原则的异质性 戴雪梅 《第七届国际汉语教学讨论会论文选》《第七届国际汉语教学讨论会论文选》编辑委员会编 北京大学出版社 2004年

E05253 从汉日祈使表达方式的不同看礼貌的文化差异 徐桂梅 《汉语研究与应用》第三辑 中国人民大学对外语言文化学院编 中国社会科学出版社 2005年

E05254 对外汉语教学文化的导入 廖智宏 《广西民族学院学报》(哲学社会科学版） 2005年增刊第2期

E05255 汉语同义词蕴涵的文化特征 李敏 《云南师范大学学报》(对外汉语教学与研究版） 2005年第3期

E05256 《华语官话语法》中文化教学观念的启示 来静青 《海外华文教育》 陈荣岚编 《海外华文教育》杂志社 2005年

E05257 谈维族学生汉语教学中的文化因素的把握 林慧 《和田师范专科学校学报》 2005年第1期

E05258 文化学与对外汉语文化教学 张英 《汉语教学学刊》第1辑 北京大学出版社 2005年

E05259 中日跨文化交际中的文化误读 李朝辉 《广西民族学院学报》(哲学社会科学版） 2005年第4期

E05260 中日文化与语言差异点滴谈 李正栓 王玉芝 《云南师范大学学报》(对外汉语教学与研究版） 2005年第4期

E06261 动物文化词语褒贬色彩的文化心理成因——以汉语“狗”族语汇为例 周元琳 《语言教学与研究》 2006年第2期

E06262 对外汉语教学的民俗文化思考 柯玲 《云南师范大学学报》(对外汉语教学与研究

版） 2006 年第 4 期
E06263 对外汉语教学的文化学思考　邓时忠　《云南师范大学学报》(对外汉语教学与研究版） 2006 年第 4 期
E06264 对外汉语教学中的文化因素　袁小军　《天津市经理学院学报》 2006 年第 3 期
E06265 对外汉语教学中的文化因素教学　黑琨　王凤苓　《山东教育学院学报》 2006 年第 3 期
E06266 对外汉语教学中交际文化的教学　张薇　《现代语文》(语言研究版） 2006 年第 6 期
E06267 对外汉语文化因素与文化知识教学研究　张英　《汉语学习》 2006 年第 6 期
E06268 关于对外汉语教学中克服“文化休克”现象的思考　付怡　《云南电大学报》 2006 年第 3 期
E06269 汉语文化教学在北美高校　黄东梅　《涪陵师范学院学报》 2006 年第 6 期
E06270 具有民族文化特色的对外汉语教学　张敏　《重庆教育学院学报》 2006 年第 4 期
E06271 昆曲作了黄梅声——对外汉语教学中文化教学内容错位问题初探　韩秀梅　《云南师范大学学报》(对外汉语教学与研究版） 2006 年第 6 期
E06272 论汉语的人文性与对外汉语教学　李雯　李涛　《重庆三峡学院学报》 2006 年第 6 期
E06273 论留学生跨文化意识的培养　彭增安　《云南师范大学学报》(对外汉语教学与研究版） 2006 年第 6 期
E06274 论英汉双语教学中的文化休克现象及对策　李世强　《云南师范大学学报》(对外汉语教学与研究版） 2006 年第 3 期
E06275 浅谈对外汉语教学中文化词汇的空缺　汪灵灵　《云南财贸学院学报》(社会科学版） 2006 年第 1 期
E06276 试论对外汉语教师自身跨文化交际能力的培养　刘晶晶　《辽宁教育行政学院学报》 2006 年第 3 期
E06277 试论对外汉语教学中的跨文化交际观　白朝霞　《德州学院学报》 2006 年第 2 期
E06278 试论汉民族动物词语的文化附加义　周翠英　《现代语文》(语言研究版） 2006 年第 3 期
E06279 谈对外汉语教学中的文化问题　陈玮　《现代语文》(语言研究版） 2006 年第 2 期
E06280 探索对外汉语文化教学的有效途径　谢稚　《长春师范学院学报》 2006 年第 3 期
E06281 文化:语言学习的“诗外功夫”　高凤平　《渭南师范学院学报》 2006 年第 6 期
E06282 文化语言观与对外汉语教学　金郁　《辽宁教育行政学院学报》 2006 年第 9 期
E06283 姓名文化与对外汉语教学　白朝霞　《云南师范大学学报》(对外汉语教学与研究版） 2006 年第 4 期

E06284　语言课中的文化因素揭示原则续貂　林涛　《广西大学学报》(哲学社会科学版)　2006年第2期

E06285　再论对外汉语教学中的文化依附问题　罗程　《内蒙古师范大学学报》(哲学社会科学版)　2006年第S2期

F　对外汉语教材研究

F77001　关于《汉语课本》一、二册的修改　王还　《语言教学与研究》第二集　北京语言学院《语言教学与研究》编辑室　1977 年 11 月

F80002　四十年代以来在美国所用的汉语汉文教材　（美）黄伯飞　《语言教学与研究》1980 年第 4 期

F80003　中国语言教材编纂工作上的需要　（美）苏张之丙　《语言教学与研究》1980 年第 4 期

F82004　试谈基础汉语教科书的编写原则　刘珣　邓恩明　刘社会　《语言教学与研究》1982 年第 4 期

F83005　语言教材要有趣　邓恩明　《语言教学与研究》1983 年第 2 期

F85006　编写《高级汉语》的指导思想和原则　李更新　程相文　谭敬训　刘希明　王碧霞《对外汉语教学论集》《语言教学与研究》编辑部编　北京语言学院出版社　1985 年

F85007　编写《基础汉语课本》的若干问题　李培元　赵淑华　刘山　邵佩珍　来思平　《对外汉语教学论集》《语言教学与研究》编辑部编　北京语言学院出版社　1985 年

F85008　汉语"了、过、是……的、着、在、呢"教材教法的构想　（美）马盛静恒　《第一届国际汉语教学讨论会论文选》　第一届国际汉语教学讨论会组织委员会编　北京语言学院出版社　1985 年

F85009　基础汉语教学课型设计和教材编写的新尝试　吕必松　《语言教学与研究》1985 年第 4 期

F85010　教材和教学实践　鲁健骥　杨石泉　《第一届国际汉语教学讨论会论文选》　第一届国际汉语教学讨论会组织委员会编　北京语言学院出版社　1985 年

F85011　口语教材的语域风格问题　张宁志　《语言教学与研究》　1985 年第 3 期

F85012　新编系列教材《现代汉语教程》的主要特点　李德津　樊平　《第一届国际汉语教学讨论会论文选》　第一届国际汉语教学讨论会组织委员会编　北京语言学院出版社1985 年

F85013　新加坡小学华文教材的设计与推行　（新加坡）洪孟珠　《第一届国际汉语教学讨论会论文选》　第一届国际汉语教学讨论会组织委员会编　北京语言学院出版社1985 年

F85014　用生动活泼的形式反映广泛而严肃的内容——谈《话说中国》的编写　赵燕皎　《第一届国际汉语教学讨论会论文选》　第一届国际汉语教学讨论会组织委员会编　北

京语言学院出版社　1985 年

F85015　中学华文教材的构架——新加坡的经验　(新加坡)胡林生　《第一届国际汉语教学讨论会论文选》　第一届国际汉语教学讨论会组织委员会编　北京语言学院出版社　1985 年

F86016　地方性因素与乡土教材　王文虎　《对外汉语教学研究会第二次学术讨论会论文选》　中国高等教育学会对外汉语教学研究会编　北京语言学院出版社　1986 年

F86017　对编写华侨、华裔学生古文教材的意见　吴世明　《对外汉语教学研究会第二次学术讨论会论文选》　中国高等教育学会对外汉语教学研究会编　北京语言学院出版社　1986 年

F86018　高级汉语口语课的教材编写和教学实践　周继圣　《对外汉语教学研究会第二次学术讨论会论文选》　中国高等教育学会对外汉语教学研究会编　北京语言学院出版社　1986 年

F86019　功能、结构和情景的结合及其他——谈口语教材编写中的几个问题　张孝忠等　《对外汉语教学研究会第二次学术讨论会论文选》　中国高等教育学会对外汉语教学研究会编　北京语言学院出版社　1986 年

F86020　关于《中级汉语教程》的编写　刘镰力等　《对外汉语教学研究会第二次学术讨论会论文选》　中国高等教育学会对外汉语教学研究会编　北京语言学院出版社　1986 年

F86021　关于编写中高级汉语教材的原则　毛文　《对外汉语教学研究会第二次学术讨论会论文选》　中国高等教育学会对外汉语教学研究会编　北京语言学院出版社　1986 年

F86022　科技汉语教材的"五性"　黄慰平　《对外汉语教学研究会第二次学术讨论会论文选》　中国高等教育学会对外汉语教学研究会编　北京语言学院出版社　1986 年

F86023　浅谈汉语读本的编写与教学　杨贺松　《对外汉语教学研究会第二次学术讨论会论文选》　中国高等教育学会对外汉语教学研究会编　北京语言学院出版社　1986 年

F86024　谈汉语教材中的儿化词语　宋孝才　《对外汉语教学研究会第二次学术讨论会论文选》　中国高等教育学会对外汉语教学研究会编　北京语言学院出版社　1986 年

F86025　文科进修班阅读教材的编写原则——从《现代汉语阅读训练》的编写谈起　梅立崇　《对外汉语教学研究会第二次学术讨论会论文选》　中国高等教育学会对外汉语教学研究会编　北京语言学院出版社　1986 年

F86026　中美常用教材语法比较——兼论初级汉语教材的语法编写原则　刘月华　《对外汉语教学研究会第二次学术讨论会论文选》　中国高等教育学会对外汉语教学研究会编　北京语言学院出版社　1986 年

F87027　汉语教材与语法　(日)曾根博隆　《第二届国际汉语教学讨论会论文集》　第二届国际汉语教学讨论会组织委员会编　北京语言学院出版社　1987 年

F87028　汉语教材中语法项目的选择和编排　吕文华　《语言教学与研究》　1987 年第 3 期

F87029 基础汉语教材之管见 吴洁敏 《第二届国际汉语教学讨论会论文集》 第二届国际汉语教学讨论会组织委员会编 北京语言学院出版社 1987年

F87030 建国以来对外汉语教材研究报告 赵贤州(执笔)《第二届国际汉语教学讨论会论文集》 第二届国际汉语教学讨论会组织委员会编 北京语言学院出版社 1987年

F87031 教学法理论与教材编写的关系 赵贤州 《世界汉语教学》 1987年第3期

F87032 介绍《汉语初级教程》 王还 《世界汉语教学》 1987年第4期

F87033 如何设计《大学科技汉语》 郑玉 《第二届国际汉语教学讨论会论文集》 第二届国际汉语教学讨论会组织委员会编 北京语言学院出版社 1987年

F87034 试论对外汉语基础课程(教材)结构 刘英林 李景蕙 《世界汉语教学》 1987年第2期

F87035 谈初级汉语教学原文教材的用处和用法 (英)塔依莎 《第二届国际汉语教学讨论会论文集》 第二届国际汉语教学讨论会组织委员会编 北京语言学院出版社 1987年

F87036 文学作品与中高级汉语教材 施光亨 李明 《第二届国际汉语教学讨论会论文集》 第二届国际汉语教学讨论会组织委员会编 北京语言学院出版社 1987年

F87037 一套具有鲜明特色的好教材——胡裕树主编的对外汉语教材《今日汉语》评介 汤志祥 《深圳大学学报》(人文社会科学版) 1987年第3期

F87038 值得借鉴的《华文读本练习本》 张占一 鲁健骥 《世界汉语教学》 1987年第2期

F88039 汉语教材的一次革新——评《初级汉语课本》 李清华 《世界汉语教学》 1988年第1期

F88040 建设新的《现代汉语》教材 钱乃荣 游汝杰 《语文建设》 1988年第3期

F88041 评《话说中国》 王还 《世界汉语教学》 1988年第1期

F88042 谈使用《新汉语三百句》进行口语教学 李兰英 《世界汉语教学》 1988年第1期

F88043 一点建议 杨惠元 《世界汉语教学》 1988年第2期

F89044 汉语教材连读变调处理刍议 陈亚川 《世界汉语教学》 1989年第2期

F89045 谈语言对比在对外汉语教材编写中的运用 于树华 《语言教学与研究》 1989年第4期

F89046 向海内外朋友推荐系列教材《普通汉语教程》 陈华兰 《世界汉语教学》 1989年第4期

F90047 初级汉语教材的编写问题 (英)佟秉正 《第三届国际汉语教学讨论会论文选》 第三届国际汉语教学讨论会会务工作委员会编 北京语言学院出版社 1990年

F90048 从外交人员速成汉语口语教材《容易学》的编写谈起 贾铃 《第三届国际汉语教学讨论会论文选》 第三届国际汉语教学讨论会会务工作委员会编 北京语言学院出版社 1990年

F90049 大陆、台湾、美国出版的五套基础汉语教材词汇选择的分析——兼论基础汉语教材词汇选择原则 李丽君 《第三届国际汉语教学讨论会论文选》 第三届国际汉语教学讨论会会务工作委员会编 北京语言学院出版社 1990年

F90050 《大学医用汉语教程》的特点 洪材章 《第三届国际汉语教学讨论会论文选》 第三届国际汉语教学讨论会会务工作委员会编 北京语言学院出版社 1990年

F90051 对外汉语教材编写的若干问题 施光亨 《第三届国际汉语教学讨论会论文选》 第三届国际汉语教学讨论会会务工作委员会编 北京语言学院出版社 1990年

F90052 关于编写外交人员初级汉语教材的设想 石金才 《世界汉语教学》 1990年第3期

F90053 关于初、中、高级系列汉语教材的编写构想与实施 戴桂芙 《第三届国际汉语教学讨论会论文选》 第三届国际汉语教学讨论会会务工作委员会编 北京语言学院出版社 1990年

F90054 《汉语交际语法》的构思 卞觉非 《第三届国际汉语教学讨论会论文选》 第三届国际汉语教学讨论会会务工作委员会编 北京语言学院出版社 1990年

F90055 汉语教材注音拼写法问题 陈亚川 《第三届国际汉语教学讨论会论文选》 第三届国际汉语教学讨论会会务工作委员会编 北京语言学院出版社 1990年

F90056 "核心汉语"第一阶段选材和编写原则 黄政澄 崔永华 郭树军 张凯 《第三届国际汉语教学讨论会论文选》 第三届国际汉语教学讨论会会务工作委员会编 北京语言学院出版社 1990年

F90057 《科技汉语教程》中级课本的主要特点 郑玉 《第三届国际汉语教学讨论会论文选》 第三届国际汉语教学讨论会会务工作委员会编 北京语言学院出版社 1990年

F90058 浅谈科技汉语教材的编写 黄慰平 《中国对外汉语教学学会第三次学术讨论会论文选》 中国对外汉语教学学会编 北京语言学院出版社 1990年

F90059 《现代汉语教程》中语言结构与交际功能的关系 李德津 《第三届国际汉语教学讨论会论文选》 第三届国际汉语教学讨论会会务工作委员会编 北京语言学院出版社 1990年

F90060 一年制文科二年级听力教材编写原则刍议 杨从洁 《中国对外汉语教学学会第三次学术讨论会论文选》 中国对外汉语教学学会编 北京语言学院出版社 1990年

F90061 语素教学的地位与教材的编写 万汝璠 《中国对外汉语教学学会第三次学术讨论会论文选》 中国对外汉语教学学会编 北京语言学院出版社 1990年

F91062 初级汉语教材的编写问题 (英)佟秉正 《世界汉语教学》 1991年第1期

F91063 对外汉语教学与《中国家常》 王国璋 王安陆 《北京大学学报》(哲学社会科学版) 1991年第5期

F91064 关于中级汉语教材选文的典型分析 王威 《中高级对外汉语教学论文选》 国家对外汉语教学领导小组办公室教学业务部编 北京语言学院出版社 1991年

F91065 关于中级汉语文科专业阅读教材编写的几个问题 任以珍 《世界汉语教学》 1991年第1期

F91066 集成教材新策略 罗守坤 《世界汉语教学》 1991年第3期

F91067 教材语料的选择 杨石泉 《世界汉语教学》 1991年第1期

F91068 近十几年来日本的汉语教科书 王顺洪 《语言教学与研究》 1991年第3期

F91069 评对外汉语新编教材《中国家常》 邵敬敏 《语言教学与研究》 1991年第4期

F91070 浅谈汉语教材难度的确定 张宁志 《中高级对外汉语教学论文选》 国家对外汉语教学领导小组办公室教学业务部编 北京语言学院出版社 1991年

F91071 先声后文,要在其声——关于编制中高级汉语听力教材的思考 孟国 《中高级对外汉语教学论文选》 国家对外汉语教学领导小组办公室教学业务部编 北京语言学院出版社 1991年

F91072 《医学汉语教程》功能项目的选择与安排 杨靖轩 《世界汉语教学》 1991年第3期

F91073 阅读技能训练——对外汉语泛读教材的一种模式 吴晓露 《语言教学与研究》 1991年第1期

F92074 初级阶段对外汉语教材的科学性 寇成晶 常宝儒 《世界汉语教学》 1992年第2期

F92075 对外汉语教材中的功能—形式关系及其处理原则 卢伟 《厦门大学学报》(哲学社会科学版) 1992年第2期

F92076 关于对外汉语教材针对性的思考 徐竹君 《面向世界的汉语教学》 复旦大学出版社 1992年

F92077 关于中、高级对外汉语教材的思考 李菊先 《世界汉语教学》 1992年第4期

F92078 教材内容的内在吸引力——简评《中级汉语》(上册)的趣味性 杨培珠 《面向世界的汉语教学》 复旦大学出版社 1992年

F92079 近年来部分规划教材评介 宋永波 《世界汉语教学》 1992年第1期

F93080 功能和形式的关系及其处理原则——编写汉语功能教材的几点体会 卢伟 《中国对外汉语教学学会第四次学术讨论会论文选》 中国对外汉语教学学会编 北京语言学院出版社 1993年

F93081 关于编写《表达语法》的思考 黄章恺 《中国对外汉语教学学会第四次学术讨论会论文选》 中国对外汉语教学学会编 北京语言学院出版社 1993年

F93082 基础汉语教材纵横谈 任远 《对外汉语教学论文选评》第1集 盛炎 沙砾编 北京语言学院出版社 1993年

F93083 基于功能思想的组合式教材刍议 孙德坤 《对外汉语教学论集》 北京语言学院教务处编 北京语言学院出版社 1993年

F93084 简评张静贤《现代汉字教程》 陈光磊 《世界汉语教学》 1993年第4期

F93085 《交际文化》编写指导思想——关于对外汉语教学中文化问题的若干思考 林国立 《对外汉语教学论集》 北京语言学院教务处编 北京语言学院出版社 1993 年

F93086 论语言文化教材中的文化体现问题 吴晓露 《语言教学与研究》 1993 年第 4 期

F93087 未来高级阶段汉语基础课教材的框架构想与设计——兼谈《高级汉语教程》得失及其他 倪明亮 《对外汉语教学论集》 北京语言学院教务处编 北京语言学院出版社 1993 年

F93088 文学作品与中高级汉语教材 施光亨 李明 《对外汉语教学论文选评》第 1 集 盛炎 沙砾编 北京语言学院出版社 1993 年

F93089 新一代对外汉语教材的展望——再谈汉语教材的编写原则 刘珣 《对外汉语教学论集》 北京语言学院教务处编 北京语言学院出版社 1993 年

F94090 关于中级汉语(第二语言)教材编写的几个问题 李忆民 《语言文字应用》 1994 年第 1 期

F94091 《汉语》——中意合作的成果 (意)玛格达·阿比亚提 《世界汉语教学》 1994 年第 4 期

F94092 汉字教学及其教材编写问题 肖奚强 《世界汉语教学》 1994 年第 4 期

F94093 谈编写少数民族学生的汉语教科书的几个问题 李兰英 《语文建设》 1994 年第 4 期

F95094 北京语言学院现代汉语精读教材主课文句型统计报告 赵淑华 刘社会 胡翔 《语言教学与研究》 1995 年第 2 期

F95095 对外汉语教材中课文词语汉译英的原则和方法 卢伟 《厦门大学学报》(哲学社会科学版) 1995 年第 2 期

F95096 教材编写的一种蓝图——关于以巴蜀文化为内容的中高级汉语阅读教材的编写原则和方法 王文虎 《语言教学与研究》 1995 年第 4 期

F95097 论文化类课程教材的编写问题 周思源 《北京语言学院第六届科研报告会论文集》 北京语言学院出版社 1995 年

F95098 《"人民日报"导读》编写设计简介 赵守辉 《第四届国际汉语教学讨论会论文选》《第四届国际汉语教学讨论会论文选》编辑委员会编 北京语言学院出版社 1995 年

F95099 试论初级对外汉语教材的编写问题 李继先 《清华大学学报》(哲学社会科学版) 1995 年第 4 期

F95100 《速成汉语初级教程·综合课本》的总体构想及编写原则 郭志良 杨惠元 高彦德 《世界汉语教学》 1995 年第 4 期

F95101 新一代对外汉语教材的初步构想——在全国对外汉语教学基础汉语推荐教材问题讨论会上的发言 杨庆华 《语言教学与研究》 1995 年第 4 期

F95102 新一代对外汉语教材的展望——再谈汉语教材的编写原则 刘珣 《第四届国际汉

语教学讨论会论文选》《第四届国际汉语教学讨论会论文选》编辑委员会编　北京语言学院出版社　1995 年

F95103　新一代基础汉语教材编写理论与编写实践　任远　《语言教学与研究》 1995 年第 2 期

F95104　自学汉语教材的编写问题　(英)佟秉正　《第四届国际汉语教学讨论会论文选》《第四届国际汉语教学讨论会论文选》编辑委员会编　北京语言学院出版社　1995 年

F95105　作为外语的汉语口语教材《朴通事》和《朴通事谚解》　吴淮南　《第四届国际汉语教学讨论会论文选》《第四届国际汉语教学讨论会论文选》编辑委员会编　北京语言学院出版社　1995 年

F96106　编写新一代基础汉语教材的构想　杨寄洲　《语言文化教学研究》　北京语言学院汉语学院编　华语教学出版社　1996 年

F96107　读者对象明确　内容编排精巧——评对外汉语教材《汉语语言学》　钱奠香　罗自群　《汉语学习》 1996 年第 6 期

F96108　对外汉语教材的几个问题　李晓亮　《世界汉语教学》 1996 年第 4 期

F96109　对外汉语教材中的注音和拼写问题　杨德峰　《世界汉语教学》 1996 年第 1 期

F96110　给学生听什么？——谈中级汉语听力教材编写的几个问题　王新文　《中国对外汉语教学学会成立十周年纪念论文选》　中国对外汉语教学学会秘书处编　北京语言学院出版社　1996 年

F96111　汉语教材中的文、语领土之争：是合并，还是自主，抑或分离？　(法)白乐桑　《世界汉语教学》 1996 年第 4 期

F96112　简评《汉语听力说话教学法》　马箭飞　《世界汉语教学》 1996 年第 4 期

F96113　偏误例析与对外汉语教材编写　钱玉莲　《汉语学习》 1996 年第 3 期

F96114　日本琉球的中国语课本《广应官话》　(日)濑户口津子　《中国语文》 1996 年第 4 期

F96115　《新编汉语教程》的设计、实施及特点　李泉　黄政澄　赵燕琬　马燕华　《语言教学与研究》 1996 年第 2 期

F96116　1983—1993 对外汉语教材综述　张起旺　《中国对外汉语教学学会成立十周年纪念论文选》　中国对外汉语教学学会秘书处编　北京语言学院出版社　1996 年

F96117　组合式——教材编写的另一种思路　孙德坤　《世界汉语教学》 1996 年第 1 期

F97118　从海外使用者的角度评论大陆编写的初级汉语课本　(澳)徐家祯　《第五届国际汉语教学讨论会论文选》《第五届国际汉语教学讨论会论文选》编辑委员会编　北京大学出版社　1997 年

F97119　从信息处理角度看对外汉语教材建设　齐沛　《汉语学习》 1997 年第 1 期

F97120　对外汉语教材创新略论　赵金铭　《世界汉语教学》 1997 年第 2 期

F97121　泛读教材的编写与课堂实践　张世涛　《中山大学学报论丛》 1997 年第 4 期

F97122　关于对外汉语教材生词与英文对译词的语义错位问题　高书贵　《天津师大学报》(社会科学版)　1997年第6期

F97123　关于汉语短期阅读教材《当代中国社会》编写的几点思考　余宁　《南京大学学报》(哲学·人文科学·社会科学版)　1997年第4期

F97124　关于中级汉语教材中的语言规范问题　钱学烈　《第五届国际汉语教学讨论会论文选》《第五届国际汉语教学讨论会论文选》编辑委员会编　北京大学出版社　1997年

F97125　汉语教材注音拼写法问题　陈亚川　《汉语集稿》　北京语言文化大学出版社　1997年9月

F97126　论《速成汉语初级教程》的练习设计　杨惠元　《语言教学与研究》　1997年第3期

F97127　试论对外汉语教材的规范化　杨德峰　《语言教学与研究》　1997年第3期

F97128　谈谈对外汉语教材英文注释与说明的"信"与"达"　余心乐　《世界汉语教学》　1997年第3期

F97129　图片在基础汉语教材中的应用——兼谈基础汉语教材的趣味性问题　黄立　《北大海外教育》第一辑　郭振华　赵燕皎主编　北京大学出版社　1997年

F97130　一本颇具新意的汉语语法教材——读《对外汉语教学实用语法》　崔永华　《汉语学习》　1997年第2期

F97131　注重语义讲求实用的语法新著——《实用汉语参考语法》读后　郑懿德　陈亚川　《汉语集稿》　北京语言文化大学出版社　1997年9月

F98132　编写对外汉语教材的心理学思考　邓恩明　《语言文字应用》　1998年第2期

F98133　关于编写对外汉字教材的思考　张静贤　《语言教学与研究》　1998年第2期

F98134　关于初级汉语读写课中汉字教学与教材编写的思考　瞿汛　《汉字与汉字教学研究论文选》　吕必松主编　北京大学出版社　1998年

F98135　汉语语法教学的新探索——读《CHINOIS MODE D'EMPLOI》　南聿言　《世界汉语教学》　1998年第1期

F98136　加强对外汉语教材"词组层级"的建设　邓恩明　《汉语学习》　1998年第3期

F98137　就《初级汉语课本》谈基础阶段教材编写的几个问题　林晓彤　《对外汉语教学论丛》第1辑　四川大学对外汉语教学中心　王文虎主编　四川大学出版社　1998年

F98138　论对外汉语教材评估　赵金铭　《语言教学与研究》　1998年第3期

F98139　努力探求中级口语教材练习编写的新路——兼谈《中级汉语口语》(上、下)练习内容的设置与创新　刘晓雨　刘德联　《北大海外教育》第二辑　郭振华　赵燕皎主编　北京大学出版社　1998年

F98140　评《桥梁——实用汉语中级教程》　李杨　《语言教学与研究》　1998年第2期

F98141　《实用汉语语法指南》引言　(法)白乐桑　高静　张祖建　《世界汉语教学》　1998年第1期

F98142 有关编写对外汉字教材的几个问题 张静贤 《汉字与汉字教学研究论文选》 吕必松主编 北京大学出版社 1998年

F99143 编写文化课教科书应当注意的几个关系 刘志成 《大连外国语学院35周年校庆学术系列丛书——对外汉语卷》 校庆丛书编委会编 长春出版社 1999年

F99144 从课堂教学对生词的处理看初级教材的横向协同 盛双霞 《北京师范大学学报》(社会科学版) 1999年专刊

F99145 对外汉语教材生词表编译中的几个问题 王素云 《汉语学习》 1999年第6期

F99146 对外汉语教学基础教材的编写问题 胡明扬 《语言教学与研究》 1999年第1期

F99147 关于报刊课教材的编写原则 施歌 《北京师范大学学报》(社会科学版) 1999年专刊

F99148 关于编写对外汉语初级写作教材的思考 朱霞 《双语双文化论丛》第4辑 崔健主编 延边大学出版社 1999年

F99149 关于对外汉语中级精读教材的思考 杨金华 《汉语学习》 1999年第4期

F99150 《汉语文化双向教程》的设计与实施 李泉 杨瑞 《中国对外汉语教学学会第六次学术讨论会论文选》 中国对外汉语教学学会编 华语教学出版社 1999年

F99151 课文在语言教材中的地位——兼论《汉语普通话教程》课文的编写 程相文 《语言文化教学研究集刊》第三辑 北京语言文化大学汉语学院编 华语教学出版社 1999年

F99152 略论对外汉语教材的针对性——兼说《汉语ABC》 刘川平 《大连外国语学院35周年校庆学术系列丛书——对外汉语卷》 校庆丛书编委会编 长春出版社 1999年

F99153 全国统编《基础汉语》与《中级汉语教程》之比较分析与思考 闫丽萍 《新疆职业大学学报》 1999年第1期

F99154 世纪之交全国对外汉语教材发展的回顾与展望 孙立峰 《北京师范大学学报》(社会科学版) 1999年专刊

F99155 视听说队伍汉语教材编制初探——《国际商务汉语》的总体构想与编制原则 李忆民 《汉语学习》 1999年第1期

F99156 针对性教材初探 金兰 《语言文字应用》 1999年第4期

F99157 中级汉语精读教材的现状与新型教材的编写 周小兵 赵新 《汉语学习》 1999年第1期

F00158 编写《汉语教程(一年级)》的理论总结 杨寄洲 《语言文化教学研究集刊》第四辑 北京语言文化大学汉语学院编 华语教学出版社 2000年

F00159 编写华语教材的几个问题 杨石泉 《海外华文教育》 2000年第1期

F00160 《当代话题》课的教材设计与处理 成文 《首都师范大学学报》(社会科学版) 2000年增刊第3期

F00161 独立华文课程教材改革的素质教育导向 林国安 《海外华文教育》 2000年第1期

F00162 对外汉语教材现代化刍议 王建勤《语言文字应用》 2000年第2期

F00163 关于《中级汉语阅读教程》的构想 陈田顺 《语言文化教学研究集刊》第四辑 北京语言文化大学汉语学院编 华语教学出版社 2000年

F00164 关于科技汉语翻译课的教学方法以及教材选择的几点考虑 张镇环 《第六届国际汉语教学讨论会论文选》《第六届国际汉语教学讨论会论文选》编辑委员会编 北京大学出版社 2000年

F00165 汉语教材编写中应注意的几个问题 郭兰《新疆职业大学学报》 2000年第2期

F00166 汉语教材语料难度的定量分析 张宁志 《世界汉语教学》 2000年第2期

F00167 汉语口语课本题材内容可行性的抽样调查 方欣欣 《汉语学报》第2期 邢福义 萧国政主编 湖北教育出版社 2000年

F00168 华文教材编写的四原则 陈珣 万莹《海外华文教育》 2000年第1期

F00169 基础听力教材编写四题 林欢 刘颂浩 《汉语学报》第1期 邢福义 萧国政主编 湖北教育出版社 2000年

F00170 教学语法与语法教材——试论新加坡《高级华文》的语法教材 王培光 《第六届国际汉语教学讨论会论文选》《第六届国际汉语教学讨论会论文选》编辑委员会编北京大学出版社 2000年

F00171 论阅读教材的趣味性 刘颂浩《语言教学与研究》 2000年第3期

F00172 面向新世纪:关于对外汉语本科系列教材 李杨 《第六届国际汉语教学讨论会论文选》《第六届国际汉语教学讨论会论文选》编辑委员会编 北京大学出版社 2000年

F00173 培养成段表达能力的对外汉语教材的结构设计 杨翼 《汉语学习》 2000年第4期

F00174 三部汉语听力教材分析 胡波 《世界汉语教学》 2000年第2期

F00175 谈《日汉翻译教程》(三年级用)编写的原则 邱鸿康 《语言文化教学研究集刊》第四辑 北京语言文化大学汉语学院编 华语教学出版社 2000年

F00176 听力教材分析与听力教材编写 胡波 《语言文化教学研究集刊》第四辑 北京语言文化大学汉语学院编 华语教学出版社 2000年

F00177 听力语料分析与听力教材的编写 曹慧 《语言文化教学研究集刊》第四辑 北京语言文化大学汉语学院编 华语教学出版社 2000年

F00178 推陈出新,后出转精——评10年来对外汉语阅读教材的编写 刘正文 《广州华苑学术版·华文教学与研究》 2000年第1期

F00179 我对汉语教材编写的新设计 程裕祯 《第六届国际汉语教学讨论会论文选》《第六届国际汉语教学讨论会论文选》编辑委员会编 北京大学出版社 2000年

F00180 新一代汉语阅读教材课文选材和编排的原则 张建新 《乌鲁木齐职业大学学报》

2000年第1期

F00181 一部好用、实用、有趣的教材——介绍《汉语文化双向教程》 辛平 《世界汉语教学》 2000年第4期

F00182 影视语言、主体感应与汉语教学——《中文之道》基础汉语教学片创编心得 (法)白乐桑 白钢 《第六届国际汉语教学讨论会论文选》《第六届国际汉语教学讨论会论文选》编辑委员会编 北京大学出版社 2000年

F00183 由法国"字本位"汉语教材引发的思考 王若江 《世界汉语教学》 2000年第3期

F00184 在交际中学习语言——《一起来说——以图片为基础的课堂交际练习》评介 王素云 《世界汉语教学》 2000年第1期

F00185 重视初、中级汉语教材的译文建设 赵学会 《双语学研究》(《民族教育研究》2000年增刊) 戴庆厦主编 《民族教育研究》编辑部 2000年

F01186 报刊语言教材刍议 李秀坤 《对外汉语教学与教材研究论文集》 国家对外汉语教学领导小组编 华语教学出版社 2001年

F01187 编写《汉语教程》的理论总结 杨寄洲 《对外汉语教学与教材研究论文集》 国家对外汉语教学领导小组编 华语教学出版社 2001年

F01188 初级汉语教材语法点的确定、编排存在的问题 杨德峰 《对外汉语教学与教材研究论文集》 国家对外汉语教学领导小组编 华语教学出版社 2001年

F01189 初级汉语教材语法点确定、编排中存在的问题——兼议语法点确定、编排的原则 杨德峰 《世界汉语教学》 2001年第2期

F01190 从《汉语初级教程》看对外汉语教学补语体系 李江 《北京邮电大学学报》(社会科学版) 2001年第1期

F01191 从SIT学习项目看对外汉语教学速成教材的编写 杨丽姣 《云南师范大学学报》(教育科学版) 2001年第1期

F01192 从教学法看初级口语教材的语料编写 李海燕 《对外汉语教学与教材研究论文集》 国家对外汉语教学领导小组编 华语教学出版社 2001年

F01193 从教学法看对外汉语初级口语教材的语料编写 李海燕 《语言教学与研究》 2001年第4期

F01194 对三所院校四套口语课本的调查统计与分析 方欣欣 《中国对外汉语教学学会北京分会第二届学术年会论文集》 中国对外汉语教学学会北京分会编 北京语言文化大学出版社 2001年

F01195 对外汉语教材的创新 程相文 《语言文字应用》 2001年第4期

F01196 对外汉语教材的创新与突破 程相文 《语言文化教学与研究(二〇〇一年卷)》 北京语言文化大学汉语学院编 人民教育出版社 2001年

F01197 对外汉语阅读教材的创新——评《中级汉语阅读教程》 刘正文 《世界汉语教学》

2001年第2期

F01198 对中级听说教材编写的再认识——《汉语听说教程》的编写特点 赵菁 《语言文化教学与研究(二〇〇一年卷)》 北京语言文化大学汉语学院编 人民教育出版社 2001年

F01199 改进中级阅读教材的设想 徐霄鹰 《语言教学与研究》 2001年第2期

F01200 关于编写专供日本学生使用的初级汉语教材的思考 杨巍 《汉语学报》第4期 邢福义主编 湖北教育出版社 2001年

F01201 关于初级汉语读写教材生词编选的探讨 程乐乐 《汉语学报》第3期 邢福义主编 湖北教育出版社 2001年

F01202 关于对外汉语汉字教材的思考 卢小宁 《天津外国语学院学报》 2001年第2期

F01203 加强对外汉语电化教学的教材建设 孟长勇 《西安外国语学院学报》 2001年第2期

F01204 教材中词性标注的针对性原则 王弘宇 《语言教学与研究》 2001年第5期

F01205 介绍一套现代汉语语法教材 范晓 《世界汉语教学》 2001年第3期

F01206 零起点短期班用应接汉字教材刍议 易洪川 朱全红 《对外汉语教学与教材研究论文集》 国家对外汉语教学领导小组编 华语教学出版社 2001年

F01207 论初级精读教材的词汇输入 王黎 《国际汉语教学学术研讨会论文集》(《语言研究》2001年增刊) 李祥坤主编 《语言研究》编辑部 2001年

F01208 日本汉语教材及分析 张英 《汉语学习》 2001年第3期

F01209 实况汉语教学的理论探讨及教材编制和使用中的几个问题 孟国 《对外汉语教学与教材研究论文集》 国家对外汉语教学领导小组编 华语教学出版社 2001年

F01210 试论基础表述的组配研究与对外汉语教材编写 徐昌火 《语言教学与研究》 2001年第4期

F01211 谈"视、听、说"教材的编写 史世庆 《对外汉语教学与教材研究论文集》 国家对外汉语教学领导小组编 华语教学出版社 2001年

F01212 谈泛化、分化及其有关的练习样式 李绍林 《汉语学习》 2001年第6期

F01213 推陈出新 后出转精 刘正文 《对外汉语教学与教材研究论文集》 国家对外汉语教学领导小组编 华语教学出版社 2001年

F01214 我们需要什么样的汉字课本? (美)林柏松 陈佩瑜 《国际汉语教学学术研讨会论文集》(《语言研究》2001年增刊) 李祥坤主编 《语言研究》编辑部 2001年

F01215 新型汉语写作教材的编写原则 周小兵 张念 《对外汉语教学与教材研究论文集》 国家对外汉语教学领导小组编 华语教学出版社 2001年

F01216 以"交际任务"为基础的汉语短期强化教学教材设计 马箭飞 《对外汉语教学与教材研究论文集》 国家对外汉语教学领导小组编 华语教学出版社 2001年

F01217 语言的世界观和对外语言教材编写原则 金立鑫 《对外汉语教学与教材研究论文集》 国家对外汉语教学领导小组编 华语教学出版社 2001年

F01218 语义结构类型研究与对外汉语教材编写刍议 徐昌火 《对外汉语教学与教材研究论文集》 国家对外汉语教学领导小组编 华语教学出版社 2001年

F01219 《中级汉语口语》使用情况调查评估报告及其引发的思考 陈晨 《中国对外汉语教学学会北京分会第二届学术年会论文集》 中国对外汉语教学学会北京分会编 北京语言文化大学出版社 2001年

F02220 编写中级阶段口语课文的设想——也谈功能与情景相结合的问题 李英 《暨南大学华文学院学报》 2002年第2期

F02221 从韩国儿童汉语教材的编写谈起 张德鑫 《天津外国语学院学报》 2002年

F02222 从识记因素谈汉字教材的编写原则 柳燕梅 《汉语学习》 2002年第5期

F02223 大胆选篇 小心编排——介绍《中国视点——中级汉语教程》 王飙 《世界汉语教学》 2002年第4期

F02224 对《对外汉语教材》编写的几点意见 赵建 《黑龙江教育学院学报》 2002年第6期

F02225 对外汉语教材现代化刍议 王建勤 《语言文字应用》 2002年第2期

F02226 对外汉语教材语法项目排序的原则及策略 吕文华 《世界汉语教学》 2002年第4期

F02227 对新世纪汉语(第二语言)教材的思考——从加拿大中学汉语教材编写所想到的 朱志平 《北京师范大学学报》(人文社会科学版) 2002年第6期

F02228 近20年对外汉语教材编写和研究的基本情况述评 李泉 《语言文字应用》 2002年第3期

F02229 论华文教材练习编写的原则 肖菲 《零陵学院学报》 2002年增刊第1期

F02230 论留学生用汉语语文词典编纂的几个原则性问题 朱瑞平 《北京师范大学学报》(人文社会科学版) 2002年第6期

F02231 论听力教材的录音问题 陈军 《暨南大学华文学院学报》 2002年第4期

F02232 试论对外汉语教材的趣味性 李泉 《中国对外汉语教学学会第七次学术讨论会论文选》 中国对外汉语教学学会编 人民教育出版社 2002年5月

F02233 谈对外汉语教学写作教材的编写 罗青松 《中国对外汉语教学学会第七次学术讨论会论文选》 中国对外汉语教学学会编 人民教育出版社 2002年

F03234 编写初级汉语教材的几个问题 杨寄洲 《语言教学与研究》 2003年第4期

F03235 第二语言语体能力的培养与教材虚拟语境的设置 王晓娜 《汉语学习》 2003年第1期

F03236 独中华文课程教材改革的素质教育导向 林国安 《对外汉语教学论文集》 厦门大学海外华文教育研究所 海外教育学院编 厦门大学出版社 2003年

F03237 对外汉语教材练习编写的思考 李绍林 《云南师范大学学报》(对外汉语教学与研究版) 2003年第3期

F03238 对外汉语教材再评述 齐沛 《语言教学与研究》 2003年第1期

F03239 对外汉语语法点难易度的评定 (美)邓守信 《对外汉语教学语法探索》 国家汉办教学处编 中国社会科学出版社 2003年

F03240 关于汉语《报刊阅读》教材编写的一些认识和探索 吴雅民 《北京市经济管理干部学院学报》 2003年第4期

F03241 《汉语会话301句》编译中的几个问题及修改建议 刘欣 《云南师范大学学报》(对外汉语教学与研究版) 2003年第6期

F03242 华语教材编写的理论导向及教学解决方案的比较 王建勤 《对外汉语教学论文集》 厦门大学海外华文教育研究所 海外教育学院编 厦门大学出版社 2003年

F03243 论第二语言教材评估 李泉 《汉语研究与应用》第一辑 中国人民大学对外语言文化学院编 中国社会科学出版社 2003年

F03244 培养成段表达能力的对外汉语教材的结构设计 杨翼 《世界汉语教学》 2003年第1期

F03245 商务汉语教材编写初探 杨东升 《辽宁工学院学报》(社会科学版) 2003年第1期

F03246 谈泛读教材的编写技巧——从《画儿上的美人》说起 鲁健骥 《汉语研究与应用》第一辑 中国人民大学对外语言文化学院编 中国社会科学出版社 2003年

F03247 谈留学生古代汉语教材的革新 苏瑞卿 《世界汉语教学》 2003年第2期

F03248 为新世纪编写的《新实用汉语课本》 刘珣 《暨南大学华文学院学报》 2003年第2期

F03249 针对缅甸学生编写汉语语音教材的思考 杨叶华 《云南师范大学学报》(对外汉语教学与研究版) 2003年第3期

F03250 中国大陆汉语教材出版的成就与不足 王弘宇 《世界汉语教学》 2003年第1期

F04251 标记理论与口语教材中的偏差现象 冯小钉 《云南师范大学学报》(对外汉语教学与研究版) 2004年第6期

F04252 从美国出版的中文教材看汉语标准语的变化 (美)吴德安 《第七届国际汉语教学讨论会论文选》《第七届国际汉语教学讨论会论文选》编辑委员会编 北京大学出版社 2004年

F04253 第二语言教材的属性、功能和基本分类 李泉 《汉语研究与应用》第二辑 中国人民大学对外语言文化学院编 中国社会科学出版社 2004年

F04254 对法国汉语教材的再认识 王若江 《汉语学习》 2004年第6期

F04255 对汉语教材练习设计的考察与思考 周健 唐玲 《语言教学与研究》 2004年第4期

F04256　对留学生初级听力教材的设想　刘峰　《云南师范大学学报》(对外汉语教学与研究版)　2004年第2期

F04257　对外汉语教材编写与对外汉语研究　顾顺莲　《汉语教学新理念》　丛铁华主编　北京大学出版社　2004年

F04258　对外汉语教材中翻译的功能和原则——以"老师"和"脸谱"为例　刘颂浩　《暨南大学华文学院学报》2004年第3期

F04259　对外汉语教学中值得注意的一个问题　刁晏斌《鞍山师范学院学报》2004年

F04260　对外汉语文化教材研究——兼论对外汉语文化教学等级大纲建设　张英　《汉语学习》　2004年第1期

F04261　对文学作品作为中高级对外汉语教材的思考　吴成年《新疆师范大学学报》(哲学社会科学版)　2004年第2期

F04262　对新世纪汉语教材的思考——从加拿大中学汉语教材编写所想到的　朱志平　《第七届国际汉语教学讨论会论文选》《第七届国际汉语教学讨论会论文选》编辑委员会编　北京大学出版社　2004年

F04263　对中国国内编写对外汉语教材的建议　邓氏香　《云南师范大学学报》(对外汉语教学与研究版)　2004年第2期

F04264　关于对外汉语教材生词处理的思考　卜佳晖　《云南师范大学学报》(对外汉语教学与研究版)　2004年第1期

F04265　关于汉语教材中成语和俗语的英译　杨武元　《云南师范大学学报》(对外汉语教学与研究版)　2004年第6期

F04266　关于中文教材课文的一些思考　刘月华　《第七届国际汉语教学讨论会论文选》《第七届国际汉语教学讨论会论文选》编辑委员会编　北京大学出版社　2004年

F04267　汉语初级教程语法项目分布考察及思考　李晓琪　《汉语研究与应用》第二辑　中国人民大学对外语言文化学院编　中国社会科学出版社　2004年

F04268　汉语中级精读教材的分析与思考　赵新　李英　《暨南大学华文学院学报》　2004年第4期

F04269　汉语作为第二语言教材发展的三种形态　程相文　《语言教学与研究》　2004年第1期

F04270　何谓中华文化,且由学生自己品评　胡明扬　《世界汉语教学》　2004年第1期

F04271　教材改革创精品有突破——读《多文本,精泛结合——高级汉语教程》　吴勇毅　《世界汉语教学》　2004年第4期

F04272　跨越与会通——论对外汉语教材研究与开发　赵金铭　《语言文字应用》　2004年第2期

F04273　论对外汉语教材的针对性　李泉　《世界汉语教学》　2004年第2期

F04274 论对外汉语通用型教材 吴勇毅 《对外汉语教学探索》 学林出版社 2004 年

F04275 浅谈对外汉语教材"词语例释"的编写 苏英霞 《汉语学习》 2004 年第 4 期

F04276 求突破,创精品——读《多文体,精泛结合——高级汉语教程》 吴勇毅 《对外汉语教学探索》 学林出版社 2004 年

F04277 日本汉语教科书及其出版情况介绍 石汝杰 《世界汉语教学》 2004 年第 2 期

F04278 商贸类汉语教材的简要分析 刘织 《枣庄师范专科学校学报》 2004 年第 5 期

F04279 试论高级汉语阅读教材的编写原则——兼谈《高级汉语阅读》的编写思路 罗青松 《汉语研究与应用》第二辑 中国人民大学对外语言文化学院编 中国社会科学出版社 2004 年

F04280 试析 P. C. Tung & D. E. Pollard《汉语口语》课本的几个特点 (英)高万丽 《第七届国际汉语教学讨论会论文选》 《第七届国际汉语教学讨论会论文选》编辑委员会编 北京大学出版社 2004 年

F04281 通过教材编写改善对外汉语的离合词教学 刘春梅 《云南师范大学学报》(对外汉语教学与研究版) 2004 年第 6 期

F04282 《外交公务汉语》的编写特点 褚佩如 《世界汉语教学》 2004 年第 2 期

F04283 西部民族院校对外汉语教材编写设计 叶南 田耕宇 《西南民族大学学报》(人文社科版) 2004 年第 8 期

F04284 新生代的教材——评《当代中文》系列汉语教材 吴勇毅 《对外汉语教学探索》学林出版社 2004 年

F04285 新一代商务汉语教材建设的初步构想 张永昱 《东北财经大学学报》 2004 年第 4 期

F04286 元以来一部多个语种版本的第二语言教材——三种文本《老乞大》教材编写特点分析 关辛秋 《汉语学习》 2004 年第 3 期

F05287 初级对外汉语教材的词汇重现率研究 康艳红 董明 《语言文字应用》 2005 年第 4 期

F05288 《初级汉语听力》(新疆版)指瑕 吴若愚 《伊犁师范学院学报》 2005 年第 4 期

F05289 从朝鲜半岛汉语教学的历史看《老乞大》的价值 鲁宝元 《海外华文教育》 陈荣岚编 《海外华文教育》杂志社 2005 年

F05290 从学习者的视角谈高级精读教材编写 肖路 《语言教学与研究》 2005 年第 1 期

F05291 导引 脉络 准绳——《汉语 100》编写思路的构拟与实施 李芳杰 杨巍 《对外汉语教学的全方位探索——对外汉语研究学术讨论会论文集》 赵金铭主编 商务印书馆 2005 年

F05292 对汉语教材练习设计的考察与思考 周健 肖治野 《对外汉语语感教学探索》 浙江大学出版社 2005 年

F05293 对外汉语教材生词英译存在的问题分析 薛秋宁 《海外华文教育》 陈荣岚编 《海外华文教育》杂志社 2005年

F05294 对外汉语口语教材的话题选择 汲传波 《云南师范大学学报》(对外汉语教学与研究版) 2005年第6期

F05295 对外汉语是对外的汉语吗——关于对外汉语初级教材内容的思考 王海英 《云南师范大学学报》(对外汉语教学与研究版) 2005年第6期

F05296 对外汉语文化教材编写思路初探 赵宏勃 《语言文字应用》 2005年增刊

F05297 汉语教学的"小百科全书"——评《汉语教学法研修教程》 孟国 《暨南大学华文学院学报》 2005年第4期

F05298 互动性教学策略及教材编写 (美)王晓钧 《世界汉语教学》 2005年第3期

F05299 论初级汉语教材教师手册的编写 程乐乐 《海外华文教育》 陈荣岚编 《海外华文教育》杂志社 2005年

F05300 美国常用汉语教材分析 卢伟 《汉语研究与应用》第三辑 中国人民大学对外语言文化学院编 中国社会科学出版社 2005年

F05301 培养初步成段表达能力的新型初级口语教材的编写 陈晨 《海外华文教育》 陈荣岚编 《海外华文教育》杂志社 2005年

F05302 浅谈对外汉语类图书出版现状 王燕飞 《吉林广播电视大学学报》 2005年第3期

F05303 试论定向汉语教材编写的环境文化因素 罗青松 《语言文字应用》 2005年第4期

F05304 谈谈好教材的标准 董明 桂弘 《语言文字应用》 2005年增刊

F05305 我们的汉语教材为什么缺乏趣味性 刘颂浩 《暨南大学华文学院学报》 2005年第2期

F05306 中级精读教材练习设计中的目的性和实用性 李增吉 《对外汉语阅读研究》 北京大学出版社 2005年

F06307 编写对外汉语单语学习词典的尝试与思考——《商务馆学汉语词典》编后 鲁健骥 吕文华 《世界汉语教学》 2006年第1期

F06308 从陌生人之间会话的开头语看对外汉语教材会话的编写 关颖 《暨南大学华文学院学报》 2006年第3期

F06309 从新疆民族预科学生的社会差异谈汉语教材建设 刘秀明 《喀什师范学院学报》 2006年第5期

F06310 对外汉语词汇大纲与两种教材词汇状况的对比研究 苏新春 《语言文字应用》 2006年第2期

F06311 对外汉语教材评估:学习者的视角 林敏 吴勇毅 《汉语研究与应用》第四辑 中国人民大学对外语言文化学院编 中国社会科学出版社 2006年

F06312 对外汉语教科书编纂的问题及建议 宋燕 《语言文字应用》 2006年第2期

F06313 非学历生高级阶段汉语教材的建设 金红莲 《汉语学习》 2006 年第 1 期

F06314 韩国大学汉语教材调查分析 岳玉杰 《国际学术动态》 2006 年第 2 期

F06315 汉语国际推广背景下的教材建设与出版 叶子 《语言文字应用》 2006 年增刊

F06316 论对外汉语教材的优化处理 盛双霞 《语言文字应用》 2006 年第 2 期

F06317 浅析对外汉语口语教材中文化项目的选择和编排 孙清忠 《暨南大学华文学院学报》 2006 年第 2 期

F06318 商贸类汉语教材编写和研究的基本情况述评 路志英 《云南师范大学学报》(对外汉语教学与研究版) 2006 年第 5 期

F06319 输入调整与对外汉语阅读教材编写 朱勇 《对外汉语研究》第二期 齐沪扬主编 商务印书馆 2006 年

F06320 五个"C"和 AP 汉语与文化课教材的编写 陈绂 《语言文字应用》 2006 年增刊

F06321 现象和解释:词汇重现率及其他 刘颂浩 《暨南大学华文学院学报》 2006 年第 1 期

F06322 中级精读教材的分析与评估 赵新 李英 《语言文字应用》 2006 年第 2 期

G　对外汉语教学史研究

G85001　十五年汉语教学总结　钟梫　《对外汉语教学论集》《语言教学与研究》编辑部编　北京语言学院出版社　1985 年

G85002　新中国对外国人进行汉语教学的三十二年　张道一　《对外汉语教学论集》《语言教学与研究》编辑部编　北京语言学院出版社　1985 年

G89003　中国对外汉语教学的 40 年　李培元　《世界汉语教学》1989 年第 3 期

G90004　历史上的对外汉语教学　张亚军　《中国对外汉语教学学会第三次学术讨论会论文选》　中国对外汉语教学学会编　北京语言学院出版社　1990 年

G90005　新中国对外汉语教学 40 年大事记　施光亨　杨俊萱　《世界汉语教学》　1990 年第 2 期

G90006　新中国对外汉语教学 40 年大事记（续一）　施光亨　杨俊萱　《世界汉语教学》　1990 年第 3 期

G90007　新中国对外汉语教学 40 年大事记（续完）　施光亨　杨俊萱　《世界汉语教学》　1990 年第 4 期

G91008　王力先生和对外汉语教学　方人　《世界汉语教学》　1991 年第 1 期

G91009　中国早期的外交人员汉语教学　殷华琈　《世界汉语教学》　1991 年第 3 期

G92010　评《对外汉语教学发展概要》　杨石泉　《世界汉语教学》　1992 年第 2 期

G92011　我国对外汉语教学的珍贵遗产——试论老舍在伦敦期间的对外汉语教学　刘小湘　《世界汉语教学》　1992 年第 3 期

G92012　1991 年对外汉语教学研究述要　张德鑫　《语文建设》　1992 年第 12 期

G93013　70 年代以来北京语言学院对外汉语教学法之发展　任远　《对外汉语教学论文选评》第 1 集　盛炎　沙砾编　北京语言学院出版社　1993 年

G93014　五六十年代对外汉语教学的主要特点　李培元　《对外汉语教学论文选评》第 1 集　盛炎　沙砾编　北京语言学院出版社　1993 年

G94015　1993 年的对外汉语教学研究　张德鑫　《语文建设》　1994 年第 9 期

G95016　朝鲜历代汉语文教学与研究考略　刘明章　《第四届国际汉语教学讨论会论文选》《第四届国际汉语教学讨论会论文选》编辑委员会编　北京语言学院出版社　1995 年

G95017　法国汉语教学史浅论　（法）白乐桑　《第四届国际汉语教学讨论会论文选》《第四届国际汉语教学讨论会论文选》编辑委员会编　北京语言学院出版社　1995 年

G95018　作为外语的汉语口语教材《朴通事》和《朴通事谚解》　吴淮南　《南京大学学报》（哲

学·人文科学·社会科学版) 1995 年第 4 期

G97019 孔在锡先生与韩国的中国语研究 (韩)韩容洙 齐沪扬《汉语学习》 1997 年第 2 期

G98020 谈对外汉语教学历史的研究——对外汉语教学学科建设的一个重要课题 鲁健骥《语言文字应用》 1998 年第 4 期

G99021 对外汉语本科教育二十年 李杨 刘进 《中国对外汉语教学学会第六次学术讨论会论文选》 中国对外汉语教学学会编 华语教学出版社 1999 年

G99022 六角恒广的日本近代汉语教育史研究 王洪顺 《汉语学习》 1999 年第 4 期

G99023 六十年代初教育部出国汉语师资培训钩沉 林建明 《三明高等专科学校学报》 1999 年增刊第 3 期

G99024 明代朝鲜人的汉语学习 董明 《北京师范大学学报》(社会科学版) 1999 年第 6 期

G99025 隋唐时期汉语在朝鲜半岛的传播 董明 《北京师范大学学报》(社会科学版) 1999 年专刊

G00026 论 19 世纪中外文化交往中的汉语教学 张卫东 《北京大学学报》(哲学社会科学版) 2000 年第 4 期

G01027 《老乞大》和《朴通事》在汉语第二语言教学发展史上的地位 程相文 《汉语学习》 2001 年第 2 期

G01028 清代朝鲜人的汉语学习 董明 《中国对外汉语教学学会北京分会第二届学术年会论文集》 中国对外汉语教学学会北京分会编 北京语言文化大学出版社 2001 年

G01029 日下恒夫先生和他的汉语研究 彤云 《汉语学习》 2001 年第 2 期

G01030 唐朝的对外汉语传播简介 高霞 《楚雄师专学报》 2001 年第 2 期

G01031 威妥玛《语言自迩集》与对外汉语教学 张德鑫 《中国语文》 2001 年第 5 期

G01032 新中国对日汉语文化教学与研究述评 亓华 《北京师范大学学报》(人文社会科学版) 2001 年第 6 期

G02033 古代韩半岛汉语教学回顾 (韩)韩容洙 《汉语学习》 2002 年第 1 期

G02034 明清时期的汉语教学概况——兼论汉语教学史的研究 张西平 《世界汉语教学》 2002 年第 1 期

G02035 青史留名的古代对外汉语教师 董明 《暨南大学华文学院学报》 2002 年第 4 期

G02036 魏建功先生在朝鲜教汉语和在台湾推广国语的贡献 赵金铭 《世界汉语教学》 2002 年第 3 期

G03037 古代朝鲜、琉球汉语教学及教材研究引论——以《老乞大》、《朴通事》、《白姓官话》为例 王庆云 《云南师范大学学报》(对外汉语教学与研究版) 2003 年第 5 期

G03038 理雅各与牛津大学最早的汉语教学 岳峰 《世界汉语教学》 2003 年第 4 期

G03039 日本明治时期的汉语教师 王顺洪 《汉语学习》 2003 年第 1 期

G03040 西方人早期汉语学习史的研究初论 张西平 《对外汉语教学论文集》 厦门大学海外华文教育研究所 海外教育学院编 厦门大学出版社 2003年

G03041 中国古代来华留学生教育的启示 董明 《对外汉语教学论文集》 厦门大学海外华文教育研究所 海外教育学院编 厦门大学出版社 2003年

G04042 解读古代汉语口语课本——《老乞大》 于涛 《云南师范大学学报》(对外汉语教学与研究版) 2004年第5期

G04043 600多年前的对外汉语教学观——《老乞大》《朴通事》的编写特点及其理论价值 黄明明 《无锡教育学院学报》 2004年第4期

G04044 明清时期西方人汉语学习史的开篇之作——评《西方人早期汉语学习史调查》 杨慧玲 《世界汉语教学》 2004年第3期

G04045 西方人早期汉语学习史简述——兼论对外汉语教学史的研究 张西平 《第七届国际汉语教学讨论会论文选》 《第七届国际汉语教学讨论会论文选》编辑委员会编 北京大学出版社 2004年

G05046 《朝鲜时代汉语教科书丛刊》简评 郭作飞 《世界汉语教学》 2005年第4期

G05047 韩国朝鲜时期的汉语研究 张晓曼 《语言教学与研究》 2005年第6期

G05048 韩国"高丽·朝鲜"时期的华人汉语教师 文美振 《暨南大学华文学院学报》 2005年第2期

G05049 韩国李朝时期的汉语教育及其特点 金基石 《汉语学习》 2005年第5期

G05050 《汉语札记》对世界汉语教学史的贡献 李真 《世界汉语教学》 2005年第4期

G05051 民国时期汉语教学史料探究 温云水 《世界汉语教学》 2005年第2期

G05052 《亚细亚言语集》与十九世纪日本中国语教育 陈珊珊 《汉语学习》 2005年第6期

G06053 朝鲜中文教科书《图像注解千字文》的功能定位及其启示 杨晓黎 《世界汉语教学》 2006年第4期

G06054 崔世珍与韩国李朝时期的汉语文教育 金基石 《汉语学习》 2006年第4期

G06055 近代日本的中国语教育 王幼敏 《云南师范大学学报》(对外汉语教学与研究版) 2006年第4期

G06056 近代日本中国语教育的历史轨迹——同远东政治紧密相连的语言教学 王幼敏 《广西师范大学学报》(哲学社会科学版) 2006年第2期

G06057 宁波历史上的对外汉语教学 阮咏梅 《云南师范大学学报》(对外汉语教学与研究版) 2006年第2期

G06058 清末民初北京口语中的话题标记——以100多年前几部域外汉语教材为例 张美兰 陈思羽 《世界汉语教学》 2006年第2期

G06059 日本明治时期的北京官话"会话"课本 李无未 陈珊珊 《世界汉语教学》 2006年第4期

G06060 朱德熙、张荪芬编著《汉语教科书》评介 董淑慧 《世界汉语教学》 2006年第4期

H 对外汉语习得研究

HA 基础理论研究

HA84001 对留学生汉语习得过程中的错误分析 梅立崇等 《语言教学与研究》 1984年第4期

HA87002 对比分析和错误分析的研究 （美）贺上贤 《第二届国际汉语教学讨论会论文集》 第二届国际汉语教学讨论会组织委员会编 北京语言学院出版社 1987年

HA88003 思维习惯的嬗变——寻找第二语言习得机制时的思考 孙钧政 《语言教学与研究》 1988年第4期

HA88004 心理需要和规范需要在对外汉语教学中的运用 于康 《世界汉语教学》 1988年第1期

HA89005 谈对外汉语教学中的无意识心理 梁继超 《北华大学学报》（社会科学版） 1989年第3期

HA90006 对外汉语教学与心理学中的兴趣因素 毛惜珍 《上海师范大学学报》（哲学社会科学版） 1990年第4期

HA90007 谈汉语作为第二语言学习的特性 王魁京 《世界汉语教学》 1990年第2期

HA90008 语言习得论——兼论对外汉语教学的几个问题 吴叔良 《上海师范大学学报》（哲学社会科学版） 1990年第1期

HA91009 再论语言习得——兼论提高对外汉语教学效率问题 吴叔良 《天津师大学报》（社会科学版） 1991年第5期

HA92010 对外汉语教学概论（讲义）（续一） 吕必松 《世界汉语教学》 1992年第3期

HA92011 对外汉语教学概论（讲义）（续二） 吕必松 《世界汉语教学》 1992年第4期

HA92012 语言学习理论研究座谈会纪要 张旺熹 《语言文字应用》 1992年第4期

HA92013 “中介语”的产生与言语行为主体的思维活动 王魁京 《北京师范大学学报》（社会科学版） 1992年第6期

HA93014 论对外汉语教学的学习、习得整合观——由克拉申的第二语言习得理论说起 吴叔良 《上海师范大学学报》（哲学社会科学版） 1993年第4期

HA93015 中介语理论与汉语习得研究 孙德坤 《语言教学与研究》 1993年第4期

HA93016 中介语理论与偏误分析 鲁健骥 《对外汉语教学论文选评》第1集 盛炎 沙砾编 北京语言学院出版社 1993年

HA93017 中介语研究中的几个问题 鲁健骥 《语言文字应用》 1993年第1期

HA94018 中介语产生的诸因素及相互关系 王建勤 《语言教学与研究》 1994年第4期
HA95019 第二语言习得研究的回顾与展望 (英)袁博平 《世界汉语教学》 1995年第4期
HA95020 略论母语在外语学习中的干扰问题——以汉族人学俄语为例 赵陵生 《北京大学学报》(哲学社会科学版) 1995年
HA95021 语言学与外语教学笔谈(之三) 傅静原 《齐齐哈尔大学学报》(哲学社会科学版) 1995年第6期
HA96022 第二语言能力结构研究回顾 陈宏 《世界汉语教学》 1996年第2期
HA96023 汉语第二语言习得研究述评 陈前瑞 赵葵欣 《汉语学习》 1996年第5期
HA96024 汉语中介语的分阶段特征及教学策略 王珊 《世界汉语教学》 1996年第1期
HA96025 母语与第二外语的冲突 宋军 《西南民族学院学报》(哲学社会科学版) 1996年增刊第6期
HA96026 中介语研究十年 鲁健骥 《中国对外汉语教学学会成立十周年纪念论文选》 中国对外汉语教学学会秘书处编 北京语言学院出版社 1996年
HA97027 对外汉语教学中的几个语言学习问题 佟乐泉 《语言文字应用》 1997年第1期
HA97028 "临界"现象与第二语言学习 范建民 《汉语速成教学研究》第一辑 北京语言文化大学汉语速成学院编 北京大学出版社 1997年
HA97029 论引导偏误与中介语现象 梁继超 张如芳 《汉语学习》 1997年第6期
HA97030 语言迁移、句型结构重复现象与对外汉语教学 周明朗 《语言教学与研究》 1997年第4期
HA98031 第二语言习得中母语迁移现象分析 寮菲 《外语教学与研究》 1998年第2期
HA98032 高级汉语学习者的学习策略与学习效果的关系 杨翼 《世界汉语教学》 1998年第1期
HA98033 留学生口语表达中的监控行为初探 赵葵欣 陈前瑞 《语言文化教学研究集刊》第二辑 北京语言文化大学汉语学院编 华语教学出版社 1998年
HA99034 第二语言习得的研究方法 江新 《语言文字应用》 1999年第2期
HA99035 第二语言学习的语言能力倾向 江新 《世界汉语教学》 1999年第4期
HA99036 论汉语中介语的生成规律 潘先军 《大连外国语学院35周年校庆学术系列丛书——对外汉语卷》 校庆丛书编委会编 长春出版社 1999年
HA99037 偏误成因的思维心理分析 李大忠 《语言教学与研究》 1999年第2期
HA99038 外国留学生学习汉语时的焦虑 钱旭菁 《语言教学与研究》 1999年第2期
HA99039 外国人汉语学习过程中的回避策略分析 罗青松 《北京大学学报》(哲学社会科学版) 1999年第6期
HA99040 外国学生汉语学习策略的认知心理分析 徐子亮 《世界汉语教学》 1999年第4期

HA99041 学习动机与课堂教学 刘晓雨 《汉语学习》 1999年第3期
HA99042 语言环境与第二语言获得 张崇富 《世界汉语教学》 1999年第3期
HA99043 语言获得与对外汉语课堂教学 刘晓雨 《语言文字应用》 1999年第1期
HA00044 Designing reading tasks for learners of Chinese as a second language: A proposed model of reading task design (澳)Jianjun URWIN & Liping Du 《世界汉语教学》 2000年第2期
HA00045 关于中介语研究方法的思考 王建勤 《汉语学习》 2000年第3期
HA00046 汉语作为第二语言学习策略初探 江新 《语言教学与研究》 2000年第1期
HA00047 跨文化交际意识与第二语言习得研究 施家炜 《世界汉语教学》 2000年第3期
HA00048 历史回眸:早期的中介语理论研究 王建勤 《语言教学与研究》 2000年第2期
HA00049 论"准目的语" 傅爱兰 《双语学研究》(《民族教育研究》2000年增刊) 戴庆厦主编 《民族教育研究》编辑部 2000年
HA00050 论语言运用与语言获得 李宇明 《第六届国际汉语教学讨论会论文选》 《第六届国际汉语教学讨论会论文选》编辑委员会编 北京大学出版社 2000年
HA00051 试论多元智慧与汉语教学 (美)姚道中 《世界汉语教学》 2000年第2期
HA01052 初级阶段口语教学中的纠错策略 刘清平 《暨南大学华文学院学报》 2001年第3期
HA01053 第二语言习得态度动机研究 高海洋 《中国对外汉语教学学会北京分会第二届学术年会论文集》 中国对外汉语教学学会北京分会编 北京语言文化大学出版社 2001年
HA01054 关于留学生汉语学习动机的几点思考 向平 《汉语学报》第4期 邢福义主编 湖北教育出版社 2001年
HA01055 汉语"学习策略"的描述性研究与介入性研究 吴勇毅 《世界汉语教学》 2001年第4期
HA01056 汉语学习的基本数学模式及其应用 张美霞 《语言教学与研究》 2001年第1期
HA01057 留学生汉语学习焦虑感与口语流利性关系初探 张莉 《语言文字应用》 2001年第3期
HA01058 略论偏误分析的基本原则 肖奚强 《语言文字应用》 2001年第1期
HA01059 试论学习迁移与对外汉语教学 姜丽萍 《对外汉语教学与教材研究论文集》 国家对外汉语教学领导小组编 华语教学出版社 2001年
HA01060 外国学生的汉语中介语现象再认识 徐子亮 《汉语学习》 2001年第1期
HA01061 中介语中动词句的配价偏误分析 方绪军 《语言教学与研究》 2001年第4期
HA02062 留学生汉语焦虑感与成绩相关分析及教学对策 张莉 王飙 《语言教学与研究》 2002年第1期

HA02063 迁移理论对外语教学的影响 苏雅勤 《徐州教育学院学报》 2002年第2期

HA02064 外语学习中的负迁移及对策 高友萍 《江苏教育学院学报》(社会科学版) 2002年第2期

HA03065 第二语言习得中的母语迁移研究述评 唐承贤 《解放军外国语学院学报》 2003年第5期

HA03066 第一语言和第二语言习得过程中的差异 宋一杰 《云南师范大学学报》(对外汉语教学与研究版) 2003年第6期

HA03067 短期汉语进修班学生认知能力的发展 杨春 《云南师范大学学报》(对外汉语教学与研究版) 2003年第6期

HA03068 关于Krashen第二语言习得理论的五个假设及相关思考 姜倩 《外交学院学报》 2003年第1期

HA03069 华裔学生的特殊语言背景在汉语学习初级阶段的中介语现象及处理意见 韩臻 《对外汉语教学论文集》 厦门大学海外华文教育研究所 海外教育学院编 厦门大学出版社 2003年

HA03070 回顾与展望:美国汉语教学理论研究述评 柯传仁 沈禾玲 《语言教学与研究》 2003年第3期

HA03071 论对外成人汉语教学中的两个障碍 匡锦 《云南师范大学学报》(对外汉语教学与研究版) 2003年第5期

HA03072 论对外汉语教学中的主体认识图式建构 王育杰 《首都师范大学学报》(社会科学版) 2003年第2期

HA03073 普通话中介语研究初探 董洁茹 《新乡师范高等专科学校学报》 2003年

HA03074 外语习得中语义范畴差异导致的跨语言影响 王俐 《武汉交通管理干部学院学报》 2003年第4期

HA03075 中介语理论与对外汉语教学 凌德祥 《南京大学学报》(哲学·人文科学·社会科学版) 2003年第3期

HA03076 准确率标准和初现率标准略谈 张燕吟 《世界汉语教学》 2003年第3期

HA04077 不同母语类型留学生理解汉语句子的实验研究 王永德 《语言文字应用》 2004年第3期

HA04078 第二语言习得难度的预测及教学策略 朱永平 《语言教学与研究》 2004年第4期

HA04079 第二语言学习策略研究的现状与前瞻 钱玉莲 《暨南大学华文学院学报》 2004年第3期

HA04080 对外汉语学习理论研究二十年 徐子亮 《世界汉语教学》 2004年第4期

HA04081 关于留学生汉语学习策略的调查报告 李丽娜 《汉语学习》 2004年第3期

HA04082 汉语环境与中介语僵化现象起因探讨 黄冬梅 《重庆邮电学院学报》(社会科学版) 2004年增刊第1期

HA04083 留学生语言偏误产生的原因分析 刘红英 《辽宁教育行政学院学报》 2004年第9期

HA04084 试论对外汉语教学学习主体的特点 李宝贵 《辽宁税务高等专科学校学报》 2004年

HA04085 外国留学生的汉语语言态度调查 倪传斌 王志刚 王际平 姜孟 《语言教学与研究》 2004年第4期

HA04086 学习难度的测定和考察 周小兵 《世界汉语教学》 2004年第1期

HA04087 一个基于连通主义的二语习得认知过程模型 王薇 《语言教学与研究》 2004年第5期

HA05088 第二语言学习策略的分类及相关问题 钱玉莲 《汉语学习》 2005年第6期

HA05089 对外汉语教学中的语码转换和语码选择 刘英 刘华 《南京航空航天大学学报》(社会科学版) 2005年第4期

HA05090 对外汉语偏误分析二十年研究回顾 赵春利 《云南师范大学学报》(对外汉语教学与研究版) 2005年第2期

HA05091 汉语作为第二语言教学应突出语感培养 周健 《对外汉语研究》第一期 齐沪扬主编 商务印书馆 2005年

HA05092 记忆规律在对外汉语教学中的应用 陈郁 《黑龙江教育学院学报》 2005年第5期

HA05093 留学生听力学习策略的认知心理依据 刘红英 《辽宁教育行政学院学报》 2005年第5期

HA05094 论母语负迁移对中介语石化现象的影响 陈俊 杨云峰 王蕾 《金陵科技学院学报》(社会科学版) 2005年第3期

HA05095 论外语习得中母语的迁移 曾丽珠 《福建商业高等专科学校学报》 2005年第4期

HA05096 偏误的类别、产生原因及教学策略 柳丽慧 《重庆三峡学院学报》 2005年第5期

HA05097 通向成功的语言学习——评《语言学习策略——每个教师都应该知道的》 陈钰 吴勇毅 《云南师范大学学报》(对外汉语教学与研究版) 2005年第1期

HA05098 中介语多变性的表现层次 丁雪欢 《海外华文教育》 陈荣岚编 《海外华文教育》杂志社 2005年

HA06099 标记性及其在母语迁移中的作用 梁改萍 冯小钉 《平原大学学报》 2006年第6期

HA06100 从竞争理论看“是”字强调句的习得 赖鹏 《云南师范大学学报》(对外汉语教学

与研究版) 2006 年第 3 期

HA06101 第二语言教学的影响因素及其应对策略 纪飞 吴锦 《现代语文》(语言研究版) 2006 年第 4 期

HA06102 第二语言习得与语言形式为中心的结构教学探讨 靳洪刚 《汉语研究与应用》第四辑 中国人民大学对外语言文化学院编 中国社会科学出版社 2006 年

HA06103 对外汉语教学与中介语理论 姚晓波 陈方方 《渤海大学学报》(哲学社会科学版) 2006 年第 6 期

HA06104 国内汉语第二语言习得研究二十年 施家炜 《语言教学与研究》 2006 年第 1 期

HA06105 汉语环境下的第二语言耗损及其对外语教学的启示 何婧媛 《西华师范大学学报》(哲学社会科学版) 2006 年第 4 期

HA06106 汉语作为第二语言的学习者听说能力关系实证分析 任春艳 马新芳 《语言文字应用》 2006 年第 4 期

HA06107 基于 UG 的二语习得研究:优势、欠缺及走势 刘春燕 《语言教学与研究》 2006 年第 5 期

HA06108 跨文化交际中话语标记的习得与误用 刘丽艳 《汉语学习》 2006 年第 4 期

HA06109 留学生语言偏误产生的原因分析 林润宣 《嘉兴学院学报》 2006 年第 1 期

HA06110 论留学生个性心理词典的构建 张舸 《云南师范大学学报》(对外汉语教学与研究版) 2006 年第 4 期

HA06111 桑代克关于学习心理的研究与对外汉语教学 高惠敏 《云南师范大学学报》(对外汉语教学与研究版) 2006 年第 1 期

HA06112 听力理解策略研究现状及启示 马晓文 《江西师范大学学报》(哲学社会科学版) 2006 年第 6 期

HA06113 外国学生汉语中介语研究综述 彭玉兰 张玲 《赣南师范学院学报》 2006 年第 2 期

HA06114 中介语理论研究概述——兼谈对对外汉语教学的启示 张婷 《现代语文》(语言研究版) 2006 年第 1 期

HA06115 周小兵:标记性与语言点学习难度 郭莉敏 《暨南大学华文学院学报》 2006 年第 4 期

HB 语音习得研究

HB85001 中介语理论与外国人学习汉语的语音偏误分析 鲁健骥 《对外汉语教学论集》《语言教学与研究》编辑部编 北京语言学院出版社 1985 年

HB86002 对外汉语教学中 r 声母音质的实验研究 廖荣容 石锋 《第一届国际汉语教学

讨论会论文选》 第一届国际汉语教学讨论会组织委员会编 北京语言学院出版社 1986年

HB89003 关于美国人学习汉语声调 (美)沈晓楠 《世界汉语教学》 1989年第3期

HB90004 朝鲜人说汉语中的中介语(语音部分) (韩)孟柱亿 《第三届国际汉语教学讨论会论文选》 第三届国际汉语教学讨论会会务工作委员会编 北京语言学院出版社 1990年

HB93005 浅谈泰国学生学习汉语语音的难点 蒋嫦娥 《古今中国面面观》 北京语言学院出版社 1993年

HB94006 初级汉语水平留学生的普通话声调误区 马燕华 《北京师范大学学报》(社会科学版) 1994年第3期

HB95007 美国学生说汉语轻重音词组的语音特点浅析 高明明 《第四届国际汉语教学讨论会论文选》《第四届国际汉语教学讨论会论文选》编辑委员会编 北京语言学院出版社 1995年

HB95008 泰国学生汉语学习的语音偏误 李红印 《世界汉语教学》 1995年第2期

HB95009 Variability and Systematicity in the Performance of the Four Chinese Tones by English SLA Learners of Chinese (英)Boping Yuan(袁博平) 《世界汉语教学》 1995年第1期

HB95010 也谈美国人学习汉语声调 王韫佳 《语言教学与研究》 1995年第3期

HB96011 韩国人学汉语的语音难点和偏误分析 (韩)王秀珍 《世界汉语教学》 1996年第4期

HB97012 初级汉语水平英、日语学生语音误区的分布与比较 冯丽萍 《第五届国际汉语教学讨论会论文选》《第五届国际汉语教学讨论会论文选》编辑委员会编 北京大学出版社 1997年

HB97013 第一、第二语言学习在语音掌握过程上的区别性特征探讨 王魁京 《北京师范大学学报》(社会科学版) 1997年第6期

HB97014 对外汉语中介音类型研究 朱川 《第五届国际汉语教学讨论会论文选》《第五届国际汉语教学讨论会论文选》编辑委员会编 北京大学出版社 1997年

HB97015 菲律宾华裔学生汉语语音的调查与分析 王燕燕 《世界汉语教学》 1997年第3期

HB97016 日本人学习汉语声调 (日)宫本幸子 《第五届国际汉语教学讨论会论文选》《第五届国际汉语教学讨论会论文选》编辑委员会编 北京大学出版社 1997年

HB97017 泰国人学习汉语普通话语音难点辨析 蒋印莲 《第五届国际汉语教学讨论会论文选》《第五届国际汉语教学讨论会论文选》编辑委员会编 北京大学出版社 1997年

HB97018 泰国学生学习汉语语音的难点 曾富珍 《语言文化教学研究集刊》第一辑 北京语言文化大学汉语学院编 华语教学出版社 1997年

HB97019 外国学生调号标注情况的调查分析 王又民 《世界汉语教学》 1997年第1期

HB98020 日韩学生的汉语声调分析 刘艺 《世界汉语教学》 1998年第1期

HB98021 匈牙利学生汉语双音词声调标注量化分析 王又民 《世界汉语教学》 1998年第2期

HB99022 汉语偏误与学习者汉语背景关系初探 王静 《汉语速成教学研究》第二辑 北京语言文化大学汉语速成学院编 华语教学出版社 1999年

HB99023 日本学生汉语学习中的语音问题 王志芳 《汉语学习》 1999年第2期

HB99024 日本学生汉语音位听觉的训练难点及其习得顺序 周奕 《北京师范大学学报》(社会科学版) 1999年专刊

HB99025 英美人学汉语难点分析 蒋静文 张颖 《南通师范学院学报》(哲学社会科学版) 1999年第4期

HB99026 中级汉语水平日韩留学生汉语语音听辨范畴的异同 马燕华 《北京师范大学学报》(社会科学版) 1999年第6期

HB00027 韩国学生在汉语学习中常出现的语音问题与中韩语音的差异 王宇 《首都师范大学学报》(社会科学版) 2000年增刊第3期

HB00028 美国英语语调对美国学生学习汉语普通话声调的干扰 (美)桂明超 杨吉春译 《世界汉语教学》 2000年第1期

HB01029 Acquisition Order of Second Language Mandarin Tone (美)陈青海 《国际汉语教学学术研讨会论文集》(《语言研究》2001年增刊) 李祥坤主编 《语言研究》编辑部 2001年

HB01030 韩国留学生学习汉语的语音偏误分析 李迎春 《国际汉语教学学术研讨会论文集》(《语言研究》2001年增刊) 李祥坤主编 《语言研究》编辑部 2001年

HB01031 韩国、日本学生感知汉语普通话高元音的初步考察 王韫佳 《语言教学与研究》 2001年第6期

HB01032 韩国学生上声调习得中存在的一些问题及解决办法 丁启阵 《语言与文化论集》 程裕祯主编 北京出版社 文津出版社 2001年

HB01033 建立汉语中介语语音语料库的基本设想 王韫佳 李吉梅 《世界汉语教学》 2001年第1期

HB01034 语音牵引:汉语语音习得中的汉字音介入 张维佳 《陕西教育学院学报》 2001年第4期

HB02035 日本学习者感知和产生普通话鼻音韵母的实验研究 王韫佳 《世界汉语教学》 2002年第2期

HB02036 泰国学生汉语拼音偏误分析 曹文 《中国对外汉语教学学会第七次学术讨论会论文选》 中国对外汉语教学学会编 人民教育出版社 2002 年

HB02037 泰国学生汉语语音偏误分析 蔡整莹 曹文 《世界汉语教学》 2002 年第 2 期

HB03038 第二语言语音习得研究的基本方法和思路 王韫佳 《汉语学习》 2003 年第 2 期

HB04039 留学生汉语声调习得之实验研究 钱玉莲 《第七届国际汉语教学讨论会论文选》《第七届国际汉语教学讨论会论文选》编辑委员会编 北京大学出版社 2004 年

HB04040 日本学习者对汉语普通话不送气/送气辅音的加工 王韫佳 上官雪娜 《世界汉语教学》 2004 年第 2 期

HB04041 印尼华裔留学生汉语普通话双音节上上连读调偏误实验研究 王功平 《暨南大学华文学院学报》 2004 年第 4 期

HB04042 越南留学生的汉语声母偏误分析 傅氏梅 张维佳 《世界汉语教学》 2004 年第 2 期

HB04043 越南学生汉语声调偏误溯因 吴门吉 胡明光 《世界汉语教学》 2004 年第 2 期

HB04044 中、日学生元音发音中的母语迁移现象 石锋 温宝莹 《南开语言学刊》庆祝邢公畹先生九十华诞专号(第四辑) 南开大学出版社 2004 年

HB05045 不同母语外国留学生汉语语音意识发展研究 高立群 高小丽 《云南师范大学学报》(对外汉语教学与研究版) 2005 年第 3 期

HB05046 韩国学生汉语声调知觉和发音的实验研究 李晓雪 周小兵 《汉语研究与应用》第三辑 中国人民大学对外语言文化学院编 中国社会科学出版社 2005 年

HB05047 韩国学生汉语主要韵母发音——知觉的实验研究 陈凡凡 周小兵 《对外汉语研究》第一期 齐沪扬主编 商务印书馆 2005 年

HB05048 零起点韩国学生阳平二字组声调格局研究 冯丽萍 胡秀梅 《汉语学习》 2005 年第 4 期

HB05049 墨西哥学生汉语拼音习得的难点分析 肖莉 《语言文字应用》 2005 年增刊

HB05050 日本学习者习得普通话卷舌声母的语音变异研究 梅丽 《世界汉语教学》 2005 年第 1 期

HB05051 影响外国留学生汉语语音短时记忆的因素研究 田靓 高立群 《语言文字应用》 2005 年第 2 期

HB06052 俄罗斯留学生汉语声调偏误研究 徐瑾 《佳木斯大学社会科学学报》 2006 年第 3 期

HB06053 试论"洋腔洋调"成因的多样性——在汉语目的语环境下"洋腔洋调"难以走向标准语音原因浅析 夏晴 毛世桢 《云南师范大学学报》(对外汉语教学与研究

版） 2006 年第 1 期

HB06054 苏格兰留学生汉语普通话单字音声调音高的实验研究——以两名发音人的语音样本为例 陈彧 《世界汉语教学》 2006 年第 2 期

HC 词汇习得研究

HC87001 外国人学汉语的词语偏误分析 鲁健骥 《第二届国际汉语教学讨论会论文集》 第二届国际汉语教学讨论会组织委员会编 北京语言学院出版社 1987 年

HC90002 从母语影响看朝鲜学生在动词、介词使用中的问题 汪寿顺 《天津师大学报》(社会科学版) 1990 年第 1 期

HC95003 高水平汉语阅读难点词语调查及其有关问题 李绍林 《语言文字应用》 1995 年第 3 期

HC96004 越南留学生学汉语病句分析 梁谷子 《广西师范学院学报》(哲学社会科学版) 1996 年第 3 期

HC97005 汉语书面词语的中介形式 （英）叶步青 《世界汉语教学》 1997 年第 1 期

HC97006 论词语的积累 徐子亮 《汉语学习》 1997 年第 4 期

HC98007 词汇习得研究及其在教学上的意义 江新 《语言教学与研究》 1998 年第 3 期

HC98008 谈日本留学生学习汉语复合词时的母语负迁移现象 陈绂 《北京师范大学学报》(社会科学版) 1998 年第 6 期

HC99009 外国留学生使用汉语成语的偏误分析 张永芳 《语言文字应用》 1999 年第 3 期

HC00010 朝鲜族习得汉语词汇偏误分析及词汇教学的几点思考 黄玉花 金花子 《双语学研究》(《民族教育研究》2000 年增刊) 戴庆厦主编 《民族教育研究》编辑部 2000 年

HC00011 韩国留学生"文化词"学习特点探析——兼论对韩国留学生的汉语词汇教学 李大农 《南京大学学报》(哲学·人文科学·社会科学版) 2000 年第 5 期

HC00012 中韩同形词正负迁移初探 奇化龙 《汉语学习》 2000 年第 1 期

HC01013 词汇习得与第二语言能力研究 鹿士义 《世界汉语教学》 2001 年第 3 期

HC01014 关于在语境中猜测词义的调查 刘颂浩 《汉语学习》 2001 年第 1 期

HC01015 日本留学生口中的汉语动物词 亓华 《语文建设》 2001 年第 7 期

HC01016 现代汉语单音词通达的复杂性——来自认知心理的实验证据 徐彩华 张必隐 《语言文字应用》 2001 年第 4 期

HC02017 对留学生口语词汇和笔语词汇的调查 余文青 《世界汉语教学》 2002 年第 4 期

HC02018 国外第二语言词汇习得研究综述 宋刚 《语言教学与研究》 2002 年第 1 期

HC02019 汉语作为第二语言学习者的生成性词汇知识考察——基于看图作文的定量研究

黄立 钱旭菁 《中国对外汉语教学学会第七次学术讨论会论文选》 中国对外汉语教学学会编 人民教育出版社 2002年5月

HC02020 日本留学生拟亲称呼语偏误分析 陈佩秋 《汉语学习》 2002年第6期

HC02021 少数民族学生汉语词语理解障碍分析及对策 张梅 《语言与翻译》 2002年第3期

HC02022 生词重现率对欧美学生汉语词汇学习的影响 柳燕梅 《语言教学与研究》 2002年第5期

HC02023 四年级留学生词汇使用情况调查 史艳岚 《中国对外汉语教学学会第七次学术讨论会论文选》 中国对外汉语教学学会编 人民教育出版社 2002年

HC02024 叹词习得情况的调查与分析 刘蕾 《语言教学与研究》 2002年第2期

HC03025 第二语言汉语学习者的生成性词汇知识考察——基于看图作文的定量研究 黄立 钱旭菁 《汉语学习》 2003年第1期

HC03026 汉语阅读中的伴随性词汇学习研究 钱旭菁 《北京大学学报》(哲学社会科学版) 2003年第4期

HC03027 留学生偏误合成词的统计分析 邢红兵 《世界汉语教学》 2003年第4期

HC03028 中级汉语水平留学生的词汇结构意识与阅读能力的培养 冯丽萍 《世界汉语教学》 2003年第2期

HC03029 中级汉语水平外国学生的中文词汇识别规律分析 冯丽萍 《暨南大学华文学院学报》 2003年第3期

HC04030 边注和查词典等输入调整对留学生伴随性词汇学习的作用 朱勇 《世界汉语教学》 2004年第4期

HC04031 词素性质与构词能力对留学生中文词素识别的影响 冯丽萍 宋志明 《云南师范大学学报》(对外汉语教学与研究版) 2004年第6期

HC04032 韩国人汉语词语偏误分析 (韩)孟柱亿 《第七届国际汉语教学讨论会论文选》 《第七届国际汉语教学讨论会论文选》编辑委员会编 北京大学出版社 2004年

HC04033 韩国学生汉语词汇使用偏误分析 刘红英 《沈阳师范大学学报》(社会科学版) 2004年第3期

HC04034 汉韩同形词偏误分析 全香兰 《汉语学习》 2004年第3期

HC04035 汉语第二语言词汇学习问题刍议 朱勇 《云南师范大学学报》(对外汉语教学与研究版) 2004年第1期

HC04036 双音词偏误的词汇语义分析 朱志平 《汉语学习》 2004年第2期

HC04037 外国学生中文三价动词的习得规律研究 冯丽萍 盛双霞 《云南师范大学学报》(对外汉语教学与研究版) 2004年第3期

HC05038 初级汉语水平韩国留学生的时间词使用偏误分析 刘慧清 《暨南大学华文学院

学报》2005 年第 3 期

HC05039 词的复现率和字的复现率对非汉字圈学生双字词学习的影响 江新 《世界汉语教学》 2005 年第 4 期

HC05040 词义猜测的过程和猜测所用的知识——伴随性词语学习的个案研究 钱旭菁 《世界汉语教学》 2005 年第 1 期

HC05041 对汉语中介语表人名词"～人"的偏误分析 李华 《云南师范大学学报》(对外汉语教学与研究版) 2005 年第 3 期

HC05042 对外汉语词汇习得的研究及其在教学上的启发 樊莉 《安阳工学院学报》 2005 年第 5 期

HC05043 汉语阅读中的伴随性词汇学习再探 朱勇 崔华山 《暨南大学华文学院学报》 2005 年第 2 期

HC05044 汉语作为第二语言反身代词习得考察 黄月圆 杨素英 高立群 崔希亮 《汉语学习》 2005 年第 5 期

HC05045 留学生学习汉语副词"都"的偏误分析及思考 解燕勤 《昆明师范高等专科学校学报》 2005 年第 1 期

HC05046 论对外汉语词汇教学过程中的"偏误预治"策略 焉德才 《云南师范大学学报》(对外汉语教学与研究版) 2005 年第 6 期

HC05047 日本留学生汉日同形词词汇通达的实验研究 高立群 黎静 《世界汉语教学》 2005 年第 3 期

HC05048 日本学生学习汉语介词"对"、"给"的偏误 汪灵灵 《零陵学院学报》 2005 年第 1 期

HC05049 投入因素对欧美学生汉语词汇学习的影响 孙晓明 《语言教学与研究》 2005 年第 3 期

HC06050 从关联触发作用谈对外汉语教学中实意副词的习得 杨彬 《红河学院学报》 2006 年第 6 期

HC06051 对外汉语教学中的词类偏误研究综述 戴会林 《宿州教育学院学报》 2006 年第 3 期

HC06052 海外华人学生汉语心理词典的特点与成因 王魁京 《语言教学与研究》 2006 年第 4 期

HC06053 韩国留学生副词"才"的习得调查和偏误分析 张璐 《汉语研究与应用》第四辑 中国人民大学对外语言文化学院编 中国社会科学出版社 2006 年

HC06054 韩国学生汉语词语偏误分析 杜艳青 《安阳师范学院学报》 2006 年第 1 期

HC06055 韩语汉字词对学生习得汉语词语的影响 全香兰 《世界汉语教学》 2006 年第 1 期

HC06056 汉语能愿动词语际迁移偏误生成原因初探 赖鹏 《语言教学与研究》 2006年第5期

HC06057 母语认知模式对外语学习中词汇网络建构的影响 汤漫江 《山地农业生物学报》 2006年第2期

HC06058 外国学生汉语词汇学习状况计量研究 张和生 《世界汉语教学》 2006年第1期

HC06059 越南留学生汉语离合词偏误成因初探 李燕洲 《现代语文》(语言研究版) 2006年第5期

HC06060 中级阶段外国留学生双音节动词偏误分析 李彤 王红娟 《语言文字应用》 2006年第2期

HC06061 中级水平韩国学生习得汉语离合词情况分析 杨峥琳 《昆明理工大学学报》(社会科学版) 2006年第1期

HC06062 中介语中程度副词的使用情况分析 郑艳群 《汉语学习》 2006年第6期

HD 语法习得研究

HD77001 留学生习作中的病句分析 佟慧君 《语言教学与研究》第一集 北京语言学院《语言教学与研究》编辑室 1977年2月

HD80002 外国留学生在方位词使用上的几个问题 李清华 《语言教学与研究》 1980年第1期

HD85003 汉语语法之难点——谈以英语为母语学生在学习句型结构时之困难 (美)戴祝悆 《第一届国际汉语教学讨论会论文选》 第一届国际汉语教学讨论会组织委员会编 北京语言学院出版社 1985年

HD86004 外国人学汉语常见的语序错误 刘景春 《汉语研究》 南开大学对外汉语教学中心编 南开大学出版社 1986年

HD87005 对比分析和错误分析的研究 (美)贺上贤 《第二届国际汉语教学讨论会论文集》 第二届国际汉语教学讨论会组织委员会编 北京语言学院出版社 1987年

HD90006 病句研究与对外基础汉语教学 程美珍 《第三届国际汉语教学讨论会论文选》 第三届国际汉语教学讨论会会务工作委员会编 北京语言学院出版社 1990年

HD92007 对外国人用汉语表达时出现的几个问题的探究 王魁京 《语言教学与研究》 1992年第2期

HD93008 外国人学汉语的语法偏误分析 鲁健骥 《对外汉语教学论集》 北京语言学院教务处编 北京语言学院出版社 1993年

HD93009 外国学生现代汉语"了le"的习得过程初步分析 孙德坤 《语言教学与研究》 1993年第2期

HD93010 中介语的产生与言语行为主体的思维活动 王魁京 《中国对外汉语教学学会第四次学术讨论会论文选》 中国对外汉语教学学会编 北京语言学院出版社 1993年

HD95011 英汉中介语的宏观图像——探讨本族语为英语的学生在学习汉语时所犯错误的部分根源 (英)叶步青 《第四届国际汉语教学讨论会论文选》 《第四届国际汉语教学讨论会论文选》编辑委员会编 北京语言学院出版社 1995年

HD95012 主题突出与汉语存在句的习得 (美)温晓虹 《世界汉语教学》 1995年第2期

HD96013 超单句偏误引发的几点思考 王绍新 《语言教学与研究》 1996年第4期

HD96014 跟副词"也"有关的偏误分析 陈小荷 《世界汉语教学》 1996年第2期

HD96015 留学生"把"字结构的表现分析 熊文新 《世界汉语教学》 1996年第1期

HD96016 "使"字兼语句偏误分析 李大忠 《世界汉语教学》 1996年第1期

HD97017 "不"和"没"否定结构的习得过程 王建勤 《世界汉语教学》 1997年第3期

HD97018 汉语的否定词与日本学生的语法偏误 邓小宁 《中山大学学报论丛》 1997年第4期

HD97019 留学生"了"的习得过程考察与分析 赵立江 《语言教学与研究》 1997年第2期

HD97020 日本留学生汉语趋向补语的习得顺序 钱旭菁 《世界汉语教学》 1997年第1期

HD97021 外国留学生使用"了"的情况调查与分析 赵立江 《第五届国际汉语教学讨论会论文选》 《第五届国际汉语教学讨论会论文选》编辑委员会编 北京大学出版社 1997年

HD98022 外国留学生22类现代汉语句式的习得顺序研究 施家炜 《世界汉语教学》 1998年第4期

HD99023 表差异比较的否定结构的习得过程 王建勤 《世界汉语教学》 1999年第4期

HD99024 对以朝鲜语为母语的学生汉语体标记习得的研究 曹秀玲 《双语双文化论丛》第4辑 崔健主编 延边大学出版社 1999年

HD99025 日本留学生习得助词"了"的经验及其对教学的启示 亓华《北京师范大学学报》(社会科学版) 1999年专刊

HD99026 日本学生使用介词的误区及其分析 陈绂 《北京师范大学学报》(社会科学版) 1999年专刊

HD99027 The Acquisition of "了·le" in L2 Chinese Shou-hsin Teng(邓守信) 《世界汉语教学》 1999年第1期

HD00028 表差异比较的否定结构习得的分化过程 王建勤 《第六届国际汉语教学讨论会论文选》 《第六届国际汉语教学讨论会论文选》编辑委员会编 北京大学出版社 2000年

HD00029 韩国学生汉语语法偏误分析 肖奚强 《世界汉语教学》 2000年第2期

HD00030 汉语“了”的习得及其中介语调查与分析 余又兰 《第六届国际汉语教学讨论会论文选》《第六届国际汉语教学讨论会论文选》编辑委员会编 北京大学出版社 2000年

HD00031 留学生使用“把”字句的调查报告 余文青《汉语学习》2000年第5期

HD00032 留学生受英语干扰形成的汉语关联词误用浅析 徐素萍 《东南大学学报》(哲学社会科学版) 2000年增刊第1期

HD00033 留学生学习和使用汉语介词的调查 赵葵欣 《世界汉语教学》2000年第2期

HD00034 普遍语法在汉语学习过程中的作用——时态习得剖析 李晓亮 《第六届国际汉语教学讨论会论文选》《第六届国际汉语教学讨论会论文选》编辑委员会编 北京大学出版社 2000年

HD00035 日本留学生汉语动词常见偏误分析 戴国华 《汉语学习》2000年第6期

HD00036 日本留学生汉语偏误分析之(一):动词重叠 吕滇雯《汉语学习》2000年第5期

HD00037 外国学生汉语体标记“了”“着”“过”习得情况的考察 孙德金 《汉语学报》第2期 邢福义 萧国政主编 湖北教育出版社 2000年

HD01038 阿拉伯学生汉语语法使用不当举例 (埃及)伊斯拉·阿卜杜·塞义德·哈桑 《世界汉语教学》2001年第3期

HD01039 韩国留学生口语中使用介词“在”的调查分析 丁安琪 沈兰 《语言教学与研究》2001年第6期

HD01040 日本学生汉语学习的语法错误分析与汉日语音对比 崔立斌 《语言文字应用》2001年第4期

HD02041 第二语言习得中的语法“空缺” 戴庆厦 关辛秋 《语言教学与研究》2002年第5期

HD02042 功能型语法偏误中的“违规同现”现象探析 武惠华 《中国对外汉语教学学会第七次学术讨论会论文选》 中国对外汉语教学学会编 人民教育出版社 2002年

HD02043 韩国学生汉语句式习得的个案研究 施家炜 《世界汉语教学》2002年第4期

HD02044 汉语中的两个不及物动词与汉语第二语言习得 (英)袁博平 《世界汉语教学》2002年第3期

HD02045 留学生使用“能”、“会”的偏误及教学对策 陈若凡 《语言教学与研究》2002年第1期

HD02046 母语为英语者习得“再”、“又”的考察 李晓琪 《世界汉语教学》2002年第2期

HD02047 外国留学生汉语“得”字补语句习得情况考察 孙德金 《语言教学与研究》2002年第6期

HD02048 外国人语法偏误句子的等级序列 赵金铭《语言教学与研究》2002年第2期

HD02049 语言单位的同一性与对外汉语教学中的偏误分析 邹洪民 《语言与翻译》

2002 年第 2 期

HD03050 朝鲜语母语学习者趋向补语习得情况分析 杨德峰 《暨南大学华文学院学报》 2003 年第 4 期

HD03051 初级阶段美国学生“吗”字是非问的习得 赵果 《世界汉语教学》 2003 年第 1 期

HD03052 第二语言习得的普遍失败应归咎于功能语类吗? (英)袁博平 《外语教学与研究》 2003 年第 4 期

HD03053 韩国学生学习汉语“了”的常见偏误分析 (韩)韩在均 《汉语学习》 2003 年第 4 期

HD03054 汉语中介语中的“把……放……”短语分析 崔永华 《汉语学习》 2003 年第 1 期

HD03055 留学生“被”字句言语表达调查研究 赵万勋 《汉语研究与应用》第一辑 中国人民大学对外语言文化学院编 中国社会科学出版社 2003 年

HD03056 论“把”字句运用中的回避现象及“把”字句的难点 刘颂浩 《语言教学与研究》 2003 年第 2 期

HD03057 谈汉语句式作为程序性知识的习得 马玉汴 《黄河科技大学学报》 2003 年第 2 期

HD03058 英语母语学习者趋向补语的习得顺序——基于汉语中介语语料库的研究 杨德峰 《世界汉语教学》 2003 年第 2 期

HD03059 越南语的“bi”字句对越南学生学习汉语“被”字句的影响 邓世俊 《南京师范大学文学院学报》 2003 年第 1 期

HD04060 “不/没+V”的习得情况考察 李英 《汉语学习》 2004 年第 5 期

HD04061 汉语语法习得异同论 王永德 《安徽大学学报》(哲学社会科学版) 2004 年第 5 期

HD04062 汉语作为第二语言的“把”字句习得研究 黄月圆 杨素英 《世界汉语教学》 2004 年第 1 期

HD04063 日本留学生汉语转折复句的习得研究 黄立 《第七届国际汉语教学讨论会论文选》《第七届国际汉语教学讨论会论文选》编辑委员会编 北京大学出版社 2004 年

HD04064 日语母语学习者趋向补语习得情况分析——基于中介语语料库的研究 杨德峰 《暨南大学华文学院学报》 2004 年第 3 期

HD04065 泰国学生学习现代汉语虚词“了”的探讨 陈楚芬 《南京师范大学文学院学报》 2004 年第 2 期

HD04066 新疆汉语学习者二价动词配价偏误分析 顾英华 《汉语学习》 2004 年第 4 期

HD04067 以朝鲜语为母语的学生趋向补语的习得顺序——基于中介语语料库的研究 杨德峰 《第七届国际汉语教学讨论会论文选》《第七届国际汉语教学讨论会论文

选》编辑委员会编 北京大学出版社 2004年

HD04068 中级学生副词习得情况考察 张明莹 《第七届国际汉语教学讨论会论文选》《第七届国际汉语教学讨论会论文选》编辑委员会编 北京大学出版社 2004年

HD05069 从"有V(过)"现象看云南方言语法对留学生学习汉语的影响 茅维 《大理学院学报》 2005年第6期

HD05070 对外汉语教学时量补语的偏误分析 张雅冰 《辽宁教育行政学院学报》 2005年第11期

HD05071 韩国学生对"了"的误用及其原因 崔立斌 《语言文字应用》 2005年增刊

HD05072 留学生"比"字句习得的考察 王茂林 《暨南大学华文学院学报》 2005年第3期

HD05073 欧美学生汉语介词习得的特点及偏误分析 崔希亮 《世界汉语教学》 2005年第3期

HD05074 日本留学生学习被动表述的偏误分析 王振来 《大连民族学院学报》 2005年第2期

HD05075 试析中介语中跟"不"相关的偏误 袁毓林 《语言教学与研究》 2005年第6期

HD05076 试析中介语中跟"没有"相关的偏误 袁毓林 《世界汉语教学》 2005年第2期

HD05077 外国学生"除了"句式使用情况的考察 肖奚强 《语言教学与研究》 2005年第2期

HD05078 意义被动句与"被"字句习得难度比较 吴门吉 周小兵 《汉语学习》 2005年第1期

HD05079 针对英语母语者学习汉语疑问句的习得研究 蔡建丰 《云南师范大学学报》(对外汉语教学与研究版) 2005年第6期

HD06080 初中级留学生是非问的分布特征与发展过程 丁雪欢 《世界汉语教学》 2006年第3期

HD06081 从类型学视野看汉语差比句偏误 赵金铭 《世界汉语教学》 2006年第4期

HD06082 从语法化的角度看语言点的安排——以"了"为例 高顺全 《语言教学与研究》 2006年第5期

HD06083 大理学院留学生只用副词"不"表示否定原因初探 朱波 《大理学院学报》 2006年第1期

HD06084 汉语作为第二语言话题句习得研究 曹秀玲 杨素英 黄月圆 高立群 崔希亮 《世界汉语教学》 2006年第3期

HD06085 留学生汉语宾语偏误分析 王静 《暨南大学华文学院学报》 2006年第4期

HD06086 留学生疑问代词不同句法位的习得顺序考察 丁雪欢 《汉语学习》 2006年第5期

HD06087 日本学生介词使用的偏误分析——兼谈对偏误的教学法 (日)郭春贵 郭久美

子 《汉语研究与应用》第四辑 中国人民大学对外语言文化学院编 中国社会科学出版社 2006年

HD06088 英语母语留学生汉语习得语法偏误研究综述 周静 祝爱华 《天中学刊》 2006年第6期

HE 汉字习得研究

HE90001 学生汉字偏误及其学习策略的关系 (新加坡)吴英成 《第三届国际汉语教学讨论会论文选》 第三届国际汉语教学讨论会会务工作委员会编 北京语言学院出版社 1990年

HE95002 中日汉字异同及其对日本人学习汉语之影响 王顺洪 (日)西川和男 《世界汉语教学》 1995年第2期

HE98003 基础阶段留学生识记汉字的认知过程 姜丽萍 《对外汉语教学讨论集——北京地区第一届对外汉语教学讨论会论文选》 北京大学出版社 1998年

HE98004 论常用汉字的语像和习得 李开 《汉字与汉字教学研究论文选》 吕必松主编 北京大学出版社 1998年

HE99005 波兰学生暨欧美学生汉字习得的考察、分析和思考 朱志平 哈丽娜 《北京师范大学学报》(社会科学版) 1999年第6期

HE99006 汉字加工理论在对外汉语教学中的应用 陈慧 《北京邮电大学学报》(社会科学版) 1999年第4期

HE99007 论汉字能力 施正宇 《世界汉语教学》 1999年第2期

HE99008 外国留学生形符书写偏误分析 施正宇 《北京大学学报》(哲学社会科学版) 1999年第4期

HE00009 从"图式"理论角度谈留学生的汉字学习问题 黄卓明 《汉语学习》 2000年第3期

HE00010 谈谈日本学生书写中文汉字中的差错问题 郭红焱 《双语学研究》(《民族教育研究》2000年增刊) 戴庆厦主编 《民族教育研究》编辑部 2000年

HE00011 外国留学生汉语阅读中音、形信息对汉字辨认的影响 高立群 孟凌 《世界汉语教学》 2000年第4期

HE00012 外国留学生字形书写偏误分析 施正宇 《汉语学习》 2000年第2期

HE01013 初级阶段外国留学生汉字学习策略的调查研究 江新 赵果 《语言教学与研究》 2001年第4期

HE01014 Error Correcting Method—Evidence from Chinese Language Teaching (新西兰)张乔 《国际汉语教学学术研讨会论文集》(《语言研究》2001年增刊) 李祥坤

主编 《语言研究》编辑部 2001年

HE01015 发挥汉字偏旁在汉字习得中的作用 (美)王晓钧 《国际汉语教学学术研讨会论文集》(《语言研究》2001年增刊) 李祥坤主编 《语言研究》编辑部 2001年

HE01016 汉字字形识别的认知途径及其认知心理学意义述评 余平 《浙江教育学院学报》 2001年第4期

HE01017 来华欧美学生汉字习得研究教学实验报告 施家炜 《中国对外汉语教学学会北京分会第二届学术年会论文集》 中国对外汉语教学学会北京分会编 北京语言文化大学出版社 2001年

HE01018 日本学生书写汉语汉字的讹误及其产生原因 陈绂 《世界汉语教学》 2001年第4期

HE01019 听写中的汉字偏误分析 曾金金 《国际汉语教学学术研讨会论文集》(《语言研究》2001年增刊) 李祥坤主编 《语言研究》编辑部 2001年

HE01020 外国留学生规则字偏误分析——基于中介语语料库的研究 高立群 《语言教学与研究》 2001年第5期

HE01021 外国学生识别形声字错误类型小析 陈慧 《语言教学与研究》 2001年第2期

HE01022 外国学生识别形声字的实验研究 陈慧 王魁京 《世界汉语教学》 2001年第2期

HE01023 外国学生形声字表音线索意识的实验研究 江新 《世界汉语教学》 2001年第2期

HE01024 误读与汉字读音认知 万业馨 《中国对外汉语教学学会北京分会第二届学术年会论文集》 中国对外汉语教学学会北京分会编 北京语言文化大学出版社 2001年

HE02025 论初级汉语水平欧美留学生汉字复现规律 马燕华 《汉语学习》 2002年第1期

HE02026 母语为拼音文字的学习者汉语正字法意识发展的研究 鹿士义 《语言教学与研究》 2002年第3期

HE02027 什么样的汉字学习策略最有效?——对基础阶段留学生的一次调查研究 赵果 江新 《语言文字应用》 2002年第2期

HE02028 外国留学生形声字偏误分析——基于中介语语料库的研究 高立群 《中国对外汉语教学学会第七次学术讨论会论文选》 中国对外汉语教学学会编 人民教育出版社 2002年

HE02029 外国学生汉字偏误分析 肖奚强 《世界汉语教学》 2002年第2期

HE03030 笔画数、部件数和拓扑结构类型对非汉字文化圈学习者汉字掌握的影响 尤浩杰 《世界汉语教学》 2003年第2期

HE03031 不同母语背景的外国学生汉字知音和知义之间关系的研究 江新 《语言教学与

研究》 2003年第6期

HE03032 从汉字识别谈汉字与汉字认知的综合研究 万业馨 《语言教学与研究》 2003年第2期

HE03033 留学生汉字习得问题考察 李金兰 《周口师范学院学报》 2003年第1期

HE03034 欧美学生汉字学习方法的实验研究——回忆默写法与重复抄写法的比较 柳燕梅 江新 《世界汉语教学》 2003年第1期

HE03035 日本留学生心理词典表征结构的实验研究 高立群 孟凌 刘兆静 《当代语言学》 2003年第2期

HE04036 欧美学生汉字部件认知效应的实验研究 王建勤 《汉语研究与应用》第二辑 中国人民大学对外语言文化学院编 中国社会科学出版社 2004年

HE04037 欧美学生入门阶段汉字视觉与笔画顺序逻辑之心理程序的塑造 (葡)孙琳 《第七届国际汉语教学讨论会论文选》《第七届国际汉语教学讨论会论文选》编辑委员会编 北京大学出版社 2004年

HE04038 拼音文字背景的外国学生汉字书写错误研究 江新 柳燕梅 《世界汉语教学》 2004年第1期

HE04039 日本学生汉语习得中的汉字词偏误分析 高箬远 《云南师范大学学报》(对外汉语教学与研究版) 2004年第2期

HE04040 书面表达中错别字产生的原因与海外华人学生的汉语学习特点探讨 王魁京 《第七届国际汉语教学讨论会论文选》《第七届国际汉语教学讨论会论文选》编辑委员会编 北京大学出版社 2004年

HE04041 形声字读音习得中的归类推比法 李禄兴 《汉语研究与应用》第二辑 中国人民大学对外语言文化学院编 中国社会科学出版社 2004年

HE05042 部件位置信息在留学生汉字加工中的作用 冯丽萍 卢华岩 徐彩华 《语言教学与研究》2005年第3期

HE05043 部首对于汉字认知的意义——杜克大学中文起点班学生部首认知策略测查报告 李俊红 李坤珊 《世界汉语教学》 2005年第4期

HE05044 非汉字文化圈学生汉字认读偏误及对策研究 张晓涛 《汉字文化》 2005年第1期

HE05045 欧美学生汉字形音意识发展的实验研究 王建勤 高立群 《对外汉语教学的全方位探索——对外汉语研究学术讨论会论文集》 赵金铭主编 商务印书馆 2005年

HE05046 “日语汉字词”对对日汉语教学的负迁移作用例析 朱瑞平 《语言文字应用》 2005年增刊

HE05047 声旁语音信息在留学生汉字学习中的作用 郝美玲 舒华 《语言教学与研究》

2005年第4期

HE05048 外国学生汉字构形意识发展模拟研究 王建勤 《世界汉语教学》 2005年第4期

HE05049 中级欧美留学生识字效果的实验研究 汪琦 《语言文字应用》 2005年增刊

HE06050 汉字的系统性与汉字认知 李大遂 《暨南大学华文学院学报》 2006年第1期

HE06051 汉字频率和构词数对非汉字圈学生汉字学习的影响 江新 《心理学报》 2006年第4期

HE06052 欧美日韩学生汉字认读与书写习得研究 吴门吉 高定国 肖晓云 章睿健 《语言教学与研究》 2006年第6期

HE06053 外国人汉语双字词习得中的频率效应再探 江新 《语言科学》 2006年第6期

HE06054 语素意识在留学生汉字学习中的作用 郝美玲 张伟 《汉语学习》 2006年第1期

HF 语篇习得研究

HF96001 留学生的代词偏误与代词在篇章中的使用原则 高宁慧 《世界汉语教学》 1996年第2期

HF97002 超单句偏误引发的几点思考 王绍新 《语言教学与研究》 1997年第4期

HF97003 论中介语的语篇层次 彭利贞 《第五届国际汉语教学讨论会论文选》《第五届国际汉语教学讨论会论文选》编辑委员会编 北京大学出版社 1997年

HF97004 外国学生在中高级阶段口语语段表达现象分析 田然 《汉语速成教学研究》第一辑 北京语言文化大学汉语速成学院编 北京大学出版社 1997年

HF99005 从复句形成过程及偏误等角度看副词的篇章功能 杨德峰 《汉外语言对比与偏误分析论文集》 北京大学出版社 1999年

HF99006 浅析留学生汉语写作中的篇章失误 何立荣 《汉语学习》 1999年第1期

HF99007 外国留学生的汉语篇章偏误分析 林欢 《汉外语言对比与偏误分析论文集》 北京大学出版社 1999年

HF00008 从排序看汉语学习者的局部连贯障碍 杨翼 《世界汉语教学》 2000年第1期

HF00009 韩国留学生汉语语篇指称现象考察 曹秀玲 《世界汉语教学》 2000年第4期

HF00010 日本留学生汉语语段表达中母语"た"的特殊迁移现象分析 亓华 《北京师范大学学报》(社会科学版) 2000年第6期

HF00011 外国人学汉语的篇章偏误分析——兼谈拓宽中介语的研究领域 鲁健骥 《第六届国际汉语教学讨论会论文选》《第六届国际汉语教学讨论会论文选》编辑委员会编 北京大学出版社 2000年

HF01012 外国学生照应偏误分析——偏误分析丛论之三 肖奚强 《汉语学习》 2001年第1期

HF01013 中级汉语水平日本留学生汉语语段衔接调查分析 马燕华 《语言文字应用》 2001年第4期

HF02014 留学生篇章表达能力常见错误分析及对策 张永昱 《修辞学习》 2002年第2期

HF02015 英语国家中高级汉语水平学生篇章偏误考察 陈晨 《中国对外汉语教学学会第七次学术讨论会论文选》 中国对外汉语教学学会编 人民教育出版社 2002年

HF03016 篇章偏误及篇章教学研究综述 陈晨 《汉语研究与应用》第一辑 中国人民大学对外汉语文化学院编 中国社会科学出版社 2003年

HF04017 初级汉语水平日本留学生汉语语篇衔接手段分析 马燕华 《第七届国际汉语教学讨论会论文选》《第七届国际汉语教学讨论会论文选》编辑委员会编 北京大学出版社 2004年

HF04018 英语国家学生初级汉语语篇照应偏误考察 杨春 《汉语学习》 2004年第3期

HF05019 韩国留学生的篇章偏误分析 黄玉花 《中央民族大学学报》(哲学社会科学版) 2005年第5期

HF05020 留学生汉语语篇衔接偏误目的语因素考察 赵成新 《周口师范学院学报》 2005年第4期

HF05021 留学生语篇中NP省略习得顺序与偏误 田然 《云南师范大学学报》(对外汉语教学与研究版) 2005年第1期

HF05022 留学生作文中的篇章偏误类型 刘俊玲 《语言文字应用》 2005年增刊

HF05023 外国留学生汉语语篇衔接方式偏误分析 赵成新 《台州学院学报》 2005年第2期

HF05024 英语国家学生学习汉语在语篇连贯方面的常见偏误 陈晨 《四川大学学报》(哲学社会科学版) 2005年第3期

HF05025 英语国家学生中高级汉语篇章衔接考察 陈晨 《汉语学习》 2005年第1期

HF06026 韩国留学生自我介绍文的"中介语篇"分析 亓华 《语言文字应用》 2006年第2期

HF06027 留学生限定话题语篇中词汇衔接状况考察 田然 《云南师范大学学报》(对外汉语教学与研究版) 2006年第1期

HG 语用习得研究

HG93001 外国人学汉语的语用失误 吕文华 鲁健骥 《汉语学习》 1993年第1期

HG99002 留学生汉语语用情况调查 刘颂浩 田俊杰 《语言文字应用》 1999年第1期

HG01003　欧美留学生实施“建议”言语行为模式分析　丁安琪　《语言教学与研究》 2001 年第 1 期

HG03004　外国人学汉语的语用失误成因探析　毛嘉宾　《云南师范大学学报》(对外汉语教学与研究版) 2003 年第 3 期

HG04005　跨文化语用失误　赵彩瑞　《吕梁教育学院学报》 2004 年第 3 期

HG05006　留学生“请求”言语行为的语用水平调查　朱勇　《云南师范大学学报》(对外汉语教学与研究版) 2005 年第 5 期

HG05007　浅谈对外汉语教学中的社交—语用失误问题　何山燕　《广西民族学院学报》(哲学社会科学版) 2005 年增刊第 2 期

HG06008　留学生汉语语用失误的归类分析　孙德华　《现代语文》(语言研究版) 2006 年第 3 期

HH　学习策略研究

HH94001　外国人如何学中文——与德国朋友黎山先生谈话印象记　曹乃云　《国外外语教学》 1994 年第 1 期

HH97002　马来西亚汉语学生与教师的交际策略探讨　洪丽芬　《第五届国际汉语教学讨论会论文选》《第五届国际汉语教学讨论会论文选》编辑委员会编　北京大学出版社　1997 年

HH98003　高级汉语学习者的学习策略与学习效果的关系　杨翼　《世界汉语教学》 1998 年第 1 期

HH98004　日本大学生汉语学习情况调查　保坂律子　《世界汉语教学》 1998 年第 2 期

HH99005　从学习策略到对外汉语写作教学　吴平　《汉语学习》 1999 年第 3 期

HH99006　外国留学生汉语学习策略的认知心理分析　徐子亮　《世界汉语教学》 1999 年第 4 期

HH00007　汉语作为第二语言学习策略初探　江新　《语言教学与研究》 2000 年第 1 期

HH00008　竞争意识对日本留学生学习汉语的影响　王学松　《北京师范大学学报》(社会科学版) 2000 年第 6 期

HH00009　外国人汉语学习过程中的回避策略分析　罗青松　《第六届国际汉语教学讨论会论文选》《第六届国际汉语教学讨论会论文选》编辑委员会编　北京大学出版社 2000 年

HH01010　汉语“学习策略”的描述性研究与介入性研究　吴勇毅　《世界汉语教学》 2001 年第 4 期

HH03011　第二语言学习者的交际策略研究　彭增安　张少云　《云南师范大学学报》(对外

汉语教学与研究版） 2003 年第 1 卷第 2 期

HH04012 第二语言学习策略研究的现状与前瞻 钱玉莲 《暨南大学华文学院学报》 2004 年第 3 期

HH04013 两种不同的第二语言习得中的学习策略分析 徐子亮 《第七届国际汉语教学讨论会论文选》《第七届国际汉语教学讨论会论文选》编辑委员会编 北京大学出版社 2004 年

HH05014 日本留学生汉语词汇学习过程中借用母语策略研究 孙俊 《北京第二外国语学院学报》 2005 年第 2 期

HH06015 成功的汉语学习者的学习策略分析 吴勇毅 陈钰 《汉语作为第二语言的学习者与汉语认知研究》 王建勤主编 商务印书馆 2006 年

HH06016 韩国学生中文阅读学习策略调查研究 钱玉莲 《世界汉语教学》 2006 年第 4 期

HH06017 善听者与不善听者听力学习策略对比研究 吴勇毅 陈钰 《汉语学习》 2006 年第 2 期

HZ 其他

HZ85001 日本人学汉语 （日）舆水优 《第一届国际汉语教学讨论会论文选》 第一届国际汉语教学讨论会组织委员会编 北京语言学院出版社 1985 年

HZ86002 几个与纠正病句有关的问题 张宁志 《对外汉语教学研究会第二次学术讨论会论文选》 中国高等教育学会对外汉语教学研究会编 北京语言学院出版社 1986 年

HZ91003 克服学生的母语干扰 改进对外汉语教学 刘小湘 《上海师范大学学报》(哲学社会科学版） 1991 年第 4 期

HZ92004 谈谈日本学生学习汉语的一些问题 魏继东 《北京师范大学学报》(社会科学版） 1992 年第 6 期

HZ93005 英美学生汉语学习过程中的文化负迁移 卢伟 《厦门大学学报》(哲学社会科学版） 1993 年第 3 期

HZ94006 多语混合现象与中介语浅析 翟汛 《武汉大学学报》(哲学社会科学版） 1994 年第 1 期

HZ94007 外国留学生在快速显示条件下阅读汉语句子的实验报告 佟乐泉 张一清 《世界汉语教学》 1994 年第 3 期

HZ94008 中国人民大学人系留学生学习情况的调查分析 黄南松 《中国人民大学学报》 1994 年第 4 期

HZ95009 非对比性偏误浅析 田善继 《汉语学习》 1995 年第 6 期

HZ95010 菲律宾华裔少年华语教育个案调查与分析 卢伟 《世界汉语教学》1995年第2期

HZ95011 外国留学生在短时记忆中理解汉语句子的实验报告 刘威 《世界汉语教学》1995年第3期

HZ95012 学习主体与外部条件 王钟华 《汉语学习》1995年第5期

HZ96013 对一百名华裔学生语言文化情况的调查报告 吴建玲 《语言教学与研究》1996年第4期

HZ97014 日本留学生汉语学习的感知结构分析 王珊 《语言教学与研究》1997年第1期

HZ97015 日本学生汉语学习中的母语影响 周阅 《汉语速成教学研究》第一辑 北京语言文化大学汉语速成学院编 北京大学出版社 1997年

HZ98016 日本学生学习中国古代诗歌的思维导向 陈台丽 《上海金融学院学报》1998年第4期

HZ99017 表示答应的"是"与"Yes"的病例分析 朱全红 《语言文字应用》1999年第2期

HZ99018 第二语言学习的语言能力倾向 江新 《世界汉语教学》1999年第4期

HZ99019 对9名日本学生误读现象的分析 刘颂浩 《语言教学与研究》1999年第2期

HZ99020 关于第二语言学习的语体偏误及对策 王晓娜 《大连外国语学院35周年校庆学术系列丛书——对外汉语卷》 校庆丛书编委会编 长春出版社 1999年

HZ99021 关于留学生听读关系的调查报告 余文青 《汉语速成教学研究》第二辑 北京语言文化大学汉语速成学院编 华语教学出版社 1999年

HZ99022 日本学生与欧美学生汉语习得差异分析 朱志平 《北京师范大学学报》(社会科学版) 1999年专刊

HZ99023 日、韩留学生汉语学习中的正负迁移 张喜荣 《西安外国语学院学报》1999年第1期

HZ99024 外国留学生学习汉语时的焦虑 钱旭菁 《语言教学与研究》1999年第2期

HZ00025 对东西方学生学习动机及相关因素的调查和分析 陈郁 《语言与文化论丛》第二辑 北京语言文化大学人文学院编 华语教学出版社 2000年

HZ00026 汉语习得偏误及改错的效益 (美)温晓虹 《第六届国际汉语教学讨论会论文选》《第六届国际汉语教学讨论会论文选》编辑委员会编 北京大学出版社 2000年

HZ00027 来华欧美留学生的文化适应问题调查与研究 吕玉兰 《首都师范大学学报》(社会科学版) 2000年增刊第3期

HZ00028 日本留学生对汉语部分称谓的适应与认同 郭风岚 松原恭子 《语言教学与研究》2000年第4期

HZ00029 日本学生学习汉语常见的表达错误 (日)宫本幸子 《汉语学习》 2000年第4期
HZ00030 听能与听力理解困难的认知心理分析 王碧霞 《汉语学习》 2000年第6期
HZ01031 第二语言习得态度动机研究 高海洋 《中国对外汉语教学学会北京分会第二届学术年会论文集》 中国对外汉语教学学会北京分会编 北京语言大学出版社 2001年
HZ01032 东南亚华裔学生语言与文化背景调查刍议 王爱平 《华侨大学学报》(人文社会科学版) 2001年第3期
HZ01033 对11篇留学生汉语作文中偏误的统计分析及对汉语写作课教学的思考 辛平 《汉语学习》 2001年第4期
HZ01034 高级汉语学习者话语中的简约与繁复现象 郭茜 《世界汉语教学》 2001年第4期
HZ01035 留学生成语偏误诱因分析——词典篇 王若江 《暨南大学华文学院学报》 2001年第3期
HZ01036 论文化背景对留学生汉语学习的影响 张昀 《语言与翻译》 2001年第4期
HZ01037 谈英语及对外汉语教学中的负迁移现象 施云 《楚雄师专学报》 2001年第1期
HZ02038 不同背景汉语学习者话语监调能力的差异 方欣欣 《中国对外汉语教学学会第七次学术讨论会论文选》 中国对外汉语教学学会编 人民教育出版社 2002年
HZ02039 东南亚华裔学生语言与文化背景调查研究方法述论 王爱平《华侨大学学报》(哲学社会科学版) 2002年第1期
HZ02040 儿童和成人学习语言能力的比较 陈珺 《高等函授学报》(哲学社会科学版) 2002年第1期
HZ02041 关于建立"哈萨克族学生汉语中介语语料库系统"的设想 武金峰 《伊犁教育学院学报》 2002年第4期
HZ02042 交际中的语言输入分析 卜佳晖《中国对外汉语教学学会第七次学术讨论会论文选》 中国对外汉语教学学会编 人民教育出版社 2002年
HZ02043 留学生的几项个体差异变量与学习成就的相关分析 曹贤文 吴淮南 《暨南大学华文学院学报》 2002年第3期
HZ02044 留学生汉语焦虑感与成绩相关分析及教学对策 张莉 王飚 《中国对外汉语教学学会第七次学术讨论会论文选》 中国对外汉语教学学会编 人民教育出版社 2002年
HZ02045 留学生汉语阅读焦虑感研究 张莉 《语言文字应用》 2002年第4期
HZ02046 中外学生词汇和汉字学习对比分析 王又民《世界汉语教学》 2002年第4期
HZ03047 避免学习能力僵化的对策析略 蓝小玲 《语言教学与研究》 2003年第3期

HZ03048 从武汉留学生的情况看我国的对外汉语教学 何干俊 《内蒙古师范大学学报》(教育科学版) 2003年第2期

HZ03049 汉字背景与汉语认知 徐子亮 《汉语学习》 2003年第6期

HZ03050 留学生标点符号书写偏误分析 胡建刚 周健《语言文字应用》 2003年第3期

HZ03051 日本人言语行为特征及其对学习汉语的影响分析 段银萍 《南开语言学刊》第二期 南开大学出版社 2003年

HZ03052 学生语料库与第二语言习得研究 马跃 《暨南学报》(哲学社会科学版) 2003年第5期

HZ04053 成人第二语言习得过程中个体因素与习得效果的相关研究 施家炜 《第七届国际汉语教学讨论会论文选》《第七届国际汉语教学讨论会论文选》编辑委员会编 北京大学出版社 2004年

HZ04054 日本人言语行为特征及其对学习汉语的影响分析 段银萍 《第七届国际汉语教学讨论会论文选》《第七届国际汉语教学讨论会论文选》编辑委员会编 北京大学出版社 2004年

HZ04055 谈对外汉语学习中的错误及如何纠正 胡丹 《辽宁税务高等专科学校学报》 2004年第1期

HZ04056 听力课引入外来词培养学生语感的实验报告 方欣欣 《汉语学习》 2004年第2期

HZ04057 外国留学生汉语学习目的研究 王志刚 倪传斌 姜孟 《世界汉语教学》 2004年第3期

HZ04058 语言背景与环境在华裔留学生汉语学习中的作用 付钢 《第七届国际汉语教学讨论会论文选》《第七届国际汉语教学讨论会论文选》编辑委员会编 北京大学出版社 2004年

HZ04059 中介语理论视野下的维族学生汉语学习 康健 《喀什师范学院学报》 2004年第4期

HZ05060 从HSK(高等)成绩看言语技能的发展 朱锦岚 《汉语学习》 2005年第2期

HZ05061 从跨文化交际理论看如何提高留学生的适应能力 袁慧 《太原城市职业技术学院学报》 2005年第1期

HZ05062 个性差异与对外汉语教学 陈郁 《宜春学院学报》 2005年第3期

HZ05063 汉语作为第二语言偏误研究综观 蔡晓 牛太清 《零陵学院学报》 2005年第3期

HZ05064 汉语作为二语习得的语境习得研究刍议 李柏令 《绍兴文理学院学报》(社科版) 2005年第3期

HZ05065 留学生使用句号逗号偏误分析 胡建刚 《西南民族大学学报》(人文社科版)

2005 年第 10 期

HZ05066 迁移对预科学生汉语学习的影响 李新惠 《和田师范专科学校学报》 2005 年第 1 期

HZ05067 日本学生汉语学习难点和重点的调查报告 涩谷周二 《汉语学习》 2005 年第 1 期

HZ05068 外国人汉语口语误用实例分析 余晓云 《楚雄师范学院学报》 2005 年第 4 期

HZ05069 香港国际学校华裔子弟学习汉语汉文化个案研究 黄婉芬 梁长城 《语言教学与研究》 2005 年第 1 期

HZ05070 学习者的个体因素对对外汉语教学的影响 杨光 《北京市经济管理干部学院学报》 2005 年第 1 期

HZ05071 隐喻:认知事物的镜像——关于留学生对“老师”和“学习”的调查与分析 唐雪凝 付宁 《云南师范大学学报》(对外汉语教学与研究版) 2005 年第 6 期

HZ06072 言语速度对留学生听力理解的影响 田靓 《汉语学习》 2006 年第 2 期

HZ06073 中介语理论在中医院校对外汉语教学中的应用 薄彤 《天津中医药大学学报》 2006 年第 1 期

I 对外汉语测试研究

IA 基础理论研究

IA94001 对外汉语教学概论(讲义)(续七) 吕必松 《世界汉语教学》 1994年第1期

IA97002 结构效度与汉语能力测验——概念和理论 陈宏 《世界汉语教学》 1997年第3期

IA97003 谈语言能力及能力测试 张德鑫 《语言文字应用》 1997年第4期

IA97004 在语言能力测验中如何建立结构效度 陈宏 《语言教学与研究》 1997年第2期

IA98005 对语言测试反作用于教学的再认识 张宝钧 《语言教学与研究》 1998年第2期

IA98006 关于结构效度 张凯 《语言教学与研究》 1998年第4期

IA98007 写作能力测试与随意性命题作文 于丛杨 《世界汉语教学》 1998年第2期

IA98008 语言测验和乔姆斯基理论 张凯 《世界汉语教学》 1998年第2期

IA99009 语言能力测验的结构效度检验 陈宏 《世界汉语教学》 1999年第1期

IA00010 语言能力在语言测验中的变迁 张凯 《汉语学报》第1期 邢福义 萧国政主编 湖北教育出版社 2000年

IA01011 标准参照理论的历史背景回顾 张凯 《中国对外汉语教学学会北京分会第二届学术年会论文集》 中国对外汉语教学学会北京分会编 北京语言文化大学出版社 2001年

IA01012 语言测试与第二语言习得研究 李晓琪 《国际汉语教学学术研讨会论文集》(《语言研究》2001年增刊) 李祥坤主编 《语言研究》编辑部 2001年

IA02013 词汇量测试研究初探 钱旭菁 《世界汉语教学》 2002年第4期

IA02014 第二语言测试中的语法测试问题 李桂梅 《考试研究文集》第1辑 谢小庆 鲁新民主编 经济科学出版社 2002年

IA02015 交际策略与口语测试 刘颂浩 钱旭菁 汪燕 《世界汉语教学》 2002年第2期

IA04016 语言测验的测度和精度 张凯 《语言文字应用》 2004年第4期

IA04017 语言测试中的真实性概念 黄大勇 《语言教学与研究》 2004年第2期

IA05018 测量是理论的组成部分——再谈构想效度 张凯 《语言测试及测量理论研究》 张凯主编 北京语言大学出版社 2005年

IA05019 对HSK三、六级发证标准的验证性研究 徐静 《语言测试专业硕士论文精选》 孙德金主编 北京语言大学出版社 2005年

IA05020 多种DIF检验方法的比较研究 于媛颖 《语言测试专业硕士论文精选》 孙德金主编 北京语言大学出版社 2005年

IA05021 国外语言测验领域对语言能力的研究述评 王佶旻 《语言测试及测量理论研究》 张凯主编 北京语言大学出版社 2005年

IA05022 汉语能力结构差异的检验与分析 陈宏 《语言测试及测量理论研究》 张凯主编 北京语言大学出版社 2005年

IA05023 经典等值与IRT等值的比较研究 谢小庆 《中国汉语水平考试(HSK)研究报告精选》 谢小庆主编 北京语言大学出版社 2005年

IA05024 Performance是"运用"还是"表现" 张凯 《语言测试及测量理论研究》 张凯主编 北京语言大学出版社 2005年

IA05025 15种测验等值方法的比较 谢小庆 《语言测试及测量理论研究》 张凯主编 北京语言大学出版社 2005年

IA05026 效度理论的变迁 常晓宇 《语言测试专业硕士论文精选》 孙德金主编 北京语言大学出版社 2005年

IA05027 信度估计的r系数 谢小庆 《语言测试及测量理论研究》 张凯主编 北京语言大学出版社 2005年

IA05028 语言能力自我评价的效度研究 王佶旻 《语言教学与研究》 2005年第5期

IA05029 主观评分信度Longford方法实验研究 陈菊咏 《语言测试专业硕士论文精选》 孙德金主编 北京语言大学出版社 2005年

IA06030 也谈构想效度 李传益 《世界汉语教学》 2006年专号

IA06031 语言测试各环节真实性概述 周胜 《语言教学与研究》 2006年第6期

IB 成绩测试研究

IB90001 "报刊语言基础"课的试卷设计 刘士勤 《世界汉语教学》 1990年第3期

IB92002 谈中级汉语课的测试 陈田顺 《世界汉语教学》 1992年第4期

IB95003 听写及其运用 刘颂浩 林欢 高宁慧 《汉语学习》 1995年第4期

IB98004 大型对外汉语口语成绩测试的探索 陈昭玲 《汉语学习》 1998年第4期

IB98005 "对外汉语教学课程测试试卷自动生成系统"的设计思想及特点 邱军 隋岩 《世界汉语教学》 1998年第4期

IB98006 试论对汉语普通话教学对象的测试 甘宗铭 《语言文化教学研究集刊》第二辑 北京语言文化大学汉语学院编 华语教学出版社 1998年

IB98007 谈中高级对外汉语教学的成绩测试 陈田顺 《语言文化教学研究集刊》第二辑 北京语言文化大学汉语学院编 华语教学出版社 1998年

IB99008 口语课程测试的可靠性与有效性 蔡整莹 《语言文化教学研究集刊》第三辑 北京语言文化大学汉语学院编 华语教学出版社 1999年

IB99009 谈成绩测试的科学化——从听力试卷的分数分布来检视成绩测试的现状 陈若凡 《语言文化教学研究集刊》第三辑 北京语言文化大学汉语学院编 华语教学出版社 1999年

IB01010 成绩测试中阅读测试的任务、目标及题型 辛平 《中国对外汉语教学学会北京分会第二届学术年会论文集》 中国对外汉语教学学会北京分会编 北京语言文化大学出版社 2001年

IB01011 关于密集型汉语教学中成绩测试环节的设计 章吟 《中国对外汉语教学学会北京分会第二届学术年会论文集》 中国对外汉语教学学会北京分会编 北京语言文化大学出版社 2001年

IB01012 普通话课程测试的科学化 张辉 《语言文化教学与研究(二〇〇一年卷)》 北京语言文化大学汉语学院编 人民教育出版社 2001年

IB02013 谈成绩测试的科学化 陈若凡 《世界汉语教学》 2002年第2期

IB03014 口语分班测试题型研究 李海燕 蔡云凌 刘颂浩 《世界汉语教学》 2003年第4期

IB03015 论对外汉语口语测试中的提问技巧 邓秀均 丁安琪 《云南师范大学学报》(对外汉语教学与研究版) 2003年第2期

IB06016 略谈对外汉语成绩考试的改进 崔颂人 《语言教学与研究》 2006年第4期

IB06017 试卷结构与听力理解成绩的关系 幺书君 《汉语研究与应用》第四辑 中国人民大学对外语言文化学院编 中国社会科学出版社 2006年

IC 水平测试研究

IC85001 汉语水平考试的设计与试测 刘珣 黄政澄 方立 孙金林 郭树军 《第一届国际汉语教学讨论会论文选》 第一届国际汉语教学讨论会组织委员会编 北京语言学院出版社 1985年

IC85002 试谈汉语水平测试 刘珣 《对外汉语教学论集》 《语言教学与研究》编辑部编 北京语言学院出版社 1985年

IC87003 关于《汉语水平考试》的研究报告 刘英林 《第二届国际汉语教学讨论会论文集》 第二届国际汉语教学讨论会组织委员会编 北京语言学院出版社 1987年

IC90004 汉语水平考试(HSK)述略 刘英林 《中国语文》 1990年第4期

IC90005 汉语水平考试(HSK)研究的新进展——兼论HSK考试质量的三环控制 刘英林 郭树军 《第三届国际汉语教学讨论会论文选》 第三届国际汉语教学讨论会会务工作委员会编 北京语言学院出版社 1990年

IC90006 汉语水平考试(4级)调查报告 (日)西川和男 《第三届国际汉语教学讨论会论文

选》 第三届国际汉语教学讨论会会务工作委员会编 北京语言学院出版社 1990 年

IC91007 延边三所学校汉语水平考试情况的分析——兼谈延边的汉语教学 张凤麟 《汉语学习》 1991 年第 4 期

IC92008 少数民族汉语水平考试探讨 刘明章 姜永德 侯玲文 《延边大学学报》(社会科学版) 1992 年第 4 期

IC93009 关于高等汉语水平考试的设计 刘镰力 宋绍周 姜德梧 《语言文字应用》 1993 年第 3 期

IC93010 广东省首次汉语水平考试报告分析 周小兵 《中山大学学报》(社会科学版) 1993 年第 4 期

IC93011 汉语水平考试(HSK)的性质和特点 刘英林 郭树军 王志芳 《对外汉语教学论文选评》第 1 集 盛炎 沙砾编 北京语言学院出版社 1993 年

IC93012 汉语水平考试(HSK)综合评介 王朝中 《新疆师范大学学报》(哲学社会科学版) 1993 年第 2 期

IC93013 华东师范大学留学生 HSK 考试评述 吴勇毅 徐子亮 《中国对外汉语教学学会第四次学术讨论会论文选》 中国对外汉语教学学会编 北京语言学院出版社 1993 年

IC93014 有关汉语水平考试的几点意见 陈满华 《语言教学与研究》 1993 年第 2 期

IC93015 语言能力模型和语言能力测验 张凯 《对外汉语教学论集》 北京语言学院教务处编 北京语言学院出版社 1993 年

IC94016 汉语水平考试(HSK)的理论基础探讨 刘英林 《汉语学习》 1994 年第 1 期

IC94017 HSK 的效应与对外汉语教学——华东师范大学用户调查报告 吴勇毅 余子 《华东师范大学学报》(哲学社会科学版) 1994 年第 3 期

IC94018 伊犁师院民族预科班首次汉语水平考试(HSK)探析 吴锡昌 武金峰 《伊犁师范学院学报》 1994 年第 1 期

IC95019 标准参照性的语言能力测验兼论 HSK 的参照性质 张凯 《汉语水平考试研究论文选》 北京语言学院汉语水平考试中心编 现代出版社 1995 年

IC95020 高等汉语水平考试[HSK(高等)]的分数体系 谢小庆 《汉语水平考试研究论文选》 北京语言学院汉语水平考试中心编 现代出版社 1995 年

IC95021 高等汉语水平考试的设计原则和试卷构成 刘镰力 李明 宋绍周 《汉语水平考试研究论文选》 北京语言学院汉语水平考试中心编 现代出版社 1995 年

IC95022 高等汉语水平考试的信度与效度 王芳 《汉语水平考试研究论文选》 北京语言学院汉语水平考试中心编 现代出版社 1995 年

IC95023 高等汉语水平考试的性质和等级分数的划分 刘镰力 《世界汉语教学》 1995 年

第1期

IC95024 高等汉语水平考试的总体设计与理论思考 刘英林 《汉语水平考试研究论文选》 北京语言学院汉语水平考试中心编 现代出版社 1995年

IC95025 关于“汉语水平等级标准”的几个问题 刘英林 《语言文字应用》 1995年第4期

IC95026 关于HSK信度的进一步研究 谢小庆 《汉语水平考试研究论文选》 北京语言学院汉语水平考试中心编 现代出版社 1995年

IC95027 关于分数等值中样组设立的几个问题 李航 《汉语水平考试研究论文选》 北京语言学院汉语水平考试中心编 现代出版社 1995年

IC95028 关于考生团体异质程度对HSK(初中等)信度的影响 陈宏 《汉语水平考试研究论文选》 北京语言学院汉语水平考试中心编 现代出版社 1995年

IC95029 关于留学生进理工西医科院校入系标准的调研分析 彭恒利 柴省三 《汉语水平考试研究论文选》 北京语言学院汉语水平考试中心编 现代出版社 1995年

IC95030 关于在美国举行HSK试考的分析报告 潘兆明 施旭东 《第四届国际汉语教学讨论会论文选》 《第四届国际汉语教学讨论会论文选》编辑委员会编 北京语言学院出版社 1995年

IC95031 汉语等距离完形填空测试报告 刘颂浩 《世界汉语教学》 1995年第2期

IC95032 汉语水平考试(HSK)项目内部结构效度检验 郭树军 《汉语水平考试研究论文选》 北京语言学院汉语水平考试中心编 现代出版社 1995年

IC95033 汉语水平考试的等值问题 郭树军 《首届汉语考试国际学术讨论会论文选》 刘英林主编 北京语言学院出版社 1995年

IC95034 汉语水平考试发展的新方向——计算机辅助自适应性汉语水平考试系统简介 谢小庆 《汉语水平考试研究论文选》 北京语言学院汉语水平考试中心编 现代出版社 1995年

IC95035 汉语水平考试结构效度初探 张凯 《首届汉语考试国际学术讨论会论文选》 刘英林主编 北京语言学院出版社 1995年

IC95036 HSK(高等)的内容效度与题型开拓 刘镰力 《汉语水平考试研究论文选》 北京语言学院汉语水平考试中心编 现代出版社 1995年

IC95037 HSK在考试科学化方面的探索 谢小庆 《汉语水平考试研究论文选》 北京语言学院汉语水平考试中心编 现代出版社 1995年

IC95038 获不同证书学生入汉语言专业三年级学习情况分析 方玲 《汉语水平考试研究论文选》 北京语言学院汉语水平考试中心编 现代出版社 1995年

IC95039 口语能力测试的另一种途径——汉语模拟面试之研究及其修改 江锡祥 《语言教学与研究》 1995年第3期

IC95040 试论HSK中的“汉字考试” 孙清顺 《汉语水平考试研究论文选》 北京语言学

院汉语水平考试中心编　现代出版社　1995年

IC95041　谈高等HSK的主观性考试　陈田顺《世界汉语教学》1995年第3期

IC95042　习得论、HSK和新疆汉语教学　李儒忠《新疆大学学报》(哲学社会科学版)1995年第3期

IC95043　1994年国内汉语水平考试(HSK)分析研究　柴省三　彭恒利《汉语水平考试研究论文选》北京语言学院汉语水平考试中心编　现代出版社　1995年

IC95044　语言能力模型和语言能力测验　张凯《第四届国际汉语教学讨论会论文选》《第四届国际汉语教学讨论会论文选》编辑委员会编　北京语言学院出版社　1995年

IC95045　自适应汉语水平考试系统的计算机硬件环境　罗小荣《汉语水平考试研究论文选》北京语言学院汉语水平考试中心编　现代出版社　1995年

IC95046　作文作为高等汉语水平主观性考试的理论依据及命题原则　李庆本《汉语水平考试研究论文选》北京语言学院汉语水平考试中心编　现代出版社　1995年

IC96047　HSK的杠杆作用与对外汉语教学　吴勇毅　徐子亮《中国对外汉语教学学会成立十周年纪念论文选》中国对外汉语教学学会秘书处编　北京语言学院出版社　1996年

IC96048　OPI与汉语口语水平的测试　张和生《北京师范大学学报》(社会科学版)1996年第6期

IC96049　中国汉语水平考试(HSK)的发展　汉语水平考试中心《中国对外汉语教学学会成立十周年纪念论文选》中国对外汉语教学学会秘书处编　北京语言学院出版社　1996年

IC96050　中国汉语水平考试十年(一)　刘英林《汉语学习》1996年第4期

IC96051　中国汉语水平考试十年(二)　刘英林《汉语学习》1996年第5期

IC96052　中国汉语水平考试十年(三)　刘英林《汉语学习》1996年第6期

IC97053　BHK的设计原则与题型　刘镰力《语言教学与研究》1997年第1期

IC97054　从统计分析结果谈HSK(初、中等)的功能与发展　谢小庆《第五届国际汉语教学讨论会论文选》《第五届国际汉语教学讨论会论文选》编辑委员会编　北京大学出版社　1997年

IC97055　对汉语水平考试质量控制的一点思考　任筱萌《汉语学习》1997年第5期

IC97056　对一次留学生话语能力测试的分析　毛悦《世界汉语教学》1997年第3期

IC97057　汉语水平考试与教学质量——对两次汉语水平考试成绩的分析　方玲《世界汉语教学》1997年第3期

IC97058　HSK(高等)口试探索　刘镰力《世界汉语教学》1997年第2期

IC97059　HSK对少数民族学生的适用性分析　关辛秋《中央民族大学学报》(哲学社会科学版)1997年第6期

IC97060 HSK 与课型设置改革的尝试 高登峰 《伊犁师范学院学报》 1997 年第 1 期

IC97061 推行 HSK 对新疆民族汉语教学改革的重要意义 李儒忠 《第五届国际汉语教学讨论会论文选》《第五届国际汉语教学讨论会论文选》编辑委员会编 北京大学出版社 1997 年

IC97062 以 HSK 成绩分班的试验报告 余文青 《汉语速成教学研究》第一辑 北京语言文化大学汉语速成学院编 北京大学出版社 1997 年

IC98063 B 级证书获得者作文中的杂糅现象分析 杨翼 《语言教学与研究》 1998 年第 1 期

IC98064 高考汉语考试与 HSK 的比较研究 兰彩苹 《新疆师范大学学报》(哲学社会科学版) 1998 年第 2 期

IC98065 汉语水平考试(HSK)对提高少数民族汉语水平的意义 马燕 何生财 《青海民族学院学报》(社会科学版) 1998 年第 1 期

IC98066 HSK 存在的问题及在我区汉语教学中的应用策略 彭凤菊 《语言与翻译》 1998 年第 1 期

IC98067 HSK(高等)挑错题的编制 杨翼 《汉语学习》 1998 年第 3 期

IC98068 “HSK”填补汉语水平测试的空白 赖梅华 《北京第二外国语学院学报》 1998 年第 2 期

IC98069 HSK 与预科汉语教学协调问题探析 古丽尼萨·加玛勒 《伊犁师范学院学报》 1998 年第 2 期

IC98070 也谈 HSK 与汉语教学 王新建 《语言与翻译》 1998 年第 1 期

IC99071 关于 HSK(初中等)长度适当性的研究 谢小庆 李航 《语言教学与研究》 1999 年第 1 期

IC99072 关于日本的“中国语检定试验”分析 马燕华 《北京师范大学学报》(社会科学版) 1999 年专刊

IC99073 汉语水平考试督导初级词汇教学 赵秀娟 《汉语速成教学研究》第二辑 北京语言文化大学汉语速成学院编 华语教学出版社 1999 年

IC99074 汉语水平考试题库的描述性参数 张凯 《世界汉语教学》 1999 年第 3 期

IC99075 HSK(初中等)题库与试卷生成系统 谢小庆 许义强 《世界汉语教学》 1999 年第 3 期

IC99076 HSK 听力理解“对话”题型分析及应试技巧 李宝贵 《汉语学习》 1999 年第 2 期

IC99077 HSK 与中专汉语教学改革 董花荣 《语言与翻译》 1999 年第 2 期

IC99078 中国汉语水平考试(HSK)的等级体制 刘镰力 《世界汉语教学》 1999 年第 3 期

IC99079 中国汉语水平考试(高等)口试评分的误差控制 李庆本 许雪立 《世界汉语教学》 1999 年第 3 期

IC99080 中国汉语水平考试(基础)的设计原则和试卷结构 姜德梧 《世界汉语教学》

1999年第3期

IC00081　从“B卷”看入学分班测试　刘超英　赵延风　陈莉　《北大海外教育》第三辑　赵燕皎　李晓琪主编　华语教学出版社　2000年

IC00082　对两个学期分班考试的观察和思考　刘超英　《北大海外教育》第三辑　赵燕皎　李晓琪编　华语教学出版社　2000年

IC00083　高等HSK命题、评分过程再解析　任筱萌　《汉语学习》　2000年第2期

IC00084　汉语口语分班水平测试的实践与探索　刘德联　钱旭菁　陈莉　赵昀晖　《北大海外教育》第三辑　赵燕皎　李晓琪主编　华语教学出版社　2000年

IC00085　汉语水平考试(初中级)阅读理解命题中的效度考虑　李慧　《汉语学习》　2000年第5期

IC00086　HSK与短期强化训练　石睿　《伊犁教育学院学报》　2000年第1期

IC00087　谈分班测试试题设计的若干问题　辛平　《北大海外教育》第三辑　赵燕皎　李晓琪主编　华语教学出版社　2000年

IC00088　预科汉语水平考试的设计和测试　杨德明　《新疆师范大学学报》(哲学社会科学版)　2000年第2期

IC01089　词汇水平测试中的语境问题　董为光　《国际汉语教学学术研讨会论文集》(《语言研究》2001年增刊)　李祥坤主编　《语言研究》编辑部　2001年

IC01090　HSK成绩中关于女性考生公平性的分析　任杰　李航　《中国对外汉语教学学会北京分会第二届学术年会论文集》　中国对外汉语教学学会北京分会编　北京语言文化大学出版社　2001年

IC01091　HSK考试成绩分析与思考　耿英春　《青海师范大学民族师范学院学报》　2001年第1期

IC01092　HSK(自适应)命题中引入多媒体技术的设想　任筱萌　《语言教学与研究》　2001年第3期

IC01093　语言听力理解能力的认知结构与测试　朱正才　范开泰　《语言教学与研究》　2001年第3期

IC01094　诊断性测试在对外汉语教学中的应用　杨翼　《语言教学与研究》　2001年第2期

IC01095　中国汉语水平考试(HSK)的回顾、现状与展望　任筱萌　《汉语学习》　2001年第2期

IC02096　从HSK到民族汉考——民族汉考刍议　姜德梧　《汉语学习》　2002年第3期

IC02097　对民族汉考作文评价的思考　张晋军　《考试研究文集》第1辑　谢小庆　鲁新民主编　经济科学出版社　2002年

IC02098　关于HSK(初中等)平行信度的实证研究　柴省三　《汉语学习》　2002年第2期

IC02099　关于民族汉考(三级)考试书面表达部分设计的思考　鲁新民　《考试研究文集》第

1辑 谢小庆 鲁新民主编 经济科学出版社 2002年

IC02100 关于民族汉考(三级)听力理解命题的思考 鲁新民 《考试研究文集》第1辑 谢小庆 鲁新民主编 经济科学出版社 2002年

IC02101 关于排列句序题测查能力的分析 张晋军 任杰 《考试研究文集》第1辑 谢小庆 鲁新民编 经济科学出版社 2002年

IC02102 汉语能力测验客观化试题的命题原则 李慧 《考试研究问题》第1辑 谢小庆 鲁新民主编 经济科学出版社 2002年

IC02103 汉语水平考试(HSK)等级结构的几个系统理论问题 金名 红尘 《汉语学习》2002年第2期

IC02104 汉语作为第二语言的听力考试考什么 谢小庆 张晋军 《考试研究文集》第1辑 谢小庆 鲁新民主编 经济科学出版社 2002年

IC02105 留学生看图说话中的词汇量调查 李海燕 赵昀晖 《中国对外汉语教学学会第七次学术讨论会论文选》 中国对外汉语教学学会编 人民教育出版社 2002年

IC02106 民族汉考口语考试的可行性分析 谢小庆 《考试研究文集》第1辑 谢小庆 鲁新民主编 经济科学出版社 2002年

IC02107 三类口语考试题型的评分研究 王佶旻 《世界汉语教学》 2002年第4期

IC02108 审题后的思考与建议 程棠 《考试研究文集》第1辑 谢小庆 鲁新民主编 经济科学出版社 2002年

IC02109 预科班教学与HSK 刘超英 《暨南大学华文学院学报》 2002年第3期

IC02110 在HSK考试中如何保证试题的公平性 任杰 《汉语学习》 2002年第3期

IC02111 中国境内外HSK成绩公平性的分析 任杰 《语言教学与研究》 2002年第5期

IC02112 中国少数民族汉语水平等级考试的理论框架 谢小庆 《考试研究文集》第1辑 谢小庆 鲁新民主编 经济科学出版社 2002年

IC02113 《中国少数民族汉语水平等级考试(三级)样题详解》前言 谢小庆 《考试研究文集》第1辑 谢小庆 鲁新民主编 经济科学出版社 2002年

IC02114 中国少数民族考生与外国考生HSK成绩的公平性分析 任杰 谢小庆 《考试研究文集》第1辑 谢小庆 鲁新民主编 经济科学出版社 2002年

IC03115 当前HSK中若干值得进一步研究的课题探讨 鹿士义 余嘉元 《汉语学习》2003年第4期

IC03116 汉语水平口试信度的理论与实证研究 柴省三 《语言教学与研究》 2003年第4期

IC03117 HSK语法结构重点、难点归纳与分析 刘小斌 《对外汉语教学论文集》 厦门大学海外华文教育研究所 海外教育学院编 厦门大学出版社 2003年

IC03118 HSK中国汉语水平考试(高等)中的修辞问题 陈萍 《云南师范大学学报》(对外汉语教学与研究版) 2003年第1期

IC03119 民族汉考三级分界标准的探索与分析 武晓宇 徐静 赵玥 《汉语学习》 2003年第5期

IC04120 关于 HSK 若干问题的思考 竟成 《暨南大学华文学院学报》 2004年第1期

IC04121 汉语水平考试若干问题的再研究——十年 HSK 的庆贺与反思 竟成 《第七届国际汉语教学讨论会论文选》 《第七届国际汉语教学讨论会论文选》编辑委员会编 北京大学出版社 2004年

IC04122 HSK 等级分数问题 张凯 《世界汉语教学》 2004年第1期

IC04123 HSK 作文评分客观化探讨 任春艳 《汉语学习》 2004年第6期

IC04124 建立科学的汉语口语水平评价体系 李曙光 《和田师范专科学校学报》 2004年第2期

IC04125 日本"汉语交际能力考试"介绍 宋燕 《世界汉语教学》 2004年第3期

IC04126 阅读理解题的难易分析 (英)宋连谊 《第七届国际汉语教学讨论会论文选》 《第七届国际汉语教学讨论会论文选》编辑委员会编 北京大学出版社 2004年

IC05127 初、中等汉语水平考试试题中的 DIF 检验 黄春霞 《语言测试专业硕士论文精选》 孙德金主编 北京语言大学出版社 2005年

IC05128 对从 HSK 题库中计算机自动生成试卷稳定性的试验检验 谢小庆 任杰 《中国汉语水平考试(HSK)研究报告精选》 谢小庆主编 北京语言大学出版社 2005年

IC05129 对第二语言阅读能力和写作能力关系的实证分析 马新芳 《语言测试专业硕士论文精选》 孙德金主编 北京语言大学出版社 2005年

IC05130 汉语水平考试(HSK)项目内部结构效度检验 郭树军 《中国汉语水平考试(HSK)研究报告精选》 谢小庆主编 北京语言大学出版社 2005年

IC05131 汉语水平考试(HSK)信度、效度分析报告 何芳 《中国汉语水平考试(HSK)研究报告精选》 谢小庆主编 北京语言大学出版社 2005年

IC05132 汉语水平考试 J324 卷构想效度的验证研究 李慧 朱军梅 《中国汉语水平考试(HSK)研究报告精选》 谢小庆主编 北京语言大学出版社 2005年

IC05133 汉语水平考试中的语段测试 张宝林 《汉语学习》 2005年第4期

IC05134 HSK(初、中等)听力部分的分数解释研究 王洋 《语言测试专业硕士论文精选》 孙德金主编 北京语言大学出版社 2005年

IC05135 HSK(初、中等)在变量关系控制方面的尝试 陈宏 《中国汉语水平考试(HSK)研究报告精选》 谢小庆主编 北京语言大学出版社 2005年

IC05136 HSK(旅游)常用词语表选词原则及相关问题 刘慧清等 《对外汉语研究》第一期 齐沪扬主编 商务印书馆 2005年

IC05137 HSK 等值方法的改进 谢小庆 任杰 《对外汉语教学的全方位探索——对外汉

语研究学术讨论会论文集》 赵金铭主编 商务印书馆 2005年

IC05138 HSK预测样本变化对题目难易度的影响及相关问题 王小玲 《世界汉语教学》2005年第2期

IC05139 HSK阅读理解试题的设计 郭树军 《中国汉语水平考试(HSK)研究报告精选》谢小庆主编 北京语言大学出版社 2005年

IC05140 MHK(四级)"听后写"题型设计理念及实测 李桂梅 《汉语学习》 2005年第5期

IC05141 四种完形填空测试方法的信、效度检验 周华 《语言测试专业硕士论文精选》孙德金主编 北京语言大学出版社 2005年

IC05142 语言能力测验的结构效度检验及其意义 陈宏 《中国汉语水平考试(HSK)研究报告精选》 谢小庆主编 北京语言大学出版社 2005年

IC05143 中国汉语水平考试(HSK)的改革与发展——在世界汉语大会第二分会的主题发言 王路江 《世界汉语教学》 2005年第3期

IC05144 中国境内外HSK考生成绩公平性的分析 任杰 《中国汉语水平考试(HSK)研究报告精选》 谢小庆主编 北京语言大学出版社 2005年

IC05145 作为第二语言的汉语写作能力测验的实验研究 赵亮 《语言测试专业硕士论文精选》 孙德金主编 北京语言大学出版社 2005年

IC06146 关于HSK(初、中等)常模问题的研究和设想 黄春霞 《世界汉语教学》 2006年专号

IC06147 关于HSK等值改进的一项实验研究 谢小庆 任杰 《世界汉语教学》 2006年专号

IC06148 汉语初学者能力测验的题型设计与预测分析 王佶旻 《世界汉语教学》 2006年专号

IC06149 HSK(初、中等)难度与效度的考生评价 单玫 《世界汉语教学》 2006年专号

IC06150 HSK(初、中等)能力纬度分析——对多维项目反应理论模型的一次探索 钱亮亮 《世界汉语教学》 2006年专号

IC06151 HSK(初、中等)效度研究报告 王小玲 《语言教学与研究》 2006年第6期

IC06152 HSK(初中等)再测信度验证 聂丹 《中国考试》 2006年第5期

IC06153 HSK(高等)题库参数体系研究 杨翼 《语言教学与研究》 2006年第4期

IC06154 HSK(高等)作文评分差异考察 罗丹 《世界汉语教学》 2006年专号

IC06155 HSK考生群体分布一致性研究 田清源 《对外汉语研究》第二期 齐沪扬主编 商务印书馆 2006年

IC06156 HSK考试等值精度研究 田清源 《世界汉语教学》 2006年专号

IC06157 HSK与对外汉语教学课程内容的调整 陈杰 《沈阳工程学院学报》(社会科学版) 2006年第2期

IC06158 基于 Web 的 HSK 动态作文语料库系统设计 任杰 田清源 李航 《世界汉语教学》 2006 年专号

IC06159 基于考生自我评价的 HSK(初、中等)分数解释研究 王佶旻 《世界汉语教学》 2006 年专号

IC06160 计算方式与测验信度 王小玲 《世界汉语教学》 2006 年专号

IC06161 考生对 HSK(初、中等)当前质量的评价 聂丹 《世界汉语教学》 2006 年专号

IC06162 留学生 HSK 成绩"跛脚"现象分析 李玉军 《语言教学与研究》 2006 年第 2 期

IC06163 MHK(三级)的效度调查研究 李大东 张洁 《汉语学习》 2006 年第 3 期

IC06164 日本国内的汉语能力考试及其借鉴意义 贾笑寒 《语言文字应用》 2006 年第 2 期

IC06165 新形势下汉语水平考试的改革与发展 孙德金 《世界汉语教学》 2006 年专号

IC06166 整体局部独立性的检验方法比较 黄霆玮 《世界汉语教学》 2006 年专号

IZ 其他

IZ95001 汉语语音测试字表研究 朱川 《华东师范大学学报》(哲学社会科学版) 1995 年第 3 期

IZ98002 北大汉语中心 96 年入学测试分析及相关问题 刘超英 辛平 《北大海外教育》第二辑 郭振华 赵燕皎编 北京大学出版社 1998 年

IZ98003 "对外汉语教学课程测试试卷自动生成系统"的设计思想及特点 邱军 隋岩 《世界汉语教学》 1998 年第 4 期

IZ98004 试论 HSK 与成人高校汉语教学之关系 高会成 梁云 《新疆职业大学学报》 1998 年第 3 期

IZ99005 监控测试与速成强化教学 李德钧 《汉语速成教学研究》第二辑 北京语言文化大学汉语速成学院编 华语教学出版社 1999 年

IZ99006 谈听力理解标准化考试解题技能训练 陈军 《汉语速成教学研究》第二辑 北京语言文化大学汉语速成学院编 华语教学出版社 1999 年

IZ00007 大学汉语选择题考试数据的电脑分析 (日)铃木基子 《第六届国际汉语教学讨论会论文选》 《第六届国际汉语教学讨论会论文选》编辑委员会编 北京大学出版社 2000 年

IZ00008 论汉语交际能力的测试 范开泰 《第六届国际汉语教学讨论会论文选》 《第六届国际汉语教学讨论会论文选》编辑委员会编 北京大学出版社 2000 年

IZ01009 计算机自适应测试及其在因特网第二语言测试中的应用 卢伟 《海外华文教育》 2001 年第 3 期

IZ02010 谈诊断性测试在少数民族汉语教学中的应用 罗花蕊 卢一平 《语言与翻译》

2002 年第 2 期

IZ03011 关于“日本中国语检定” 陆庆和 《世界汉语教学》 2003 年第 2 期

IZ03012 简论计算机自适应语言测试的工作机制 张宝钧 《语言教学与研究》 2003 年第 3 期

IZ03013 “实用中文文书测试”的系统设计与操作 刘壮 陈宏 《世界汉语教学》 2003 年第 4 期

J 现代教育技术与对外汉语教学研究

J85001 汉语作为外语教学数据库“DBTCFL”系统设计的探讨 邱质朴 徐志韫 《第一届国际汉语教学讨论会论文选》 第一届国际汉语教学讨论会组织委员会编 北京语言学院出版社 1985年

J85002 计算机汉字设计与汉语教学 (美)郑锦全 《第一届国际汉语教学讨论会论文选》 第一届国际汉语教学讨论会组织委员会编 北京语言学院出版社 1985年

J85003 有关计算机辅助教学中文的一些问题 王方宇 《第一届国际汉语教学讨论会论文选》 第一届国际汉语教学讨论会组织委员会编 北京语言学院出版社 1985年

J86004 《电脑辅助语音教学系统》的设计和功能——推荐一项新的电脑语音教学科研成果 廖国武 《对外汉语教学研究会第二次学术讨论会论文选》 中国高等教育学会对外汉语教学研究会编 北京语言学院出版社 1986年

J87005 计算机和现代汉字学 李金铠 《第二届国际汉语教学讨论会论文集》 第二届国际汉语教学讨论会组织委员会编 北京语言学院出版社 1987年

J90006 电子计算机辅助汉语教学的初探 (美)贺上贤 《第三届国际汉语教学讨论会论文选》 第三届国际汉语教学讨论会会务工作委员会编 北京语言学院出版社 1990年

J90007 汉语规律在电脑处理中的应用 周有光 《第三届国际汉语教学讨论会论文选》 第三届国际汉语教学讨论会会务工作委员会编 北京语言学院出版社 1990年

J90008 汉语计算机辅助教学系统可实现题型的分类与设计 郑艳群 《第三届国际汉语教学讨论会论文选》 第三届国际汉语教学讨论会会务工作委员会编 北京语言学院出版社 1990年

J90009 LL、LLL、电化教学 (日)陈文芷 《第三届国际汉语教学讨论会论文选》 第三届国际汉语教学讨论会会务工作委员会编 北京语言学院出版社 1990年

J90010 论汉语信息处理技术与对外汉语教学 张普 《第三届国际汉语教学讨论会论文选》 第三届国际汉语教学讨论会会务工作委员会编 北京语言学院出版社 1990年

J90011 试论来华留学生COA能力的培养——兼析“PJY拼音—汉语变换系统” 张普 向华 《第三届国际汉语教学讨论会论文选》 第三届国际汉语教学讨论会会务工作委员会编 北京语言学院出版社 1990年

J90012 音像兼用的标志文字教学 (美)郑锦全 《第三届国际汉语教学讨论会论文选》 第三届国际汉语教学讨论会会务工作委员会编 北京语言学院出版社 1990年

J91013 论汉语信息处理技术与对外汉语教学 张普 《语言教学与研究》 1991年第1期

J91014 谈电教媒体在汉语教学中的应用 马春林 《世界汉语教学》 1991年第2期
J93015 汉语计算机辅助教学的基本类型 郑艳群 《对外汉语教学论集》 北京语言学院教务处编 北京语言学院出版社 1993年
J93016 建立"汉语中介语语料库系统"的基本设想 储诚志 陈小荷 《世界汉语教学》 1993年第3期
J93017 试谈《世界汉语教学主题词表》的编制工作 北京语言学院图书馆"世界汉语教学"文献数据库计算机检索系统研制小组 《中国对外汉语教学学会第四次学术讨论会论文选》 中国对外汉语教学学会编 北京语言学院出版社 1993年
J94018 汉字部件信息数据库的建立——部件和部件组合频率的统计分析 韩布新 《心理学报》 1994年第2期
J95019 电视汉语教学片的原理和设计——兼说《你好,北京》 张德鑫 《语言教学与研究》 1995年第3期
J95020 汉语计算机辅助教学的基本类型 郑艳群 《第四届国际汉语教学讨论会论文选》 《第四届国际汉语教学讨论会论文选》编辑委员会编 北京语言学院出版社 1995年
J95021 汉语教高科技化势在必行——小记中文电化教学国际研讨会 《世界汉语教学》 1995年第2期
J95022 计算机在对外汉语教学领域的应用及实例——计算机辅助教学课件制作、计算机辅助教材编写和计算机辅助汉语水平考试 罗小荣 《汉语水平考试研究论文选》 北京语言学院汉语水平考试中心编 现代出版社 1995年
J95023 建立"汉语中介语语料库系统"的基本设想 储诚志 陈小荷 《第四届国际汉语教学讨论会论文选》 《第四届国际汉语教学讨论会论文选》编辑委员会编 北京语言学院出版社 1995年
J95024 视听说教学及其教材的编写 冯惟刚 《世界汉语教学》 1995年第4期
J95025 在中文电化教学国际研讨会上的开幕词 (美)王士元 《世界汉语教学》 1995年第3期
J96026 汉语教学的两个难点与电脑的辅助作用 陈申 傅敏跃 《世界汉语教学》 1996年第3期
J96027 近年来汉语信息处理技术在对外汉语教学领域中的应用 张普 《中国对外汉语教学学会成立十周年纪念论文选》 中国对外汉语教学学会秘书处编 北京语言学院出版社 1996年
J96028 如何利用电脑辅助中文阅读 陆丙甫 《世界汉语教学》 1996年第1期
J97029 从《多媒体汉字教学字典》看多媒体汉语教学的特点 郑艳群 《第五届国际汉语教学讨论会论文选》 《第五届国际汉语教学讨论会论文选》编辑委员会编 北京大学出版社 1997年

J97030 电脑多媒体对外汉语教材的编制及应用 马静恒 《第五届国际汉语教学讨论会论文选》《第五届国际汉语教学讨论会论文选》编辑委员会编 北京大学出版社 1997年

J97031 电脑网路"对外汉语教学"之因素分析与设计 信世昌 《第五届国际汉语教学讨论会论文选》《第五届国际汉语教学讨论会论文选》编辑委员会编 北京大学出版社 1997年

J97032 多媒体技术与汉字教学 刘庆俄 《汉字文化》 1997年第2期

J97033 "汉语中介语语料库系统"介绍 陈小荷 《第五届国际汉语教学讨论会论文选》《第五届国际汉语教学讨论会论文选》编辑委员会编 北京大学出版社 1997年

J97034 句型统计与句法分析——介绍一个《现代汉语句型语料库》 赵淑华 刘社会 胡翔 《第五届国际汉语教学讨论会论文选》《第五届国际汉语教学讨论会论文选》编辑委员会编 北京大学出版社 1997年

J97035 "通繁达简"——电脑辅助简化字学习系统 蔺荪 曹立舸 《第五届国际汉语教学讨论会论文选》《第五届国际汉语教学讨论会论文选》编辑委员会编 北京大学出版社 1997年

J97036 "现代汉语研究语料库系统"概述 孙宏林等 《第五届国际汉语教学讨论会论文选》《第五届国际汉语教学讨论会论文选》编辑委员会编 北京大学出版社 1997年

J97037 《学习中文》:从录像带到计算机辅助教学课件 (日)陈文芷 (美)郑锦全 《第五届国际汉语教学讨论会论文选》《第五届国际汉语教学讨论会论文选》编辑委员会编 北京大学出版社 1997年

J97038 寻求对外汉语教学和计算机共同适用的语义解释方法 陆汝占 靳光瑾 《第五届国际汉语教学讨论会论文选》《第五届国际汉语教学讨论会论文选》编辑委员会编 北京大学出版社 1997年

J99039 多媒体对外汉语教材的作用及发展战略 黄勤勇 《世界汉语教学》 1999年第2期

J99040 多媒体对外汉语教学——21世纪对外汉语教学的重要手段 杨惠芬 张春平 《世界汉语教学》 1999年第2期

J99041 多媒体——二十一世纪对外汉语教学的重要手段 杨惠芬 张春平 《天津师大学报》(社会科学版) 1999年第1期

J99042 多媒体语言教学光盘与语感能力 张普 《世界汉语教学》 1999年第2期

J99043 INTERNET上的对外汉语教学 隋岩 《语言文化教学研究集刊》第三辑 北京语言文化大学汉语学院编 华语教学出版社 1999年

J99044 基于Internet的中级汉语远程教学 徐娟 张普 《世界汉语教学》 1999年第2期

J99045 基于因特网的远程汉语教学现状综述 徐娟 袁志芳 谷虹 《语言文字应用》 1999年第1期

J99046　计算机基础汉语教学系统方案　张冬生　《语言文化教学研究集刊》第三辑　北京语言文化大学汉语学院编　华语教学出版社　1999 年

J99047　手写汉字识别与识字教学　(新加坡)吴英成　《世界汉语教学》 1999 年第 2 期

J99048　现代教育技术与对外汉语教学的改革　仲哲明　《语言文字应用》 1999 年第 4 期

J99049　虚拟现实技术和语言教学环境　郑艳群　《世界汉语教学》 1999 年第 2 期

J00050　电脑教学中教师的主导作用　(日)陈文芷　(美)郑锦全　《第六届国际汉语教学讨论会论文选》《第六届国际汉语教学讨论会论文选》编辑委员会编　北京大学出版社　2000 年

J00051　对带调汉语拼音字体及其输入以及键盘安排的思考　(美)印京华　《现代化教育技术与对外汉语教学》 广西师范大学出版社　2000 年

J00052　关于建立对外汉语教学多媒体素材库的若干问题　郑艳群　《语言文字应用》 2000 年第 3 期

J00053　汉字文本的汉语拼音文本自动转换及实现　张卫国　《现代化教育技术与对外汉语教学》 广西师范大学出版社　2000 年

J00054　基于 Web 的现代远程对外汉语教学系统平台的建构　隋岩　《现代化教育技术与对外汉语教学》 广西师范大学出版社　2000 年

J00055　计算机语音分析及其在汉语教学中的应用　曾金金　《第六届国际汉语教学讨论会论文选》《第六届国际汉语教学讨论会论文选》编辑委员会编　北京大学出版社　2000 年

J00056　建立应用型资料库设想　赵淑华　《回眸与思考:对外汉语教学》 张德鑫主编　外语教学与研究出版社　2000 年

J00057　浅谈"虚拟词语空间"——多媒体汉语词典的发展设想　郑艳群　《第六届国际汉语教学讨论会论文选》《第六届国际汉语教学讨论会论文选》编辑委员会编　北京大学出版社　2000 年

J00058　试述对外汉语教学多媒体教材的制作原则　黄勤勇　《外语电化教学》 2000 年 12 月

J00059　听力教学 CALL 四法　(日)砂冈和子　《第六届国际汉语教学讨论会论文选》《第六届国际汉语教学讨论会论文选》编辑委员会编　北京大学出版社　2000 年

J00060　网上汉语录像练习　胡明亮　玛丽莎·卡斯塔尼奥　《现代化教育技术与对外汉语教学》 广西师范大学出版社　2000 年

J00061　小组讨论与线上活动的双结合——中华文史知识课的教学构想　陈之权　《现代化教育技术与对外汉语教学》 广西师范大学出版社　2000 年

J00062　影视语言、主体感应与汉语教学——《中文之道》基础汉语教学片创编心得　(法)白乐桑　白钢　《第六届国际汉语教学讨论会论文选》《第六届国际汉语教学讨论会论文选》编辑委员会编　北京大学出版社　2000 年

J00063　用电脑教中文的长处和难处　谢天蔚　《现代化教育技术与对外汉语教学》　广西师范大学出版社　2000 年

J01064　对外汉语多媒体词汇课件的网状结构设计　杨翼　《海外华文教育》 2001 年第 4 期

J01065　对外汉语教学电子教案编制研究　陈小玲　《武汉科技大学学报》(社会科学版) 2001 年第 1 期

J01066　对外汉语教学中的多媒体应用　陈昕　《海外华文教育》 2001 年第 1 期

J01067　对外汉语远程教育中的网络用户建模　周晓军　吴志山　赵雪梅　张普　《中国电化教育》 2001 年第 11 期

J01068　多媒体与短期汉语强化教学　李宝贵　《辽宁广播电视大学学报》 2001 年第 4 期

J01069　简论基于互联网的对外汉语教学　张和生　洪芸　《北京师范大学学报》(人文社会科学版) 2001 年第 6 期

J01070　建立汉语中介语语音语料库的基本设想　王韫佳　李吉梅　《世界汉语教学》 2001 年第 1 期

J01071　课堂上的网路和网络上的课堂——从现代教育技术看对外汉语教学的发展　郑艳群　《世界汉语教学》 2001 年第 4 期

J01072　试论在对外汉语网络教学中激发与保持学习者的学习动机　袁斐　《暨南大学华文学院学报》 2001 年第 1 期

J01073　试谈多媒体在商业汉语教学中的应用　洪玮　《世界汉语教学》 2001 年第 4 期

J01074　网络空间中的语言教学　张建民　《语言教育问题研究论文集》　中国对外汉语教学学会秘书处《语言文字应用》编辑部编　华语教学出版社　2001 年

J01075　信息处理与对外汉语教学　靳光瑾　陆汝占　《语言教育问题研究论文集》　中国对外汉语教学学会秘书处《语言文字应用》编辑部编　华语教学出版社　2001 年

J02076　对外汉语多媒体教学软件《中国全景——初级汉语》的设计与开发　林剑峰　李爽　《E-Learning 与对外汉语教学》　清华大学出版社　2002 年

J02077　对外汉语教学网站的现状及展望　段沫　《E-Learning 与对外汉语教学》清华大学出版社　2002 年

J02078　对网络听力教学的反思　胡波　《E-Learning 与对外汉语教学》　清华大学出版社 2002 年

J02079　对于网络汉语课程的探索　刘超英　王玉　《E-Learning 与对外汉语教学》　清华大学出版社　2002 年

J02080　多媒体对外汉语教学软件的设计与开发　彭珠　《徐州师范大学学报》(自然科学版) 2002 年第 4 期

J02081　多媒体辅助教学中的认知心理研究　陈昕　《海外华文教育》 2002 年第 4 期

J02082　多媒体课件的设计及其在对外汉语教学中的应用　王晋龙　《太原大学学报》 2002

年第1期

J02083 关于用流媒体技术的汉语教学的初探 吉川刚 《E-Learning与对外汉语教学》 清华大学出版社 2002年

J02084 汉语课堂教学课件的设计与评价 郑艳群 《E-Learning与对外汉语教学》 清华大学出版社 2002年

J02085 汉语口语教学与多媒体口语数据库的建立 赵金铭 郑艳群 《南京大学学报》 2002年特刊

J02086 积极稳妥探索课堂教学新模式——现代教育技术用于对外汉语教学的宏观思考 刘杰《E-Learning与对外汉语教学》 清华大学出版社 2002年

J02087 计算机技术与现代汉语语法研究 刘云 《汉语学报》第3期 邢福义主编 湖北教育出版社 2002年

J02088 建立在现代教育基础上的汉语精读课教学模式构想 王又民 《E-Learning与对外汉语教学》 清华大学出版社 2002年

J02089 利用互联网资源辅助报刊课教学 丁安琪《汉语学习》 2002年第5期

J02090 美国中文网络教学现况简介 (美)姚道中 《南京大学学报》 2002年特刊

J02091 谈对 L_2 的多媒体辅助汉字教学 李金兰 《安阳师范学院学报》 2002年第6期

J02092 网络辅助中文教学与以色列的特定中文教学环境——关于"圣地中文"网站的个案研究 张平 《E-Learning与对外汉语教学》 清华大学出版社 2002年

J02093 网络华语文教学之实施经验与探讨 信世昌 《南京大学学报》 2002年特刊

J02094 "网上北语"汉语教学问题自动答疑库的设计与应用 赵冬梅 《语言教学与研究》 2002年第3期

J02095 网上教学的三种模式:各尽所能通力合作共享成果 谢天蔚 《E-Learning与对外汉语教学》 清华大学出版社 2002年

J02096 信息技术与语言要素教学的整合 宋继华 《语文建设》 2002年第9期

J02097 因特网第二语言学习课件的设计原则与制作方法刍议 卢伟 《对外汉语论丛》第二集 竟成主编 上海外语教育出版社 2002年

J02098 因特网与新闻教学 (美)林柏松 《E-Learning与对外汉语教学》 清华大学出版社 2002年

J02099 语言环境与影视技术的运用——对外汉语教学中影视技术的运用 丁玉华 《海外华文教育》 2002年第1期

J02100 运用现代信息技术 促进对外汉语教学 王金祥 《辽宁教育学院学报》 2002年第11期

J02101 中文词处理软件在汉语教学中的应用与作用 谢天蔚 《对外汉语论丛》第二集 竟成主编 上海外语教育出版社 2002年

J03102 对外汉语教学中的计算机教学初探 庄健平 洪波水 《广西民族学院学报》(哲学社会科学版) 2003年增刊第2期

J03103 基于Web的对外汉语教学语料库建设及在线检索开发 卢伟 《海外华文教育》2003年第3期

J03104 基于Windows的课件/教案自动生成系统及其在对外汉语文化教学中的应用 付玉萍 郭天明 《暨南大学华文学院学报》 2003年第3期

J03105 基于网络的对外汉语教学课件制作系统 李旖旎 《云南师范大学学报》(对外汉语教学与研究版) 2003年第4期

J03106 论信息化时代对外汉语教师的作用 赵冬梅 《云南师范大学学报》(对外汉语教学与研究版) 2003年第5期

J03107 网络环境下的对外汉语报刊教学再探 饶勤 《海外华文教育》 2003年第2期

J03108 语料库语言学与对外汉语教学 郭新洁 《山东省农业管理干部学院学报》 2003年第1期

J03109 语料库在对外汉语教学中的应用 卢伟 《对外汉语教学论文集》 厦门大学海外华文教育研究所 海外教育学院编 厦门大学出版社 2003年

J04110 从传统教室到电子教室:多媒体中文教学的实践与探讨 (美)傅鸿础 《云南师范大学学报》(对外汉语教学与研究版) 2004年增刊

J04111 对外汉语教学网络课件开发的理论原则 宋继华 徐娟 许见鸿 《北京师范大学学报》(社会科学版) 2004年第2期

J04112 对外汉语教学网络课件制作的三个误区 宋继华 吴志山 徐娟 《中国电化教育》2004年5月

J04113 多媒体技术在汉语教学中的应用 郭丽萍 《和田师范专科学校学报》 2004年第4期

J04114 多媒体技术在文化教学中的应用 李嘉郁 《暨南大学华文学院学报》 2004年第2期

J04115 多媒体教材资源库 蔺荪 《数字化对外汉语教学理论与方法研究》 清华大学出版社 2004年

J04116 多媒体在对外汉语教学中应用的理论基础 赵新波 《平原大学学报》 2004年第6期

J04117 21世纪——数字化对外汉语教学的新时期 张普 《数字化对外汉语教学理论与方法研究》 清华大学出版社 2004年

J04118 关于泰国远程教育电视台汉语教学多媒体技术手段的使用 邓小琴 《数字化对外汉语教学理论与方法研究》 清华大学出版社 2004年

J04119 关于中高级影视课教学的思考 刘继红 《数字化对外汉语教学理论与方法研究》

清华大学出版社 2004 年

J04120 汉语教师与网上教学技能 张立中 《汉语教学新理念》 丛铁华主编 北京大学出版社 2004 年

J04121 《汉语正音课》与语音实验 金晓达 《数字化对外汉语教学理论与方法研究》 清华大学出版社 2004 年

J04122 基于《汉语水平词汇等级大纲》的语素数据库建设 邢红兵 《数字化对外汉语教学理论与方法研究》 清华大学出版社 2004 年

J04123 基于互联网对外汉语教学模式的研究 张丹 钟绍春 程晓春 严小卫 《广西师范大学学报》(自然科学版) 2004 年第 3 期

J04124 基于课堂的汉语听说课多媒体教学 张建民 《数字化对外汉语教学理论与方法研究》 清华大学出版社 2004 年

J04125 论多媒体课件在中级汉语教学中的运用 周国鹃 《云南师范大学学报》(对外汉语教学与研究版) 2004 年第 2 期

J04126 论多媒体网络技术对语言教学的影响 石睿 《语言与翻译》 2004 年第 1 期

J04127 论数字化对外汉语教学资源建设的学科特性 宋继华 《数字化对外汉语教学理论与方法研究》 清华大学出版社 2004 年

J04128 浅谈数字化报刊新闻语言教学平台的建设 史艳岚 《数字化对外汉语教学理论与方法研究》 清华大学出版社 2004 年

J04129 日本早稻田大学 Tutorial 汉语远程教学模式评析 郑艳群 《世界汉语教学》 2004 年第 2 期

J04130 《生存汉语》网络课件设计思路 赵雪梅 《云南师范大学学报》(对外汉语教学与研究版) 2004 年增刊

J04131 视、听、说口语教材《看电影,说汉语》的设计与使用方法 史世庆 《数字化对外汉语教学理论与方法研究》 清华大学出版社 2004 年

J04132 试论汉语多媒体教材模块化的一些原则问题 (德)柯彼德 《数字化对外汉语教学理论与方法研究》 清华大学出版社 2004 年

J04133 试论有专业倾向的汉语阅读材料语料库 方向红 《数字化对外汉语教学理论与方法研究》 清华大学出版社 2004 年

J04134 网络教学与对外汉语教学现代化 潘宁 《汉语教学新理念》 丛铁华主编 北京大学出版社 2004 年

J04135 微软 OFFICE 处理繁简转换的问题和“中文助教”软件的解决办法 王葆华 《数字化对外汉语教学理论与方法研究》 清华大学出版社 2004 年

J04136 学生对电脑辅助中文教学的态度及影响 冯明 《云南师范大学学报》 2004 年增刊

J04137 语料库在句型教学中的应用 胡翔 《数字化对外汉语教学理论与方法研究》 清华

大学出版社　2004 年

J04138　在汉语多媒体教学中应避免一些不良倾向　刘亚飞《语言与翻译》2004 年第 3 期

J04139　中文多媒体教材研制策略——《中文》多媒体光盘和《网上学中文》的设计、开发和应用研究　贾益民　熊玉珍《暨南大学华文学院学报》2004 年第 2 期

J04140　中文网络资源重组及应用　谢天蔚《数字化对外汉语教学理论与方法研究》清华大学出版社　2004 年

J05141　"乘风汉语"课件的脚本写作　刘颂浩《世界汉语教学》2005 年第 2 期

J05142　充分发挥网络优势培训国外汉语师资　黄明奋《海外华文教育》陈荣岚编《海外华文教育》杂志社　2005 年

J05143　多媒体汉语课堂教学的理论与实践　郑艳群《对外汉语研究》第一期　齐沪扬主编　商务印书馆　2005 年

J05144　多媒体汉字呈现与汉字习得研究:三个跨语言组的汉字测试分析　靳洪刚《汉语研究与应用》第三辑　中国人民大学对外语言文化学院编　中国社会科学出版社　2005 年

J05145　汉语口语多媒体教学的体验和思考　郑艳群《汉语学习》2005 年第 2 期

J05146　汉语专题学习网站《走近大熊猫》的设计思路及方法　苏宝华　张凤芝《暨南大学华文学院学报》2005 年第 1 期

J05147　利用多媒体软件激发英国华裔儿童学习中文的兴趣　许栋杰《海外华文教育》陈荣岚编《海外华文教育》杂志社　2005 年

J05148　利用多媒体手段培养汉语口语交际能力　王丕承《山东行政学院.山东省经济管理干部学院学报》2005 年第 1 期

J05149　现代教育技术在对外汉语教学中的运用　苏向丽《吉林广播电视大学学报》2005 年第 3 期

J05150　中美网络语言教学项目中的汉语课件制作　张国庆《世界汉语教学》2005 年第 2 期

J05151　"中文助教"软件在美国问世　王葆华《暨南大学华文学院学报》2005 年第 3 期

J06152　创新、整合、跨越——现代远程教育与海外华文教育发展　丁洁《内蒙古师范大学学报》(教育科学版)　2006 年第 5 期

J06153　《对外汉语》网络课程的设计　王光和　罗双兰《海南广播电视大学学报》2006 年第 1 期

J06154　基于 VRML 的儿童对外汉语远程教学　周晓军　马君　肖静《系统仿真学报》2006 年增刊第 1 期

J06155　基于 WEB 的对外汉语教材编著系统:理论依据与设计开发　卢伟《外语电化教学》2006 年第 6 期

J06156　建立汉语学习者口语语料库的基本设想　杨翼　李绍林　郭颖雯　田清源《汉语

学习》 2006年第3期

J06157 “外国学生错字别字数据库”的建立与基于数据库的汉字教学研究 北京语言大学“外国学生错字别字数据库”课题组 《语言教学与研究》 2006年第4期

J06158 现代教育技术在对外汉语初级听力教学中的运用 刘亚杰 《语言文字应用》 2006年第2期

J06159 中国汉语网网站建设的几点思考 陈小盟 《语言文字应用》 2006年增刊

（二） 著 作

A 专著

AA 基础理论与教学理论

AA87001 现代外语教学法理论与实践 （美）Timothy Light（黎天睦） 北京语言学院出版社 1987 年

AA88002 应用语言学 桂诗春 湖南出版社 1988 年

AA90003 汉语语言心理学 常宝儒 知识出版社 1990 年

AA90004 应用心理语言学 王初明 湖南教育出版社 1990 年

AA90005 语言教学原理 盛炎 重庆出版社 1990 年

AA92006 华语教学讲习 吕必松 北京语言学院出版社 1992 年

AA93007 中高级对外汉语教学论 李杨 北京大学出版社 1993 年

AA94008 对外汉语教学是一门新型的学科 施光亨主编 北京语言学院出版社 1994 年

AA95009 语言能力与中文教学 王培光 北京师范大学出版社 1995 年

AA96010 第二语言教学论 周小兵 河北教育出版社 1996 年

AA96011 对外汉语教学通论 赵贤州 陆有仪主编 上海外语教育出版社 1996 年

AA99012 第二语言（汉语）教学概论 戴庆厦 民族出版社 1999 年

AA99013 对外汉语本科教育研究 李杨 北京语言文化大学出版社 1999 年

AA99014 对外汉语教学初级阶段课程规范 王钟华主编 北京语言文化大学出版社 1999 年

AA99015 对外汉语教学概论（讲义） 吕必松 北京语言文化大学出版社 1999 年

AA99016 对外汉语教学中高级阶段课程规范 陈田顺主编 北京语言文化大学出版社 1999 年

AA00017 对外汉语教学目的原则方法 程棠 华语教学出版社 2000 年

AA00018 汉语作为外语教学的认知理论研究 徐子亮 华语教学出版社 2000年
AA02019 汉语语言学和对外汉语教学论 李开 中国社会科学出版社 2002年
AA02020 英语日语汉语第二语言教学学科研究 李晓琪等 中国大百科全书出版社 2002年
AA04021 对外汉语教学概论 赵金铭等 商务印书馆 2004年
AA04022 对外汉语教学入门 周小兵 李海鸥主编 中山大学出版社 2004年
AA04023 对外汉语教学中的理论和方法 黄锦章 刘焱主编 北京大学出版社 2004年
AA05024 对外汉语教学概论 陈昌来等 复旦大学出版社 2005年
AA05025 对外汉语教学探新 高顺全 北京大学出版社 2005年
AA06026 对外汉语教学难点问题研究与对策 朱芳华 厦门大学出版社 2006年
AA06027 对外汉语教学心理学引论 张灵芝 厦门大学出版社 2006年
AA06028 对外汉语课堂教学概论 彭增安 陈光磊 世界图书出版公司 2006年

AB 对外汉语教学法研究

AB90001 对外汉语教材教法论 赵贤州 李卫民 上海外语教育出版社 1990年
AB90002 对外汉语教学法 张亚军 现代出版社 1990年
AB94003 对外汉语教学视觉刺激反应法的实施及外语教学法简介 陈炳藻 西北大学出版社 1994年
AB96004 对外汉语教学法研究 戴桂芙 刘德联 北京大学出版社 1996年
AB96005 汉语听力说话教学法 杨惠元 北京语言学院出版社 1996年
AB01006 对外汉语教学法研究 蒋可心 黑龙江教育出版社 2001年
AB04007 汉语教学法研修教程 周健 彭小川 张军 人民教育出版社 2004年
AB05008 实用对外汉语教学法 徐子亮 吴仁甫 北京大学出版社 2005年
AB06009 对外汉语阅读教学法 孟繁杰 陈潘 厦门大学出版社 2006年

AC 语言要素教学研究

AC90001 实用汉语参考语法 (美)李英哲等 北京语言学院出版社 1990年
AC92002 汉语语法概要 赵永新 北京语言学院出版社 1992年
AC92003 实用汉语语法 房玉清 北京语言学院出版社 1992年
AC93004 汉语声调语调阐要与探索 郭锦桴 北京语言学院出版社 1993年
AC94005 对外汉语教学语法探索 吕文华 语文出版社 1994年
AC95006 汉语词汇与文化 常敬宇 北京大学出版社 1995年

AC99007 对外汉语教学语法体系研究 吕文华 北京语言文化大学出版社 1999年
AC99008 现代汉语转折词语研究 郭志良 北京语言文化大学出版社 1999年
AC00009 对外汉语教学语法概要 王素梅 沈阳出版社 2000年
AC00010 对外汉语修辞学 陈汝东 广西教育出版社 2000年
AC02011 汉语语法教程 孙德金 北京语言大学出版社 2002年
AC03012 实用现代汉语语法 刘月华等 商务印书馆 2003年
AC05013 现代汉语虚词讲义 李晓琪 北京大学出版社 2005年
AC05014 应用汉字学概要 万业馨 安徽大学出版社 2005年
AC06015 “国别化”对外汉语教学用词表制定的研究 甘瑞媛 北京大学出版社 2006年
AC06016 汉语教学参考语法 张宝林 北京大学出版社 2006年
AC06017 实用对外汉语教学语法 陆庆和 北京大学出版社 2006年

AD 语言技能教学研究

AD98001 外语阅读教学与心理学 陈贤纯 北京语言文化大学出版社 1998年
AD02002 对外汉语写作教学研究 罗青松 中国社会科学出版社 2002年

AE 对外汉语文化教学研究

AE99001 外语教育中的文化教学 陈申 北京语言文化大学出版社 1999年
AE01002 语言文化教学策略研究 陈申 北京语言文化大学出版社 2001年

AF 对外汉语教学史研究

AF90001 对外汉语教学发展概要 吕必松 北京语言学院出版社 1990年
AF90002 各国推广本族语情况汇编 国家对外汉语教学领导小组办公室编 北京语言学院出版社 1990年
AF91003 世界汉语教学概况 北京语言学院世界汉语教学交流中心信息资料部编 国际文化出版公司 1991年
AF92004 日本中国语教育史研究 (日)六角恒广 王顺洪译 北京语言学院出版社 1992年
AF03005 西方人早期汉语学习史调查 张西平等 中国大百科全书出版社 2003年
AF05006 新中国对外汉语教学发展史 程裕祯主编 北京大学出版社 2005年

AG 汉外对比研究

AG97001 汉英应用对比概论 熊文华 北京语言文化大学出版社 1997年

AG02002 韩汉范畴表达对比 崔健 中国大百科全书出版社 2002年

AG04003 汉语阿拉伯语语言文化比较研究 朱立才 新世界出版社 2004年

AH 对外汉语习得研究

AH93001 外国人学习和使用汉语情况调查研究报告 高彦德 李国强 郭旭 北京语言学院出版社 1993年

AH96002 外国人学汉语语法偏误分析 李大忠 北京语言文化大学出版社 1996年

AH98003 第二语言学习理论研究 王魁京 北京师范大学出版社 1998年

AH00004 华语语法习得探讨 王晓钧 华语教学出版社 2000年

AH01005 汉语教学中的偏错分析 任长慧 武汉大学出版社 2001年

AH02006 日本学生汉语习得偏误研究 吴丽君等 中国社会科学出版社 2002年

AH03007 哈萨克族汉语补语习得研究 成燕燕 关辛秋 苗冬霞 玛依拉 民族出版社 2003年

AI 语言测试理论研究

AI02001 标准参照测验理论研究 张凯 北京语言文化大学出版社 2002年

AI02002 对外汉语教学语音测试研究 毛世桢主编 中国社会科学出版社 2002年

AI02003 语言测验理论与实践 张凯 北京语言文化大学出版社 2002年

B 文集

BA 个人文集

BA87001 对外汉语教学探索 吕必松 华语教学出版社 1987年
BA87002 门外偶得集 王还 北京语言学院出版社 1987年
BA89003 汉语语法论集 刘月华 现代出版社 1989年
BA92004 对外汉语教材教法论 赵贤州 李卫民 上海外语教育出版社 1992年
BA93005 对外汉语教学研究 吕必松 北京语言学院出版社 1993年
BA94006 吕必松自选集 吕必松 河南教育出版社 1994年
BA95007 汉语和汉语教学探究 梅立崇 华语教学出版社 1995年
BA95008 语言对比研究与对外汉语教学 赵永新 华语教学出版社 1995年
BA96009 语用·语义·语法 常敬宇 杭州大学出版社 1996年
BA97010 汉语研究与对外汉语教学 赵金铭 语文出版社 1997年
BA97011 香港中文教学和普通话教学论集 田小琳 人民教育出版社 1997年
BA99012 对外汉语本科教育研究 李杨 北京语言文化大学出版社 1999年
BA99013 对外汉语教学思考集 鲁健骥 北京语言文化大学出版社 1999年
BA99014 汉语特殊句法的语义研究 张旺熹 北京语言文化大学出版社 1999年
BA00015 日汉语言对比与对日汉语教学 鲁宝元 华语教学出版社 2000年
BA01016 语言理解与认知 崔希亮 北京语言文化大学出版社 2001年
BA04017 对外汉语教学探索 吴勇毅 学林出版社 2004年
BA04018 对外汉语教学语法研究 卢福波 北京语言大学出版社 2004年
BA05019 对外汉语教学的教学研究 崔永华 外语教学与研究出版社 2005年
BA05020 对外汉语教学及汉语本体研究 李宝贵 北京大学出版社 2005年
BA05021 对外汉语教学理论思考 李泉 教育科学出版社 2005年
BA05022 对外汉语教育学科初探 刘珣 外语教学与研究出版社 2005年
BA05023 对外汉语教学研究 刘颂浩 教育科学出版社 2005年
BA05024 对外汉语研究与评论 张旺熹 教育科学出版社 2005年
BA05025 对外汉语语感教学探索 周健 浙江大学出版社 2005年
BA05026 汉语的结构和句子研究 杨德峰 教育科学出版社 2005年
BA05027 汉语与对外汉语研究文录 赵金铭 外语教学与研究出版社 2005年
BA05028 基于统计的汉语字词研究 邢红兵 语文出版社 2005年

BA05029 描写与实证——汉语要素的多视角考察 孙德金 北京语言大学出版社 2005年

BA05030 语言教育与对外汉语教学 吕必松 外语教学与研究出版社 2005年

BA05031 作为第二语言的汉语本体研究 陆俭明 外语教学与研究出版社 2005年

BA06032 钟梫对外汉语教学初探 钟梫 北京语言大学出版社 2006年

BB 综合文集

BB85001 对外汉语教学论集(1979—1984)《语言教学与研究》编辑部 北京语言学院出版社 1985年

BB94002 对外汉语教学是一门新型的学科 施光亨主编 北京语言学院出版社 1994年

BB94003 新加坡华文教学论文集 谢泽文编 北京语言学院出版社 1994年

BB95004 对外汉语教学论集 北京语言学院教务处编 北京语言学院出版社 1995年

BB97005 词汇文字研究与对外汉语教学 崔永华主编 北京语言文化大学出版社 1997年

BB97006 对外汉语教学的理论与实践 柳英绿 金基石主编 延边大学出版社 1997年

BB97007 对外汉语教学课程研究 李杨主编 北京语言文化大学出版社 1997年

BB97008 对外汉语教学与文化 周思源主编 北京语言文化大学出版社 1997年

BB97009 汉外语言文化对比与对外汉语教学 赵永新主编 北京语言文化大学出版社 1997年

BB97010 汉语作为第二语言的习得研究 王建勤主编 北京语言文化大学出版社 1997年

BB97011 新视角汉语语法研究 赵金铭主编 北京语言文化大学出版社 1997年

BB97012 语音研究与对外汉语教学 赵金铭主编 北京语言文化大学出版社 1997年

BB02013 对外汉语教学研究 陈阿宝主编 山西人民出版社 2002年

BB02014 对外汉语一对一个别教授研究 吴仁甫主编 中国社会科学出版社 2002年

BB02015 语法研究与对外汉语语法教学 陈光磊主编 山西人民出版社 2002年

BB06016 对外汉语词汇及词汇教学研究 孙德金主编 商务印书馆 2006年

BB06017 对外汉语计算机辅助教学的理论研究 郑艳群主编 商务印书馆 2006年

BB06018 对外汉语计算机辅助教学的实践研究 郑艳群主编 商务印书馆 2006年

BB06019 对外汉语教材研究 李泉主编 商务印书馆 2006年

BB06020 对外汉语教师素质与教师培训研究 张和生主编 商务印书馆 2006年

BB06021 对外汉语教学理论研究 李泉主编 商务印书馆 2006年

BB06022 对外汉语教学学科理论研究 李泉主编 商务印书馆 2006年

BB06023 对外汉字教学研究 孙德金主编 商务印书馆 2006年

BB06024 对外汉语课程、大纲与教学模式研究 李泉主编 商务印书馆 2006年

BB06025 对外汉语课堂教学技巧研究 张和生主编 商务印书馆 2006年

BB06026 对外汉语口语教学研究 李晓琪主编 商务印书馆 2006年

BB06027 对外汉语听力教学研究 李晓琪主编 商务印书馆 2006年

BB06028 对外汉语文化教学研究 李晓琪主编 商务印书馆 2006年

BB06029 对外汉语语法及语法教学研究 孙德金主编 商务印书馆 2006年

BB06030 对外汉语语音及语音教学研究 孙德金主编 商务印书馆 2006年

BB06031 对外汉语阅读与写作教学研究 李晓琪主编 商务印书馆 2006年

BB06032 对外汉语综合课教学研究 李晓琪主编 商务印书馆 2006年

BB06033 汉语水平考试(HSK)研究 张凯主编 商务印书馆 2006年

BB06034 汉语作为第二语言的学习者习得过程研究 王建勤主编 商务印书馆 2006年

BB06035 汉语作为第二语言的学习者与汉语认知研究 王建勤主编 商务印书馆 2006年

BB06036 汉语作为第二语言的学习者语言系统研究 王建勤主编 商务印书馆 2006年

BB06037 语言测试理论及汉语测试研究 张凯主编 商务印书馆 2006年

BC 机构、会议文集

BC83001 对外汉语教学论文选 中国教育学会对外汉语教学研究会 内部资料 1983年

BC86002 第一届国际汉语教学讨论会论文选 第一届国际汉语教学讨论会组织委员会编 北京语言学院出版社 1986年

BC86003 汉语研究(第一辑) 南开大学对外汉语教学中心编 南开大学出版社 1986年

BC87004 第二届国际汉语教学讨论会论文选 第二届国际汉语教学讨论会组织委员会编 北京语言学院出版社 1987年

BC87005 对外汉语教学研究会第二次学术讨论会论文选 中国高等教育学会对外汉语教学研究会编 北京语言学院出版社 1987年

BC89006 汉语水平考试研究 刘英林主编 现代出版社 1989年

BC89007 汉语研究(第二辑) 南开大学对外汉语教学中心编 南开大学出版社 1989年

BC90008 第三届国际汉语教学讨论会论文选 第三届国际汉语教学讨论会会务工作委员会编 北京语言学院出版社 1990年

BC90009 双语双文化论丛(一) 延边大学汉语系《双语双文化论丛》编委会编 延边大学出版社 1990年

BC90010 中国对外汉语教学学会第三次学术讨论会论文选 中国对外汉语教学学会编 北京语言学院出版社 1990年

BC91011 双语双文化论丛(二) 延边大学汉语系《双语双文化论丛》编委会编 东北朝鲜民族教育出版社 1991年

BC91012 中高级对外汉语教学论文选 国家对外汉语教学领导小组办公室教学业务处编

北京语言学院出版社 1991年

BC93013 汉语研究(第三辑) 南开大学对外汉语教学中心编 南开大学出版社 1993年

BC93014 中国对外汉语教学学会第四次学术讨论会论文选 中国对外汉语教学学会编 北京语言学院出版社 1993年

BC94015 汉语水平考试研究(续集) 刘英林主编 现代出版社 1994年

BC94016 汉语言文化研究(第四辑) 南开大学汉语言文化学院编 天津人民出版社 1994年

BC94017 语言学习理论研究 《世界汉语教学》编辑部 《语言文字应用》编辑部 《语言教学与研究》编辑部 北京语言学院出版社 1994年

BC95018 北京语言学院第六届科学报告会论文选 北京语言学院教务处编 北京语言学院出版社 1995年

BC95019 第四届国际汉语教学讨论会论文选 《第四届国际汉语教学讨论会论文选》编辑委员会 北京语言学院出版社 1995年

BC95020 汉语水平考试研究论文选 北京语言学院汉语水平考试中心 现代出版社 1995年

BC95021 汉语言文化研究(第五辑) 南开大学汉语言文化学院编 天津人民出版社 1995年

BC95022 首届汉语考试国际学术讨论会论文选 《首届汉语考试国际学术讨论会论文选》编委会 北京语言学院出版社 1995年

BC95023 语言文化教学论文集(第一辑) 北京语言学院汉语学院编 北京语言学院出版社 1995年

BC96024 第二语言(汉语)教学论集(第一集) 戴庆厦主编 民族出版社 1996年

BC96025 汉语言文化研究 胡明扬 金天相等 广西师范大学出版社 1996年

BC96026 语言文化教学研究 北京语言学院汉语学院编 华语教学出版社 1996年

BC96027 中国对外汉语教学学会成立十周年纪念论文选 中国对外汉语教学学会秘书处编 北京语言学院出版社 1996年

BC96028 中国对外汉语教学学会第五次学术讨论会论文选 中国对外汉语教学学会编 北京语言学院出版社 1996年

BC97029 北大海外教育(第一辑) 郭振华 赵燕皎主编 北京大学出版社 1997年

BC97030 第二语言(汉语)教学论集(第二集) 戴庆厦主编 民族出版社 1997年

BC97031 第五届国际汉语教学讨论会论文选 《第五届国际汉语教学讨论会论文选》编辑委员会 北京大学出版社 1997年

BC97032 汉学论丛(第一辑) 复旦大学国际文化交流学院汉学研究室编 汉语大词典出版社 1997年

BC97033 汉语水平测试研究 刘镰力主编 北京语言文化大学出版社 1997年

BC97034 汉语速成教学研究(第一辑) 北京语言文化大学汉语速成学院编 北京大学出版社 1997年

BC97035 天津市对外汉语教学论文集 天津市对外汉语教学研究会编 天津人民出版社 1997年

BC97036 语言文化教学研究集刊(第一辑) 北京语言文化大学汉语学院编 华语教学出版社 1997年

BC97037 语言与文化论丛(第一辑) 北京语言文化大学文化学院编 华语教学出版社 1997年

BC98038 北大海外教育(第二辑) 郭振华 赵燕皎主编 北京大学出版社 1998年

BC98039 对外汉语教学论丛(第一辑) 王文虎主编 四川大学出版社 1998年

BC98040 对外汉语教学探讨集——北京地区第一届对外汉语教学讨论会论文选 赵金铭等编 北京大学出版社 1998年

BC98041 第二语言(汉语)教学论集(第三集) 戴庆厦主编 民族出版社 1998年

BC98042 汉语言文化论集(第一辑) 中国人民大学对外语言文化学院 内部资料 1998年

BC98043 汉语言文化研究(第六辑) 谢文庆 孙晖主编 天津人民出版社 1998年

BC98044 语言文化教学研究集刊(第二辑) 北京语言文化大学汉语学院编 华语教学出版社 1998年

BC99045 大连外国语学院35周年校庆学术系列丛书·对外汉语卷 校庆丛书编委会 长春出版社 1999年

BC99046 对外汉语教研论丛(第一辑) 华东师范大学国际中国文化学院 华东师范大学出版社 1999年

BC99047 汉学论丛(第二辑) 朱立元 陈光磊主编 复旦大学出版社 1999年

BC99048 汉语速成教学研究(第二辑) 北京语言文化大学汉语速成学院编 华语教学出版社 1999年

BC99049 双语双文化论丛(四) 崔健主编 延边大学出版社 1999年

BC99050 语言教育问题研究论文集 吕必松主编 华语教学出版社 1999年

BC99051 语言文化教学研究集刊(第三辑) 北京语言文化大学汉语学院编 华语教学出版社 1999年

BC99052 中国对外汉语教学学会第六次学术讨论会论文选 中国对外汉语教学学会编 华语教学出版社 1999年

BC00053 北大海外教育(第三辑) 赵燕皎 李晓琪主编 华语教学出版社 2000年

BC00054 第六届国际汉语教学讨论会论文选 《第六届国际汉语教学讨论会论文选》编辑委员会 北京大学出版社 2000年

BC00055 汉日语言研究文集(三) 北京外国语大学国际交流学院编 北京出版社 2000年

BC00056 汉语水平考试研究文集 北京语言文化大学汉语水平考试中心编 经济科学出版社 2000年

BC00057 汉语言文化研究（第七辑） 谢文庆 孙晖主编 天津人民出版社 2000 年
BC00058 回眸与思考：对外汉语教学 张德鑫主编 外语教学与研究出版社 2000 年
BC00059 《双语学研究》(《民族教育研究》2000 年增刊) 戴庆厦主编 《民族教育研究》编辑部 2000 年
BC00060 语言文化教学研究集刊（第四辑） 北京语言文化大学汉语学院编 华语教学出版社 2000 年
BC00061 语言与文化论丛（第二辑） 北京语言文化大学文化学院编 华语教学出版社 2000 年
BC01062 对日汉语教学国际研讨会论文集 陈绂主编 中国社会科学出版社 2001 年
BC01063 对外汉语教学与教材研究论文集 国家对外汉语教学领导小组办公室教学业务部编 华语教学出版社 2001 年
BC01064 国际汉语教学学术研讨会论文集(《语言研究》2001 年增刊) 李祥坤主编 《语言研究》编辑部 2001 年
BC01065 汉日语言研究文集（四） 北京外国语大学国际交流学院编 北京出版社 2001 年
BC01066 汉语言文化研究（第八辑） 谢文庆 孙晖主编 天津人民出版社 2001 年
BC01067 语言教育问题研究论文集 中国对外汉语教学学会秘书处 《语言文字应用》编辑部编 华语教学出版社 2001 年
BC01068 语言文化教学与研究·二〇〇一年卷 北京语言文化大学汉语学院编 人民教育出版社 2001 年
BC01069 语言与文化论集 程裕祯主编 北京出版社文津出版社 2001 年
BC01070 中国对外汉语教学学会北京分会第二届学术年会论文集 中国对外汉语教学学会北京分会编 北京语言文化大学出版社 2001 年
BC02071 对外汉语教研论丛（第二辑） 华东师范大学国际中国文化学院 华东师范大学出版社 2002 年
BC02072 对外汉语论丛（第二集） 竟成主编 上海外语教育出版社 2002 年
BC02073 汉日语言研究文集（五） 北京外国语大学国际交流学院编 北京出版社文津出版社 2002 年
BC02074 汉学论丛（第三辑） 朱立元 陈光磊主编 山西古籍出版社 2002 年
BC02075 汉语与汉语教学探讨集 中国对外汉语教学学会华北分会编 天津古籍出版社 2002 年
BC02076 考试研究文集（第一辑） 谢小庆 鲁新民主编 经济科学出版社 2002 年
BC02077 新世纪 新视野——华东地区对外汉语教学研究论文集 朱立元主编 山西人民出版社 2002 年
BC02078 以英语为母语者的汉语教学研究：牛津研讨会论文集 张德鑫 李晓琪主编 人

民教育出版社 2002 年

BC02079 中国对外汉语教学学会第七次学术讨论会论文选 中国对外汉语教学学会编 人民教育出版社 2002 年

BC03080 对外汉语教学论文集 厦门大学海外华文教育研究所 海外教育学院编 厦门大学出版社 2003 年

BC03081 对外汉语教学语法探索——首届国际对外汉语教学语法研讨会论文集 国家汉办教学处编 中国社会科学出版社 2003 年

BC03082 对外汉语论丛(第三集) 王德春主编 学林出版社 2003 年

BC03083 对外汉语研究的跨学科探索——汉语学习与认知国际学术研讨会论文集 赵金铭主编 北京语言大学出版社 2003 年

BC03084 汉语研究与应用(第一辑) 中国人民大学对外语言文化学院编 中国社会科学出版社 2003 年

BC04085 北京地区第三届对外汉语教学学术研讨会论文选 研讨会论文选编委会 北京大学出版社 2004 年

BC04086 第七届国际汉语教学讨论会论文选 《第七届国际汉语教学讨论会论文选》编辑委员会 北京大学出版社 2004 年

BC04087 对外汉语教学的跨文化视角:旧金山对外汉语教学学术会议论文集 潘文国等主编 华东师范大学出版社 2004 年

BC04088 对外汉语教学新探索 施向东主编 天津古籍出版社 2004 年

BC04089 汉学论丛(第四辑) 朱立元主编 山西人民出版社 2004 年

BC04090 汉语教学新理念 丛铁华主编 北京大学出版社 2004 年

BC04091 汉语口语与书面语教学——2002 年国际汉语教学学术研讨会论文集 赵金铭主编 北京大学出版社 2004 年

BC04092 汉语研究与应用(第二辑) 中国人民大学对外语言文化学院编 中国社会科学出版社 2004 年

BC04093 考试研究文集(第二辑) 谢小庆 彭恒利主编 经济科学出版社 2004 年

BC04094 双语学研究(第二辑) 戴庆厦主编 民族出版社 2004 年

BC04095 语言文化研究与探索 孙冰主编 学林出版社 2004 年

BC05096 对外汉语教学的全方位探索——对外汉语研究学术讨论会论文集 赵金铭主编 商务印书馆 2005 年

BC05097 对外汉语教学与研究(第二辑) 胡有清主编 南京大学出版社 2005 年

BC05098 对外汉语教研论丛(第三辑) 潘文国主编 华东师范大学出版社 2005 年

BC05099 对外汉语论丛(第四集) 王德春主编 学林出版社 2005 年

BC05100 对外汉语书面语教学与研究的最新发展:哈佛大学高年级对外汉语教学研讨会论

文集 冯胜利 胡文泽主编 北京语言大学出版社 2005年

BC05101 对外汉语阅读研究 周小兵 宋永波主编 北京大学出版社 2005年

BC05102 汉语研究与应用(第三辑) 中国人民大学对外语言文化学院编 中国社会科学出版社 2005年

BC05103 世界汉语教育史研究:第一届世界汉语教育史国际学术研讨会论文集 李向玉等 澳门理工学院 2005年

BC05104 现代汉语虚词研究与对外汉语教学 齐沪扬主编 复旦大学出版社 2005年

BC05105 语言测试及测量理论研究 张凯主编 北京语言大学出版社 2005年

BC05106 语言测试专业硕士论文精选 孙德金主编 北京语言大学出版社 2005年

BC05107 中国汉语水平考试(HSK)研究报告精选 谢小庆主编 北京语言大学出版社 2005年

BC06108 对外汉语教学习得研究 周小兵 朱其智主编 北京大学出版社 2006年

BC06109 对外汉语学习词典学国际研讨会论文集 郑定欧等主编 中国社会科学出版社 2006年

BC06110 多元文化背景下的对外汉语教学 朱永生 彭增安主编 学林出版社 2006年

BC06111 汉语研究与应用(第四辑) 中国人民大学对外语言文化学院编 中国社会科学出版社 2006年

BC06112 考试研究文集(第三辑) 谢小庆 张晋军主编 经济科学出版社 2006年

BC06113 探索与创新——华东地区对外汉语教学论文集 朱立元主编 北京大学出版社 2006年

附录 1

作 者 索 引

A

B

C

D

F

G

H

J

K

L

M

N

O

P

Q

R

S

T

W

X

Y

Z

附录 2

期 刊 目 录

1 安徽大学学报(哲学社会科学版)
2 安徽工业大学学报(社会科学版)
3 安徽广播电视大学学报
4 安徽教育学院学报
5 安徽师范大学学报(人文社会科学版)(曾用名[人文哲学社会科学版])
6 安徽文学
7 安庆师范学院学报(社会科学版)
8 安顺师范高等专科学校学报
9 安阳工学院学报
10 安阳师范学院学报
11 鞍山师范学院学报
12 八桂侨刊
13 白城师范学院学报(曾用名《白城师范高等专科学校学报》)
14 北华大学学报(社会科学版)(曾用名《吉林师范学院学报》)
15 北京大学学报(外国语言文学专刊)
16 北京大学学报(哲学社会科学版)
17 北京第二外国语学院学报
18 北京广播电视大学学报
19 北京化工大学学报(社会科学版)
20 北京教育学院学报
21 北京理工大学学报(社会科学版)
22 北京联合大学学报
23 北京青年政治学院学报
24 北京师范大学学报
25 北京师范大学学报(社会科学版)(曾用名[人文社会科学版])
26 北京市经济管理干部学院学报
27 北京邮电大学学报(社会科学版)

28 比较教育研究
29 毕节学院学报
30 渤海大学学报(哲学社会科学版)
31 沧州师范专科学校学报
32 昌吉学院学报
33 长春大学学报
34 长春师范学院学报(人文社会科学版)
35 常州工学院学报
36 常州信息职业技术学院学报
37 成都大学学报(社会科学版)
38 成都教育学院学报
39 成都师范高等专科学校学报
40 承德民族职业技术学院学报
41 池州师专学报
42 重庆大学学报(社会科学版)
43 重庆工业高等专科学校学报
44 重庆广播电视大学学报
45 重庆交通学院学报(社会科学版)
46 重庆教育学院学报
47 重庆三峡学院学报
48 重庆邮电学院学报(社会科学版)
49 楚雄师专学报
50 辞书研究
51 大理学院学报
52 大连大学学报
53 大连民族学院学报
54 大庆师范学院学报
55 丹东师专学报
56 当代语言学
57 德州学院学报
58 东北财经大学学报
59 东北大学学报(社会科学版)
60 东北农业大学学报(社会科学版)
61 东北师大学报(哲学社会科学版)

62 东南大学学报(哲学社会科学版)
63 佛山科学技术学院学报(社会科学版)
64 涪陵师范学院学报
65 福建商业高等专科学校学报
66 福建师大福清分校学报
67 福建师范大学学报(哲学社会科学版)
68 甘肃教育学院学报(社会科学版)
69 赣南师范学院学报
70 高等函授学报(哲学社会科学版)
71 高等职业教育—天津职业大学学报
72 高教与经济
73 广播电视大学学报(哲学社会科学版)
74 广东教育学院学报
75 广东外语外贸大学学报
76 广西财经学院学报
77 广西大学学报(哲学社会科学版)
78 广西民族学院学报(哲学社会科学版)
79 广西社会科学
80 广西师范大学学报(哲学社会科学版)
81 广西师范大学学报(自然科学版)
82 广西师范学院学报(哲学社会科学版)
83 广西医科大学学报
84 广州大学学报(社会科学版)(曾用名《广州大学学报》)
85 广州广播电视大学学报
86 广州华苑学术版·华文教学与研究
87 广州师院学报
88 贵州大学学报(社会科学版)
89 贵州工业大学学报(社会科学版)
90 贵州教育
91 贵州教育学院学报(社会科学版)
92 贵州民族学院学报(社会科学版)
93 贵州师范大学学报(社会科学版)
94 桂林师范高等专科学校学报
95 国际关系学院学报

96 国际学术动态
97 国家教育行政学院学报
98 国外外语教学
99 哈尔滨工业大学学报(社会科学版)
100 哈尔滨商业大学学报(社会科学版)
101 海南广播电视大学学报
102 海南师范学院学报(人文社会科学版)
103 汉语学报
104 汉语学习
105 汉字文化
106 杭州大学学报(哲学社会科学版)
107 杭州师范学院学报(自然科学版)
108 合肥工业大学学报(社会科学版)
109 合肥学院学报(社会科学版)
110 和田师范专科学校学报
111 河北大学学报(哲学社会科学版)
112 河北师范大学学报(哲学社会科学版)
113 河南大学学报(社会科学版)
114 河南师范大学学报(哲学社会科学版)
115 河南中医学院学报
116 黑龙江教育学院学报
117 红河学院学报
118 呼兰师专学报
119 湖北大学学报(哲学社会科学版)
120 湖北函授大学学报
121 湖北教育学院学报
122 湖北职业技术学院学报
123 湖南工程学院学报(社会科学版)
124 湖南教育学院学报
125 湖南科技学院学报
126 湖南师范大学教育科学学报
127 湖南师范大学社会科学学报
128 湖州师范学院学报
129 华东师范大学学报(哲学社会科学版)

130 华南师范大学学报(社会科学版)
131 华侨大学学报(哲学社会科学版)(曾用名[人文社会科学版])
132 华中师范大学学报(人文社会科学版)
133 怀化学院学报
134 淮北煤炭师范学院学报(哲学社会科学版)
135 黄冈师专学报
136 黄河科技大学学报
137 吉安师专学报
138 吉林广播电视大学学报
139 吉林省教育学院学报
140 吉林师范大学学报(人文社会科学版)
141 济南大学华文学院学报
142 暨南大学华文学院学报
143 暨南大学学报
144 暨南学报(哲学社会科学)(曾用名[人文科学与社会科学版])
145 佳木斯大学社会科学学报
146 嘉兴学院学报
147 江汉大学学报(人文科学版)
148 江南大学学报(自然科学版)(曾用名《江南学院学报》)
149 江苏教育学院学报(社会科学版)
150 江苏理工大学学报(社会科学版)
151 江西教育
152 江西金融职工大学学报
153 江西科技师范学院学报
154 江西师范大学学报(哲学社会科学版)
155 江西行政学院学报
156 焦作大学学报
157 教学与研究
158 教育科学
159 教育与职业
160 解放军外国语学院学报
161 金陵科技学院学报(社会科学版)
162 锦州师范学院学报(哲学社会科学版)
163 锦州医学院学报(社会科学版)

164 晋中师专学报
165 荆州师范学院学报
166 井冈山学院学报
167 景德镇高专学报
168 九江学院学报(社会科学版)
169 喀什师范学院学报
170 开封大学学报
171 科技信息
172 克山师专学报
173 昆明理工大学学报(社会科学版)
174 昆明师范高等专科学校学报
175 莱阳农学院学报(社会科学版)
176 兰州大学学报(社会科学版)
177 兰州教育学院学报
178 廊坊师范学院学报
179 乐山师范学院学报
180 理论观察
181 连云港职业技术学院学报
182 辽宁大学学报(哲学社会科学版)
183 辽宁工学院学报(社会科学版)
184 辽宁公安司法管理干部学院学报
185 辽宁广播电视大学学报
186 辽宁教育行政学院学报(曾用名《辽宁教育学院学报》)
187 辽宁师范大学学报(社会科学版)
188 辽宁师专学报(社会科学版)
189 辽宁税务高等专科学校学报
190 辽宁行政学院学报
191 聊城大学学报(社会科学版)(曾用名《聊城师范学院学报》[哲学社会科学版])
192 临沂师范学院学报
193 零陵学院学报(曾用名《零陵师范高等专科学校学报》)
194 龙岩师专学报
195 吕梁教育学院学报
196 蒙自师范高等专科学校学报
197 牡丹江大学学报

198 牡丹江教育学院学报
199 牡丹江师范学院学报(哲学社会科学版)
200 内江师范学院学报
201 内蒙古教育学院学报
202 内蒙古民族大学学报(社会科学版)(曾用名《内蒙古民族师院学报》[汉文版*哲学社会科学版])
203 内蒙古师范大学学报(教育科学版)
204 内蒙古师范大学学报(哲学社会科学版)(曾用名《内蒙古师大学报》[哲学社会科学版])
205 南昌大学学报(人文社会科学版)
206 南昌高专学报
207 南昌教育学院学报
208 南京大学学报(哲学·人文科学·社会科学版)(曾用名《南京大学学报》、《南京大学学报》[哲学社会科学版])
209 南京航空航天大学学报(社会科学版)
210 南京理工大学学报(社会科学版)
211 南京师大学报(社会科学版)
212 南京师范大学文学院学报
213 南京晓庄学院学报
214 南开学报(哲学社会科学版)
215 南平师专学报
216 南通大学学报(教育科学版)
217 南通师范学院学报(哲学社会科学版)
218 南亚研究
219 宁波大学学报(教育科学版)
220 宁波大学学报(人文科学版)
221 宁波教育学院学报
222 宁德师专学报(哲学社会科学版)
223 宁夏大学学报(人文社会科学版)
224 宁夏教育
225 攀枝花学院学报
226 彭城职业大学学报
227 平原大学学报
228 濮阳职业技术学院学报
229 齐齐哈尔大学学报(哲学社会科学版)

230 齐齐哈尔师范高等专科学校学报
231 黔东南民族师范高等专科学校学报(曾用名《黔东南民族师专学报》)
232 青岛大学师范学院学报
233 青岛科技大学学报(社会科学版)
234 青岛职业技术学院学报
235 青海民族学院学报(社会科学版)
236 青海师范大学民族师范学院学报
237 青海师范大学学报(哲学社会科学版)
238 青海师专学报
239 清华大学学报(哲学社会科学版)
240 琼州大学学报
241 泉州师范学院学报
242 三明高等专科学校学报
243 三峡学刊
244 山地农业生物学报
245 山东大学学报(哲学社会科学版)(曾用名[社会科学版])
246 山东教育
247 山东教育学院学报
248 山东理工大学学报(社会科学版)
249 山东省农业管理干部学院学报
250 山东省青年管理干部学院学报
251 山东师范大学学报(人文社会科学版)(曾用名《山东师大学报》[社会科学版])
252 山东行政学院.山东省经济管理干部学院学报
253 山西财经大学学报(高等教育版)
254 山西大学学报(哲学社会科学版)
255 山西经济管理干部学院学报
256 陕西教育学院学报
257 陕西师范大学学报(哲学社会科学版)
258 陕西职业技术学院学报
259 汕头大学学报(人文科学版)
260 上海财经大学学报
261 上海大学学报(社会科学版)
262 上海交通大学学报(哲学社会科学版)
263 上海金融学院学报

264 上海师范大学学报(哲学社会科学版)
265 邵阳学院学报(社会科学版)(曾用名《邵阳师范高等专科学校学报》)
266 绍兴文理学院学报(教育版)
267 绍兴文理学院学报(社科版)(曾用名《绍兴文理学院学报》)
268 深圳大学学报(人文社会科学版)
269 深圳信息职业技术学院学报
270 沈阳大学学报
271 沈阳工程学院学报(社会科学版)
272 沈阳教育学院学报
273 沈阳农业大学学报(社会科学版)
274 沈阳师范大学学报(社会科学版)(曾用名《沈阳师范学院学报》[社会科学版])
275 胜利油田师范专科学校学报
276 石油大学学报(社会科学版)
277 世界汉语教学
278 首都经济贸易大学学报
279 首都师范大学学报(社会科学版)
280 四川大学学报(哲学社会科学版)
281 四川教育学院学报
282 四川理工学院学报(社会科学版)
283 四川师范大学学报(社会科学版)
284 四川外语学院学报
285 四川职业技术学院学报
286 苏州大学学报(哲学社会科学版)
287 苏州市职业大学学报
288 宿州教育学院学报
289 宿州师专学报
290 绥化师专学报
291 塔里木农垦大学学报
292 台州学院学报
293 太原城市职业技术学院学报
294 太原大学学报
295 太原师范学院学报(社会科学版)
296 泰安教育学院学报岱宗学刊
297 泰安师专学报

298 唐山师范学院学报
299 天津成人高等学校联合学报
300 天津大学学报(社会科学版)
301 天津商学院学报
302 天津师范大学学报(社会科学版)(曾用名《天津师大学报》[社会科学版])
303 天津市工会管理干部学院学报
304 天津市经理学院学报
305 天津外国语学院学报
306 天津中医药大学学报(曾用名《天津中医学院学报》)
307 天中学刊
308 铜陵职业技术学院学报
309 外国语(上海外国语学院学报)
310 外交学院学报
311 外语电化教学
312 外语教学与研究
313 潍坊学院学报
314 渭南师范学院学报
315 温州师范学院学报
316 文山师范高等专科学校学报
317 乌鲁木齐成人教育学院学报
318 乌鲁木齐职业大学学报(人文社会科学版)(曾用名《乌鲁木齐职业大学学报》)
319 无锡教育学院学报
320 无锡商业职业技术学院学报
321 五邑大学学报(社会科学版)
322 武当学刊(哲学社会科学版)
323 武汉大学学报(人文科学版)(曾用名[哲学社会科学版])
324 武汉交通管理干部学院学报
325 武汉科技大学学报(社会科学版)
326 武警工程学院学报
327 西安联合大学学报
328 西安石油学院学报(社会科学版)
329 西安外国语学院学报
330 西北工业大学学报(社会科学版)
331 西北民族大学学报(哲学社会科学版)(曾用名《西北民族学院学报》[哲学社会科学版.汉

文］）
332　西北师大学报（社会科学版）
333　西华师范大学学报（哲学社会科学版）
334　西南大学学报（人文社会科学版）
335　西南交通大学学报（社会科学版）
336　西南林学院学报
337　西南民族大学学报（人文社科版）（曾用名《西南民族学院学报》［哲学社会科学版］）
338　系统仿真学报
339　厦门大学学报（哲学社会科学版）
340　现代教育科学
341　现代语文（语言研究版）
342　湘潭工学院学报（社会科学版）
343　湘潭师范学院学报（社会科学版）
344　心理学报
345　新疆财经学院学报
346　新疆大学学报（哲学社会科学版）（曾用名［社会科学版］）
347　新疆教育学院学报
348　新疆农业职业技术学院学报
349　新疆师范大学学报（哲学社会科学版）
350　新疆职业大学学报
351　新乡师范高等专科学校学报
352　邢台学院学报
353　修辞学习
354　徐州教育学院学报
355　徐州师范大学学报（哲学社会科学版）
356　徐州师范大学学报（自然科学版）
357　烟台大学学报（哲学社会科学版）
358　烟台师范学院学报（哲学社会科学版）
359　延安大学学报（社会科学版）
360　延安教育学院学报
361　延边大学学报（社会科学版）
362　盐城师范学院学报（人文社会科学版）
363　扬州大学学报（高教研究版）
364　扬州大学学报（人文社会科学版）

365 伊犁师范学院学报
366 宜宾学院学报
367 宜春学院学报
368 语文建设
369 语文学刊
370 语文学习
371 语文研究
372 语言教学与研究
373 语言科学
374 语言文字研究
375 语言文字应用
376 语言研究
377 语言与翻译
378 玉林师专学报
379 玉溪师范学院学报(曾用名《玉溪师范高等专科学校学报》)
380 云南财贸学院学报(社会科学版)
381 云南电大学报
382 云南教育
383 云南民族大学学报(哲学社会科学版)
384 云南师范大学学报(对外汉语教学与研究版)(曾用名[教育科学版])
385 云南师范大学学报(哲学社会科学版)
386 郧阳师范高等专科学校学报
387 运城学院学报
388 枣庄师范专科学校学报
389 湛江师范学院学报
390 漳州职业大学学报
391 肇庆学院学报
392 浙江大学学报(人文社会科学版)
393 浙江工商大学学报
394 浙江教育学院学报
395 浙江师范大学学报(社会科学版)(曾用名《浙江师大学报》[社会科学版])
396 浙江树人大学学报
397 浙江万里学院学报
398 镇江高专学报(综合版)

399　郑州大学学报(哲学社会科学版)
400　郑州纺织工学院学报
401　郑州航空工业管理学院学报(社会科学版)
402　职业教育研究
403　中国电化教育
404　中国电力教育
405　中国海洋大学学报(社会科学版)
406　中国考试
407　中国人民大学学报
408　中国社会科学
409　中国文化研究
410　中国语文
411　中南大学学报(社会科学版)
412　中南民族大学学报(人文社会科学版)
413　中山大学学报(社会科学版)
414　中山大学学报论丛
415　中文信息学报
416　中央民族大学学报(哲学社会科学版)
417　周口师范学院学报
418　株洲工学院学报
419　株洲师范高等专科学校学报
420　淄博学院学报(社会科学版)

图书在版编目(CIP)数据

对外汉语教学研究论著索引(1950—2006)/孙德金主编.—北京:商务印书馆,2009
ISBN 978-7-100-06258-9

Ⅰ.对… Ⅱ.孙… Ⅲ.对外汉语教学—著作—中国—1950—2006—索引 Ⅳ.Z89:H195

中国版本图书馆CIP数据核字(2008)第185795号

DUÌWÀI HÀNYǓ JIÀOXUÉ YÁNJIŪ LÙNZHÙ SUǑYǏN
对外汉语教学研究论著索引
(1950—2006)
孙德金 主编

商 务 印 书 馆 出 版
(北京王府井大街36号 邮政编码100710)
商 务 印 书 馆 发 行
北 京 龙 兴 印 刷 厂 印 刷
ISBN 978-7-100-06258-9

2009年11月第1版 开本 787×1092 1/16
2009年11月北京第1次印 印张 27 3/4

定价:47.00元

6